STUDIENKURS POLITIKWISSENSCHAFT

Lehrbuchreihe für Studierende der Politikwissenschaft an Universitäten und Hochschulen

Wissenschaftlich fundiert und in verständlicher Sprache führen die Bände der Reihe in die zentralen Forschungsgebiete, Theorien und Methoden der Politikwissenschaft ein und vermitteln die für angehende Wissenschaftler:innen grundlegenden Studieninhalte. Die konsequente Problemorientierung und die didaktische Aufbereitung der einzelnen Kapitel erleichtern den Zugriff auf die fachlichen Inhalte. Bestens geeignet zur Prüfungsvorbereitung u.a. durch Zusammenfassungen, Wissens- und Verständnisfragen sowie Schaubilder und thematische Querverweise.

Gerhard Göhler

Theorie politischer Institutionen

Onlineversion
Nomos eLibrary

Die Deutsche Nationalbibliothek verzeichnet diese Publikation in der Deutschen Nationalbibliografie; detaillierte bibliografische Daten sind im Internet über http://dnb.d-nb.de abrufbar.

ISBN 978-3-7560-1133-9 (Print)

ISBN 978-3-7489-4249-8 (ePDF)

1. Auflage 2024

Inhalt

Abbildungsverzeichnis

1 Zur Einführung

Politische Institutionen sind selbstverständlicher Teil unseres Alltags. Die Medien berichten über Maßnahmen der Bundesregierung, Debatten im Bundestag, Statements der politischen Parteien, Reden des Bundespräsidenten, Urteile des Bundesverfassungsgerichts usw. Unmittelbar haben wir es immer wieder mit der Polizei oder der öffentlichen Verwaltung zu tun. All das sind politische Institutionen, die mehr oder weniger Einfluss auch auf unsere eigene Lebensführung ausüben. Umgekehrt können wir als Bürger ebenfalls Einfluss auf die politischen Institutionen nehmen, formell durch Wahlen und Abstimmungen, wie es das Grundgesetz vorsieht (Art. 20 Abs. 2 GG), informell über Bürgerinitiativen, NGOs oder öffentliche Meinungsäußerungen. Die Politikwissenschaft hat sich daher seit jeher zentral mit politischen Institutionen befasst, klassisch als Regierungslehre und Vergleich von Regierungssystemen, moderner als Analyse politischer Systeme und Systemvergleich (Komparatistik). Bei der üblichen Aufteilung in *politics*, *polity* und *policy*, nämlich Prozesse, Strukturen und Inhalte der Politik, gehören politische Institutionen grundsätzlich allen dreien an: wie sie agieren, wie sie verfasst sind, was sie leisten. Die traditionelle Institutionenlehre hat sich vor allem für den *polity*-Aspekt interessiert: welche politischen Institutionen die Verfassung vorsieht und in welcher Form sie agieren, was sie leisten können und sollen.

Es liegt nahe, die Frage allgemeiner zu stellen und insgesamt zu fragen, welchen Einfluss Institutionen auf Politik und Gesellschaft ausüben und wie sie ihrerseits von diesen beeinflusst sind. Dies hat seit den 1980er Jahren der *Neo-Institutionalismus* (March/Olson 1984, siehe unten Kap. 2.4) unternommen, und ziemlich zeitgleich wurde in Deutschland damit begonnen, die altehrwürdige Institutionenlehre in der Politikwissenschaft zu einer interdisziplinär ausgerichteten *Theorie politischer Institutionen* zu erweitern (Göhler 1987). In den Sozialwissenschaften, insbesondere in der Soziologie, gibt es schon längst eine vielfältige Institutionentheorie, in Deutschland verbunden etwa mit den Namen Gehlen und Schelsky, und so ist es auch für die Politikwissenschaft naheliegend, die Erkenntnisse aus der allgemeinen sozialwissenschaftlichen Institutionentheorie für das Verständnis politischer Institutionen heranzuziehen. Institutionen haben ihre eigenen Gesetzmäßigkeiten, institutionelles Handeln ist von ihnen geprägt, das Handeln politischer Akteure ist ohne Kenntnis der Wirkungsweise politischer Institutionen nicht zu verstehen.

Alle Institutionen stehen im Kontext sozialer Beziehungen. Soziale Institutionen wie etwa die Familie sind keine losgelösten Gebilde. Es gibt nicht nur die Beziehungen der Familienmitglieder untereinander, sie stehen auch in stetem Kontakt zu ihrer Umwelt, der Gesellschaft. Sie stehen selbst in sozialen Beziehungen, aus solchen sind sie entstanden, solche bilden sie selbst aus. Auch *politische* Institutionen stehen in vielerlei sozialen Beziehungen, die wichtigste des neuzeitlichen Gemeinwesens ist die Beziehung der politischen Institutionen zu den *Bürgern*. Das ist nicht nur eine Selbstverständlichkeit, sondern es ist entscheidend, wie diese Beziehungen ausgestaltet sind, gerade in der Politik. Soziale Institutionen wie etwa die Familie können sich bis zu einem gewissen Grad von ihrer Umwelt abschotten, wenn sie dies wollen. Sie können sich bis zu einem gewissen Grad auch aussuchen, mit wem sie Kontakt haben wollen oder nicht. Mit einer Nachbarin steht man sich gut, mit einem anderen schlechter, mit dritten wird man den Kontakt möglichst vermeiden. In der Politik ist das anders. Regierungen können sich ihre Bürger nicht aussuchen, frei nach Brecht: "Dann wähl dir halt ein anderes Volk".[1] In jeder Herrschaftsbeziehung gibt es Herrschende und Beherrschte, und Herrschende müssen immer auch mit bedenken, wie ihre Beherrschten reagieren. In der Demokratie[2] verdichtet sich dieses Erfordernis. Im Maße, wie sich normativ das Prinzip der Volkssouveränität durchgesetzt hat, ist es das Volk, das letztlich herrscht und das die Herrschaft nur temporär delegiert. So sind politische Institutionen durch ihren Ausgang von den Bürgern des Gemeinwesens legitimiert, auf sie sind sie letztlich ausgerichtet. Faktisch ist damit noch nicht ausgemacht, welche Leistungen sie für die Bürger erbringen, wie effizient sie ihre Aufgaben erfüllen, wie bürgernah sie jeweils agieren, zumal eine gewisse Distanz nicht nur unvermeidlich, sondern geradezu erforderlich ist. Zugleich sehen sie sich aber stets einer Erwartungshaltung der Bürger gegenüber, der sie sich nie völlig entziehen können. Politische Institutionen benötigen grundsätzlich ein Mindestmaß von Vertrauen seitens ihrer Adressaten, und wenn sie dem Prinzip der Volkssouveränität unterliegen, haben sie es zudem mit realen Möglichkeiten der Einflussnahme und Kontrolle durch die Bürger zu tun. Wie wirksam dergleichen auch immer eingeschätzt werden mag: Strukturell sind dadurch die Verhaltenswartungen auf Seiten der Bürger und die Verhaltenserwartungen auf Seiten der politischen Institutionen in besonderem Maße miteinander verschränkt. In der Demokratie über politische Institutionen sprechen, heißt vornehmlich: über ihre Wechselbeziehung mit den Bürgern im Gemeinwesen zu sprechen. Hierin liegt ihre grundlegende Bestimmung.

Das ist der Ausgangspunkt des vorliegenden Buchs. Es geht hier darum, hinausgehend über einzelne politische Institutionen die Strukturbedingungen und Funktionsweise der politischen Institutionen, also das, was sie als politische *Institutionen* ausmacht, systematisch zu erfassen, um zu einer *Theorie* politischer Institutionen zu gelangen.[3] Entscheidend hierfür ist, sich klarzumachen, dass politische Institu-

---

1 *Nach dem Aufstand des 17. Juni*
Ließ der Sekretär des Schriftstellerverbands
In der Stalinallee Flugblätter verteilen,
Auf denen zu lesen war, dass das Volk
Das Vertrauen der Regierung verscherzt habe
Und es nur durch verdoppelte Arbeit
Zurückerobern könne. Wäre es da
Nicht doch einfacher, die Regierung
Löste das Volk auf und
Wählte ein anderes?
(Bertolt Brecht, 1953: Die Lösung)

2 Hinweis: Wenn in diesem Buch der Begriff Demokratie ohne weiteren Zusatz steht, ist stets die neuzeitliche, moderne repräsentative Demokratie gemeint.

3 Unter Theorie verstehe ich hier, ganz weit gefasst, einen systematischen Zusammenhang von Aussagen über einen Sachverhalt. Er kann auch normative Elemente enthalten (Göhler 2007), diese stehen hier aber nicht im Vordergrund. Mich interessiert vor allem die Struktur und Funktionsweise politischer Institutionen in ihrem Kontext. Dass hierin, insbesondere für die Demokratie, stets auch normative Implikationen enthalten sind, versteht sich von selbst. Struktur und Funktionsweise politischer Institutionen müssen normativ

tionen nicht allein für sich stehen – sie sind nicht nur einzelne Gebilde in einem politischen System. Sie stehen stets in Beziehung zu ihren Adressaten, zu allen denjenigen, die in irgendeiner Weise dem politischen System angehören. Ohne diesen Zusammenhang sind die politischen Institutionen nicht wirklich zu begreifen. Die Beziehungen zwischen den politischen Institutionen und ihren Adressaten ergeben die *institutionelle Konfiguration*, das ist der Schlüsselbegriff. Theorie politischer Institutionen ist somit wesentlich eine Theorie der institutionellen Konfiguration. In der Demokratie gründet Herrschaft auf Volkssouveränität, und so ist hier die Beziehung zwischen den politischen Institutionen und ihren Adressaten ein Wechselverhältnis: Politische Institutionen und Bürger sind sich gegenseitig jeweils Akteure und Adressaten zugleich. Das ist ihre Strukturbedingung. Umso offensichtlicher ist es, dass in der Demokratie die Funktionsweise der politischen Institutionen nur über ihre institutionelle Konfiguration zu bestimmen ist. In der Theorie politischer Institutionen wird sie systematisch erfasst.

Die wechselseitigen Beziehungen zwischen den politischen Institutionen und den Bürgern haben in der institutionellen Konfiguration einen Doppelcharakter. Erstens handelt es sich um eine *Willensbeziehung* oder um eine *Symbolbeziehung*. Menschen agieren mit bestimmten Absichten, sie haben bestimmte Ziele, die sie erreichen möchten – das ist die Willensdimension der sozialen Beziehungen. Indem sie handeln, stehen die Menschen untereinander in Kommunikation, und sie orientieren sich insbesondere vermittels von Symbolen, in denen die Sichtweise ihrer sozialen Welt zusammen mit ihren grundlegenden Wertvorstellungen einen verdichteten Ausdruck finden. Das ist die Symboldimension sozialer Beziehungen.

Zweitens handelt es sich um *Macht* und um *Repräsentation*. Wenn sich die politischen Institutionen und die Bürger in der institutionellen Konfiguration einander gegenüberstehen, so vornehmlich in diesen beiden sozialen Beziehungen. Die Machtbeziehung besagt, dass die Institutionen, indem sie Leistungen für die Bürger erbringen, indem sie Verhalten sanktionieren oder unterstützend tätig werden, die Lebensführung der Bürger beeinflussen und somit Macht ausüben. Umgekehrt üben auch die Bürger Macht aus, wenn und sofern sie ihrerseits auf die politischen Institutionen einwirken, etwa über Wahlen oder Abstimmungen. Zugleich stellen sie als Bürgergemeinschaft überhaupt das Potential, auf dem das Gemeinwesen aufruht, und die politischen Institutionen haben in diesem Rückbezug ihre Grundlage. Die Repräsentationsbeziehung besagt, dass die Machtausübung der politischen Institutionen nicht aus eigener Vollkommenheit, sondern im Namen oder mit Willen eines anderen erfolgt, der auf diese Weise repräsentiert wird; mit dem Prinzip der Volkssouveränität sind die Repräsentierten die Bürger. Zur Machtbeziehung gehört in der Politik die Repräsentationsbeziehung; wer repräsentiert und was repräsentiert wird, ergibt sich aus den Willensäußerungen der Repräsentierten, wie sie vornehmlich in Wahlen zum Ausdruck kommen, ebenso wie auch aus den gemeinsamen Werten und Ordnungsprinzipien, die einem Gemeinwesen zugrunde liegen. Auf diese Weise sind Macht und Repräsentation die beiden Beziehungen, welche die Bürger mit den Institutionen verschränken.

---

demokratische Kriterien erfüllen, wie umgekehrt demokratische Kriterien erst empirisch durch eine angemessene Struktur und Funktionsweise politischer Institutionen realisiert werden.

Die Macht der Institutionen ist durch Repräsentation sowohl umgrenzt als auch legitimiert, die Macht der Bürger findet durch Repräsentation ihren sichtbaren Ausdruck. In der Demokratie sind Macht und Repräsentation die beiden zentralen, einander komplementären Ordnungselemente der Politik. Sie haben jeweils, wie noch zu erläutern sein wird, eine Willens- und eine Symboldimension, Macht und Repräsentation sind also jeweils Willens- und Symbolbeziehung.

Zusammengefasst: Um politische Institutionen zu begreifen, bedarf es der Modellierung nicht nur der Institution, sondern im Wechselverhältnis mit den Bürgern auch der Macht und der Repräsentation, und zwar als Willensbeziehung ebenso wie als Symbolbeziehung. Das ist die Systematik der Theorie politischer Institutionen, wie sie hier vorgelegt wird.[4]

Die Theorie politischer Institutionen ist als Institutionentheorie politikwissenschaftlich orientiert. Das klingt wie eine Binsenweisheit, hat aber erhebliche Konsequenzen und muss deshalb sorgfältig mitbedacht werden. So geht es zunächst *(Kap. 2)* um eine Positionsbestimmung bezüglich der beiden Komponenten: Was kennzeichnet soziale Gebilde als *Institutionen*? Das ist die Fragestellung der allgemeinen Theorie sozialer Institutionen, und unzweifelhaft sind politische Institutionen grundsätzlich soziale Institutionen. Zugleich unterliegen sie aber als politische Institutionen den spezifischen Bedingungen der *Politik*, sie sind nicht einfach soziale Institutionen wie jede andere. Maßgeblich zur Bestimmung ihrer Strukturbedingungen und ihrer Funktionsweise ist also der anzusetzende Politikbegriff, und so werden soziale Institutionen (im Allgemeinen) von politischen Institutionen (im Besonderen) unterschieden. Auf dieser Grundlage wird in Grundzügen das Modell der institutionellen Konfiguration aus den vier Komponenten Macht und Repräsentation als Willensbeziehung und als Symbolbeziehung entwickelt. Dabei ist es klar, dass angesichts der Historizität der Politik und der unterschiedlichen Ausprägung politischer Ordnungen ein abstraktes Modell wenig aussagekräftig wäre, insbesondere politische Repräsentation kann nicht allgemein und überzeitlich angesetzt werden. Im Fokus stehen somit die politischen Institutionen in

4 Das Buch hat eine lange Vorgeschichte. Vor mehr als einem Vierteljahrhundert habe ich mit meinen Theorie-Kollegen Udo Bermbach und Kurt Lenk bei der Deutschen Forschungsgemeinschaft (DFG) ein interdisziplinär angelegtes Schwerpunktprogramm „Theorie politischer Institutionen“ beantragt und nach seiner Bewilligung koordiniert (1988-1995). Weil es sich hierbei für die Politikwissenschaft weitgehend um Neuland handelte, hatte ich zuvor eine umfassende Bestandsaufnahme der institutionentheoretischen Literatur initiiert, von der eine auszuarbeitende Theorie politischer Institutionen auszugehen hat (Göhler/Schmalz-Bruns 1988, Schmalz-Bruns 1989). Im Schwerpunktprogramm habe ich dann zusammen mit meinen Mitarbeiterinnen und Mitarbeitern in der umfangreichen Studie „Institution – Macht – Repräsentation. Wofür politische Institutionen stehen und wie sie wirken“ (Göhler et al. 1997) einen ersten Ansatz für eine systematische Theorie politischer Institutionen vorgelegt. In diesem Band ist die Systematik mit ihren Komponenten bereits anvisiert, allerdings wird die institutionelle Konfiguration zum Schluss erst angedeutet. Als Zentralbegriff der Theorie politischer Institutionen ist sie im vorliegenden Band nun erstmals ausgeführt. Darüber hinaus wurden weitere Texte eingearbeitet, die inzwischen von mir hinzugekommen sind: Studien über Symbole, Macht, Repräsentation und normative Integration. Zudem Texte über politische Steuerung, insbesondere über weiche Steuerung und Steuerung durch Symbole – Ergebnisse aus meinem Projekt „Weiche Steuerung“ im DFG-Sonderforschungsbereich „Governance in Räumen begrenzter Staatlichkeit: Neue Formen des Regierens?“ (2006-2009). Schließlich habe ich, ebenfalls gestützt auf einige Vorarbeiten von mir, aus der institutionellen Konfiguration eine Theorie des Institutionenwandels entwickelt. Verwendete Texte meiner Mitarbeiterinnen und Mitarbeiter sind im Buch, verwendete eigene Texte am Ende des Buchs nachgewiesen.

neuzeitlichen Demokratien, vornehmlich in den modernen westlichen Repräsentativdemokratien.

In den folgenden Kapiteln werden die Komponenten des Modells der institutionellen Konfiguration näher bestimmt. Macht besteht aus transitiver Macht in der Willensbeziehung und aus intransitiver Macht in der Symbolbeziehung *(Kap. 4)*. Politische Repräsentation ist Repräsentation durch Mandat in der Willensbeziehung und symbolische Repräsentation in der Symbolbeziehung *(Kap. 5)*. Zuvor wird erörtert, wie Symbole institutionentheoretisch zu begreifen sind, denn die spezifische Leistung von Symbolen ist ein entscheidender Faktor der Theorie politischer Institutionen *(Kap.3)*. Danach wird gefragt, wie Macht und Repräsentation in der institutionellen Konfiguration ausgeübt werden. In der Symbolbeziehung ist dies normative Integration, in der Willensbeziehung politische Steuerung *(Kap. 6)*. All dies wird nun im Modell der institutionellen Konfiguration systematisch zusammengefasst *(Kap. 7)*. Schließlich umfasst die Theorie politischer Institutionen nicht nur ihre Struktur und Funktionsweise, sondern – in dynamischer Perspektive – auch ihre Entwicklung und Veränderung. Aus dem Modell der institutionellen Konfiguration ergibt sich auch eine Theorie des Institutionenwandels *(Kap. 8)*.

Noch eine Anmerkung zur Gender-Schreibweise, die hier nicht angewendet wird: Immer da, wo es erforderlich ist, sollten beide Geschlechter (oder auch weitere) benannt werden. So wird man stets von „Ministern“ und „Ministerinnen“ reden müssen, denn es ist auch heute keineswegs selbstverständlich, dass Frauen ebenso wie Männer ein Ministeramt erhalten. Etwas anders ist es mit dem Verhältnis der Bürgerinnen zu ihren politischen Institutionen. Es unterscheidet sich grundsätzlich nicht von dem der Bürger zu ihren politischen Institutionen, seit Männer und Frauen politisch gleichberechtigt sind (Art. 3 Abs. 2 GG). Nur um dieses Verhältnis geht es hier, die vielen weiterhin bestehenden Probleme der Gleichstellung in unseren Gesellschaften werden für die Theorie politischer Institutionen auf der Abstraktionsebene, auf der ich verbleibe, noch nicht relevant. Darum wird im Folgenden stets von „Bürgern“ (als grammatikalisches Geschlecht) die Rede sein.[5]

5 Ich folge hier dem Linguisten Josef Klein, der sich vor allem mit dem Zusammenhang von Politik und Sprache beschäftigt hat. Aufgrund eigener empirischer Studien kommt er zu dem Ergebnis: „Aus meiner Sicht wäre eine angemessene praktische Folgerung aus meinen und auch weiteren Tests eine häufigere Verwendung der Beidnennung, also Lehrerinnen und Lehrer, vor allem wenn eine Geschlechterspezifizierung im jeweiligen Kontext inhaltlich relevant ist, und das generische Maskulinum zu verwenden, wenn Geschlechterspezifizierung inhaltlich überflüssig ist“ (unveröff. Vortrag 2023, zit. mit Einverständnis J.K.).

2 Institution und institutionelle Konfiguration

Zusammenfassung

Die Grundbegriffe der Theorie politischer Institutionen werden eingeführt: politische Institutionen, Macht und Repräsentation, Willensbeziehung und Symbolbeziehung, institutionelle Konfiguration.

Theorie politischer Institutionen beginnt mit der naheliegenden Frage: Was sind politische Institutionen, oder unverfänglicher: Was ist unter „politischen Institutionen" überhaupt zu verstehen? Der einfachste Weg wäre, politische Institutionen als Gebilde zu betrachten und in ihrer Form und ihrer Funktionsweise zu untersuchen, um zu mehr oder weniger generalisierenden Aussagen darüber zu gelangen, was eigentlich das „Institutionelle" an ihnen ist, was sie also zu Institutionen macht. Aber wie schon einführend festgestellt, reicht es nicht aus, die politischen Institutionen allein mit ihren Akteuren zu erfassen, denn politische Institutionen haben Akteure ebenso wie Adressaten, und auf diese letzteren kommt es ebenso an. Die Funktionsweise politischer Institutionen und ihre Strukturbedingungen sind hinreichend nur darüber zu bestimmen, in welchen Beziehungen die politischen Institutionen mit ihren Akteuren zu ihren Adressaten stehen. Gegenstand der Theorie politischer Institutionen, wie sie hier entwickelt wird, ist deshalb die *institutionelle Konfiguration*. An die Frage, wie soziale und politische Institutionen zu kennzeichnen sind (2.1), schließt somit die Frage an, woraus ihre institutionelle Konfiguration besteht. In der Demokratie sind das die Beziehungen zwischen den politischen Institutionen mit ihren Akteuren, nämlich die Beziehungen der Macht und der Repräsentation in der Dimension der Willensbeziehung und der Symbolbeziehung (2.2). Bevor dies in den folgenden Kapiteln näher ausgeführt wird, geht der Blick in einem Exkurs auf den Neo-Institutionalismus, die gegenwärtig herrschende, allerdings sehr variantenreiche Theorieströmung, um ihn aus Sicht der hier vorgelegten Theorie politischer Institutionen zu verorten (2.3).

2.1 Soziale und politische Institutionen

Politikwissenschaft hat es zwar zentral mit politischen Institutionen zu tun, aber Institutionen gibt es nicht nur in der Politik. Sie sind ganz generell ein Teil unserer sozialen Realität, und so ist die Politikwissenschaft, wenn sie sich mit dem institutionellen Faktor in der Politik beschäftigt, zuallererst auf die allgemeine sozialwissenschaftliche Institutionentheorie verwiesen. Ich erörtere deshalb zunächst, wie soziale Institutionen bestimmt werden können, und frage auf dieser Grundlage des Näheren, wie politische Institutionen zu verstehen sind. Wie sich zeigen wird, ergibt sich aus der allgemeinen sozialwissenschaftlichen Institutionentheorie eine doppelte Funktionsweise der Institutionen: Sie wirken ebenso regulierend wie orientierend (2.1.1). Diese Doppelperspektive gilt auch für politische Institutionen, nur geht es hier um einen spezifischen Handlungsraum, die Politik. So ist zunächst zu fragen, was unter Politik verstanden werden soll und was sie demzufolge zu leisten hat. Das ist Steuerung und Orientierung, letzteres in Form der normativen

Integration (2.1.2). Mit diesem Politikverständnis ergibt sich aus der allgemeinen Institutionentheorie die konkrete Bestimmung der politischen Institutionen (2.1.3). Mit der Orientierungsleistung kommt auch die symbolische Dimension ins Spiel, sie ist institutionentheoretisch besonders wichtig.

2.1.1 Soziale Institutionen

Sozialwissenschaften stellen die verschiedensten Ansätze zur Theorie sozialer Institutionen bereit. Institutionen werden – um nur die wichtigsten Ansätze und Namen zu nennen – kulturanthropologisch (Gehlen, Schelsky, Mary Douglas), strukturell-funktional (Parsons, Münch), verstehend-interaktionistisch (Mead, Berger-Luckmann, E.E. Lau), imaginativ (Castoriadis), rechtsphilosophisch (Hauriou) oder ökonomisch und formal (Williamson, North, Schotter, Shepsle, Voss, Balzer) begründet.[6] Diese vielfältigen Ansätze sind auch für politische Institutionen grundlegend, weil sie den Institutionenbegriff vorgeben, von dem die Theorie politischer Institutionen ausgeht. Den spezifischen Charakter *politischer* Institutionen zu erforschen, ist dann Sache der Politikwissenschaft. Aber welcher allgemeine Ansatz soll nun maßgebend sein? Da ließe sich trefflich streiten. Um diese Schwierigkeit zu vermeiden, gehe ich von der Annahme aus, dass es im Vorfeld einer auszudifferenzierenden Theorie politischer Institutionen einen allgemein formulierbaren institutionentheoretischen Konsensbestand gibt, der eine hinreichende Grundlage bietet, um die Theorie politischer Institutionen ganz konkret auf der Ebene des Politikverständnisses zu entwickeln. Ganz allgemein lassen sich soziale Institutionen wie folgt charakterisieren:[7]

Institutionen stellen auf Dauer ab. Ob naturwüchsig entstanden oder bewusst errichtet,[8] stets sind sie auf Kontinuität hin angelegt: ohne zeitliche Limitierung und mit der Suggestivkraft unveränderlichen Bestehens, selbst wenn sie historischem Wandel unterliegen. Institutionen stehen in doppeltem Sinne für Stabilität: Zum einen sind sie selbst stabil, und zwar mindestens so stabil, dass sie sich weniger verändern als die gesellschaftlichen Verhältnisse, die von ihnen strukturiert werden. Zum anderen haben sie stabilisierende Wirkung. Wie die Menschen handeln, wie sie reagieren, hängt jeweils von den Umständen ab; in jeder neuen Situation ändern sich auch die erforderlichen Reaktionsweisen. Das Zusammenleben der Menschen wäre in der Vielfalt von Situationen extrem unstabil, wenn es nicht Mechanismen gäbe, die eine gewisse Verhaltenssicherheit gewährleisten. Die Sicherheit besteht darin, dass das Handeln anderer in einer bestimmten Situation bis zu einem gewissen Grade erwartbar und damit berechenbar wird. Wenn ein Fahrzeug entgegenkommt, gibt die Einrichtung des Rechts- oder Linksverkehrs eine

6 Siehe Literaturverzeichnis. Für Überblicke und Diskussionen zur Institutionentheorie siehe u.a. Schülein 1986, Waschkuhn 1987, Göhler/Schmalz-Bruns 1988, Schmalz-Bruns 1989, Czada 1995, Brodocz 2003 (siehe unten Fn. 37 und Kap. 3, Fn. 44), Schönrich 2005, Offe 2006, Zintl 2006, Hasse/Krücken 2008, Jaeggi 2009, Lempp 2009, Stachura et al. 2009, Göhler 2011b, Hermann/Flatscher 2020 (siehe unten Fn. 15), Zabel 2021, Kervégan/Schmidt/Zabel 2021.

7 Auf die Spezifika der einzelnen Ansätze lasse ich mich darum nicht näher ein, den Vorwurf des Eklektizismus nehme ich in Kauf, da er hier aufgrund der angesetzten Abstraktionsebene nicht theorieentscheidend ist (vgl. Göhler 1994a: 24ff).

8 Für politische Institutionen siehe dazu unten Kap. 8.2.

gewisse Sicherheit, dass das Fahrzeug rechts oder links vorbeifahren wird – man muss es nicht immer wieder austesten. Die Institution des neuzeitlichen Staates gibt mit dem erfolgreich beanspruchten Monopol legitimen physischen Zwangs (Max Weber) eine gewisse Sicherheit, dass man nicht bei jeder entgegenkommenden Person überlegen muss, eine Waffe zu zücken – die Gewährleistung der öffentlichen Sicherheit macht Attacken von Entgegenkommenden eher unwahrscheinlich. Das ist die stabilisierende Leistung von Institutionen: Sie strukturieren die vielfältigen Situationen des menschlichen Zusammenlebens soweit vor, dass die Handlungen der Beteiligten bis zu einem gewissen Grade erwartbar werden, und zwar dadurch, dass die Strukturierung über die Einzelsituation hinaus besteht und für die wechselnden Beteiligten stets gemeinsam gilt.

Was eher abstrakt als „Strukturierung" bezeichnet wurde, ist nichts anderes als eine *Regelung* des menschlichen Zusammenlebens. Regeln besagen, wie man sich verhalten und wie man sich nicht verhalten soll. Die Einhaltung von Regeln wird zumeist nicht belohnt, ihre Nichteinhaltung jedoch mit Sanktionen bedroht. Institutionen stehen dafür, dass die Verletzung von Regeln mit Nachteilen verbunden ist und dass auch jede Person weiß, worauf sie sich einlässt, wenn sie sich nicht an die Regeln hält. Eine Regel ist noch keine Institution. Um eine Institution handelt es sich erst, wenn grundsätzlich drei Bedingungen erfüllt sind: dass es Regeln gibt, dass sie angewendet werden und dass die Beteiligten dies auch wissen.[9] Solche Regeln können formell oder informell sein. Sind sie formell, so sind sie normiert, wie etwa in Form von Gesetzen. Formelle Regeln gehören vor allem zu politischen Institutionen. Viele gesellschaftliche Strukturierungen bestehen jedoch aus informellen Regeln, „ungeschriebenen Gesetzen", und sie brauchen deshalb nicht minder wirksam zu sein. Gesellschaftliche Institutionen wie etwa die Familie haben für das Zusammenleben bestimmte Verhaltensanforderungen und Verhaltenserwartungen, die als Selbstverständlichkeiten gelten und durch Konventionen, Sitten oder Gebräuche begründet sind. Wenn und solange sie in Kraft sind, enthalten sie Sanktionsmechanismen, etwa in Form der gesellschaftlichen Ausgrenzung, die eine Verletzung solcher informellen Regeln ebenso riskant und in den Folgen vielleicht schwerwiegender macht als die Verletzung formaler Vorschriften.

Die Regelbefolgung erfordert nur in seltenen Fällen äußeren Zwang. Er mag bisweilen hilfreich sein, um zu tun, was man nicht gerne tut, er kann aber nicht an die Stelle individueller Entscheidungen treten. Institutionen wirken daher nur partiell von außen auf die Individuen ein. Ihre Kraft erhalten sie erst, wenn sie in ihrer Wirkung von den Individuen verinnerlicht, von ihnen internalisiert werden. Insbesondere politische Institutionen können sich allein durch Zwang nicht am Leben erhalten, sie müssen in den Bürgern selbst verwurzelt sein. Ausgeübter Zwang wird zweifellos respektiert; jedes Zwangsregime setzt aber zugleich eine Vielzahl von Mechanismen in Gang, um den Zwang zu umgehen und zu unterlaufen. Zu Recht hat Hannah Arendt darauf hingewiesen, dass die Macht der Institutionen nicht, jedenfalls nicht auf Dauer, auf Gewalt beruhen kann: „Politische

9 Vgl. dazu Lepsius 1990, 1995, 1997. Er bestimmt Institutionenbildung als Ausbildung von Leitideen zu Rationalitätskriterien sozialen Handelns, wodurch zugleich bestimmte Geltungskontexte innerhalb der Gesellschaft ausdifferenziert werden. Siehe dazu unten Kap. 7.3.

Institutionen ... erstarren und verfallen, sobald die lebendige Macht des Volkes nicht mehr hinter ihnen steht und sie stützt“ (Arendt 1970: 42). Analog sieht es auch bereits Max Weber (1922: 122).

Es kommt ein weiterer, häufig übersehener Aspekt hinzu: Gesellschaftliche Strukturierung durch Institutionen erfolgt nicht nur durch Regulierung, sondern auch durch *Orientierung*. Regeln machen Vorgaben darüber, welche Verhaltensweisen geboten oder verboten, akzeptabel oder nicht akzeptabel sind. Institutionen wirken auf diese Weise steuernd, indem sie ein bestimmtes Verhalten zulassen und ein anderes mehr oder weniger ausschließen. Aber Institutionen stehen nicht nur für Regeln, sie bringen auch Werte, nämlich Sinnvorstellungen über eine gelungene Lebensführung in der Gesellschaft zum Ausdruck. Das ist ihre symbolische Dimension. Die Familie steht symbolisch für eine aus Verwandtschaftsbezügen sich ergebende Solidarität. Gewerkschaften stehen symbolisch für die Solidarität der abhängig Beschäftigten. Politische Institutionen schließlich bringen symbolisch die grundlegenden Werte und Ordnungsprinzipien des Gemeinwesens zum Ausdruck.[10] Solche Objektivationen von Sinnvorstellungen durch die Institutionen bedeuten nicht, dass alle Beteiligten sich genau nach ihnen richten müssen oder sich auch tatsächlich nach ihnen richten. Sie sind gewissermaßen Wegweiser, und das individuelle Handeln wird sich umso mehr nach ihnen richten, wie es die in Institutionen objektivierten und zum Ausdruck gebrachten Werte und Sinnvorstellungen für die persönliche Lebensführung als für sich maßgeblich akzeptiert. Entscheidend ist, dass die Gesellschaft solche Werte und Sinnbezüge symbolisch anbietet und dass sie in ihren Institutionen sichtbar und glaubwürdig zum Ausdruck kommen.

Diese grundlegende Doppelfunktion der Institutionen ist am eindrucksvollsten in der Institutionenlehre von Arnold Gehlen begründet worden (Gehlen 2016a, Kap. 44; 2016b, bes. Teil II). Gehlen bestimmt Institutionen anthropologisch in zwei Zusammenhängen – wobei der zweite, der die symbolische Dimension von Institutionen betrifft, zwar weniger bekannt, hier aber von besonderer Bedeutung ist (Langbein 1997, Rehberg 2016: 498ff, Agard 2021). Der erste Zusammenhang der Institutionenbegründung ist *instrumentalistisch*: Der Mensch ist ein „Mängelwesen“ und somit ohne Instinktsicherheit. Sein rational-praktisches Verhalten führt im Zuge der Arbeitsteilung zur Verstetigung durch Institutionen, die ihn vom Außendruck entlasten und sein Verhalten stabilisieren. Der zweite Zusammenhang der Institutionenbegründung ist *ideativ*. Gehlen geht aus vom „rituellen, darstellenden Verhalten“ (2016b: 110)[11] in archaischen Kulturen: Der Ritus ist eine gemeinsame, zweckfreie Handlung, in der die Gemeinschaft – etwa im Tanz – durch überpointierte, stilisierte Darstellung bildhaft präsent gemacht wird. In ihren Symbolen ist die Einheit der Gruppe auf Dauer gestellt, sie erhalten verpflichtenden Charakter, und die Mitglieder wissen sich dadurch zugleich in

10 Vgl. dazu Kar-Siegbert Rehberg, der vor allem die symbolische Dimension betont: „Idealtypisch sollen als ‚Institutionen' solche Sozialregulationen bezeichnet werden, in denen Prinzipien und Geltungsansprüche einer Ordnung symbolisch zum Ausdruck gebracht werden ... Institutionen sind somit Vermittlungsinstanzen kultureller Sinnproduktion, durch welche Werte- und Normierungs-Stilisierungen verbindlich gemacht werden“ (Rehberg 1994: 56f).

11 Oder auch nur: „darstellenden Verhalten“ (z.B. Gehlen 2016b: 167).

der Gemeinschaft heimisch und geborgen. Institutionen sind in diesem Sinn der Ausdruck des Selbstverständnisses einer Gruppe, sie sind als solche zweckfrei, erbringen aber – in „sekundärer Zweckmäßigkeit“ (121) – Ich-Stabilisierung, kollektive Identität und Außenhalt.

Die zweifach ansetzende Institutionenlehre Gehlens führt über ein bloß technisch gefasstes Institutionenverständnis hinaus und eröffnet einen umfassenderen Blick, indem sie die symbolische Dimension der Institution als gleichermaßen grundlegend erfasst: Der symbolische Charakter von Institutionen ist unhintergehbar, weil er zu den Grundbedingungen des menschlichen Daseins gehört, ohne dass diese Institutionen der bewussten Zwecksetzung von Individuen entstammen müssten oder überhaupt nur entstammen. Auf der symbolischen Ebene sind sie der unmittelbaren Einflussnahme entzogen (wenn auch natürlich nicht unbeeinflussbar), sie sind objektiv zweckhaft, funktional notwendig. Gehlens Institutionenlehre mag ihre Probleme haben,[12] entscheidend ist die von ihm herausgestellte Doppelfunktion der Institutionen. Ihre instrumentalistische und ihre ideative Leistung beruhen auf zwei Grundmustern sozialer Beziehungen, die ich für politische Institutionen als Willensbeziehung und als Symbolbeziehung bezeichne (siehe unten Kap. 2.2.2). Diese Distinktion ist grundlegend für das Verständnis politischer Institutionen.

Als institutionentheoretischer Konsensbestand lässt sich festhalten:

> Soziale Institutionen sind relativ auf Dauer gestellte, durch Internalisierung verfestigte Verhaltensmuster und Sinngebilde mit regulierender und orientierender Funktion.

2.1.2 Der Politikbegriff

Politische Institutionen sind soziale Institutionen, aber in diesem allgemeinen Sinn sind sie noch nicht hinreichend bestimmt. Um sie näher als *politische* Institutionen zu kennzeichnen, muss klar sein, was hier als „politisch“ verstanden wird. So formuliere ich zunächst den Politikbegriff, der hier zugrunde liegt.

Dass politische Institutionen nicht nur durch den Institutionenbegriff, sondern auch durch den zugrunde gelegten Politikbegriff zu kennzeichnen sind, klingt zunächst selbstverständlich, wirft aber mancherlei Probleme auf. Zunächst wird bezweifelt, ob es überhaupt erforderlich sei, zwischen sozialen und politischen Institutionen zu unterscheiden – schließlich gehe es stets um dieselben institutionellen Mechanismen. Dem ist entgegenzuhalten, dass politische Institutionen in ihrer Struktur und ihrer Funktionsweise durchaus spezifischen Bedingungen unterliegen, die der soziologische Blick auf das Institutionelle und seine Mecha-

12 Historisch gesehen geht es stets – und da zeigen sich die Probleme der Gehlenschen Institutionenbegründung – um konkrete Institutionen von historisch bestimmbaren Gesellschaften. Diese schaffen sich ihre Symbole selbst, und zwar als Ausdruck, zugleich als Grundlage ihres jeweiligen Ordnungsverständnisses, und sie bilden damit ihre spezifischen Institutionen aus. Für moderne Gesellschaften gilt das in besonderem Maße. Ihre Symbole sind durch soziale Interessenlagen und die daraus folgenden Auseinandersetzungen stets neu bestimmt. Näher zu den Problemen der Gehlen-Interpretation in diesem Zusammenhang Göhler 1994: 35ff.

nismen nicht hinreichend erfasst. Wie noch näher auszuführen sein wird (Kap. 2.2.1), sind politische Institutionen im Gegensatz zu anderen sozialen Institutionen durchaus reale Gebilde mit angebbaren Akteuren und Adressaten. Die „Eigenart" politischer Institutionen lässt sich aus einem allgemeinen sozialwissenschaftlichen Institutionenverständnis nicht einfach ableiten; dazu bedarf es des politikwissenschaftlichen Blicks, um auch ihre politische Dimension zu entfalten (siehe unten Kap. 2.1.3). Wird dies zugegeben, so entsteht eine neue Schwierigkeit. Nicht nur hatte die Politikwissenschaft – ein in Deutschland erst nach dem 2. Weltkrieg etabliertes akademisches Fach – stets erhebliche Schwierigkeiten, im Konzert der konkurrierenden Fächer einen eigenständigen Zugang zu einem eigenen Gegenstandsbereich plausibel zu machen.[13] Auch für sich selbst ist sich die Politikwissenschaft über ihren Gegenstand, die Politik, durchaus nicht einig.[14] Analog stellt sich das Problem, politische Institutionen im Kontext anderer sozialer Institutionen näher zu bestimmen und nach den spezifischen institutionellen Mechanismen in der Politik zu fragen.

Das Alltagsverständnis hat solche Schwierigkeiten nicht; hier „wissen" wir, was Politik und politische Institutionen sind, weil wir sie täglich erleben. Wenn also die Politikwissenschaft sich so schwer tut, ihren Politikbegriff systematisch zu entfalten, so ist das nur die eine Seite. Die andere Seite ist, dass überall da, wo es nicht um die Theorie der Politik selbst geht, wo also das Politikverständnis nicht selbst zum Feld der Auseinandersetzung wird, durchaus mit einem Vorverständnis von Politik gearbeitet wird, dessen Annahmen gegenwärtig so weit nicht auseinander liegen. Anders ließen sich politische Sachverhalte auch nicht erforschen, Diskussionen darüber gar nicht führen. Deshalb ist es zwar theoretisch diffizil, eine Theorie der Politik mit Anspruch auf Konsens zu entfalten. Praktisch ist es aber ohne weiteres möglich, wenigstens im Grundbestand ein Politikverständnis zu formulieren, welches als Voraussetzung für die Untersuchung politischer Institutionen tragfähig ist. Es gibt in Deutschland eine Tradition des Politikverständnisses, die mit Max Weber, Carl Schmitt und Hermann Heller sehr unterschiedliche Positionen umfasst und sich doch zu einem Grundverständnis von Politik zusammenfügen lässt. Es beansprucht zwar keine überzeitliche, ahistorische Geltung, weil es vom neuzeitlichen, westlichen Staatsverständnis ausgeht, erscheint mir aber für die Demokratie weiterhin aktuell und maßgebend. Auf diese Tradition greife ich hier zurück, und zwar in den Elementen, die auch der heutigen Problemlage entsprechen.[15] Der Politikbegriff umfasst eine strukturelle und eine funktionale Grundbestimmung:

13 Vgl. Kastendiek 1977, Mohr 1988, Göhler/Zeuner 1991, Mohr 1995: 13-19, Bleek 2001: 265-307.

14 Vgl. dazu: Sellin 1978, Sternberger 1978, Bubner/Cramer/Wiehl 1982, Palonen 1985, Luhmann 1986, Vollrath 1987, Gerhardt 1990, Arendt 1993, Beck 1993, Brunkhorst 1994, Meyer 1994, Rohe 1994, v. Alemann 1995, Pfetsch 1995, Meyer 2000, Lietzmann 2001, Kreide/Niederberger 2011, König 2015, Rüb 2020 sowie die verschiedenen Einführungen in Politikwissenschaft/Soziologie.

15 Mein Politikverständnis, das ich im Folgenden expliziere, liegt auf einer weniger abstrakten Ebene als das heute vielfach propagierte „postfundamentalistische" Verständnis von Politik, das den Begriff des Politischen an die Stelle des überkommenen Politikbegriffs setzt und letzterem bestenfalls noch nachrangige Bedeutung zugesteht. So argumentiert Oliver Marchart in der Tradition von Nancy, Lefort, Badiou, Laclau und Agamben: „Die sogenannte Moderne besteht in wesentlichem Ausmaß in der Generalisierung des Moments des Politischen als Moment von Grundlosigkeit und von Kontingenz" (Marchart 2010: 84, Hervorhebung GG). Nichts darf fixiert werden, vielmehr stehen „im Raum der Kontingenz ... immer wieder

(1) Strukturell gesehen ist Politik der Handlungsraum der Herstellung, Ordnung und Durchführung verbindlicher, gesamtgesellschaftlich relevanter Entscheidungen. Modelliert nach dem Input-Output-Schema der Systemtheorie, geht es in der Politik einerseits um Prozesse der Willensbildung für die Angelegenheiten des Gemeinwesens (in der Form von Wahlen und Abstimmungen, Einflussnahmen von Interessengruppen, öffentlichen und nichtöffentlichen Diskussionen und Aushandlungsprozessen usw.) – andererseits um die Ausfüllung der Entscheidungen insbesondere durch die Verwaltung selbst oder in Verbindung mit privaten Akteuren (public-private partnerships). Zugleich regelt Politik, da es eine dem Gemeinwesen übergeordnete Instanz nicht gibt, gewissermaßen auf einer Meta-Ebene oder „reflexiv" ihrerseits diese Regelungen; sie normiert die Abläufe ihrer Erstellung und Durchführung. All das sind strukturell gesehen Entscheidungen, ob sie nun ausdrücklich getroffen werden (etwa durch Abstimmung im Parlament) oder vermieden (was ebenfalls Wirkung hat), oder ob sie in strukturelle Vorgaben ausgelagert sind („Nicht-Entscheidungen" im Sinn von Bachrach/Baratz, siehe unten Kap. 4.1.1). Diese Entscheidungen sind politische Entscheidungen, sofern sie Verbindlichkeit beanspruchen und gesamtgesellschaftliche Relevanz besitzen. Das strukturelle Merkmal der Verbindlichkeit kennzeichnet ausgehend von Max Webers Herrschaftsbegriff (Weber 1922: 28f) den politischen Verband, der seinen Bestand und die Geltung seiner Ordnung innerhalb eines angebbaren geographischen Gebiets kontinuierlich durch physischen Zwang und, als Staat, durch das Monopol des legitimen physischen Zwangs garantiert. Das Merkmal gesamtgesellschaftlicher Relevanz nimmt Bezug auf die Intensitätsthese im Begriff des Politischen bei Carl Schmitt. Lässt man die Freund-Feind-Konnotation bei Carl Schmitt beiseite, so ist nach wie vor seine Überlegung aktuell, dass nicht jeder Konflikt, sondern nur ein Konflikt von äußerster Intensität zum politischen wird.[16] Das wichtigste Merkmal schließlich, dass es in der Politik nicht nur um Deliberation und Koordination, sondern letztendlich um Entscheidungen für das

aufs Neue die Rahmenbedingungen des menschlichen Zusammenlebens zur Aushandlung" (Slaby 2017: 135). Oberster Grundsatz ist es, die ontologische Differenz zwischen dem Politischen (dem „Moment der Öffnung und Neugründung") und der Politik (den „systemkonformen Routinen") aufrechtzuerhalten, auch wenn sie gegenseitig oszillieren mögen (136). Daraus wird eine Theorie „radikaler Demokratie" gefolgert, in der nicht nur „die egalitäre Tradition der Volkssouveränität und die liberale der Freiheitsrechte fortgesetzt werden", sondern „Demokratie zu ihren ‚Wurzeln' zurückgeführt werden muss, indem der Prozess der Entgründung des Sozialen offengelegt und Akzeptanz dafür geschaffen wird" (Marchart 2010: 356). Seit einiger Zeit wendet sich die Theorie des Politischen auch den Institutionen zu, die zu ihren Grundannahmen eher quer zu liegen scheinen, und versucht sie wieder mit einzubeziehen (vgl. Hermann/Flatscher 2020, auch Flügel-Martinsen 2020; dazu Seitz 2020). Einer Annäherung sind allerdings solange Grenzen gesetzt, wie sich radikale Demokratietheorie als ein grundsätzlich anderer Theorietyp begreift. So schlägt Oliver Flügel-Martinsen ein Verständnis radikaler Demokratietheorie vor, „das diese wesentlich als einen kritisch befragenden Theorietypus versteht, der sich weder auf den Entwurf von Institutionenmodellen noch auf die Begründung normativer Positionen einlassen kann, ohne den für ihn wesentlichen radikal-kritischen Impetus einzubüßen" (Flügel-Martinsen 2022: 576). Da bleibt bestenfalls noch die Möglichkeit, über alternative institutionelle Zukünfte nachzudenken (Gebh 2022). Ich selbst greife bei Repräsentation durchaus auch auf Lefort und Gauchet zurück, sehe aber nicht, welche neuen Einsichten ein postfundamentalistisch formuliertes radikaldemokratisches Politikverständnis für die Theorie politischer Institutionen erbringen kann, wenn die Ansätze erklärtermaßen inkompatibel sind.

16 „Der politische Gegensatz ist der intensivste und äußerste Gegensatz und jede konkrete Gegensätzlichkeit ist um so politischer, je mehr sie sich dem äußersten Punkte, der Freund-Feindgruppierung, nähert" (Schmitt 1932: 17, gleichlautend mit 1933: 11).

Gemeinwesen geht, entstammt Hermann Hellers Bestimmung des Staates als „organisierte Entscheidungs- und Wirkungseinheit" (Heller 1934: 228).

Verbindlichkeit und gesamtgesellschaftliche Relevanz der Entscheidungen sind notwendige Bedingungen der Politik. Sie dürfen allerdings auch nicht missverstanden werden. Verbindlichkeit der Entscheidungen besagt nur, dass es im Gemeinwesen eine Instanz geben muss, die einen zumindest rechtlich verbindlichen Rahmen setzt. Keineswegs müssen alle Entscheidungen zentral an der Spitze getroffen werden. Auch muss diese politische Einheit, für welche verbindliche Entscheidungen getroffen werden, durchaus nicht der überkommene Nationalstaat sein (selbst wenn uns diese Perspektive aus guten Gründen immer noch nahe liegt). Als politische Einheiten sind auch Kommunen, Regionen, Länder und supranationale Zusammenschlüsse zu fassen; unterschiedlich ist nur Art und Reichweite der von ihnen zu treffenden politischen Entscheidungen. Es ist nicht erforderlich, die politische Einheit geographisch in einem die anderen Einheiten ausschließenden Sinn zu definieren. Politische Einheiten können sich überlappen, sie sind *maßgebliche Zurechnungseineinheiten*, und sie erfüllen ihre Funktion, wenn sie zu letztverbindlichen Entscheidungen imstande sind.

Das Merkmal der gesamtgesellschaftlichen Relevanz von Entscheidungen entspricht der in der Moderne unhintergehbaren Dynamisierung der Politik. Der Raum des Politischen ist nicht ein für alle Mal festgelegt, sondern er ist bestimmt als der Raum, in dem Konflikte mit gesamtgesellschaftlicher Relevanz ausgetragen werden – institutionell gewendet heißt das: wo ein gesamtgesellschaftlich verbindlicher Regelungsbedarf besteht. Nicht alle gesellschaftlichen Konflikte haben solche Relevanz, somit besteht für sie auch kein gesamtgesellschaftlicher Regelungsbedarf, und somit gehören sie nicht zum Raum des Politischen. Kriterium für gesamtgesellschaftliche Relevanz ist – „von unten" – eine aus der Intensität sich ergebende Politisierbarkeit von Konflikten (das ist die maßgebende Einsicht von Carl Schmitt) und komplementär – „von oben" – das Erfordernis einer geltenden, verbindlichen Regelung.[17] In normativer Intention hat das erforderliche Merkmal der gesamtgesellschaftlichen Relevanz von Entscheidungen vor allem eine Abwehrfunktion. Es soll, soweit immer möglich, einen *Raum des Nicht-Politischen* freihalten, der nicht der zweckbestimmten gesamtgesellschaftlichen Regelung und Planung unterliegt. Dies betrifft sowohl den Bereich persönlicher Beziehungen als auch den Bereich gesellschaftlicher Aktivitäten. Nicht einer abrupten Trennung des Politischen und des Privaten wird damit das Wort geredet, das wäre realitätsfern – wohl aber einer Beschränkung politischer Regelungen auf das jeweils mögliche Mindestmaß.

(2) Die strukturelle Grundbestimmung der Politik impliziert ihre funktionale. Hier tritt die Doppelfunktion wieder ein, die bereits für soziale Institutionen allgemein festgehalten wurde. Politik darf nicht einseitig steuerungstheoretisch (miss)verstanden werden, wie es die strukturelle Grundbestimmung zunächst nahelegt.

17 Politik „von unten" allein gibt es nicht, immer kommen Willensbildung „von unten" und Durchführung „von oben" zusammen. In der Demokratie geht es darum, dass die Willensbildung tatsächlich erfolgt und dass die Durchführung ihr kontrollierbar entspricht.

Vielmehr hat Politik, als Handlungsraum der Herstellung, Ordnung und Durchführung verbindlicher, gesamtgesellschaftlich relevanter Entscheidungen, grundsätzlich zwei Funktionen: Sie erbringt für die Gesellschaft Steuerungsleistungen, und sie dient, weil es in einem Handlungsraum stets auch um Sinnorientierung geht, ihrer normativen Integration.

Steuerung meint hier: alle Formen der zweckbestimmten Regulierung von Handlungsoptionen in einer politischen Einheit. Die Regulierung erfolgt negativ durch Gebote und Verbote, um die Optionen der individuellen und kollektiven Akteure eines Gemeinwesens zu begrenzen und zu kanalisieren; sie erfolgt positiv durch Anreize insbesondere finanzieller Art, um sie in die gewünschte Richtung zu lenken. Das ist die erforderliche Ordnungsleistung der Politik.[18]

Normative Integration meint hier: die Orientierung der Bürger an den Werten und Ordnungsprinzipien, die dem Gemeinwesen zugrunde liegen, um ein Mindestmaß an Identifikation und kollektiver Identität zu erreichen. Das ist die erforderliche Orientierungsleistung der Politik.[19]

Hier ist vorwegnehmend etwas weiter auszuholen. Zweifellos bedeutet das Erfordernis einer Orientierungsleistung nicht, Politik habe ständig Orientierungen für die Bürger zu produzieren. Schon gar nicht sind konkrete Leistungen dieser Art den im Alltag agierenden Politikern abzuverlangen, die damit hoffnungslos überfordert wären. Politik kann nicht allgemeine Sinnstiftung für die Gesellschaft sein, wie es einmal die Religion gewesen ist – der moderne Verfassungsstaat hält sich aus guten Gründen, als Ergebnis vieler leidvoller historischer Erfahrungen, weltanschaulich zurück. Die Totalitarismen des 20. Jahrhunderts haben zuletzt unüberbietbar gezeigt, wohin eine weltanschauliche Indienstnahme der Politik – Politik als Religionsersatz – im Ergebnis führt. In erster Linie hat Politik in einem ganz instrumentellen Sinn jene Ordnungsleistungen zu erbringen, die erforderlich sind, um das menschliche Zusammenleben zu ermöglichen und aufrechtzuerhalten. Aber für ein stabiles Gemeinwesen und insbesondere die Demokratie gilt zusätzlich, dass die Ordnungsleistungen auf grundlegenden Wertvorstellungen der Bürger darüber beruhen, wie dieses Zusammenleben im Gemeinwesen geordnet sein soll. Nur wenn die politische Ordnung ihnen entspricht, werden die Bürger das Gemeinwesen als das ihre ansehen, und diese grundlegenden Wertvorstellungen müssen ihnen in irgendeiner Weise tatsächlich auch gemeinsam sein.

Der erforderliche Fundus gemeinsamer Wertvorstellungen ist in der Demokratie zunächst und primär eine Angelegenheit der Bürger. Er ist sodann in doppelter Hinsicht auch Sache der Politik. Zum einen sind die gemeinsamen Wertvorstellungen, soweit sie das Gemeinwesen unmittelbar betreffen, in der Verfassung festgehalten,[20] sie *binden* die Politik. Im deutschen Grundgesetz sind sie explizit in den Grundrechten formuliert (Art. 1-19 GG). Leitend ist die Menschenwürde

18 Näher zu Steuerung: Kap. 6.2. Steuerung wird in der institutionellen Konfiguration als eine Form der Machtausübung verstanden (Kap. 2.2.3), daraus ergibt sich im Folgenden ein präziseres Verständnis: Steuerung ist Strukturierung von Handlungsoptionen (Kap. 6 Einl., 6.2 Einl.).

19 Näher zur normativen Integration: Kap. 6.1.

20 Der Einfachheit halber thematisiere ich hier nur die gemeinsamen Wertvorstellungen der Bürger, die in der Verfassung kodifiziert sind. Mindestens ebenso wichtig sind, vor allem mit Blick auf normative Integration

(Art. 1 GG), die nachfolgenden Grundrechte binden Gesetzgebung, vollziehende Gewalt und Rechtsprechung als unmittelbar geltendes Recht (Art. 1 Abs. 3 GG). Ihnen folgen die politischen Ordnungsprinzipien, zunächst grundsätzlich formuliert als Staatsstrukturprinzipien in Art. 20 GG: Demokratie, Sozialstaat, Bundesstaat, Gewaltenteilung, Widerstandsrecht der Bürger. Die weiteren Artikel des Grundgesetzes führen dann die Ordnungsprinzipien für den Staatsaufbau der Bundesrepublik im Einzelnen aus. Zum anderen sind gemeinsame Wertvorstellungen und Ordnungsprinzipien, wie sie die Verfassung formuliert, für die Politik nicht nur bindend. Um normative Integration zu bewirken, müssen die politische Institutionen sie auch *darstellen*. Dass das Gemeinwesen auf solchen Werten beruht, muss für den Bürger erfahrbar, und d.h. in irgendeiner Weise auch sichtbar sein; sonst kann er sich dem Gemeinwesen, in dem er lebt und dem er sich schlecht entziehen kann, nicht zugehörig fühlen – es wäre nicht das seine.

Diesen Zusammenhang hat bahnbrechend der deutsche Staatsrechtslehrer *Rudolf Smend* ausgeführt.[21] Er insistiert darauf, dass der Staat nur dadurch bestehen kann, dass er mit seiner Verfassung die Bürger permanent und auch nicht nur über ihre rationalen Zwecke integriert. Jeder gesellschaftliche Zusammenhang kommt nicht nur durch rationale Diskurse, sondern auch und viel mehr durch intersubjektive Darstellungs-, Verstehens- und Erlebnisakte zustande. Wenn die Politik integriert, so nicht nur, indem sie ein Verfahren der rationalen Willensbildung und Entscheidungsfindung bereitstellt, sondern auch und gerade dadurch, dass sie den einzelnen Bürgern eine Teilnahme an einem „Gemeinschaftserlebnis" ermöglicht. Integration ist als Prozess die stets zu erneuernde Orientierung der Bürger an den Werten und Ordnungsprinzipien, die dem Gemeinwesen zugrunde liegen – als Ergebnis das Mindestmaß an Identifikation und kollektiver Identität, welches das Gemeinwesen für seinen Bestand benötigt. Das ist die dynamisierte und zugleich expressiv ausgeweitete Fassung des schon von Max Weber eingeforderten Legitimitätsglaubens als Grundlage von legitimer Herrschaft (Weber 1922: 122).

Damit erhält Integration eine doppelte Funktion im Gemeinwesen. Grundsätzlich bedeutet Integration die Herstellung einer Einheit in der Vielheit. Im *technischen* Sinn wird die Einheit, soweit erforderlich, durch Koordination und Organisation der Handlungsabläufe hergestellt; die Beteiligten agieren nach denselben Regeln und unterliegen den für sie gemeinsam verbindlichen Entscheidungen. Technische Integration ist eine Steuerungsleistung der Politik, wie sie etwa in der europäischen Integration durch Regelvereinheitlichung oder in der Integration von Flüchtlingen durch Eingliederung erfolgt. Integration bedeutet aber auch *Orientierung*, und in diesem Sinne ist sie normative Integration. Orientierung wird benötigt, wenn die Bürger ihr Handeln, soweit es andere und die Gemeinschaft betrifft, an einem gemeinsamen Wertfundus ausrichten sollen, und sie besteht dann darin, dass die Ausrichtung auf gemeinsam geteilte Wertvorstellungen sichtbar wird, also

in der institutionellen Konfiguration, die Alltagsvorstellungen eines angemessenen öffentlichen Handelns (siehe unten Kap. 6.1.3).

21 Smend 1928, 1956; vgl. Berthold 1997a, b. Zu Smend siehe unten Kap. 3.3 und 6.1.1. Ich gehe hier schon auf ihn ein, weil sich durch ihn die normative Integration am besten verdeutlichen lässt.

symbolisch zum Ausdruck kommt. Damit sind diese, jenseits von äußerlichen Zwängen, als Orientierung für gemeinsames Handeln präsent.[22]

Wenn also Politik zwar nicht ständig Orientierungshilfe geben muss, so hat das Gemeinwesen mit den Werten, auf denen es beruht, eben doch eine Orientierung zu geben: dass diese Werte es sind und nur diese, die allgemein gelten sollen. Nur mit solcher Orientierung hat es Bestand als Gemeinschaft der Bürger, und sie zu geben ist die erforderliche normative Integrationsleistung der Politik, die hier gemeint ist. Diese Orientierung ist etwas völlig anderes als geistige Lebenshilfe für die Bürger, wie sie den Politikern bisweilen abgefordert wird.

Durch die Hinzufügung der funktionalen zu der strukturellen Bestimmung ergibt sich ein erweiterter Politikbegriff, der dann auch der Bestimmung politischer Institutionen zugrunde liegt:

> Politik ist der Handlungsraum der Herstellung, Ordnung und Durchführung verbindlicher, gesamtgesellschaftlich relevanter Entscheidungen. In ihrer Funktionsweise erbringt Politik die erforderlichen Steuerungsleistungen für die Gesellschaft und dient ihrer normativen Integration.

2.1.3 Politische Institutionen

Durch den Politikbegriff lassen sich die politischen Institutionen gegenüber anderen sozialen Institutionen abgrenzen. Alle sozialen Institutionen, von der Familie bis zu den politischen Institutionen, sind bestimmt durch die Parameter ihres jeweiligen Handlungsraums. Handlungsraum der Familie sind die persönlichen Beziehungen, Handlungsraum der Politik ist die Herstellung, Ordnung und Durchführung verbindlicher, gesamtgesellschaftlich relevanter Entscheidungen. So sind politische Institutionen als Formen sozialer Institutionen bestimmt durch die Parameter des Handlungsraums Politik, sie sind geronnene Handlungsmuster der Politik und dadurch von den anderen sozialen Institutionen unterschieden. (Abb. 1).[23]

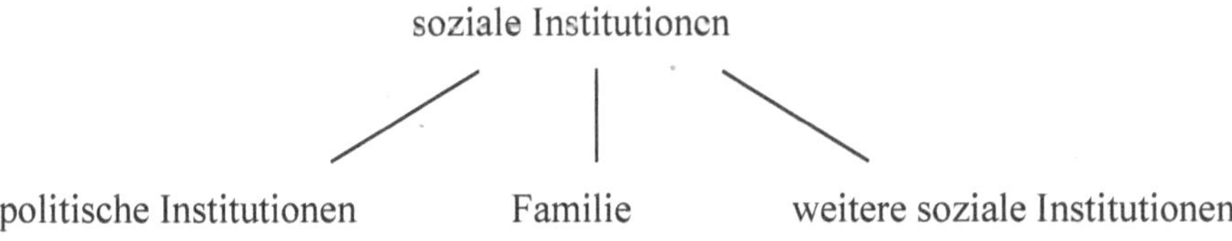

Abb. 1: soziale – politische Institutionen

22 Vgl. die Unterscheidung von Systemintegration und Sozialintegration bei Jürgen Habermas (1973: 14ff; 1981: II 277f). Auch Markus Linden stellt in seinem systematisch ausgearbeiteten Konzept der politischen Integration auf die „subjektiv-perzeptionelle Einbindung der aktiv oder passiv teilnehmenden Bürger ins politische Gemeinwesen" ab (Linden 2006: 274). Siehe dazu aber unten Kap. 7 Fn. 199.

23 Vgl. Göhler 1994a: 28-32, dort allerdings noch unnötig komplex.

Auf diese Weise führt die allgemeine Definition sozialer Institutionen, spezifiziert für den Handlungsraum Politik, für politische Institutionen zu der folgenden Definition:

> Politische Institutionen sind geronnene Handlungsmuster der Politik. Sie sind Regelsysteme der Herstellung und Durchführung verbindlicher, gesamtgesellschaftlich relevanter Entscheidungen und Instanzen der symbolischen Darstellung von Orientierungsleistungen einer Gesellschaft.

Die sozialwissenschaftliche Definition von Institutionen ist damit in die Bedingungen von Politik umgesetzt: Die regulierende Funktion sozialer Institutionen meint politisch die Transformation von Interessen in Entscheidungen und deren Ausfüllung, bezogen auf ein soziales Ganzes und versehen mit Verbindlichkeit; relative Dauer und Internalisierung als Kennzeichen sozialer Institutionen bedeuten in politischen Institutionen ein Mindestmaß an tatsächlicher Macht, rechtlicher Normierung und alltäglicher Akzeptanz durch die Betroffenen. Die orientierende Funktion sozialer Institutionen liegt bei politischen Institutionen in der auf den Horizont des Politischen bezogenen symbolischen Darstellung der gemeinsamen Wertvorstellungen einer Gesellschaft. Auf diese Weise wirken die politische Institutionen ebenso durch Steuerung wie durch Orientierung vermittels normativer Integration.

Die Charakterisierung politischer Institutionen kann hier kurz gehalten werden, denn ihre eigentliche Funktionsweise lässt sich erst in der institutionellen Konfiguration erfassen.

2.2 Politische Institutionen in der institutionellen Konfiguration

Bisher wurden die politischen Institutionen nur für sich betrachtet, gewissermaßen als Gebilde. Aber in der Theorie politischer Institutionen geht es nicht in erster Linie um ihr Innenleben. Wie Politik in ihrer Steuerungs- und Integrationsfunktion nicht ohne ihre Adressaten bestimmt werden kann (seien es ganz allgemein die Herrschaftsunterworfenen, seien es in der Demokratie vornehmlich die Bürger), so sind auch die politischen Institutionen in ihrer Funktionsweise nicht ohne ihre Adressaten zu erfassen. Die sozialen Beziehungen, die von den politischen Institutionen ausgehen, enden nicht in einer *terra incognita*, sondern bei angebbaren Adressaten, den Bürgern. Zugleich sind es in der Demokratie die Bürger, die erst die politischen Institutionen konstituieren. Politische Institutionen und Bürger befinden sich in der Demokratie also in Wechselwirkung, und das ist die *institutionelle Konfiguration* der Demokratie. Es macht deshalb wenig Sinn, allein von politischen Institutionen zu sprechen (es sei denn, man interessiert sich ausschließlich für ihr Innenleben), vielmehr richtet sich die institutionelle Perspektive für die Demokratie von vornherein auf die institutionelle Konfiguration, nämlich das Wechselverhältnis von politischen Institutionen und Bürgern im Gemeinwesen. Wie im Folgenden ausgeführt wird, *interagieren in der institutionellen Konfiguration die Akteure und Adressaten in den Beziehungen der Macht und der Repräsentation, und beide soziale Beziehungen haben jeweils die Dimension der Willensbeziehung und der Symbolbeziehung.*

2.2.1 Akteure und Adressaten

Institutionen sind geronnene Handlungsmuster. In diesem Rahmen wirken Personen als Akteure der politischen Institutionen, und wenn sie in Aktion treten, beziehen sie sich auf andere Personen als ihre Adressaten. So sind politische Institutionen, wie jede Institution, mit ihren Mechanismen und in ihrer Funktionsweise zwar überpersönlich, aber es besteht zugleich ein enger Zusammenhang mit angebbar handelnden Personen. Andere soziale Institutionen wie die Familie oder das Grüßen sind über einzelne angebbare Personen weit weniger definiert als die politischen Institutionen Bundesregierung oder Bundestag. Es sind bestimmte Personen in Institutionen und nicht bloß deren unbestimmte Populationen, die in der Politik auf konkrete Entscheidungssituationen reagieren oder nicht reagieren, und es sind mehr oder weniger feststellbare Personen, die eine Verfassung entwerfen und verabschieden oder maßgebende Symbole wie etwa eine Fahne kreieren und ihnen zur Durchsetzung verhelfen.[24]

Die Akteure stehen nur nicht immer im Vordergrund. Mit Maurice Hauriou lässt sich zwischen Personen-Institutionen (instutions-personnes) und Sach-Institutionen (institutions-choses) unterscheiden (Hauriou 1964: 34f).[25] Entweder sind politische Institutionen unmittelbar mit den in ihnen handelnden Akteuren verbunden, also ohne sie überhaupt nicht fassbar, oder sie sind in ihrem Charakter und in ihrer Wirkungsweise von ihnen abgehoben. Im ersten Fall – politische Institutionen mit Akteuren – sind sie zugleich Organisationen (Parlament, Regierung, Gerichte usw.).[26] Im zweiten Fall – politische Institutionen ohne Akteure – handelt es sich um Normsysteme (z.B. die Verfassung), deren Geltung für die Adressaten nicht von bestimmten angebbaren Akteuren abhängt. Der Akteursbezug ist damit aber nicht aufgehoben, er ist nur systematisch nachgeordnet. Auch politische Institutionen ohne Akteure sind von Personen gemacht worden, auch sie stellen „geronnenes Handeln" dar, und auch sie benötigen für ihr Wirksamwerden handelnde Personen.[27] Verfassungen sind das Ergebnis von Verhandlun-

24 In der soziologischen Institutionentheorie ist es umstritten, ob Institutionen als Entitäten oder lediglich als ein Set von Merkmalen aufzufassen sind. So warnt Karl-Siegbert Rehberg (1994, bes. 73-76) vor einer unangemessenen Reifizierung des Institutionenbegriffs und spricht konsequent von „institutionellen Mechanismen". Das macht durchaus Sinn. Viele Probleme der Institutionendefinition – was ist eine Institution, was nicht? – werden damit elegant erledigt. Für die Analyse politischer Institutionen reicht dieser Ansatz aber nicht hin. In der Politik geht es weniger um die Funktionsweise von institutionellen Mechanismen, die nicht auf eine bestimmte Institution beschränkt sind, als vielmehr um angebbare Institutionen mit angebbaren Akteuren; zudem um die Beziehungen zwischen den Institutionen und angebbaren Adressaten, ohne die sie in ihrer Wirkungsweise nicht verstanden werden können.

25 Hauriou ist zudem wichtig, weil er den Begriff der Leitidee (idée directrice) in die Institutionentheorie eingeführt hat. Siehe dazu unten Kap. 7.3.

26 Aus der Perspektive der Institutionentheorie sind politische Institutionen mit Akteuren Organisationen, die in der Willensbeziehung zur Erfüllung eines Zwecks die angemessenen Mittel bereitstellen. Damit können sie auch in der Symbolbeziehung Orientierung erbringen, zum einen für ihre Adressaten, zum anderen für ihre Angehörigen selbst.

27 In beiden Fällen können politische Institutionen formell oder informell sein. Politische Institutionen „mit Akteuren" sind formell, wenn sie rechtlich, durch eine Satzung geregelt sind – das sind jene mehr oder weniger organisierten Einrichtungen, die wir auch im Alltagsverständnis als politische Institutionen bezeichnen: Parlament, Regierung, die Öffentlichkeit als intermediäre Instanz im liberalen und demokratischen Verfassungsstaat usw. Dagegen sind politische Institutionen „mit Akteuren" informell, wenn sie nur über Verhaltensregelmäßigkeiten und typische Handlungszusammenhänge beschreibbar sind, wie etwa „Regime" in der internationalen Politik – feste, aber außerhalb der offiziellen Willensbildung wirkende

gen und Abstimmungen, sie werden durch die Verfassungspraxis weiterentwickelt, sie wirken verhaltensleitend und werden von ihren Organen durchgesetzt.[28]

Zugleich sind politische Institutionen nicht ohne ihre *Adressaten* bestimmbar, diese sind ihr notwendiges Korrelat, und sie stehen miteinander in Wechselbeziehung. Das gilt zunächst für politische Institutionen mit Akteuren. Ein Parlament ist von den Bürgern gewählt, die Regierung bedarf einer Mehrheit im Parlament. Akteure und Adressaten sind in der Regel nicht dieselben Personen. Die Unterscheidung erscheint zwar selbstverständlich, muss hier aber doch betont werden, denn für viele soziale Institutionen - wie etwa die Familie - ist sie kaum relevant. Für politische Institutionen ist sie dagegen fundamental, weil wir es in der Politik, in der es letztlich um verbindliche Entscheidungen geht, stets mit Herrschaftsverhältnissen zu tun haben. Nur im Ausnahmefall einer kleinen unmittelbaren Demokratie – etwa in der antiken griechischen Polis oder in einigen Schweizer Kantonen – können Akteure und Adressaten politischer Institutionen, Regierende und Regierte, einigermaßen identisch sein. In größeren politischen Einheiten gibt es stets ein Gefälle zwischen Akteuren und Adressaten politischer Institutionen, dies kann lediglich durch Partizipation und Kontrolle seitens der Adressaten kompensiert werden. Das eben ist das Kennzeichen der modernen repräsentativen Demokratie: Akteure und Adressaten politische Institutionen sind zwar nicht identisch, aber die Adressaten politischer Institutionen sind selbst wiederum Akteure. Auch Institutionen ohne Akteure haben ihre Adressaten, so richtet sich die Verfassung regulierend an die Bürger ebenso wie an die einzelnen Verfassungsorgane. Und auch hier wirken die verschiedenen Adressaten als Akteure wiederum auf die Verfassung zurück. Sie ist nur solange wirksam, wie sie „gelebte Verfassung" ist, wie sie bei ihren Adressaten positive Resonanz erhält.

Akteure politischer Institutionen sind die Personen, die der Institution selbst angehören und im Rahmen dieser Institutionen handeln. Adressaten sind die Personen, auf die das Handeln der Akteure gerichtet ist. Das sind die Bürger des Gemeinwesens, für welche die politischen Institutionen von Belang sind. Im Nationalstaat klassischen Musters ist der erste Adressat das Volk. Wie im Politikbegriff ausgeführt, ist der Nationalstaat aber nur eine, wenn auch nach wie vor sehr wichtige politische Zurechnungseinheit. Darüber hinaus gibt es eine Vielfalt politischer Zurechnungseinheiten, von der lokalen bis zur supranationalen Ebene, sie alle haben ihre Institutionen. Personen oder Personengruppen sind ihre Adressaten,

Einflusssysteme – oder die zunächst spontanen, sodann zunehmend sich institutionalisierenden Zusammenschlüsse in den Milieus der Neuen sozialen Bewegungen. Politische Institutionen „ohne Akteure" sind formell, wenn sie Verhaltensnormen und Vorgehensweisen allgemein und verbindlich kraft ihrer Legalität festlegen (die Verfassung, das Rechtssystem oder einzelne ihrer Institute wie das Wahlsystem oder Grundrechtsgarantien); sie sind informell, wenn sie als Symbolsysteme erwünschte Einstellungen befördern und unerwünschten Einstellungen entgegenwirken.

28 Eine Verfassung durch Gewohnheitsrecht, wie sie in Großbritannien besteht, ist nicht etwa durch die Tatsache, dass sie nicht von bestimmten Autoren schriftlich fixiert ist, ohne Akteursbezug. Ganz im Gegenteil: Auch das Gewohnheitsrecht hat sich durch das Handeln von Akteuren herausgebildet (wie sollte es anders sein?), und diese sind hier im Verfassungsrecht sogar noch herausgehoben: Konkrete Fälle, die konkret entschieden wurden, sind die Instanz, auf die man sich beruft.

wenn sie ihnen unterstehen bzw. eine Leistung von ihnen erhalten oder erwarten und – in der Demokratie – ihrerseits auf sie Einfluss nehmen können.[29]

Institutionen im Handlungsraum Politik lassen sich also in ihrer Funktions- und Wirkungsweise nur unter Berücksichtigung der Beziehung zwischen Akteuren und Adressaten erfassen, nämlich ihren Akteuren, wie sie ihren Adressaten entweder in direktem Handeln oder in Form des geronnenen Handelns gegenübertreten. Eine Analyse politischer Institutionen bleibt unzureichend, wenn sie den Blick wie die soziologische Institutionentheorie nur auf ihre Mechanismen richtet, und erst recht, wenn sie sich auf die Institutionen als Gebilde beschränkt, wie es in der überkommenen Institutionenlehre der deutschen Politikwissenschaft weithin der Fall war (Göhler 1987).

2.2.2 Willensbeziehung und Symbolbeziehung

Die Beziehungen zwischen den Akteuren und den Adressaten politischer Institutionen in der institutionellen Konfiguration sind Macht und Repräsentation. Sie sind jeweils intentional und symbolisch, haben also jeweils die Dimension der Willens- oder der Symbolbeziehung. Das soll zunächst ausgeführt werden.

Gemäß dem Politikbegriff sind die politischen Institutionen funktional durch Steuerungs- und Orientierungsleistung bestimmt (2.1.2). Wie anhand der Institutionenlehre von Arnold Gehlen zu sehen war, ist diese Doppelfunktion Kennzeichen sozialer Institutionen schlechthin. Im Handlungsraum Politik beruhen die beiden Funktionen auf zwei Grundmustern sozialer Beziehungen, die ich in analytischer Unterscheidung als *Willensbeziehung* und als *Symbolbeziehung* bezeichne. In der Willensbeziehung geht es im weitesten Sinn um zweckgerichtetes, instrumentelles Handeln, hierzu gehört die Steuerung; in der Symbolbeziehung geht es im weitesten Sinn um Darstellung, Orientierung und dramaturgisches Handeln, hierzu gehört die normative Integration.[30]

Willensbeziehung ist die abkürzende Bezeichnung für eine Beziehung zwischen dem Willen eines (individuellen oder kollektiven) Akteurs A, der sich auf einen bestimmten Zweck richtet, und dem Willen eines oder mehrerer Akteure B, der sich auf denselben oder einen anderen Zweck richtet. Voraussetzung ist lediglich ein Mindestmaß an Reziprozität. Eine Willensbeziehung liegt vor, wenn mindestens einer der Akteure den Willen des anderen in die Realisierung seines Zwecks mit einbezieht und damit dessen Reaktion bewirkt.[31] Die Willensbeziehung braucht

29 Das Verhältnis von Akteuren und Adressaten politischer Institutionen ist nur das Grundmuster. Weitere institutionelle Akteursbeziehungen betreffen einerseits im Binnenverhältnis die Beziehungen der Akteure untereinander und zu ihrer Institution, andererseits im institutionellen Arrangement die Beziehungen politischer Institutionen zu anderen Institutionen mit ihren Akteuren, die ihnen über-, unter- oder nebengeordnet sind. Ich expliziere die institutionelle Konfiguration hier nur für das Verhältnis der Institutionen zu den Adressaten „Volk" bzw. „Bürger"; auch auf vermittelnde Instanzen wie etwa die Medien gehe ich aus Vereinfachungsgründen zumeist nicht ein.

30 Entsprechend der Doppelfunktion der Institutionen schließt auch die Unterscheidung von Willensbeziehung und Symbolbeziehung an Gehlen an, der die Begriffe „instrumentell" und „ideativ" verwendet, um die Institution in ihrer doppelten Funktionsweise zu charakterisieren: Instrumentell geht es um Zweck, Mittel und Bedürfnisse, ideativ in primär symbolischer Form um nicht-instrumentelles, nicht zweckbewusstes schöpferisches Verhalten (siehe oben 2.1.1).

31 Beispiele zur Erläuterung:

dabei nicht unbedingt *in actu* durch Personen ausgeübt werden. Sie kann in und durch Strukturen bestehen; hier handelt es sich um „geronnenen“ Willen, der bereits durch die Erwartungshaltung der Adressaten zur Geltung kommt. Eine Willensbeziehung ist nie einseitig, sie setzt stets einen entsprechenden Willen beider Akteure voraus. Sie muss aber keineswegs symmetrisch sein: Die Präferenzen der Akteure, den eigenen Willen durchzusetzen bzw. sich auf den Willen des anderen Akteurs einzulassen, können unterschiedlich hoch, die Möglichkeiten der Realisierung des eigenen Willens sehr ungleich verteilt sein. Diese Bestimmung der Willensbeziehung entspricht weitgehend unserem Alltagsverständnis.

Schwieriger zu beschreiben ist die *Symbolbeziehung*, weil sie weniger offensichtlich ist. Sie bezeichnet im weitesten Sinn die Orientierung von Akteuren an Symbolen, die eine Leitfunktion innehaben, die damit verbundenen Einstellungen der Akteure und die daraus sich ergebenden Handlungsoptionen. In diesem Sinn sind soziale Beziehungen grundsätzlich symbolvermittelt. Eine soziale Beziehung ist nicht nur dadurch bestimmt, dass sich die Akteure an ihren Mitakteuren, sondern auch dadurch, dass sie sich an Symbolen orientieren, die für diese Beziehung einschlägig sind. Neben den Erwartungen und Intentionen der beteiligten Akteure ist eine soziale Beziehung also auch dadurch gekennzeichnet, an welchen Symbolen, in welcher Einstellung ihnen gegenüber und in welcher Intensität sich die Akteure positiv oder negativ orientieren.[32]

Symbole, die in sozialen Beziehungen Orientierung geben, mögen sich naturwüchsig herausgebildet haben – wichtig für die Struktur moderner Gesellschaften sind allerdings vor allem solche Symbole, die als gesellschaftlich maßgebende von individuellen oder kollektiven Akteuren generiert und in „symbolischen Kämpfen“ (Bourdieu) durchgesetzt werden (siehe unten Kap. 3.3). Dies gilt in besonderem Maße für die Politik und für politische Institutionen; hier stehen Symbole für grundlegende Wertvorstellungen und Ordnungsprinzipien. Einmal durchgesetzt, haben sie orientierungsleitende Funktion, wenn sie von den Bürgern akzeptiert werden: wenn sie einen Sinn oder eine Bedeutung ausdrücken, womit diese sich identifizieren können.[33]

Das ist der Sachverhalt, der bereits bei der Integrationsfunktion der Politik angesprochen wurde und jetzt schon etwas genauer gefasst werden kann. Normative Integration, also Integration durch Orientierung, erfolgt indirekt, und zwar vermittels von Symbolen. Die grundlegenden Wertvorstellungen und Ordnungsprinzipien eines Gemeinwesens werden von den politischen Institutionen durch Symbole

A und B verfolgen denselben Zweck. Sie wollen beide denselben Gegenstand erwerben und konkurrieren miteinander, indem sie sich gegenseitig überbieten.
A und B verfolgen unterschiedliche Zwecke. A möchte von B einen bestimmten Gegenstand kaufen, B hatte sich bisher keine Gedanken darüber gemacht, diesen Gegenstand zu verkaufen. Auf das Angebot von A hin ist B gehalten zu reagieren.

32 Allerdings ist nicht jede über Zeichen gesteuerte Kommunikation bereits eine Symbolbeziehung, denn Symbole und somit symbolvermittelte Beziehungen müssen spezifischer gefasst werden. Dies wird unten in Kap. 3 ausgeführt.

33 Beispiel zur Illustration: Beim Abspielen der US-Nationalhymne wird die Hand auf das Herz gelegt.

sichtbar gemacht und für die Bürger präsent gehalten. Normative Integration ist also eine Symbolbeziehung in der institutionellen Konfiguration.[34]

2.2.3 Macht und Repräsentation

Willens- und Symbolbeziehungen im Verhältnis zwischen den politischen Institutionen und den Bürgern sind in der Demokratie vor allem Macht und Repräsentation. Das ergibt sich – angesichts vieler weiterer möglicher Beziehungen – ebenfalls aus dem Politikbegriff. Die Grundfunktionen der Politik sind Steuerung und normative Integration (2.1.2), und beide erfolgen durch Macht und Repräsentation.[35] Wie noch ausführlich zu erörtern sein wird (Kap. 7), ist Steuerung die Ausübung von Macht, und normative Integration erfolgt durch Präsentation der grundlegenden Werte und Ordnungsprinzipien eines Gemeinwesens seitens der politischen Institutionen, mithin durch (symbolische) politische Repräsentation. Macht und Repräsentation stehen in der modernen Demokratie in einem sehr spezifischen Zusammenhang. Macht wird nicht nur von den politischen Institutionen ausgeübt, sondern auch von den Bürgern, denn Volkssouveränität bedeutet, dass die Macht im Gemeinwesen, die „Staatsgewalt", von den Bürgern ausgeht.[36] Repräsentation ist nicht nur symbolisch, sie bringt auch real den Willen der Bürger zur Geltung, denn allein er ist es, der von den politischen Institutionen repräsentiert wird.

Mit der Erkenntnis, dass es in der Politik entscheidend um *Macht* geht, hat Machiavelli das neuzeitliche Politikverständnis eröffnet. Sein bekanntestes Werk, der *Principe,* ist ein Traktat zur „Technologie des Erwerbs und der Behauptung politischer Macht" (Ilting 1982: 855). Spätestens seit Max Weber ist die Konnotation von Politik und Macht geradezu ein Gemeinplatz: Wie er in *Politik als Beruf* geradezu lapidar vermerkt, ist Politik „Streben nach Machtanteil oder nach Beeinflussung der Machtverteilung ... Wer Politik treibt, erstrebt Macht" (Weber 1919: 506f). Es ist das Kennzeichen von Politik, dass zwischen politischen Institutionen mit ihren Akteuren und den Adressaten ein Machtgefälle besteht – wie es umgekehrt ein Kennzeichen der Demokratie ist, dass alle Macht vom Volk ausgeht, also die Adressaten der Politik selbst wieder Akteure sind. Da diese Akteure, abgesehen von kleinen Inseln unmittelbarer Demokratie, nicht selbst regieren, sondern der politischen Institutionen bedürfen, reicht die Ausübung von Macht, sei es die der Bürger, sei es die der politischen Institutionen, allein nicht hin. In beiden Fällen bedarf sie der Formgebung und der Legitimation, und diese erfolgen durch *Repräsentation.* Die Machtausübung durch politische Institutionen bzw. ihre Akteure ist in der Demokratie nicht beliebig, sie unterliegt der Volkssouveränität, also im Grundsatz dem Willen des Volkes, wie er durch Repräsen-

34 Dies hier nur zur Verdeutlichung. Tatsächlich geht die Symbolbeziehung in der institutionellen Konfiguration nicht nur von den politischen Institutionen, sondern auch von den Bürgern aus (siehe weiter unten und Kap. 7).

35 Vgl. ähnlich Michel Dormal, der den Repräsentationsbegriff aus der Perspektive der Macht im Anschluss an Lefort und Gauchet entwickelt (Dormal 2017: 70 und 74, ausgeführt 74-90), ebenso das konstruktivistische Repräsentationsverständnis: „Theorists of the constructivist turn understand power and representation to be intrinsically linked" (Disch 2019: 5).

36 „Alle Staatsgewalt geht vom Volke aus" (Art. 20 Abs. 2 Satz 1 GG).

tation geäußert wird. Daher der Terminus „repräsentative Demokratie". Auch die Machtausübung der Bürger gegenüber den politischen Institutionen ist nicht beliebig, sie erfolgt in jeder anderen als der unmittelbaren Demokratie in den durch Repräsentation festgelegten Verfahrensweisen. In beiden Fällen unterliegt Macht somit der Formgebung durch politische Repräsentation, und nur durch diese ist sie in ihrer Ausübung legitimiert.

Macht und Repräsentation können sowohl *Willensbeziehung* als auch *Symbolbeziehung* sein. Die Ausübung von Macht im Sinne von Max Weber ist eine Willensbeziehung, ebenso Repräsentation durch das Mandat der Bürger, vermittels dessen sie in der politischen Willensbildung Einfluss auf die politischen Institutionen nehmen. Entsprechend ist Steuerung eine Willensbeziehung, indem politische Institutionen mit ihren Akteuren Macht ausüben. Auf der anderen Seite erfolgt die Präsentation gemeinsamer Werte durch die politischen Institutionen symbolisch. Als Symbolbeziehung hat die politische Repräsentation im Handlungsraum Politik die Funktion, durch ihre Orientierungsleistung normativ zu integrieren. Auch symbolische Repräsentation bedarf einer Machtgrundlage. In der Symbolbeziehung kann diese selbst nur symbolisch sein, und dass Macht auch symbolisch ausgeübt werden kann, hat bereits prominent Bourdieu gezeigt (siehe unten Kap. 4.2.2). In der Willens- und Symbolbeziehung politischer Institutionen gelten also, bezogen auf Macht und Repräsentation, die folgenden Zuordnungen (Abb. 2):

Willensbeziehung	*Symbolbeziehung*
Macht	symbolische Macht
Repräsentation durch Mandat	symbolische Repräsentation
Steuerung	normative Integration
Ordnungsleistung	Orientierungsleistung

Abb. 2: Macht und Repräsentation in der Willens- und Symbolbeziehung

Auf diese Weise bilden Willens- und Symbolbeziehung im Verhältnis von Bürgern und politischen Institutionen in der modernen Demokratie die institutionelle Konfiguration.

2.2.4 Die institutionelle Konfiguration

Wie die Zuordnungen genauer zu verstehen sind, ergibt sich aus der Spezifik der politischen Institutionen in der modernen Demokratie. Solange von bestimmten Herrschaftsformen abstrahiert wird, besteht die institutionelle Konfiguration ganz allgemein aus den Beziehungen zwischen den politischen Institutionen und ihren Adressaten. In diesem Grundmodell wirken die politischen Institutionen auf ihre Adressaten ein, während Akteure, die mit den Adressaten nicht deckungsgleich sein müssen, wiederum in irgendeiner Weise auf die Institutionen einwirken. Institutionen haben, wie mit Gehlen eingeführt, eine instrumentelle und eine ideative Dimension, die mit Blick auf die Akteure als Willens- und Symbolbeziehungen zu fassen sind. Die Einwirkung der politischen Institutionen auf ihre Adressaten und die Einwirkung der Adressaten auf die politischen Institutionen sind also jeweils Willens- und Symbolbeziehungen (Abb. 3).

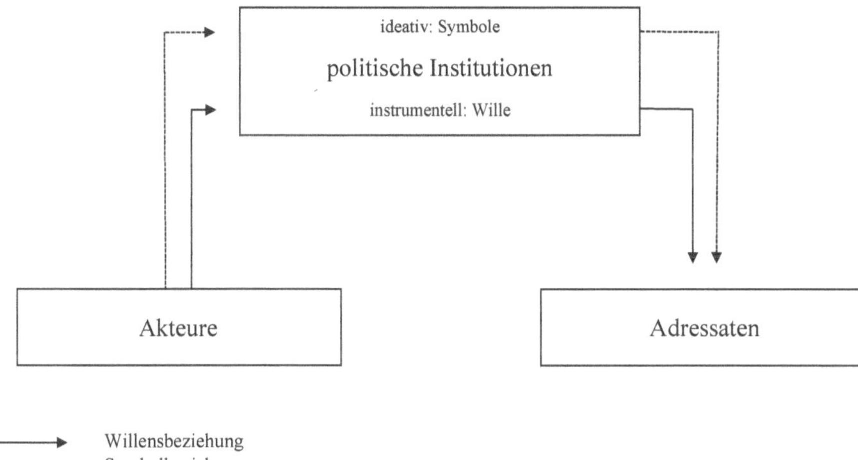

Willensbeziehung
Symbolbeziehung

Abb. 3: Die institutionelle Konfiguration – Grundmodell

Die Adressaten, auf welche die politischen Institutionen einwirken, und die Akteure, die ihrerseits auf die politischen Institutionen einwirken, brauchen nicht deckungsgleich zu sein, und wenn sie es sind, wie im modernen Staat, so sind ihre Einwirkungsmöglichkeiten, soweit sie ihnen formell zugestanden werden, doch höchst unterschiedlich.

Anders in der modernen Demokratie, in der die Bürger – normativ gesehen – gleich und frei sind. Zwar wirken auch in der Demokratie die Institutionen mit ihren Akteuren sowohl in Willens- als auch in Symbolbeziehungen auf die Bürger ein, aber nun sind es die Bürger selbst, die sich in Willens- und Symbolbeziehungen auf die politischen Institutionen richten und ebenfalls auf sie einwirken – und normativ sind die Willens- und Symbolbeziehungen, die von den Bürgern ausgehen, den politischen Institutionen gegenüber primär. Die Bürger sind gegenüber den Institutionen sowohl Akteure als auch Adressaten. Im Grundmodell, das noch nicht spezifiziert ist, bleibt es völlig offen, ob die Adressaten, auf welche die politischen Institutionen einwirken, auch identisch mit den Akteuren sind, die den politischen Institutionen gegenüberstehen. Dagegen ist es eine spezifische, normative Bedingung der Demokratie, dass auf Seiten der Bürger Akteure und Adressaten grundsätzlich identisch, die Bürger also gleichermaßen Akteure wie Adressaten sind. Für die moderne repräsentative Demokratie ist das die Konsequenz aus dem Prinzip der Volkssouveränität, wie es sich im Westen seit den Revolutionen des 18. Jahrhunderts, der amerikanischen und der französischen Revolution, historisch durchgesetzt hat (Diehl 2015: 121-131). Die Folge ist die beschriebene spezifische Verschränkung von Macht und Repräsentation. Deshalb bezieht sich die vorgelegte Theorie politischer Institutionen auch nur auf moderne Demokratien. Politische Institutionen gibt es in irgendeiner Form selbstverständlich in allen Herrschaftssystemen, auch in der antiken Demokratie. Aber das Modell der institutionellen Konfiguration als Kernstück der Theorie politischer Institutionen, wie es hier vorgelegt wird, bezieht sich ausschließlich auf die Formen der modernen Demokratie. Über diese hinausgehend könnte es so nicht konzipiert werden.[37]

Das Grundmodell der institutionellen Konfiguration ist also in der modernen Demokratie dadurch spezifiziert, dass die Adressaten der politischen Institutionen zugleich die Akteure sind, von denen die politischen Institutionen abhängen (Abb. 4):

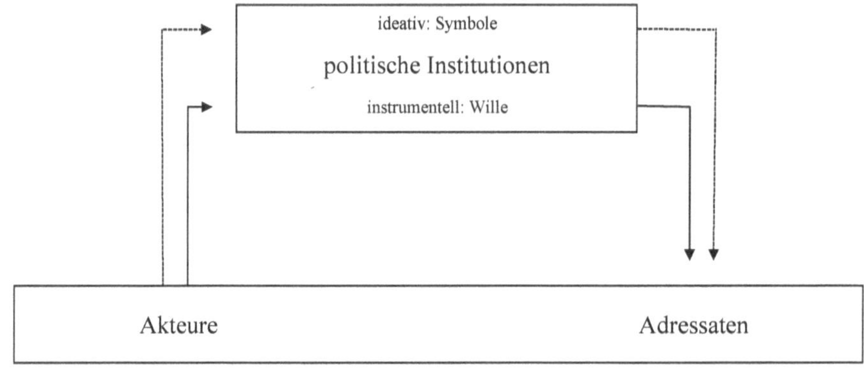

Abb. 4: Die institutionelle Konfiguration in der Demokratie

---

37 Damit grenze ich mich auch von André Brodocz ab, der mit einem ansonsten in vieler Hinsicht verwandten Ansatz die „symbolische Dimension der Verfassung" expliziert (Brodocz 2003). In einer eingehenden Auseinandersetzung mit mir, Lepsius und Rehberg (in dieser Reihenfolge) versucht er, ein aus seiner Sicht tragfähiges Institutionenkonzept zu entwickeln, um es sodann auf die symbolische Dimension der Verfassung anzuwenden (35-83). Kerngedanke ist, die Institution als „vergleichende Selbstbeobachtung" zu begreifen. Eine Institution ist, in der Terminologie von Luhmann, „was die Gesellschaft als Institution beobachtet. Institution ist deshalb eine Beobachtung zweiter Ordnung, mit der sich die moderne Gesellschaft selbst beschreibt, da sie ihre einzelnen Aspekte daraufhin vergleichend beobachtet, ob sie sie in einem sachlichen Sinn als stabil, in einem sozialen Sinn als strukturierend und/oder in einem zeitlichen Sinn als dauerhaft erfährt. Institution, so das zentrale Ergebnis dieser institutionentheoretischen Grundlegung, ist demnach eine Selbstbeschreibung der Gesellschaft, die das markiert, was als nicht kontingent – also als stabil, strukturierend und/oder dauerhaft – beobachtet wird, obwohl es als kontingent gilt" (107). Grund für die Aufteilung in Beobachtung erster und Beobachtung zweiter Ordnung ist, dass die Erfassung der Institutionen auf der Gegenstandsebene es nicht erlaubt, sie auf ein trennscharfes Gemeinsames zu bringen (82f). Dies hält Brodocz vor allem meinem Ansatz entgegen. Erst durch Beobachtung zweiter Ordnung, also vergleichende Selbstbeobachtung, entziehe sich der Institutionenbegriff dem Problem, „dass etwas an einem anderen Ort oder zu einer anderen Zeit oder für eine andere Person gerade nicht eine Institution ist" (107). Diese Verallgemeinerung strebe ich nicht an und halte sie historisch gesehen auch für problematisch, daher beschränke ich mich auf die institutionelle Konfiguration in der modernen Demokratie. Immerhin konzediert hier auch Brodocz: „In diesem Rahmen wird Institution als eine Gattung konzipierbar und damit Institutionalität an den konkreten Gegenständen beobachtbar" (82).

Willens- und Symbolbeziehung in der institutionellen Konfiguration der modernen Demokratie sind nun vornehmlich Beziehungen der *Macht* und der *Repräsentation* (2.2.3). Wie das genauer zu verstehen ist, kann erst nach der Erörterung der Einzelkomponenten ausgeführt werden (Kap. 7), sei hier aber schon einmal kurz benannt.

Macht und Repräsentation sind für den Handlungsraum Politik grundlegend, sie bestimmen das Verhältnis von Bürgern und politischen Institutionen. Als grundlegende soziale Beziehungen in der institutionellen Konfiguration sind sie die Medien, die das wechselseitige Verhältnis zwischen Bürgern und politischen Institutionen bestimmen und somit die politische Ordnung konstituieren. Medien im Sinne von Parsons (und Luhmann, der hier an ihn anschließt) sind kommunikative Mechanismen, welche die Interaktion von Menschen in der Gesellschaft steuern, indem sie die Absichten von Akteuren deutlich machen und durchsetzen.[38] Genau dies erfolgt in der institutionellen Konfiguration durch Macht und Repräsentation im wechselseitigen Verhältnis zwischen Bürgern und politischen Institutionen, und zwar in der Willensbeziehung ebenso wie in der Symbolbeziehung. In der Willensbeziehung üben die politischen Institutionen gegenüber den Bürgern Macht aus, die durch politische Repräsentation seitens der Bürger kontrolliert und legitimiert wird. Diese beruht ihrerseits auf der Macht der Bürger gegenüber den politischen Institutionen. In der Symbolbeziehung präsentieren die politischen Institutionen die gemeinsamen Werte und Ordnungsprinzipien des Gemeinwesens gegenüber den Bürgern, um sie normativ zu integrieren. Sie haben damit auf Dauer nur Erfolg, wenn diese Gemeinsamkeit tatsächlich den Vorstellungen der Bürger entspricht, also ihrerseits auf der symbolischen Macht der Bürger aufruht.

Die institutionelle Konfiguration beruht auf dieser doppelten Rückkopplung in der Willens- und Symbolbeziehung. Hierfür werden in den späteren Kapiteln Macht und Repräsentation, Steuerung und normative Integration im Einzelnen erörtert. Zuvor geht es im nächsten Kapitel um die Wesensmerkmale von Symbolen, um das Symbolische in der Symbolbeziehung genauer zu bestimmen. Das hat für Macht und Repräsentation erhebliche Konsequenzen.

2.3 Exkurs: Der Neo-Institutionalismus

Das Kapitel über politische Institutionen kann nicht abgeschlossen werden, ohne das Verhältnis der vorgelegten Theorie politischer Institutionen zum Neo-Institutionalismus zu besprechen, auch wenn sie mit ihrem Focus auf die institutionelle Konfiguration in eine eigene Richtung geht. Seit den 1980er Jahren höchst einflussreich, will der Neo-Institutionalismus nicht nur einzelne Institutionen untersuchen und auf ihre Bedeutung hinweisen. Es geht ihm generell um die Funktionsweise von Institutionen in gesellschaftlichen, ökonomischen und politischen

38 Vgl. Jensen 1980: 7, 11. Die Medien sind bei Parsons Geld, Macht, Einfluss und Wertbindung (Parsons 1980), grundlegend für die institutionelle Konfiguration sind dagegen nach meiner Auffassung Macht und Repräsentation. Eine grundsätzlich entgegengesetzte Auffassung vertritt Zenkert: Nicht die Macht ist das Medium, sondern die Institution. „Institutionen stellen das Medium dar, in dem sich ein politischer Verband verwirklicht kraft der gemeinsamen Voraussetzungen und Zielvorstellungen" (Zenkert 2004: 337, insges. 337-340, mit ausdrücklicher Kritik an Göhler 1997 in FN 41). Das ist eine Frage der Sichtweise.

Zusammenhängen.[39] Allerdings gibt es da ein Problem. Am Anfang eines jeden Überblicks über den Neo-Institutionalismus steht zumeist die Klage über die Vielzahl heterogener Perspektiven, die eher beliebig unter dem Terminus „Institution" zusammengefasst werden (DiMaggio/Powell 1991: 3). Entsprechend unterschiedlich wird er dann aufgegliedert. Am brauchbarsten erscheint noch die fachspezifische Einteilung in einen ökonomischen, einen (organisations-)soziologischen und einen politikwissenschaftlichen Neo-Institutionalismus. Stets geht es dabei – wenn auch in höchst unterschiedlicher Gewichtung – um eine engere rationalistische oder eine weitere kulturalistische Perspektive.

Ökonomischer Institutionalismus

Der Blick der Ökonomie richtet sich primär auf das individuelle Handeln in Märkten, nicht auf Institutionen oder Organisationen. Die neoklassische Ökonomie ist erst auf Institutionen gestoßen, als Coase 1937 fragte, warum es überhaupt Firmen gibt und nicht alle Transaktionen als Markttausch vollzogen werden. Die Theorie der Firma bricht mit der bis dahin unterstellten Annahme, dass Märkte und hierarchische Organisationen unvergleichbare Formen darstellen, wobei die Ökonomie die Austauschrelationen und die Soziologie die Herrschaftsrelationen analysiert. Vielmehr können Firmen als institutionelle Äquivalente zum Markt verstanden werden, wenn es um ihre Kosten geht. Damit beginnt die neoklassische Institutionenökonomie oder „Neue Institutionelle Ökonomie".

So hebt der Transaktionskosten-Ansatz für den Vergleich von Märkten und wirtschaftlichen Unternehmungen hervor, dass der marktförmige Austausch allein schon durch den Abschluss von Verträgen und die Beschaffung der erforderlichen Informationen stets erhebliche Kosten verursacht. Diese Transaktionskosten können es als vorteilhaft erscheinen lassen, Organisationen oder Institutionen einzurichten, da die sozialen Beziehungen hier nicht für jede Situation neu vertraglich geregelt, sondern kurzfristig per Anweisung gesteuert werden. Zusätzlich zu einer derart ermöglichten Minimierung von Transaktionskosten tragen Institutionen durch ihre Dauerhaftigkeit dazu bei, Unsicherheit zu reduzieren, da nicht ständig mit neuen Vertragspartnern und veränderten Vertragsbeziehungen gerechnet werden muss.

Institutionelle Rahmenbedingungen spielen auch im Property-Rights-Ansatz eine wichtige Rolle. Ausgehend von der Feststellung, dass Transaktionen nicht nur als Austausch von Gütern und Dienstleistungen, sondern vornehmlich als vertragliche Übertragung von Eigentumsrechten zu verstehen sind, werden die unterschiedlichen Konsequenzen analysiert, die sich bei privaten, gemeinschaftlichen oder staatlichen Eigentumsstrukturen ergeben.

39 Für den Neo-Institutionalismus grundlegend sind March/Olson 1984 und 1989; einen Überblick geben Schmalz-Bruns 1990, Hall/Taylor 1996, Peters 1996 und 2000, Schmidt 2003 sowie im Anfangsteil („Approaches") das Oxford Handbook of Political Institutions (Binder/Rhodes/Rockman 2008). Zur Sichtweise des soziologischen Neo-Institutionalismus: Hasse/Krücken 2005 und 2009, Senge/Scott 2006. Zur theoriegeschichtlichen Einordnung des Institutionenbegriffs: Schülein 1987.

Speziell mit Blick auf die Verhältnisse innerhalb von Firmen untersucht schließlich der Principal-Agent-Ansatz, wie innerhalb von Organisationsstrukturen unterschiedliche Handlungsstrategien entstehen. Der unternehmende *principal* und die arbeitenden *agents* stehen sich in einer Firma nicht nur hierarchisch, in Form von Über- und Unterordnung gegenüber. Sie kooperieren auch horizontal in einem Geflecht, das aus dem technisch bedingten Zwang zur Zusammenarbeit entsteht.

Insgesamt geht es in der Institutionenökonomie also stets um die Frage, welche Resultate aus den institutionellen Rahmenbedingungen hervorgehen. Institutionen ermöglichen Kooperationsgewinne, sind notwendige Strukturen zur Koordinierung oder Überwachung bei Arbeitsteilung, verhindern katastrophale Ergebnisse und verringern die Informations- und Absicherungskosten. Sie dienen also dazu, auf lange Sicht ein effizientes System von Austauschbeziehungen zu gewährleisten.

(Organisations-)Soziologischer Neo-Institutionalismus

Seit den 70er Jahren des 20. Jahrhunderts hat sich als Gegenposition ein soziologischer Neo-Institutionalismus entwickelt, der sich gegen die Einseitigkeit von rationalistischen Kalkülen wendet und eine eigenständige Modellierung institutioneller Mechanismen einfordert. Von einer generellen soziologischen Wiederentdeckung der Institutionen kann allerdings nicht gesprochen werden. Denn während in den mit umfassendem Erklärungsanspruch auftretenden Sozialtheorien (z.B. Luhmann) der Institutionenbegriff kaum noch eingesetzt wird, findet seine soziologische Renaissance vornehmlich in einem gesellschaftswissenschaftlichen Teilbereich statt: der Organisationstheorie (Hall/Taylor 1996).

Klassischer Ansatzpunkt ist die Kritik von Meyer/Rowan (1977) an der verbreiteten Vorstellung, Organisationen könnten perfekt auf ein Ziel hin ausgerichtet werden und als effiziente Instrumente rational ihre Zwecke verwirklichen. Vielmehr sind Organisationen in hohem Maße an sozial geltende, „institutionalisierte“ Vorstellungen gebunden, durch die bereits vorgegeben ist, wie bestimmte Produkte oder Dienstleistungen rational zu erzeugen sind. Um extern Legitimität und intern Unterstützung zu erreichen, übernehmen Einrichtungen daher zumeist anerkannte Produktionsverfahren als „Rationalitätsfassaden“, die einer gezielten Effizienzüberprüfung jedoch nicht standhalten würden.

Die Carnegie School der Organisationstheorie verweist auf „Unsicherheitsabsorption“ als entscheidende Funktionsweise von Organisationen. Die Aufmerksamkeit und Aufnahmefähigkeit von Entscheidungsinstanzen ist begrenzt; oft ist es nicht möglich, eine umfassende Berechnung der Handlungsfolgen vorzunehmen. Deshalb versuchen die Entscheidungsträger die komplexen Zusammenhänge so zu simplifizieren, dass sich Gewohnheiten und eingespielte Regeln auf sie anwenden lassen – oder aber sie greifen zur Bewältigung der Problemstellung nach dem Zufallsprinzip in den *garbage can*, einen mit Lösungsmöglichkeiten gefüllten Mülleimer (Cohen/March/Olsen 1972).

Die scheinbar eigenständigen formalen Organisationen sind daher wesentlich bestimmt durch ihre Kontexte, zusammengesetzt aus Konsumenten, Zulieferern, Konkurrenten und einflussnehmenden Verwaltungen. Aufgrund der ständigen

Kontakte und Informationsdichte werden allgemein übliche Verhaltensweisen institutionalisiert. Deshalb sind Organisationen mit ihrer spezifischen Rationalität in einer breiteren als nur der ökonomischen Perspektive zu erfassen. Sie werden nicht nur durch die jeweils geltenden Regeln, Verfahren und Organisationsstandards definiert, sondern sind in Konventionen, Weltbilder und orientierende Symbolsysteme eingebettet („embeddedness") – also insgesamt in institutionalisierte Zusammenhänge, welche den Individuen und den Organisationen die möglichen Handlungsalternativen und auch das jeweils maßgebliche Rationalitätskonzept vorgeben (DiMaggio/Powell 1991).

Echte Alternativen?

Insgesamt richtet sich also die Kritik der organisationssoziologischen Seite gegen die Voraussetzungen institutionenökonomischer Modellierungen: dass Institutionen als das geplante, effiziente Resultat des *homo oeconomicus* anzusehen sind, der – mit vollständiger Information über die Situation ausgestattet – aufgrund seiner gegebenen Präferenzen einen Handlungskurs wählt, welcher das bestmögliche Resultat erzeugt. Dies alles sind für die Kritiker problematische Abstraktionen, die in umfassendere soziokulturelle Zusammenhänge eingeordnet werden müssen. Tatsächlich sind aber weder die Frontlinien so klar[40] noch ist ausgemacht, ob die organisationssoziologische Kritik bereits echte Defizite ausmacht geschweige denn zu lösen vermag.

Die Neue Institutionelle Ökonomie behauptet keineswegs, dass die jeweils bestehenden Institutionen per se auch effizient sind. Rationale Strategien münden immer wieder in eine „Pfadabhängigkeit", so dass Institutionen aufgrund der investierten Kosten aufrechterhalten werden, obwohl sie nicht mehr die größtmögliche Produktivität gewährleisten (North 1992). Die entscheidende Frage, ob rationalistische Ansätze Phänomene wie unvollständige Information oder *embeddedness* angemessen verarbeiten können, muss daher zumindest offen bleiben. Rationalistische Ansätze der Soziologie sind durchaus in der Lage, die soziale Einbettung von Individuen oder Organisationen zu berücksichtigen. Auch rationale Kalküle erfolgen auf der Grundlage von Erfahrungen und Vorlieben, sozialen und kulturellen Begrenzungen und situativen Bedingungen (Esser 1995). Voraussetzung für eine solche Analyse ist allerdings, dass das ursprüngliche Modell des *homo oeconomicus* entscheidend erweitert wird – was in der Institutionenökonomie nach wie vor umstritten bleibt.

Politikwissenschaftlicher und historischer Neo-Institutionalismus

Der Neo-Institutionalismus in der Politikwissenschaft lässt ebenfalls sowohl rationalistische als auch kulturalistische Ansätze erkennen. Ein gutes Beispiel ist der *akteurzentrierte Institutionalismus* (Mayntz/Scharpf 1995), der neben den kognitiven auch motivationale Aspekte mit einbezieht. Akteure handeln nach ihrem

40 Auch innerhalb des wirtschaftswissenschaftlichen Bereichs werden die skizzierten Überlegungen der Neuen Institutionellen Ökonomie von einigen „radicals" (Reuter 1994: 14) scharf attackiert. Ihre Kritik stimmt auffällig mit der Kritik aus Sicht des organisationssoziologischen Neo-Institutionalismus überein (so DiMaggio/Powell 1991: 9f).

rationalen Kalkül, zugleich aber auch im institutionellen Kontext gesellschaftlicher Regelungen und kulturell geprägter Werte, die sie auch emotional beeinflussen. Die kulturalistische Erweiterung des Institutionenverständnisses resultiert hier wiederum daraus, dass beobachtbare Verhaltensweisen aus dem rein rationalen Kalkül der Beteiligten nicht erklärbar sind.

Allerdings war die Entwicklung des neo-institutionalistischen Ansatzes im Bereich der Politikwissenschaft nicht in erster Linie durch die Auseinandersetzung zwischen rationalistischer und kulturalistischer Perspektive geprägt, sondern entstand zum einen in Abgrenzung gegenüber marxistischen Ansätzen und zum anderen als Gegenkonzept zur behavioristischen Orientierung, die allein auf das beobachtbare Verhalten der Individuen setzt. Das Argument gegen beide Positionen besteht darin, dass institutionelle Strukturen durchaus auch in ihrer Eigenständigkeit zu analysieren, also nicht nur als abhängige, sondern auch als unabhängige Variablen zu begreifen sind. So entwickelte sich innerhalb der Politikwissenschaft eine besondere Richtung, der historische Neo-Institutionalismus. Zunächst wurde unter dem Motto „Bringing the State Back In" (Skocpol 1985) die entscheidende Rolle des Staates hervorgehoben; zunehmend werden aber auch einzelne institutionelle Faktoren aufgesucht, um komplexe politische Zusammenhänge zu erfassen (Immergut 1997). Im Mittelpunkt steht die Frage, wie weit historische Entwicklungen durch den einmal geschaffenen institutionellen Rahmen bereits vorgezeichnet sind – so dass lediglich in Krisenzeiten, in denen sich unerwartet neue Möglichkeiten eröffnen, von einzelnen Akteuren neue Pfade initiiert werden können. Auf diese Weise sind es institutionelle Bedingungen, von denen es abhängt, ob politische Entscheidungen zu Veränderungen führen oder aber blockiert werden. Prominent wurde in diesem Zusammenhang die Theorie der *Veto Players* (Tsebelis 2002), nämlich institutionell definierter Schaltstellen, welche die Entscheidungen anhalten oder passieren lassen können. Der inzwischen heftig diskutierte deutsche Föderalismus, wonach der Bundesrat bei entsprechenden Mehrheitsverhältnissen Vorhaben der Regierung oder Beschlüsse des Bundestages nahezu beliebig blockieren kann, ist ein gutes Beispiel. Hier geht es um parteitaktische oder länderbezogene Interessenkalküle, aber auch um grundlegende Wertvorstellungen der Politik, also um die rationalistische ebenso wie um die kulturalistische Dimension.

Damit ist ein Kernproblem jeder politikwissenschaftlichen Institutionentheorie angesprochen. Um die einzelnen Theoriesegmente miteinander zu verbinden, ist eine umfassendere Perspektive erforderlich. Diese versuche ich im vorliegenden Buch mit dem Modell der institutionellen Konfiguration zu gewinnen, welche auf die Beziehungen der Akteure und Adressaten der politischen Institutionen abstellt und sowohl die instrumentelle Seite der Steuerung als auch die symbolische Seite der Integration erfasst. So sind bis zu einem gewissen Grad auch die verschiedenen Varianten des Neo-Institutionalismus mit einbezogen, ohne dass sie jeweils eigens thematisiert werden müssten.

3 Symbole

Zusammenfassung

Nach einer Übersicht über die einschlägigen Symbole wird der Symbolbegriff bestimmt, wie er für die Theorie politischer Institutionen Verwendung findet. Er beruht auf der Unterscheidung von Zeichen und Symbol. Davon ausgehend wird gefragt, was Symbole für die politische Realität bedeuten und was es mit dem Schlagwort „symbolische Politik" an sich hat.

Wird die institutionelle Konfiguration durch Willens- und Symbolbeziehungen bestimmt, so ist dabei die Symbolbeziehung besonders klärungsbedürftig, da ihre Bestimmung davon abhängt, wie Symbole in ihrer Funktionsweise zu verstehen sind. Grundlegend ist also der zu verwendende Symbolbegriff, und so nimmt das Symbolverständnis für die vorliegenden Untersuchungen eine Schlüsselrolle ein. Die Politikwissenschaft ist auf ein Muster aus Willens- und Symbolbeziehungen, wie es die institutionelle Konfiguration darstellt, bisher nur wenig eingestellt. Während Willensbeziehungen den geradezu selbstverständlichen Hintergrund abgeben – entweder, wie in den Prozessen der „Willensbildung", ohne viel Aufhebens benannt oder im Verhalten aller Akteure implizit unterlegt –, sind Symbolbeziehungen bestenfalls in das Teilgebiet „Politische Kultur" verwiesen. Dass sie im Mainstream der Politikwissenschaft nicht als generell konstitutiv für Politik in Erscheinung treten, liegt vor allem am Fehlen eines reflektierten Symbolbegriffs. Unter dem Schlagwort „symbolische Politik" wurde das Symbol vornehmlich ideologiekritisch verwendet. Außerhalb der Politikwissenschaft steht sich das Symbol als Grundbegriff des Sozialen zwar besser. Aber auch wenn die Sozialwissenschaften vom Symbolbegriff positiven Gebrauch machen, so bleibt er doch vage und vor allem gegenüber dem Zeichenbegriff kaum geklärt. Ein Symbolverständnis, welches tragfähig ist, um die Zusammenhänge von Institution, Macht und Repräsentation in der Symbolbeziehung herauszuarbeiten, liefern erst die Disziplinen, die sich mit dem Symbol selbst beschäftigen: Semiotik, Hermeneutik und Sprachwissenschaft. Mit ihrer Hilfe lässt sich erstens ein hermeneutischer Symbolbegriff explizieren, der hinlänglich vom Zeichen unterschieden ist – damit wird er komplex genug, um symbolisch geprägte Strukturen für die Institutionentheorie adäquat zu beschreiben (3.2). Zweitens lässt er sich sodann sozialwissenschaftlich soweit rekonstruieren, dass seine konstitutive Bedeutung für die soziale und politische Realität als Ergebnis von Kräfteverhältnissen und Auseinandersetzungen gesellschaftlicher Gruppen bestimmt werden kann (3.3). Damit ergibt sich drittens auch eine präzisere Bestimmung des Schlagworts *symbolische Politik*, das in der Politikwissenschaft häufig abwertend verwendet wird (3.4). Zuvorderst sei kurz besprochen, um welche Symbole es sich handelt, die in der institutionellen Konfiguration wichtig sind (3.1).

3.1 Politische Symbole: Ein Überblick

Von den vielfältigen Symbolen, die in der Politik eine Rolle spielen, interessieren hier die repräsentativen Symbole – diejenigen Symbole, welche die gemeinsamen, für das Zusammenleben im Gemeinwesen grundlegenden politischen Wertvorstellungen und Ordnungsprinzipien präsentieren. Das sind Bildsymbole und Tonsymbole, aber auch Wort- und Textsymbole sowie schließlich Handlungssymbole.[41]

Das bekannteste *Bildsymbol* ist die Fahne oder Flagge, welche mit ihrer Darstellung, vor allem ihren Farben, die maßgebenden Werte einer Nation verkörpern soll. So stehen in Deutschland die Farben Schwarz-Rot-Gold für Demokratie in der Tradition der 1848er Revolution, im bewussten Gegensatz zu dem alten autoritären, imperialen Regime mit den Farben Schwarz-Weiß-Rot. In der Weimarer Republik wurde diese Auseinandersetzung um die deutschen Nationalfarben im „Flaggenstreit" ausgetragen; der Streit über die Symbole führte über öffentliche und parlamentarische Auseinandersetzungen bis hin zu Straßenkämpfen.[42] Es war die Tragik der Weimarer Republik, dass die demokratischen Farben Schwarz-Rot-Gold nie eine integrative Wirkung für das Gemeinwesen als Ganzes entfalten konnten, und dies trug mit zu ihrem Untergang bei. Nach dem Zusammenbruch 1945 war Schwarz-Rot-Gold unumstritten, und zwar in beiden deutschen Staaten; auch hier wurde 1989 der Niedergang der DDR symbolisch sichtbar, als auf den Massendemonstrationen schwarz-rot-goldene Fahnen hochgehalten wurden, in denen das DDR-Emblem herausgeschnitten war.

Bildsymbole sind vielfältiger Art. Wichtige politische Symbole sind öffentliche Gebäude, und dies durchaus auch in Demokratien. So symbolisiert der Bundestag im Reichstagsgebäude in Berlin mit seiner neu konstruierten Kuppel über dem Plenarsaal auf höchst sinnfällige Weise die Macht der Bürger auch gegenüber ihren Repräsentanten, weil die Bürger als Besucher gewissermaßen über deren Köpfen laufen können. Auch die D-Mark ist ein politisches Bildsymbol. Sie war als Währung bis Ende 2001 im Gebrauch, ein Zahlungsmittel wie andere Währungen auch. Als bloßes Zahlungsmittel ist sie kein politisches Symbol. Aber sie stand für die neu erreichte Geldwertstabilität nach der Währungsreform von 1948 und für das darauf einsetzende „Wirtschaftswunder". Auch für die DDR war sie heißbegehrt. So erhielt sie zunehmend, wobei es auf das einzelne Bild auf den Geldscheinen gar nicht ankam, den Status eines integrierenden politischen Symbols, sie wurde geradezu zum Mythos. Diesen Status hat der nachfolgende Euro bisher noch nicht wieder gewinnen können.[43]

Das bekannteste *Tonsymbol* ist die Nationalhymne. Sie verkörpert nicht nur die jeweilige Nation, sondern auch ihre spezifischen gemeinsamen Werte. In der DDR sollte die „Becher-Hymne" („Auferstanden aus Ruinen und der Zukunft zugewandt") den Neuanfang nach dem Nazi-Regime symbolisieren. In der Bundesrepublik einigte man sich darauf, auf das Deutschland-Lied zurückzugreifen, aber nur die dritte Strophe zu verwenden („Einigkeit und Recht und Freiheit"),

41 Bizeul 2009 unterscheidet sechs Kategorien von politischen Symbolen: die sprachlichen, visuellen, auditiven, olfaktorischen, taktilen und gustatorischen Symbole. Rehberg typisiert – aus einer dezidiert theoretisch-systematischen Perspektive (siehe unten Fn. 48) – in Leib-Symbole, Raum-und-Ding-Symbole, Zeit-Symbole und Text-Symbole (Rehberg 2001: 35-46).

42 In der Weimarer Verfassung konnte Schwarz-Rot-Gold nicht als ausschließliche Nationalfarbe durchgesetzt werden. Die „Reichsfarben" waren schwarz-rot-gold (Art. 3 S. 1 WRV), aber die Handelsflagge blieb schwarz-weiß-rot (mit den Reichsfarben in der oberen inneren Ecke, Art. 3 S. 2 WRV). Der Kompromiss wurde in der Folge zur Quelle vielfältiger Auseinandersetzungen.

43 Bildsymbole sind von Bildern zu unterscheiden, siehe dazu unten Fn. 53.

denn nur diese drückte noch jene gemeinsamen Werte aus, auf denen wieder aufgebaut werden sollte, während die Wertvorstellungen der ersten beiden Strophen, vornehmlich der ersten Strophe („Deutschland, Deutschland über alles") aufgrund der historischen Erfahrungen obsolet geworden waren.

Das wichtigste *Textsymbol*, insbesondere in Demokratien, ist die (zumeist geschriebene) Verfassung. Jede Verfassung hat eine instrumentelle und eine symbolische Funktion.[44] In ihrer instrumentellen Funktion regelt sie Strukturen und Verfahrensweisen des Regierens und bestimmt die Rechte und Pflichten der Bürger. In ihrer symbolischen Funktion repräsentiert sie zugleich die grundlegenden Werte des Gemeinwesens, auf denen jede Regelung aufruht. So sind diese Werte als Worte nicht nur Sachverhalte, sondern zugleich auch orientierungsleitende Symbole. Im deutschen Grundgesetz steht hier an oberster Stelle die Menschenwürde (Art. 1 GG), gefolgt von den einzelnen Grundrechten (Art. 2–19 GG) und den Staatsstrukturprinzipien Volkssouveränität und Demokratie, Rechts- und Sozialstaat sowie Föderalismus (Art. 20 GG). Sie sind nicht nur unmittelbar geltendes Recht, sondern zugleich Symbole, welche als Worte die Werte ausdrücken, mit denen die Bürger sich identifizieren können. Ganz im Vordergrund steht die symbolische Dimension bei den Staatszielen wie etwa dem Schutz der natürlichen Lebensgrundlagen und der Tiere (Art. 20a GG) oder der Verwirklichung eines vereinten Europas (Art. 23 Abs. 1 GG), die zwar – mit inzwischen einer Ausnahme[45] – nicht individuell einklagbar sind, wohl aber gemeinsame Wertvorstellungen ausdrücken, die als Ziele richtungsweisend sind. Gerade weil sie vor allem symbolisch gelten, enthalten sie ein hohes Integrationspotential (Bühler 2011). Insgesamt ist es vor allem die symbolische Dimension der Werte in der Verfassung, welche die Zuwendung der Bürger zum Gemeinwesen ermöglicht und letztlich aufrechterhält.

Häufig übersehen, aber für symbolische Repräsentation essentiell sind *Handlungssymbole*. Das Handeln der Amtsträger eines Gemeinwesens ist nicht nur am jeweiligen Erfolg oder Misserfolg zu bemessen. Es hat stets auch symbolischen Charakter, und dieser kann durchaus wichtiger und folgenreicher sein. Jedes Handeln der Amtsträger macht die gemeinsamen Werte des Gemeinwesens sichtbar und erlebbar, wenn es im Einklang mit ihnen steht[46] – und wenn dies sichtbar nicht der Fall ist, so mögen auch reale Erfolge wenig zählen. Das Handeln der Amtsträger ist symbolisch außerordentlich sensibel, denn für den Bürger ist es leichter, die symbolische Bedeutung dieses Handelns zu erkennen als dessen realen Output zu bemessen. Besonders auffällig und häufig auch folgenreich ist symbolisches Fehlverhalten. Wenn sich in Corona-Zeiten Abgeordnete durch Vermittlung von Maskenkäufen für die öffentliche Hand persönlich bereicherten, so missachteten

44 Vgl. Vorländer 2002, Brodocz 2003 und 2009, zusammenfassend Bühler 2009: 71-81. Zur Kritik an Vorländer (Nullmeier 2006) siehe unten Kap. 7 Fn. 220.

45 Das Staatsziel „Schutz der natürlichen Lebensgrundlagen" (Art. 20a GG) wurde jetzt durch Beschluss des Bundesverfassungsgerichts v. 24.3.2021 aufgewertet zu einer „justiziablen Rechtsnorm, die den politischen Prozess zugunsten ökologischer Belange auch mit Blick auf die besonders betroffenen künftigen Generationen binden soll" (Bundesverfassungsgericht, 2021). Umweltschutz wird zu unmittelbar einklagbarem Recht, wenn die Benachteiligung künftige Generationen betrifft.

46 So macht Siegfried Landshut im Handeln der Amtsträger, wenn es der Idee des Gemeinwesens und seiner Würde angemessen ist, Repräsentation schlechthin fest (Landshut 1964: 494-497, siehe unten Kap. 5.2.1).

sie, auch wenn sie formal nicht gegen Gesetze und geltende Regeln verstoßen haben mögen, die von ihnen zu erwartende Integrität und Verantwortung für das Gemeinwohl, so dass Fraktion und Partei sie, wenn sie nicht freiwillig austraten, öffentlichkeitswirksam hinausdrängten, um Schaden für kommende Wahlen zu vermeiden. Der Kanzlerkandidat der CDU, Armin Laschet, war im Wahlkampf 2021 in dem Augenblick chancenlos, als er im Ahrtal bei einer Rede des Bundespräsidenten zur Flutkatastrophe im Hintergrund fernsehwirksam mit der Entourage feixte. Prompt sanken seine Werte ab und konnten sich nicht mehr erholen. Die Beispiele eines symbolischen Handelns der Amtsträger, welches angesichts der Erwartungen, die an sie zu stellen sind, misslingt und dadurch desintegriert, lassen sich leicht fortsetzen. Umgekehrt kann der Rücktritt eines Ministers, der die Verantwortung für Fehlverhalten in seinem Ressort übernimmt, das ihm unmittelbar gar nicht anzulasten ist, der also die „politische Verantwortung" übernimmt, durchaus respektabel wirken und dadurch integrieren. Ungeachtet persönlicher Nachteile steht er ein, wofür er ursprünglich angetreten ist, und weil so etwas eher selten vorkommt, stärkt es das Vertrauen in die demokratischen Institutionen.

3.2 Zeichen und Symbol: Die hermeneutische Erweiterung des semiotischen Dreiecks

Warum können politische Symbole eine solche Wirkung haben? Dazu ist näher nach den spezifischen Eigenschaften der Symbole zu fragen, also nach dem, was Symbole als Symbole ausmacht. Entscheidend ist es – so mein Grundargument – zwischen Zeichen und Symbol zu unterscheiden. Symbole sind Zeichen, aber nicht alle Zeichen sind Symbole. Warum das so ist und welche Konsequenzen sich daraus ergeben, will ich im Folgenden erörtern.

Für das Verständnis von Symbolen ist in erster Linie die Semiotik zuständig, die Lehre von den Zeichen. Symbole sind zweifellos Zeichen, aber die Frage, ob auch alle Zeichen Symbole sind, ist für die Semiotik eher ein Problem.[47] Gar nicht zwischen Zeichen und Symbol zu unterscheiden, ist auch keine Lösung.[48] Außerordentlich hilfreich ist hier die hermeneutische Symboltheorie, die klar zwischen den beiden trennt – es wird zu sehen sein, dass diese Trennung zum Verständnis der Wirkungsweise politischer Symbole grundlegend ist. Deshalb gehe ich zwar von der Semiotik aus, nehme dann aber zur Bestimmung des Symbols die hermeneutische Symboltheorie hinzu.

47 Grundlegend zur Symboltheorie in diesem Zusammenhang: Speth 1997a: 68-112. Siehe auch unten Fn. 52.

48 Niklas Luhmann weist zwar den Symbolen eine sehr allgemeine Funktion zu – so sind die Kommunikationsmedien wie Macht oder Wahrheit „eine Zusatzeinrichtung zur Sprache, nämlich ein Code generalisierter Symbole" (Luhmann 1975: 7) – unterscheidet aber, worauf Karl-Siegbert Rehberg hinweist, auch noch zwischen Symbol und Zeichen. Symbole sind für ihn „reflexiv gewordene Zeichen" (Rehberg 2001: 27). Rehberg selbst wählt für die Unterscheidung von Symbol und Zeichen „aus forschungsstategischen Gründen" (33) eine andere Perspektive: „Seit der Antike lassen sich Symboltheorien der Präsenz von Zeichentheorien der Repräsentanz unterscheiden ... Im Folgenden soll die substantialistische Semantik der Symbole idealtypisch abgehoben werden von ihrer Repräsentationsfunktion (Repräsentanz)" (21). Symbole sind „verdichtete Zeichen" (33), sie verweisen nicht nur, sondern sie verkörpern, sie stellen Präsenz her. Auf diese Weise wird der Symbolbegriff für Rehberg ein Schlüssel für das Verstehen institutioneller Prozesse (vgl. dazu insgesamt 21-35). Diese Unterscheidung von Symbol und Zeichen liegt auf einer anderen Ebene als meine im Folgenden ausgeführte hermeneutische Herangehensweise.

Das *Zeichen* steht für einen bestimmten Gegenstand oder Sachverhalt, den es bezeichnet. Der Verwender benutzt das Zeichen als Signifikant für den Gegenstand oder Sachverhalt, den er bezeichnen will, das Signifikat. Die Relationen zwischen Verwender, Signifikant und Signifikat bilden das sogenannte *semiotische Dreieck* (Abb. 5).[49]

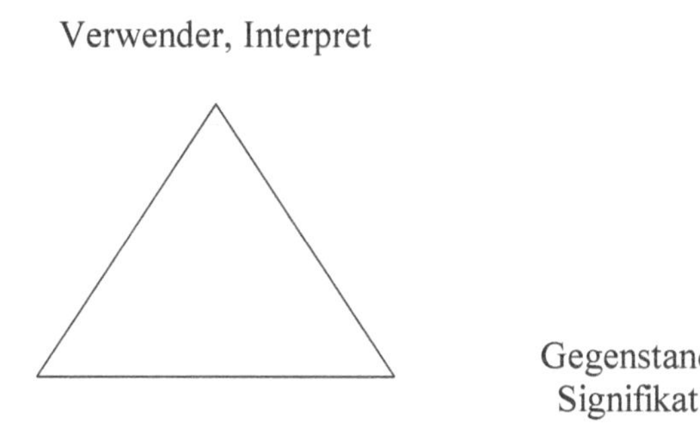

Abb. 5: semiotisches Dreieck

Das Zeichen ist eine Form der Bezugnahme, in der der Signifikant eindeutig für einen Sachverhalt steht (Denotation). Seine Bedeutung ergibt sich aus der Zuordnungsregel des Signifikanten zum Signifikat. Das Zeichen „Autobahn" – sei es als Wort oder als Bild – bezeichnet eindeutig eine kreuzungsfreie, mehrspurige Straße; jeder, der das Zeichen liest oder sieht, kann sicher erwarten, genaue diese Form einer Straße vorzufinden, denn so ist das Zeichen als Signifikant für das Signifikat „Autobahn" festgelegt.

Das *Symbol* ist zwar auch ein Zeichen, aber ein Zeichen besonderer Art. Alle Symbole sind Zeichen, doch längst nicht alle Zeichen sind auch Symbole. Klarer als in der Semiotik lässt sich der Unterschied zwischen beiden vermittels der *hermeneutischen Symboltheorie* erfassen, und entsprechend lässt sich so das semiotische Dreieck hermeneutisch erweitern. Im hermeneutischen Verständnis gehen Symbole über Zeichen deutlich hinaus. Symbole benennen nicht einfach den Sachverhalt, für den sie stehen. Zeichen benennen einen Sachverhalt abkürzend so, dass jedes Mitglied einer Kommunikationsgemeinschaft das gleiche darunter versteht. Symbole dagegen stellen einen Sachverhalt so dar, dass er erst interpretiert werden muss. Die Bedeutung der Symbole beruht also auf der Deutung, die vom Interpreten vorgenommen wird – sie ist nie eindeutig, sondern sie ergibt sich erst aus der Art und Weise, wie sie der Interpret auf sich wirken lässt, begreift

49 Was hier vereinfacht zusammengefasst wird, ist in der Semiotik keineswegs so eindeutig, vgl. Nöth 2000: 139 ff. Umberto Eco hat einmal die unterschiedlichen Termini zusammengestellt, die den Ecken dieses Dreiecks in der semiotischen Literatur zugesellt werden (Eco 1977: 30). Das Ergebnis ist niederschmetternd. Das semiotische Dreieck sollte die Verwendung oder den Verwender der Zeichen, die Zeichen selbst und das, was sie bezeichnen sollen, in einen Zusammenhang bringen. In den unterschiedlichen Konzepten wird dies ebenso wenig klar wie überhaupt die Vielfalt der verwendeten Begriffe. Sollte man auf das Dreieck deshalb lieber verzichten? Trotz aller berechtigten Kritik am semiotischen Dreieck (Schönrich 1999) wird man nicht darum herumkommen, die unterschiedlichen Instanzen, die in der Semiose zusammenwirken, als solche zu benennen und ihre wechselseitigen Beziehungen zu bestimmen.

und verwendet (Konnotation). Das semiotische Dreieck erhält eine zusätzliche hermeneutische Dimension (Abb. 6).[50]

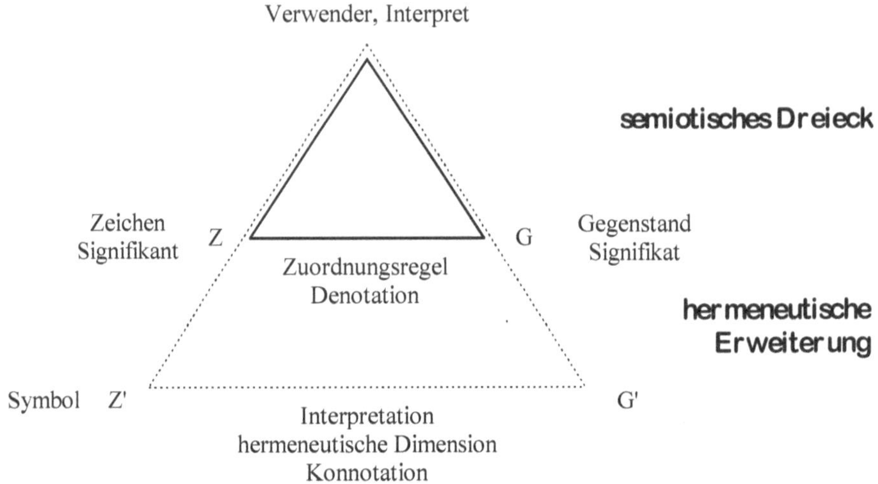

Abb. 6: Die hermeneutische Erweiterung des semiotischen Dreiecks

Die erforderliche Erweiterung lässt sich an der deutschen Bundesflagge verdeutlichen. Die Farben Schwarz-Rot-Gold bezeichnen eindeutig ein politisches Gebilde, die Bundesrepublik Deutschland (Art. 22 Abs. 2 GG). Aber damit ist es nicht genug. Für den Betrachter steht mehr dahinter: Für den einen ist sie, eingedenk ihrer historischen Wurzeln in der 1848er Revolution und der Weimarer Republik, der Ausdruck demokratischer Identifikation, für den anderen der Ausdruck eines ungeliebten Systems, für den dritten schließlich Ausdruck eines unzeitgemäßen natio-

50 „Das Symbol bezeichnet und benennt nicht ... Die Bedeutung sprachlicher Zeichen kenne ich, ich habe sie gelernt, die Bedeutung von Symbolen muss ich deuten. Erst durch ihre Deutung werden Gegenstände und Ereignisse zu Symbolen. Die symbolische Bedeutung ist die symbolische Deutung. Das Symbol ist kein semiotisches, es ist ein hermeneutisches Phänomen" (Kurz 1988: 80). Ähnlich Hülst, allerdings ohne Bezug auf die hermeneutische Symboltheorie: „Symbole sind nicht mit geheimnisvollen Qualitäten versehene Elemente der Menge Zeichen, und auch keine Art der Zeichenproduktion. Das Symbolische ist eine Modalität des Textgebrauchs, und in dieser Eigenschaft gehört zu ihm neben der Produktion der symbolischen Aspekte eines Textes oder sonstigen Symbolkörpers zugleich auch die Interpretation, kraft der pragmatischen Entscheidung: ‚Ich will diesen Text, Begriff oder dieses Bild symbolisch interpretieren' " (Hülst 1999: 75).

Der Unterschied zwischen semiotischer und hermeneutischer Symboltheorie lässt sich an der Unterscheidung von Metapher und Symbol demonstrieren, wie sie Gerhard Kurz vorgenommen hat. Die Metapher ist ein außergewöhnlicher Wortgebrauch, um durch Abweichungen von den Regeln unserer Umgangssprache Aufmerksamkeit zu gewinnen. Gelingt die Metapher, ist sie verständlich, so erweisen sich die Abweichungen als sinnvoll und außerordentlich aufschlussreich (Kurz 1988: 14). In diesem Interpretationsprozess ist der Gegenstand, auf den Bezug genommen wird, bekannt – die Bedeutungsvielfalt wird nur im Sprachbewusstsein hergestellt. Das Symbol erbringt dagegen im Verstehen eine zusätzliche Bedeutung für das Gegenstandsbewusstsein. Es ist ein "Textelement, das zugleich eine indizierende und eine metaphorische Bedeutung hat" (76). Analog zur Unterscheidung zwischen denotativen und konnotativen Verweisen (Edelman 1990: 5) verweist das Symbol auf etwas anderes im Gegenstandsbereich, was bisher nicht bewusst war, nämlich auf eine andere Interpretationsmöglichkeit desselben Gegenstandes. Im Gebrauch von Symbolen wird der Gegenstandsbereich erweitert, indem er je unterschiedliche Interpretationen offen hält.

nalen Hochgefühls. Die Mehrdeutigkeit war im sogenannten „Sommermärchen" bei der Fußballweltmeisterschaft 2006 in Deutschland gut zu sehen. Die vielen nationalen Wimpel zeigten eine bisher ungeahnte Identifikation mit Deutschland, doch entgegen manchen Befürchtungen blieb diese Identifikation ganz fröhlich und harmlos, also alles andere als nationalistisch. Das Symbolische ist somit keine besonders bunte oder undeutliche Form der Bezeichnung, sondern ein bestimmter Umgang mit den Zeichen, bei dem der Signifikant einer Deutung unterworfen wird. Erst durch ihre Deutung werden Sachverhalte und Ereignisse zu Symbolen. Die Deutung durch die Interpreten bringt ihre ganze Lebensweise mit ein: Wissen, Erfahrungen, Grundsätze und Emotionen. Der Unterschied zwischen Zeichen und Symbol lässt sich auf eine einfache Formel bringen: *Symbole sind Zeichen mit Überschussgehalt.*[51] [52] [53]

---

51 Vgl. Nöth 2000: 182. Die Formulierung ist so griffig, dass sie hier verwendet wird auch auf die Gefahr des Missverständnisses hin, als fügten Symbole den Zeichen noch die affektive Dimension hinzu, seien also nur für das Affektive zuständig. Das ist nicht gemeint. Vielmehr sind Symbole der affektiv und kognitiv noch ungetrennte Ausdruck sozialer Sachverhalte, die als Orientierung in Situationen eine Rolle spielen. Zeichen (denotativ) sind demgegenüber Abstraktionen, beschränkt auf die kognitive Dimension. Aus der Perspektive der (denotativen) Zeichen – und unsere Wissenschaftssprache ist eine denotative Sprache – erscheinen Symbole dann als „Erweiterung", eben als Zeichen mit Überschussgehalt.

52 Es muss der Fairness halber hinzugefügt werden, dass diese Zusammenhänge in der Semiotik durchaus nicht unbekannt sind. Die Schwierigkeit mit der Semiotik liegt vielmehr darin, die schnell sich einstellende Komplexität semiotischer Theoreme – Peirce ist ein illustratives Beispiel – für die Analyse von Symbolzusammenhängen in der Politik zu operationalisieren, also konkret anwendbar zu machen. Hierfür ist der Einbezug der hermeneutischen Perspektive unverzichtbar. Wird über diesen Zugang das Grundmuster klar, so lässt es sich auch in semiotischen Theoriegebäuden wiederfinden oder zumindest rekonstruieren. Und so liefert dann auch die Semiotik eine bestätigende Hilfestellung – wenn nur der Blick hermeneutisch geschärft ist: Umberto Eco teilt die Zeichen in ihrer Beziehung zum Signifikat in univoke und plurivoke, eindeutige und mehrdeutige Zeichen ein und findet den Gipfel der Mehrdeutigkeit in den „unbestimmten Zeichen, auch ‚Symbole' genannt, die einen unbestimmten und auf Anspielung beruhenden Zusammenhang mit einer nicht festgelegten Reihe von Signifikaten haben" (Eco 1977: 53); entsprechend unterscheidet er auch zwischen Denotation und Konnotation (181). Aber ohne eine hermeneutische Klärung bleibt das alles recht unbestimmt, letztlich meint Eco angesichts der geisteswissenschaftlichen Tradition des Symbolbegriffs, dass „die sogenannten Symbole gar keine Zeichen sind [sic!], sondern nur Stimuli mit der Fähigkeit, den Empfänger zu einer schöpferischen Mitarbeit anzuregen"(55). Das passt in die hier vorgeschlagene hermeneutische Erweiterung des semiotischen Dreiecks schon irgendwie hinein. Charles S. Peirce befasst sich mit Symbolen systematisch in zweierlei Hinsicht. Zum einen steht das Symbol in der Reihe Ikon – Index – Symbol. Das ist der Objektbezug des Zeichens. Als „Ikon" verweist das Zeichen auf das Objekt durch Ähnlichkeit, als „Index" durch einen unmittelbaren zeitlichen oder räumlichen Bezug (Rauch - Feuer), als „Symbol" dagegen unabhängig von Ähnlichkeit oder unmittelbarer Determination aufgrund einer allgemeinen Gesetzmäßigkeit, die sich durch die Gewohnheit des Zeichengebrauchs ergibt (Peirce PAP: 135f; Hülst 1999: 67-72; Hoffmann 2001: 102f). Das ähnelt dem „Bedeuten" als höchster Funktionsweise der symbolischen Formen bei Ernst Cassirer, also letztlich der rationalen Wissenschaft. Was bei Cassirer transzendental, ist bei Peirce pragmatisch begründet – zur Frage nach dem Überschussgehalt von Symbolen trägt es ebenso wenig bei. Interessanter in diesem Zusammenhang ist ein zweiter Aspekt des Symbolverständnisses von Peirce. Das Symbol ist in stärkstem Maße davon abhängig, wie es interpretiert wird. Das Symbol ist „das, als was es verstanden wird"(Peirce NE: 45). Der Interpret kann das Symbol aufgrund seines „Ähnlichkeitsgefühls" (NE 46) erkennen und zuordnen. Also geht auch Peirce über die bloße Denomination, die alltagssprachlich ohnehin die Ausnahme ist, zu einer interpretativen Auffassung des Symbols über. Pragmatistisch liegt es ohnehin nahe, handelnde Personen als Bezugssubjekte mit einzubeziehen. Damit kommen Individuen mit ihren Handlungsmöglichkeiten ins Spiel, Wirklichkeit als interpretierte ist akteursabhängig. Auf diese Weise erhält der Peircesche Symbolbegriff die Möglichkeit einer hermeneutischen Ausdeutung. Das Symbolische der Politik lässt sich somit, wenngleich nur über den Umweg der Hermeneutik, letztendlich auch zeichentheoretisch erfassen.

53 So lässt sich auch zwischen Bildsymbolen und Bildern unterscheiden. Symbole und Bilder sind nicht das gleiche. Viele Symbole sind Bilder, aber es gibt auch Symbole, die unmittelbar keine Bilder sind: Tonsymbole, Textsymbole, Handlungssymbole. Umgekehrt sind viele Bilder auch Symbole, aber nicht jedes Bild ist ein Symbol. Eine politische Karikatur z.B. ist ein Bild, aber kein Symbol: Die Karikatur sendet eine bestimmte

Das bedeutet:

(1) Symbole wirken nicht nur in der kognitiven, sondern unmittelbar und ebenso konstitutiv auch in der *affektiven* Dimension, sie sprechen vor allem die emotionale Seite von Politik an. Symbole verdichten wie alle Zeichen komplexere Sachverhalte, aber sie präsentieren sie nicht nur kognitiv. Man weiß nicht nur, was gemeint ist, sofern die Zeichen bekannt sind oder erklärt werden – als Symbole bringen sie stets auch Gefühle mit ins Spiel, sie wecken Emotionen. Die affektive Dimension der Symbole ist für den gesellschaftlichen Zusammenhalt mindestens ebenso wichtig wie die kognitive, sie kann deshalb für die Orientierung der Bürger nicht außer Acht bleiben.[54] Darauf beruht, wie noch auszuführen sein wird (Kap. 6.1.1), die normative Integrationsfunktion der Politik.

Ein einfaches Beispiel: Der deutsche Bundeskanzler Scholz gibt sich in seinen Reden außerordentlich sachlich und emotionslos, was ihm den Beinamen „Scholzomat" eingetragen hat. Das ist nun wirklich nicht jedermanns Sache – es wirkt so, als ob da etwas fehle. In der Politik präsentieren Symbole Werte oder auch nur Dispositionen des Gemeinwesens auf anschauliche Weise, und so ist es vor allem die emotionale Seite der Politik, wie sie in Symbolen zum Ausdruck kommt, die ein Gefühl der Zugehörigkeit zum eigenen Land, ein „Wir-Gefühl", erzeugen und verstärken kann. Andererseits kann es nicht allein um Gefühle gehen. Symbolbe-

---

Botschaft aus, die zwar auch emotional, aber eben nicht uneindeutig und mehrfach interpretierbar sein soll, wie es Symbole sind. Andererseits sind viele Bilder auch Symbole – entweder handelt es sich von vornherein um Bildsymbole oder aber sie werden zu Symbolen, indem schlichte Bilder, ähnlich den einfachen Zeichen, im Verhältnis zu dem Betrachter symbolisch aufgeladen werden. Die berühmt-berüchtigten Mohammed-Karikaturen sind ein gutes Beispiel. Dann gilt der von mir herausgestellte Überschussgehalt des Symbols mit den benannten Mechanismen. Es wäre nun spannend zu fragen, wann ein Bild in der Demokratie zu einem politischen Symbol wird, indem es symbolisch aufgeladen wird und was da eigentlich vor sich geht.

54 Die neuere Diskussion über die Rolle von Emotionen in der Politik hebt verstärkt deren positive Bedeutung hervor. Das klassische moderne Politikverständnis geht mit der Aufklärung von einem unaufhebbaren Widerstreit zwischen Vernunft und Leidenschaften aus und will Emotionen aus der Politik möglichst heraushalten, weil sie, wie etwa der *Federalist* argumentiert, die Massen aufputschen, Partikularinteressen Vorschub leisten und die Gesellschaft entzweien (vgl. Fed. 10: 57, 49: 343). Ähnlich sieht das noch Hanna Arendt, wenn sie den französischen Revolutionären vorwirft, dass das „leidenschaftliche Mitleiden" die Politik zerstöre (Arendt 1965: 103, 109). Dagegen werden Emotionen nun positiv mit Politik konnotiert, allerdings in durchaus entgegengesetzter Richtung: So tritt – um gewissermaßen zwei Pole zu benennen – Martha Nussbaum vehement dafür ein, Emotionen in der Politik Raum zu geben, weil ihr gezielter Einsatz durch die Regierung die Akzeptanz und Zuwendung der Bürger in liberalen Demokratien entscheidend befördert; erwünschte Gefühle wie Mitgefühl und Liebe zur Gerechtigkeit sollen gepflegt und unerwünschte wie Angst und Neid zurückgedrängt werden. Ansatzpunkt ist für sie vor allem der demokratisch verstandene Patriotismus in den USA (Nussbaum 2014). In scharfer Abgrenzung sieht das postfundamentalistische Politikverständnis dagegen in einem derart instrumentalistischen Verständnis von Emotionen das eigentlich Politische verfehlt. Vielmehr sind Emotionen im Sinne der Affektenlehre von Spinoza für das Politische geradezu konstitutiv, weil sie es für die Freiheit der Bürger offenhalten und einengende Festlegungen verhindern (vgl. den instruktiven Literaturbericht von Slaby 2017). – Ich fasse das Verhältnis von Emotionen und Politik oder die affektive Dimension der Politik allerdings schlichter und nüchterner auf. Strukturell ist der Handlungsraum Politik unhintergehbar auch durch Emotionen bestimmt. Daher sind funktional die Emotionen ein wichtiger Faktor, um Leistungen für das Gesamtsystem zu erbringen, etwa in der normativen Integration. Diese Sicht ist weniger normativ als bei Marta Nussbaum und auch nicht auf ein bestimmtes Verständnis des Politischen festgelegt wie im postfundamentalistischen Politikverständnis.
Eine gute Taxonomie politisch relevanter Emotionen aus Sicht der Kommunikationswissenschaft ist bei Josef Klein zu finden (Klein 2018: 302f, 2019: 48f, 162ff). Eine umfassende systematische Übersicht aus der Perspektive der Politikwissenschaft gibt, mit einem klaren einleitenden Literatur-Überblick und vorsichtigen Schlussfolgerungen, Timm Beichelt 2021.

ziehungen können und sollten stets auch kritisch und selbstkritisch, nämlich kognitiv reflektiert sein. Konfrontiert mit Symbolen des Gemeinwesens, ist der Bürger gewissermaßen zur Stellungnahme aufgefordert, ob es seine Werte sind oder nicht, die repräsentiert werden, und die Reaktion – ob positiv oder negativ – ist ebenso rational wie emotional begründet. Nur bleibt eben die affektive Dimension der Symbole zumindest ebenso wichtig wie die kognitive, denn auf diese Weise sprechen Symbole nicht nur den Intellekt, sondern die gesamte Persönlichkeit in ihrer Lebensauffassung und in ihrem Lebensstil an.[55]

Deshalb können Symbole, das ist die Kehrseite, auch gut inszeniert werden, weil sich die Inszenierung besonders leicht und wirkungsvoll ihrer affektiven Mechanismen bedienen kann. Die Verstärkung ins Affektive, welcher Symbolen eigen ist, kann also auch das genaue Gegenteil bewirken, nämlich einseitige ideologische Vereinnahmungen, sofern dafür nur ein Resonanzboden[56] vorhanden ist. Das erleben wir in den gegenwärtigen populistischen Strömungen – augenfällig im Symbolgebrauch der AfD, wenn sie etwa die friedliche Revolution von 1989 für sich vereinnahmen will.

(2) Symbole sind eine Verdichtung von Sachverhalten zu unmittelbaren Anschauungsgehalten. Dadurch bedürfen sie wiederum der Interpretation, um angenommen und verstanden zu werden. Symbole sind grundsätzlich *mehrdeutig*, sie lösen Assoziationen aus, und erst zusammen mit diesen weiterführenden Assoziationen des Interpreten ist der Symbolgehalt aufgenommen. Der Assoziationszusammenhang ist nicht eindeutig festgelegt, die Interpretationsrichtung nicht vorgegeben. Wie sie verstanden werden, welche Assoziationen sie eröffnen, ist stets kontextabhängig: variierend nach Person, Zeit, Gruppenzugehörigkeit usw. Durch Symbole wird also kein Anspruch auf eindeutiges Verständnis erhoben, die Orientierung an Symbolen bewirkt keine eindeutige Reaktion: Symbole steuern nicht in einem Kausalzusammenhang menschliches Verhalten, sie sind vielmehr motivbildend für individuelles und kollektives Handeln. Anders als Rechtsnormen verlangen sie von den Bürgern kein eindeutiges Verhalten oder schließen Alternativen eindeutig aus. Sie lassen ihnen vielmehr Interpretationsspielräume und auch unterschiedliche Intensitäten der affektiven Zuwendung.

Die grundsätzliche Mehrdeutigkeit von Symbolen ist allerdings auch Anlass, in symbolischen Kämpfen (Bourdieu) ein bestimmtes Symbol mit eindeutiger Interpretation als dominierend durchzusetzen. Symbolische Kämpfe zeichnen sich dadurch aus, dass um die Deutungshoheit eines bestimmten Symbols oder einer Symbolinterpretation gerungen wird. Symbole werden zu *Kampfsymbolen,* sie werden bewusst eindeutig und dabei affektiv verstärkend eingesetzt. Werden sich die demokratischen Farben Schwarz-Rot-Gold gegen die nationalistischen Farben

55 Daraus folgt: Wenn das Konzept der deliberativen Demokratie, welches durch Habermas einen enormen Einfluss auf die Demokratietheorie gewonnen hat, bloß rational gefasst, also rationalistisch verengt wird, ist es nicht hinreichend für normative Integration (Göhler 2012a). Siehe dazu unten Kap. 6.1.3 und 6.1.4 (Verfassungspatriotismus).

56 Damit Symbole angenommen und verstanden werden, müssen sie bei ihren Adressaten Resonanz erzeugen. Ein Resonanzboden ist also stets erforderlich, wenn die Präsentation von Symbolen eine Wirkung haben soll. Siehe dazu unten Kap. 6.1.3.

Schwarz-Weiß-Rot durchsetzen? Ist das Grundgesetz als symbolische Ordnung offen für unterschiedliche Sozialsysteme oder befürwortet es die Ausbildung eines eigentumsnivellierenden Sozialstaats? Ganz gleich, ob um die Vorherrschaft eines bestimmten Symbols oder einer bestimmten Interpretation desselben Symbols gerungen wird – stets geht es darum, in politischen Auseinandersetzungen die Eindeutigkeit eines Symbols durchzusetzen. Ist allerdings die Deutungshoheit eines Symbols einmal erreicht, so geht die Eindeutigkeit auch wieder verloren, der Symbolcharakter der Mehrdeutigkeit kommt wieder zum Vorschein. Drastisch wird dies in den Fraktionskämpfen sichtbar, die in der französischen und der russischen Revolution sogleich nach dem Erfolg der Revolution wieder ausgebrochen sind. Symbolische Kämpfe lassen sich nicht beenden.[57]

Für die Theorie politischer Institutionen ist der herausgestellte Überschussgehalt der Symbole von erheblicher Bedeutung. Nur wenn das Symbol im hermeneutischen Verständnis vom Zeichen abgesetzt wird, lässt sich über allgemeine Kommunikationszusammenhänge hinausgehend die symbolische Dimension politischer Institutionen näher bestimmen. Wenn Institutionen eine symbolische Bedeutung für die Bürger haben, so heißt das, dass Macht und Repräsentation als Symbolbeziehungen durch eben diesen Überschussgehalt des Symbols bestimmt sind; vor allem die Implikationen für politische Repräsentation und normative Integration sind erheblich (Kap. 5.2.4 und 6.1.3).

All dies ist umso bedeutsamer, als Symbole zu einem wesentlichen Teil die soziale Realität selbst erst konstituieren. Diese konstruktivistische Sicht ist auch institutionentheoretisch grundlegend. In der institutionellen Konfiguration haben Macht und Repräsentation stets eine Willens- und eine Symboldimension, und so gehen die spezifischen Eigenschaften des Symbols unmittelbar in die Konstitution der Realität politischer Institutionen mit ein. Deshalb skizziere ich nun die wichtigsten einschlägigen Ansätze der Konstitution von sozialer Realität durch Symbole und frage, was sie für die Theorie politischer Institutionen erbringen.

3.3 Die Konstitution von sozialer Realität durch Symbole – institutionentheoretisch gesehen

Der bekannteste Ansatz für eine konstruktivistische Sicht ist die „Gesellschaftliche Konstruktion der Wirklichkeit“ von *Peter L. Berger* und *Thomas Luckmann*. Die Autoren legen damit eine „Theorie der Wissenssoziologie“ (Untertitel) vor. Gemeint ist: Die Konstruktion der Wirklichkeit erfolgt zunächst in der Alltagswirklichkeit, denn diese produziert ein Wissen, welches das Verhalten reguliert (Berger/Luckmann 1980: 21). So wird das Wissen im Alltag zum Gegenstand der Analyse durch die Wissenssoziologie. Diese kann nun zeigen, wie der in Ge-

57 Eine dauerhafte Abkehr von der Mehrdeutigkeit der Symbole ist wohl nur dann möglich, wenn sie zugleich von ihrem affektiven Überschuss befreit werden. Symbole können bewusst eindeutig und zugleich nur kognitiv verwendet werden, ihr Überschussgehalt wird auf eine eindeutig geltende Interpretation verengt und abstrahiert. So gilt da für die Wissenschaft. Die Wissenschaftssprache soll sowohl Mehrdeutigkeiten als auch affektive Elemente ausschließen, um auf diese Weise den situativen Kontext stillzustellen und zu allgemein überprüfbaren Aussagen zu gelangen. Symbole in der Wissenschaft, selbst wenn sie so noch benannt werden (mathematische Symbole), werden dadurch allerdings zu Zeichen ohne Symbolcharakter.

nerationen gespeicherte Wissensvorrat einer Gesellschaft die Ortsbestimmung des Individuums in der Gesellschaft ermöglicht und wie das Individuum selbst sich auf diese Weise in der Gesellschaft verhält.

Die Perspektive des Wissens in der Alltagswelt führt allerdings zu einer eigentümlichen Bestimmung von Symbolen. Bezogen auf den Zusammenhang von Symbolen und Politik kommt den Symbolen im Modell von Berger/Luckmann zunächst eine nachgeordnete Bedeutung zu. Für die gesellschaftliche Konstruktion von Wirklichkeit sind Symbole nicht unmittelbar erforderlich, weil sie die Alltagswelt als solche nicht konstituieren. Aber sie sind mit der Alltagswelt verbunden und haben eine sehr wichtige „sekundäre" Funktion. Symbole verweisen aus der Alltagswelt auf andere, möglicherweise übergeordnete „Sinnprovinzen" wie Religion, Kunst oder Wissenschaft, die auf diese Weise der Alltagswelt als Symbolsysteme gegenüberstehen und auf sie einwirken, weil sie aus der Perspektive der Alltagswelt als „Grenzsituationen" erfasst werden (42, 102f). Symbolisch generierte „Sinnwelten" sind umgreifend, synoptisch, sie integrieren die individuelle Sinnhaftigkeit und strukturieren damit zugleich die Alltagswelt (104f). Auf diese Weise wird es schwierig, im Sinne von Berger/Luckmann die gesellschaftliche Konstruktion der Wirklichkeit mithilfe von Symbolen zu verstehen. Einerseits sind Symbole für die Alltagswelt nicht konstitutiv, andererseits aber doch, weil sie in Form von Sinnwelten die Individuen in die von ihnen konstituierte Wirklichkeit erst integrieren. Die Rolle von Symbolen ist merkwürdig prekär, ihr Charakter bleibt unbestimmt.

Eine institutionentheoretisch umsetzbare Vorstellung der Konstitution sozialer Realität durch Symbole liefert demgegenüber ein Durchgang von Ernst Cassirer über Umberto Eco und Pierre Bourdieu bis zu Rudolf Smend.

(1) Der Neukantianer *Ernst Cassirer* zeigt in seiner einflussreichen, immer wieder zitierten *Philosophie der symbolischen Formen* (1923-29), dass Symbole für die Realität konstitutiv sind, weil unsere Realität stets und ursprünglich eine symbolisch interpretierte ist. Das Argument enthält zwei Schritte. Zunächst geht Cassirer ganz naheliegend davon aus, dass Wirklichkeit für uns stets physisch und geistig zugleich ist. Menschliche Wirklichkeit ist eine Verbindung von Natur und Kultur, von Sinnlichem und Sinnhaftem. Das eine ist nicht ohne das andere. Wenn dem ganz unzweifelhaft so ist, so wird entscheidend, wie ihre Verbindung aussieht, denn erst diese erbringt die „Wirklichkeit". Das ist der zweite Schritt, er führt in radikaler Weise zu den Symbolen. Der Mensch kann mit seiner Welt und auch mit seinesgleichen nur umgehen, wenn er sich *ausdrückt* – wenn er also zwischen sich und all dem, was ihm begegnet und was er schafft, eine Distanz legt, indem er es geistig reproduziert. So drückt er es *symbolisch* aus. Der Mensch ist ein „symbolisches Wesen", ein *animal symbolicum* (Cassirer 1944: 51): Symbolisieren ist die Tätigkeit, die vermöge der „Energie des Geistes aus sinnlichen Eindrücken ein bestimmtes Zeichen formt" und damit dem „schlichten Dasein der Erscheinung eine bestimmte Bedeutung" gibt (Cassirer 1923-29: I 9). Symbole sind konkrete Zeichen mit allgemeinerer Bedeutung, welche die diffusen Eindrücke gruppieren und zuordnen; durch die „symbolische Prägnanz" wird

im Besonderen das Allgemeine präsent.[58] Die Symbole bilden Strukturen aus, nämlich die „symbolischen Formen“, und es gibt ebenso viele Formen mit eigenen Gestaltungsprinzipien wie es symbolisierende Tätigkeiten gibt. Grundlegend sind die mythisch-religiöse, die ästhetische und die wissenschaftliche symbolische Form: sie entsprechen den symbolischen Tätigkeiten des Ausdrückens (für den Mythos), des Darstellens (für die Kunst) und des Bedeutens (für die Wissenschaft). Dazu kommen als „Elementarform“ die Sprache und als „Sonderformen“, deren Reihe fortgesetzt werden könnte, die Technik und die historische Erkenntnis. Entscheidend ist in unserem Zusammenhang: Die Welt ist für den Menschen nicht unmittelbar gegeben, sie ist von ihm herausgebildet und entsteht ihm erst durch das Medium des Symbolischen. Das Symbolisieren ist Weltverstehen und darüber hinaus auch Welterschaffen zugleich. Die Welt wird erst durch das Symbolisieren zum Gegenstand, zwischen Gegenstand und Symbol besteht letztlich für den Menschen kein Unterschied. „Die symbolische Formung ist eine Gestaltung zur Welt, nicht eine Gestaltung der Welt“ (Oh 1999: 44).

Das Konzept von Cassirer reicht allerdings, bei aller Plausibilität, noch nicht aus, um die symbolische Konstitution sozialer Realität im Hinblick auf politische Institutionen zu erfassen. In der institutionellen Konfiguration ist grundsätzlich zwischen Symbol und Zeichen zu unterscheiden, und gerade diese Differenz ist bei ihm nicht geklärt. Das Problem wird ersichtlich, wenn man seine Symboltheorie auf das Modell des semiotischen Dreiecks mit der hermeneutischen Erweiterung projiziert. Beide Sichtweisen sind zunächst kompatibel; Cassirer geht nur nicht vom einfachen semiotischen Dreieck, sondern sogleich von der Erweiterung aus. Zeichen im semiotischen Sinn sind von hier aus gesehen Spezialformen, Abstraktionen. Dabei bleibt nun allerdings unklar, was Cassirer unter „Symbol“ genau versteht. Einesteils sind bei ihm alle Zeichen (im semiotischen Sinn) auch Symbole, andernteils sind Symbole durch Abstufungen wieder von anderen Zeichen abgegrenzt. Klare Unterscheidungsmerkmale sind nicht ersichtlich, und der Überschussgehalt der Symbole mit seinen Implikationen wird hieraus nicht deutlich. Wenn sich Cassirer auf einen sinnlichen Überschussgehalt bezieht, wie er ihn insbesondere dem Mythos zuschreibt, so bewertet er ihn einerseits positiv, andererseits versucht er ihn zugunsten rationaler Leistungen zu überwinden

(2) Angesichts dieser Ambivalenzen ist die Zeichentheorie von *Umberto Eco* hilfreich, da sie den Überschussgehalt der Symbole besonders griffig herausstellt (Eco 1977, 1985). Für Eco ist ein Zeichen etwas, das für etwas anderes steht, und zwar in einer eindeutigen Festlegung. Symbole sind dagegen hermeneutische Zeichen, die einen unbestimmten Zusammenhang mit einer nicht festgelegten Reihe von Signifikaten haben und deshalb situationsabhängig verstanden werden (Eco 1977: 40, 53 f, 167).[59] Der Zeichentheorie von Eco fehlt allerdings durch die semiotische Perspektive wiederum die konstitutive Seite. Es geht also darum, bei-

58 Über Kant hinausgehend entfaltet Cassirer so eine transzendentale Geistesphilosophie. Symbole sind nicht nur "Schemata", die die Kategorien als reine Verstandesbegriffe mit den Erscheinungen vermitteln, so dass erstere auf letztere angewendet werden können (Kant KrV: B 176-187). Sie "prägen" überhaupt unsere Vorstellungen im gegebenen Chaos der Sinneseindrücke, das ist die "symbolische Prägnanz" (Cassirer 1923-1929: III 235f, 274; hier: II 39). Vgl. dazu Speth 1997: 81-86, 2000: 40-55.

59 Ähnlich bereits Susanne K. Langer 1942.

des zusammenzubringen: die Einsichten Cassirers zur Realitätskonstitution durch Symbole aufzunehmen und ihre im Überschussgehalt über das Zeichen begründete Funktion zu verdeutlichen.

Mit Eco wird, im Sinne der hermeneutischen Erweiterung des semiotischen Dreiecks, das Symbol als eine Sonderform des Zeichens, eben mit Überschusscharakter, aufgefasst. Mit Cassirer wird von der realitätskonstitutierenden Funktion von Symbolen ausgegangen, die ihnen wie allen anderen Zeichen zukommt. Grundlegend für das Verständnis der Symbolbeziehungen in der institutionellen Konfiguration ist deshalb die *Konstitution von Realität (im Sinne von Cassirer) durch Symbole (im Sinne von Eco)*. Um allerdings zu verstehen, wie politische Realität durch Symbole konstituiert wird, bedarf es eines weiteren Schritts.

(3) Die Realitätskonstitution durch Symbole ist bei Cassirer transzendental verstanden, also lediglich als Bedingung der Möglichkeit sozialer Realität. Sie ist weder Konflikt- noch Machttheorie und will dies auch nicht sein. Die erforderliche soziologische Konkretisierung findet sich besonders eindrücklich bei *Pierre Bourdieu* (1977, 1985, 1992; siehe auch unten Kap. 4.2.2 und 5.2.3).[60] Seine Fragestellung ist zunächst und auch zuvorderst marxistisch-strukturalistisch ausgelegt – er fragt, in welchen Formen das Kapital die Gesellschaft in soziale Klassen strukturiert. Indem er aber die Herrschaft des Kapitals vor allem in der Form des symbolischen Kapitals festmacht, welches die soziale Realität durch symbolische Macht strukturiert, knüpft er ausdrücklich an die idealistische Symboltheorie von Cassirer an (Bourdieu 1977: 406, 1992: 138).

Den Individuen kommen im Sozialen jeweils bestimmte Positionen zu, die sie von den anderen Individuen unterscheiden und die das „soziale Feld“ strukturieren. Die jeweilige Position ist bei Bourdieu mehrdimensional und keineswegs allein ökonomisch bestimmt. Die entscheidende Festlegung erbringt der "Habitus"; mit dieser Kategorie entfaltet Bourdieu eine den symbolischen Formen Cassirers vergleichbare Konstitution sozialer Realität. Der Habitus ist nicht nur ein individuelles äußerliches Kennzeichen im Alltag, er ist der Inbegriff von Dispositionen einer Gruppe von Menschen im Raum des Sozialen.[61] Der jeweilige Habitus wird zum gesellschaftlichen Unterscheidungsmerkmal, weil er soziale Positionen in der Form von Wahrnehmungsmustern konstituiert, welche in Lebensstilen ihren Ausdruck finden. Er steuert die Selbst- und die Fremdzurechnung, die Wahrnehmung von Zugehörigkeit und Abgrenzung, und so erhält der Alltag durch ihn erst seine Gestalt. Der Habitus ist zugleich strukturierte und strukturierende Struktur. Als strukturierende Struktur bestimmt er jeweils den Lebensstil sozialer Gruppen, bewirkt und präsentiert die sozialen Klassifikationen. Als strukturierte Struktur bringt er die Grundstruktur der Gesellschaft für alle Klassen in gemeinsamen Wahrnehmungsmustern zur Geltung. Reduziert allein auf die Abgrenzung durch den Habitus würde die Gesellschaft auseinanderfallen; es bedarf gemeinsamer Wahrnehmungsmuster, um die unterschiedlichen Positionen, die stets auch Posi-

60 Dazu ausführlicher: Göhler/Speth 1998.

61 Vgl. bereits den Begriff "Mentalität" bei Theodor Geiger: Sie ist "geistig-seelische Disposition ... Die Schicht ist ein Bevölkerungsteil, dem eine typische Mentalität zugeschrieben wird" (Geiger 1932: 77f).

tionen ungleich verteilter Macht sind, als ein strukturiertes Ganzes zu erleben und als insgesamt vorgegeben auch zu akzeptieren.

Gemeinsame Wahrnehmungsmuster begründen Herrschaft, und als solche können sie nicht transzendentalen Ursprungs sein – hier grenzt sich Bourdieu grundlegend von Cassirer ab. Sie sind soziologisch zu fassen, nämlich als das Resultat von politischen Kämpfen um symbolische Macht. Die herrschenden Kategorien der Wahrnehmung der sozialen Realität bestimmen die Aufteilung in soziale Gruppen. Auch ökonomische Differenzen werden immer in Statusunterschieden und Sozialhierarchien ausgedrückt; sie bemessen sich an der Verfügung über „symbolisches Kapital". Diejenigen Gruppen, die sich in der Gesellschaft durchsetzen, liefern auch die herrschenden Symbole als exklusive Deutungsangebote. Wenn also, Cassirer zufolge, Symbole die soziale Realität konstituieren, so ist mit Bourdieu zu folgern, dass sie ihre Wirkung nicht in einem allgemeinen und sozial unspezifischen geistigen Horizont entfalten. Sie sind das Ergebnis sozialer Auseinandersetzungen, als solche setzen sie sich durch und geben die gesellschaftlich strukturierenden und stets mit Herrschaft verbundenen Deutungsmuster vor.

(4) Für politische Institutionen reicht allerdings auch eine Strukturierungstheorie vermittels symbolischer Macht im Sinne von Bourdieu nicht hin. In der Politik geht es strukturell – d.h. vor aller Analyse, was Politik tatsächlich leistet – um verbindliche Entscheidungen für das Gemeinwesen. Und zwar um solche Entscheidungen, die das Gemeinwesen insgesamt betreffen und die nach dem Verständnis der Beteiligten für das Gemeinwesen vermittels der politischen Institutionen auch gefällt werden dürfen. Dies setzt nach neuzeitlichem Verständnis, ausgehend von der Volkssouveränität, eine ausdrückliche Legitimation voraus, welche über gemeinsame Wahrnehmungsmuster, die primär der Distinktion dienen, auf Dauer nicht erreicht werden kann. Herrschenden Symbolen, wenn auch als Symbole der Herrschaft hingenommen oder sogar temporär akzeptiert, stehen immer auch nicht-herrschende Symbole gegenüber, da soziale Auseinandersetzungen sich nicht stillstellen lassen. So ist soziale Realität zwar primär, aber nicht allein durch jeweils herrschende Symbole konstituiert. Symboltheoretisch formuliert: Ein Gemeinwesen ist nicht allein und auch nicht primär durch Kampfsymbole konstituiert, es bedarf zuvorderst integrierender Symbole. Es muss eine über die Distinktion hinausgehende gemeinsame Basis der Bürger geben, wenn verbindliche Entscheidungen für das Gemeinwesen legitimiert sein sollen; allein durch Machtausübung durchgesetzt sind sie nicht legitimiert. Erforderlich ist eine gemeinsame Wertbasis, ein Grundkonsens, um in der Vielfalt von Interessen und Lebensvollzügen ein Mindestmaß an Gemeinsamkeiten zu gewährleisten,[62] und dieser Grundkonsens muss auch symbolisch im Ausdruck gemeinsamer Werte sichtbar sein.

Politische Realität wird als Realität des Politischen erst durch *normative Integration* konstituiert, welche über die Asymmetrien politischer Herrschaft hinaus die mindesterforderliche Gemeinsamkeit aktualisiert (siehe unten Kap. 6.1). Nicht

---

62 Ernst Fraenkel hat dies den "unstreitigen Sektor" (in der Weimarer Republik) bzw. den "nicht-kontroversen" Sektor in der Bundesrepublik genannt. Er ist die notwendige Bedingung für den Bestand eines demokratischen Gemeinwesens. Näher dazu unten Kap. 6.1.3.

alles und jedes muss integriert, auf das Gemeinwesen hin ausgerichtet sein. Normative Integration wird schwerlich in umstrittenen Einzelentscheidungen geleistet und muss in ihnen trotz aller Kontroversen doch noch sichtbar bleiben. Sie kann also nur im sichtbaren Rahmen dieser Entscheidungen, nämlich in den politischen Institutionen ihren Ausdruck finden. Für die Integrationsleistung, welche die Politik zusätzlich zur Steuerungsleistung insbesondere seitens ihrer Institutionen zu erbringen hat, sind wiederum Symbole konstitutiv. Der Stellenwert, den Symbole auf diese Weise in der Konstitution von politischer Realität einnehmen, lässt sich vermittels der Integrationstheorie von *Rudolf Smend* verdeutlichen. Sie ist nicht nur Verfassungstheorie, die auf das Erfordernis von normativer Integration besonders hinweist (und hierin in der Ausrichtung der Verfassungsgrundsätze auf Integration weit über das Ziel hinausschießt). Durch den Ausgang vom „Werterlebnis“ als Grundfaktor politischer Integration arbeitet sie die Rolle von Symbolen als konstitutive Faktoren und damit die Symbolizität der Politik besonders prägnant heraus (Smend 1928: 124-139, 144f, 162-164; Smend 1956).

Smend bewegt sich wiederum in geisteswissenschaftlichen Zusammenhängen. Die Integration, welche Voraussetzung für jede politische Einheit und insbesondere für die Verfassung ist, bildet für Smend kein einmal gegebenes Faktum, sie muss sich vielmehr geistig stets neu vollziehen und verwirklichen. Sie betrifft nicht so sehr die rational kalkulierten Interessen der Bürger, vielmehr ist sie vor allem wert- und erlebnismäßig fundiert. Die Bürger finden die ihnen gemeinsame Identität in einem jeweils situativ aktualisierten geistigen Zusammenhang, der ebensowohl rational wie emotional und affektiv bestimmt ist. Das ist das „Werterlebnis“, welches erst die geistigen Zusammenhänge herstellt, aus denen soziale Gemeinschaften bestehen; dieses Werterlebnis bewirkt politische Integration und konstituiert somit in der Vielfalt der individuellen Interessen erst politische Einheit. In den politischen Institutionen ist es, soweit überhaupt möglich, auf Dauer gestellt. Hier haben Symbole wie das Staatsoberhaupt, die Fahne oder politische Zeremonien eine entscheidende Bedeutung. Konstitution politischer Einheit durch Integration bedeutet, dass die gemeinsamen Werte und verbindlichen Ordnungsprinzipien, die dem Gemeinwesen zugrunde liegen, im Erlebniszusammenhang der Bürger intensiv, nämlich durch Symbole verdichtet, zum Ausdruck kommen.[63] In diesen Symbolen präsentiert sich das Gemeinwesen mit seinen Institutionen den Bürgern in einem kognitiven und affektiven Gesamtzusammenhang, der die Bürger auf die Einheit des Gemeinwesens, dem sie angehören, verweist, ohne sie hineinzuzwingen. Eben dadurch wird die politische Einheit aktuell erst realisiert.

63 „Soviel integrierende Wirkung das sachgliche Leben der Staatsgemeinschaft auch in seiner Einzelheit unmerklich hat: die Totalität dieses Lebens ist jedenfalls als extensive nicht übersehbar, d.h. als extensive nicht erfassbar. Um erlebt zu werden, um integrierend zu wirken, muss sie gewissermaßen in ein Moment zusammengedrängt, durch dieses repräsentiert werden. Das geschieht institutionell durch die Repräsentation des geschichtlich-aktuellen Wertgehalts im politischen Symbol der Fahnen, Wappen, Staatsoberhäupter (besonders der Monarchen), der politischen Zeremonien und nationalen Feste. Es geschieht im Laufe der Geschichte durch repräsentative Vorgänge, die den Sinngehalt der Politik eines Landes anschaulich machen“ (Smend 1928: 162f).

Die Bedeutung der symbolischen Dimension für die Beziehung zwischen politischen Institutionen und ihren Adressaten in der institutionellen Konfiguration lässt sich somit wie folgt zusammenfassen:

- Da politische Realität wesentlich über Symbole konstituiert wird, politische Realität aber vor allem durch Institutionen strukturiert ist, sind Symbole nicht nur schmückendes Beiwerk oder ideologischer Ballast für effiziente Institutionen, sondern diese werden durch Symbolbeziehungen selbst erst konstituiert und wirkungsmächtig (*Cassirer*). Zur Willensbeziehung tritt die Symbolbeziehung.
- Politische Einheit entsteht durch Integration (*Smend*). Nicht alles und jedes muss integriert, auf politische Einheit hin ausgerichtet sein. In der Vielfalt von Interessen und Lebensvollzügen bedarf es jedoch für das Zusammenleben eines Mindestmaßes an gemeinsamen Wertvorstellungen, die immer wieder auch präsent sein müssen. Dies leisten die Symbole, durch die sich die politische Einheit mit ihren Institutionen den Bürgern darstellt und ihre gemeinsamen Wertvorstellungen sichtbar hält.
- Symbole wirken insbesondere durch ihren konnotativen Überschussgehalt gegenüber Zeichen (*Eco*). Wenn eine politische Einheit der Integration bedarf, ist sie auf diese Leistung der Symbole angewiesen, weil Integration ein Einheits"erlebnis" benötigt. Dabei belässt der symbolische Ausdruck (im Gegensatz zu denotativ eindeutigen Regelungen) den Bürgern Interpretationsspielräume und legt sie nicht einlinig fest.
- Die Realitätskonstitution durch Symbole ist zwar ein geistiger Vorgang, jedoch keineswegs losgelöst von sozialen Bedingungen (*Bourdieu*). Vielmehr konstituieren diejenigen Symbole politische Realität, die sich in sozialen Auseinandersetzungen durchgesetzt haben. Die für eine politische Einheit maßgebenden Werte und Ordnungsvorstellungen haben ihren Ausdruck in den herrschenden Symbolen; zugleich sind sie integrativ, weil sie als gemeinsame akzeptiert und verinnerlicht sind.

Auf diese Weise lässt sich die symbolische Dimension politischer Institutionen, die in der institutionellen Konfiguration als Symbolbeziehung der Macht und der Repräsentation zu erfassen ist, über das bisherige Verständnis politischer Institutionen hinausgehend näher in den Blick nehmen. Tatsächlich sind Symbole und Symbolbeziehungen für soziale Zusammenhänge nicht minder konstitutiv als Willensbeziehungen; ohne Beachtung dieser konstitutiven Bedeutung lässt sich Politik nicht angemessen begreifen. Das Modell der institutionellen Konfiguration als Kern einer politikwissenschaftlich orientierten Institutionentheorie hat hierin seine Grundlage.

Das skizzierte Symbolverständnis unterläuft die erkenntnistheoretische Kontroverse: ob Symbole ausgehend vom Zeichen bloß „kommunikationstheoretisch" oder vielmehr in ontologischem bzw. metaphysischem Verständnis als „substantialistisch" aufgefasst werden sollten. Wenn nämlich Symbole realitätskonstituierende Funktion besitzen, also ein unverzichtbarer Faktor in der Konstitution unserer Realität sind, wenn Realität selbst nur eine symbolisch interpretierte sein kann

(Cassirer): so bedarf es keiner zugrunde liegenden „Substanz“, die in den Symbolen zum Vorschein kommen muss, um in ihnen die Realität als objektiv, wie sie wirklich, ihrem Wesen nach ist, zu erfassen. Andererseits sind Symbole alles andere als beliebig bezüglich dieser Realität. Sie konstituieren sie, indem sie diese zum Ausdruck bringen – insofern sind die Symbole *präsentativ* (Göhler 1997a: 36f; Speth 1997: 71, 84).

Die Struktur der sozialen Realität ist insbesondere das Ergebnis von Kämpfen um Symbole als herrschende Realitätsdefinition. Symbole und damit „ihre“ Realität haben sich durchgesetzt; diese Symbole präsentieren nun ihre Realität. Sie bieten damit eine (temporäre) Konsensbasis, die weiterentwickelt und verfestigt, aber auch in Frage gestellt und durch andere Symbole oder andere Ausdeutungen (als neue Realitätsdefinition) abgelöst werden kann. Über symbolische Kämpfe wird eine geltende Gestalt der politischen Einheit, werden Leitideen ausgebildet; Leitideen sind Fundamente politischer Institutionen, und sie werden – wie noch genauer zu sehen sein wird (Kap. 7.3) – durch symbolische Repräsentation dargestellt.

3.4 Das Schlagwort „symbolische Politik“

Ich schließe das Symbolkapitel mit einer Anwendung der zusammengetragenen Erkenntnisse. In der Politikwissenschaft wie in den Medien wird gern von *symbolischer Politik* gesprochen – das ist ebenso missverständlich wie problematisch. Wenn gemeinhin Politik als „symbolisch“ bezeichnet wird, so ist damit gemeint, sie sei „bloß“ symbolisch, nämlich inhaltsleer, substanzlos, durch Schlagworte überdeckt, „inszeniert“ usw. Das lässt sich gut nachvollziehen – medienvermittelte Politik erweckt in der Tat häufig den Eindruck, in der Sache stecke eigentlich nichts dahinter. Es geht, so scheint es, nicht um „gute“ oder um „schlechte“, „richtige“ oder „falsche“ Politik, sondern um die Frage, ob überhaupt etwas geschieht oder nicht nur alles verdeckt wird in der modernen Politik. Da lässt sich trefflich streiten. Tatsächlich wird hier allerdings ganz selbstverständlich eine sehr weit reichende Voraussetzung gemacht. Es liegt nämlich die Vorstellung zugrunde, dass sich Inhalt und Ausdruck, Realität und ihre Darstellung fein säuberlich trennen lassen. Das aber ist nach allem, was bisher ausgeführt wurde, nicht sinnvoll. Alle konstruktivistischen Ansätze zum Verständnis sozialer Wirklichkeit unterscheiden nicht zwischen Sprache und Realität, zwischen dargestellter Realität und „Realität als solcher“. Vielmehr sehen sie Realität erst durch Sprache, also durch die Darstellung der Realität konstituiert. Hinzu kommt, dass es gerade die Symbole mit ihrer Überschussfunktion sind, die maßgeblich zur Konstitution sozialer Realität beitragen. So erweist sich das Konzept der symbolischen Politik, wie es die Politikwissenschaft gern verwendet, als völlig unterkomplex. Politik hat es – wie jede soziale Realität und angesichts ihrer Medienpräsenz in besonderem Maße – immer mit Symbolen zu tun und ist ohne die Symboldimension nicht angemessen zu begreifen.

„Symbolische Politik“ ist in Deutschland vor allem durch die Arbeiten von Ulrich Sarcinelli und durch die Rezeption von Murray Edelman zu einem verbreiteten Denkmuster geworden. Die naive Verwendung dieses Konzepts geht munter fort, obwohl Sarcinelli sich inzwischen längst gegen die Missverständnisse wendet, die mit seinem ursprünglichen Ansatz verbunden waren (Sarcinelli 2011: 137-152).[64] „Symbolische Politik“ bleibt ein vor allem pejorativer Begriff, um durch den Symbolbezug eine Politik als substanzlos zu charakterisieren.

Der ursprüngliche Ansatz von Sarcinelli (1987) geht davon aus, dass in der modernen Mediengesellschaft die politische Realität nicht mehr über direkte Erfahrung, sondern über symbolische Sinnwelten wahrgenommen wird, welche die Realität unmittelbarer Erfahrung durch eine medial konstruierte Realität ersetzen. Die Politiker müssen sich daher ihre Unterstützung weniger über Sachargumente als vielmehr über symbolische Politiksurrogate einholen. So werden sie anstelle von Sachwaltern der Politik zu ihren szenischen Darstellern. Sarcinelli untermauert diese These durch eine empirische Untersuchung der politischen Kommunikation in Wahlkämpfen. Hier ist die These alles andere als abwegig, denn dass Wahlkämpfe Inszenierungen und Selbst-Stilisierungen der politischen Bewerber sind, leuchtet unmittelbar ein. Aber ist das bereits die politische Realität?

Edelmans Argumentation 1964 und 1971 ist umfassender. Es geht ihm zwar letztlich darum zu zeigen, „wie Politiker und politische Institutionen durch geschickte Selbstdarstellung die wahren Zustände verschleiern“ (Edelman 1990: Klappentext). Zunächst stellt er aber durchaus fest, dass „gerade die wichtigsten ‚demokratischen‘ Institutionen ihrer Funktion nach symbolisch und expressiv sind“ (16), und versucht in einer umfassenden Politikanalyse, die zugrunde liegenden symbolischen Prozesse herauszuarbeiten. Allerdings erhalten sie für ihn dann doch nur mehr den Charakter des bloßen Spektakels, der mehr oder weniger bewussten Inszenierung und Dramaturgie seitens der politischen Akteure. So gelangt er einerseits zu dem niederschmetternden Resultat, dass die Regierungen kaum jemals auf das Volk hören und die sozialen Probleme nicht rational in Angriff nehmen (189); andererseits kann er ein solches Verdikt nur begründen, indem er von vornherein die Symbolizität von der Sachangemessenheit in der Politik abtrennt, so dass Symbole schlicht zum „Rationalitätsersatz“ (27) degenerieren.

Was das Symbolverständnis betrifft, so hatte Edelman ursprünglich zwischen Verweisungs- und Verdichtungssymbolen unterschieden, um vermittels dieser Unterscheidung zu einem Kriterium von Rationalität und Irrationalität der Symbole zu gelangen. Erstere haben eine klaren Hinweis-Charakter, letztere verunklaren durch ihre Gefühlsdimension (5). 1990 hat er diese Unterscheidung aufgegeben (Vorwort zur Neuausgabe: VIII f), was aber die Rolle von Symbolen in der Politik nicht deutlicher macht. Sarcinelli geht hier einen Schritt weiter.[65]

Er unterscheidet zwischen „politischer Symbolik“ und „symbolischer Politik“ und gibt auch eine differenzierte Symbolbestimmung (Sarcinelli 1989: 295f). Symbolischem Handeln im Allgemeinen und symbolischer Politik im Besonderen könne

64 Hier ist auch mein gegenläufiges Symbolkonzept explizit aufgenommen und verarbeitet (Sarcinelli 2011: 138).

65 Sarcinelli hat sich, wie er rückblickend schreibt, durchaus an Edelman orientiert, betont allerdings auch: „Der ‚Grundmelodie‘ von Edelmans Studie, nach der symbolische Politik letztlich auf Täuschung und Ruhigstellung der Bürger angelegt ist, wird ausdrücklich nicht gefolgt“ (Sarcinelli 2011: 141).

man spezifische Funktionen zuordnen, die offensichtlich im „Symbolischen" des Handelns oder der Politik begründet sind. Symbole, wenn in der Politik mit der Konsequenz von „symbolischer Politik" verwendet, machen diese *regressiv* (in ihrer Vielschichtigkeit verdichtet und vereinfacht), *nomisch* (legitimitätsstiftend) und *affektiv* (die Gefühle ansprechend). In seinem ursprünglichen Konzept von symbolischer Politik, wie es so wirkmächtig geworden ist, bleibt diese Differenzierung folgenlos, da sie noch nicht mit der Frage verbunden ist, ob nicht Symbole grundsätzlich realitätskonstituierend sind. Auch wenn Sarcinelli dies inzwischen durchaus nachgeholt hat (Sarcinelli 2011: 138-142), wird doch in der Politikwissenschaft und darüber hinaus sein ursprünglicher Ansatz der „symbolischen Politik" weiterhin verwendet, demzufolge die Symbole mit ihren Mechanismen eine zweite Realität, eine Schein-Realität konstituieren.

Wird jedoch symbolische Politik allein pejorativ verstanden, so bedeutet sie eine Verdopplung der Realität: Die „echte", „eigentliche" Realität der Politik, in der Sachentscheidungen anstehen und gefällt werden müssen, steht der „äußeren", „präsentierten" Realität der Politik gegenüber, welche von den Eliten zur Selbstlegitimation und Herrschaftssicherung unter das Volk gebracht wird. Wahlkämpfe sind dafür eine besonders geeignete Arena. Aber wir leben nicht in zwei Realitäten. Wenn Symbole soziale Realität konstituieren bzw. zu ihrer Konstitution beitragen, haben wir es immer nur mit einer einzigen Realität zu tun, jener nämlich, die in der jeweiligen Situation durch soziales Handeln, Reden, Präsentieren, also insgesamt durch soziale Interaktion erst zustande kommt. Sie ist deshalb stets schon kommunikativ und eben auch symbolisch vermittelt. So ist „symbolische Politik" nicht ein spezifischer, abgrenzbarer Modus von Politik, sondern Politik ist stets auch symbolisch, eine Trennung wird unmöglich.

Das Schlagwort „symbolische Politik" ist als Konzept also unscharf und irreführend. Tatsächlich ist symbolische Politik nichts anderes als die Praxis, welche die politische Realität symbolisch konstituiert, also *symbolische Praxis*. Hier bewirkt die Symbolizität der Politik, gelingt sie, normative Integration. Andererseits kann der Grad an Interpretationsfähigkeit und Beliebigkeit, der jede Symbolbeziehung kennzeichnet, auch zu Inhaltsleere und zur Verdeckung von Sachverhalten führen – eben zu dem, was im pejorativen Sinn unter „symbolischer Politik" verstanden wird. Politik besteht aus instrumentellem wie symbolischem Handeln gleichermaßen. Wenn sich die symbolische Komponente durch Inhaltsentleerung verselbständigt und dadurch die instrumentelle Dimension überdeckt, so bleibt auf diese Weise nur mehr die symbolische, affektiv aufgeladene Seite der Politik sichtbar, und dann handelt es sich in der Tat um „bloß" symbolische Politik. Aber die Einbeziehung von Symbolen zur Bestimmung von Politik und politischen Institutionen führt nicht zwangsläufig in diese Richtung. Ganz im Gegenteil: Politik kann überhaupt nur vermittels ihrer symbolischen Mechanismen jene Integrationsleistung erbringen, die von ihr funktional gefordert ist.

4 Transitive und intransitive Macht

Zusammenfassung

Zunächst gibt das Kapitel einen Überblick über die neueren Machttheorien, und zwar anhand der Unterscheidung von *power over* und *power to*, wie sie von Hanna Pitkin eingeführt wurde. Diese Unterscheidung wird zur Unterscheidung von *transitiver Macht* und *intransitiver Macht* weiterentwickelt und näher ausgeführt. Ergebnis ist ein neuartiges systematisches Verständnis von Macht und ihrer Bedeutung für die Demokratie.

Macht und Repräsentation sind für die Politik und somit für die Beziehungen zwischen Akteuren und Adressaten im Handlungsraum Politik essentiell. In der institutionellen Konfiguration, so wurde zum Abschluss des Institutionenkapitels festgestellt, sind sie die Medien im Verhältnis von Bürgern und politischen Institutionen, und zwar in der Willensbeziehung ebenso wie in der Symbolbeziehung. Es wurde also bereits davon ausgegangen, dass Macht und Repräsentation jeweils als Willensbeziehung wie als Symbolbeziehung wirken, und so sollen sie in den beiden folgenden Kapiteln für die institutionelle Konfiguration aufbereitet werden. Für die Macht, so wird zunächst argumentiert, ist zwischen transitiver und intransitiver Macht zu unterscheiden. Dass diese Unterscheidung Sinn macht und geboten ist, lässt sich aus der Perspektive der inzwischen gängig gewordenen Unterscheidung von *power over* und *power to* entwickeln. Auf diese Weise gelange ich zu einem neuartigen systematischen Verständnis von Macht, welches es durch die Unterscheidung von transitiver Macht und intransitiver Macht auch ermöglicht, die Bedeutung von Macht in der Demokratie neu einzuschätzen. Dass diese Unterscheidung zugleich der Willens- und Symbolbeziehung entspricht, wird hier vorausgesetzt, aber noch nicht näher ausgeführt, da dieser Zusammenhang systematisch erst im Zusammenhang der institutionellen Konfiguration (Kap. 7.3) behandelt werden kann.

Blicken wir also zunächst auf die neueren Machttheorien. Hier ist der Begriff der Macht, auch im Vergleich zu demjenigen der Repräsentation, besonders unklar und kontrovers. Die Vielzahl von Versuchen, Macht genauer und möglichst ultimativ zu bestimmen, hat zu immer neuen Anläufen geführt und bleibt im Ergebnis so unabgeschlossen wie eh und je.[66] Das klingt verwunderlich, scheint Macht doch im Alltag eindeutig erfahrbar und bestimmbar zu sein. Wie die wissenschaftliche Machtdiskussion zeigt, ist dem nicht so, denn sie vermag in der Tat immer wieder neue Züge an ihr zu entdecken. Gerade dazu haben die Arbeiten seit den 80er Jahren des letzten Jahrhunderts erheblich beigetragen.

In den 1960er und 1970er Jahren ging es noch darum, empirische Untersuchungen der Macht auf Dimensionen auszuweiten, die der unmittelbaren Wahr-

66 So bereits Morriss 1987. Überblicke bieten u.a. Lukes 1986, Imbusch 1998, Ledyaev 1998, Scott 2001, Haugaard 2002, Zenkert 2004 (ideengeschichtlich), Han 2005, Zimmerling 2005, Clegg/Courpasson/Philips 2006, Offe 2006, Krause/Rölli 2008, Clegg/Haugaard 2009, Göhler 2011b, Anter 2012 (ideengeschichtlich und modern), Haugaard/Clegg 2012, Haugaard/Ryan 2012, Strecker 2012, Rudolph 2017 (ideengeschichtlich), Felgenhauer/Bornmüller 2018, Gostmann/Merz-Benz 2021, Journal of Political Power 2021, Ledyaev 2021, Guzzini 2022.

nehmung verborgen bleiben. So entdeckte man „neue Gesichter“ der Macht (Bachrach/Baratz 1977, Lukes 1974/2005), und dies war ein klares gesellschaftskritisches Unterfangen. So einfach ist es seit den 1980er Jahren nicht mehr. Die Machtdiskussion wurde ausgeweitet und immer komplexer. Vielfältige, zuvor kaum berücksichtigte Elemente wurden einbezogen, neuartige Perspektiven eröffnet. Sie stammen weniger von professionellen „Machtanalysten“, häufiger sind es Teilprodukte umfassenderer Gesellschaftstheorien: der Strukturfunktionalismus von Talcott Parsons, die Beschreibung der *conditio humana* durch Hannah Arendt, die Diskursanalyse von Michel Foucault, die Weiterentwicklung des Kapital- und Hegemoniebegriffs des westlichen Marxismus durch Pierre Bourdieu, die subtile systemtheoretische Modellierung von Niklas Luhmann. Insgesamt – so scheint es – hat die Aufnahme neuer Impulse in die Machtdiskussion der 1980er und 1990er Jahre eine schwer auftrennbare Gemengelage erbracht. Es erscheint zunehmend schwieriger, aus den verschiedenartigen Ansätzen ein Gesamtbild der Macht zusammenzusetzen, und sei es auch nur in Form von ganz unterschiedlichen Dimensionen. Daraus wurde der Schluss gezogen, man müsse sich damit begnügen, nur mehr „Familienähnlichkeiten" im Machtbegriff festzustellen, nämlich verbleibende Überlappungen der unterschiedlichen Machtverständnisse (Clegg/Haugaard 2009: 4f, Haugaard 2010).

Trotzdem erscheint es nicht aussichtslos, „Macht" noch insgesamt als Begriff aufzunehmen und zu strukturieren. Es bietet sich an, von den zwei grundlegenden Dimensionen der Macht auszugehen, die von Hanna Pitkin eingeführt wurden und seit den 1970er Jahren in der Machttheorie prominent geworden sind: Macht als *power over* und als *power to*. Macht wird entweder real über andere ausgeübt oder ist selbst ein Vermögen. Die neueren machttheoretischen Ansätze nehmen diese Unterscheidung implizit oder explizit auf und lassen sich danach gruppieren, ob sie die eine oder die andere Dimension in den Vordergrund stellen oder beide gleichermaßen thematisieren (4.1). Dabei zeigt sich allerdings auch, dass der Rahmen von *power over* und *power to* nicht immer nur Klarheit erbringt. Neuere Diskussionen, die das Phänomen der Macht in seiner Vielschichtigkeit zu erfassen suchen, weisen über die zunächst so einleuchtende Unterscheidung von *power over* und *power to* auch hinaus. Erforderlich ist deshalb eine Neustrukturierung des Machtbegriffs; dazu entwickle ich die Unterscheidung von *power over* und *power to* weiter zur Unterscheidung von *transitiver* und *intransitiver* Macht (4.2) und ziehe abschließend Folgerungen für die Bedeutung von Macht in der Demokratie (4.2.3).

4.1 power over – power to

Hanna Pitkin hat die Unterscheidung von *power over* und *power to* eher beiläufig formuliert:

> „Man mag Macht über einen anderen oder über andere ausüben [power over], und diese Art von Macht ist tatsächlich relational (...) Aber eine Person kann auch die Macht haben, etwas aus eigener Kraft zu tun oder zu erledigen [power to], und diese Macht ist keineswegs relational; sie kann zwar andere Personen mit befassen, wenn das, wozu die Macht imstande

> ist, in einer sozialen oder politischen Aktion zum Ausdruck kommt, aber das ist hierfür nicht notwendig" (Pitkin 1972: 277, Übers. GG).[67]

Power over bedeutet Macht über andere Personen, Durchsetzung der eigenen Intentionen gegenüber den Intentionen anderer, ist also nur in einer sozialen Beziehung formulierbar. Dagegen bezieht sich *power to* nicht auf andere Personen. Sie ist die Fähigkeit, etwas zu tun oder zu erreichen, unabhängig davon, wie andere dazu stehen. So ist sie keine im Wortsinn soziale Beziehung. Dieser Unterscheidung entspricht eine unterschiedliche Bewertung der Macht. Ausübung der Macht, verstanden als *power over*, die sich auf andere bezieht, erbringt grundsätzlich einen negativen Befund für die Machtunterworfenen, denn sie schränkt deren Handlungsmöglichkeiten ein. Das hat nichts mit möglicherweise löblichen Intentionen der Machtausübung oder segensreichen Wirkungen zu tun. Autonomie von A bedeutet in einer Machtbeziehung eine entsprechende Verminderung der Autonomie von B. Demgegenüber wird Macht, verstanden als *power to*, in der Theoriedebatte zumeist positiv gesehen. Der Grund liegt darin, dass *power to* nicht auf andere, sondern auf das Individuum oder die Gruppe als Handlungseinheit selbst gerichtet ist. Gefragt wird nicht nach den Wirkungen der Macht auf andere, auf die Machtunterworfenen, sondern nach der Macht als Fähigkeit zum autonomen Handeln. In diesem Verständnis ist Macht für die Gesellschaft konstitutiv.

Pitkins begriffliche Unterscheidung ist der Ausgangspunkt für eine Ausdifferenzierung, die für die neuere Machtdiskussion maßgebend geworden ist.[68] Auch wenn *power over* und *power to* als Termini nicht immer explizit Verwendung finden, wird Macht nun nicht mehr nur als eine soziale Beziehung verstanden, mit der man sich mehr oder weniger kritisch auseinandersetzt. Sie erscheint zugleich als eine Bedingung von Gesellschaftlichkeit, in der sich auch die Individuen erst als Individuen konstituieren. Geläufiger Ausdruck für diese Sichtweise ist die Vorstellung einer „Produktivität" von Macht. Als *power to* produziert Macht die sozialen Beziehungen, in denen sie wirksam wird, und auch das Individuum wird als solches erst „produziert". Daraus ergeben sich gegenläufige Wirkungen für die Beteiligten. Unter dem Aspekt von *power to* wird Autonomie konstituiert, unter dem Aspekt von *power over* werden Handlungsoptionen eingeschränkt. Moderne Machtkonzepte lassen sich entweder der einen oder der anderen Seite zuordnen. Beide Aspekte können aber auch miteinander verbunden sein. Dann entstehen Ambivalenzen der Macht, die für unser alltagssprachliches Verständnis nur schwer zusammenzudenken sind. Michel Foucault demonstriert sie am Wort „sujet" (Subjekt): Es hat „einen zweifachen Sinn: vermittels Kontrolle und Abhängigkeit jemandem unterworfen sein und durch Bewusstsein und Selbsterkenntnis seiner eigenen Identität verhaftet sein" (Foucault 1987: 246). So wirkt Macht als *power over* und *power to*, zugleich repressiv und produktiv.

---

67 „One may have power over another or others, and that sort of power is indeed relational ... But he may have power to do or accomplish something all by himself, and that power is not relational at all; it may involve other people if what he has power to do is a social or political action, but it need not" (Pitkin 1972: 277).

68 Zusammenfassend Clegg/Courpasson/Phillips 2006: 190-227.

Im Folgenden wird zu sehen sein, wie sich die neuere Machtdiskussion nach *power over* und *power to* strukturieren lässt, und wo diese Unterscheidung nicht hinreicht.

4.1.1 power over

Hier reihen sich alle Konzepte ein, in denen Macht entsprechend dem Alltagsverständnis immer bedeutet, etwas gegen andere durchzusetzen – subjektiv: den eigenen Willen, die Interessen oder Präferenzen, objektiv: Sachzwänge oder vorgegebene Normen. Die selbstreferentielle Bestimmung *power to* wird entweder stillschweigend vorausgesetzt oder explizit ausgeschlossen. Eine geradezu klassische *power over* - Analyse ist die bereits erwähnte Debatte über „Gesichter" oder „Dimensionen" der Macht, die in den 1960er und 1970er Jahren geführt wurde. Ausgangspunkt ist die empirische Analyse real ausgeübter Macht durch Robert A. Dahl, der zeigen will, dass die amerikanische Gesellschaft nicht von Eliten beherrscht wird, sondern trotz aller Kritik nach wie vor pluralistisch ist (Dahl 1961, 1968). Diese Sicht wird von Peter Bachrach und Morton S. Baratz in Frage gestellt, weil Dahl nur eine Dimension, nämlich das offene und direkt beobachtbare Gesicht der Macht berücksichtige. Bachrach und Baratz verweisen auf eine zusätzliche, zweite Dimension der Machtausübung, die erhebliche Auswirkungen hat, auch wenn sie für die Machtunterworfenen gar nicht sichtbar wird. Das sind *non-decisions*, nämlich Festlegungen, die verhindern, dass bestimmte Themen überhaupt auf die Tagesordnung gelangen. In dieser Hinsicht ist die amerikanische Gesellschaft sehr wohl von Eliten beherrscht und durchaus nicht pluralistisch strukturiert (Bachrach/Baratz 1977). Steven Lukes fügt schließlich eine dritte Dimension hinzu. Macht ist nicht nur Unterdrückung von subjektiven, sondern auch von objektiven Interessen – solchen Interessen, die den Betroffenen nicht bewusst sind, die sie aber verfolgen würden, wenn sie nur wüssten, dass sie ihrer objektiven Lage entsprechen (Lukes 1974/2005: 32f/36f).[69]

Diese Debatte kann mittlerweile als abgeschlossen gelten (Ball 1988, Clegg 1989: 11-14). Sie stand vornehmlich im Kontext einer „linken", mehr oder weniger auch marxistisch orientierten Gesellschaftskritik, die in den 1990er Jahren angesichts der Wahrnehmung realer Unterdrückungsverhältnisse im bürokratischen Realsozialismus auch im Westen nicht bruchlos weitergeführt werden konnte (Phillips 1995: 25f).

Weniger abgeschlossen ist nach wie vor die Diskussion über das Verhältnis von *agency* und *structure*. Wer übt die Macht aus? Aus der Akteursperspektive sind es handelnde Personen oder kollektive Akteure (agency), aus der Systemperspektive dagegen unpersönlich wirkende Mechanismen (structure), welche in Machtbeziehungen auftreten und diese gestalten. Da beide Perspektiven sehr unterschiedliche Aspekte erfassen, wäre es wenig sinnvoll, die eine auf die andere reduzieren zu

69 In diesem Zusammenhang unterscheidet Lukes auch ausdrücklich zwischen Macht und Einfluss. Macht bedeutet tendenziell die Einwirkung von A auf B bei Interessenkonflikten, Einfluss die Einwirkung ohne solche Konflikte (ebd. 32/36). Weitere Unterscheidungskriterien sind Einwirkung durch Intentionalität (Macht, nicht Einfluss) oder Einwirkung auf die Überzeugung (Einfluss, nicht Macht) (vgl. Zimmerling 2005). Siehe dazu unten Fn. 77.

wollen. So werden die beiden Perspektiven weiterhin nebeneinander bestehen. Spätestens seit der Theorie der Strukturation von Anthony Giddens (1984) dürfte allerdings kein Zweifel daran bestehen, dass *agency* und *structure* auch komplementär zueinander gesehen werden können. Strukturation meint nämlich, dass sich Gesellschaft in einem wechselseitigen Prozess herausbildet: „Menschliches Handeln produziert Strukturen, die gleichzeitig die Bedingungen für weiteres Handeln festlegen" (Clegg 1989: 139). Macht wird dabei in doppelter Weise ausgeübt. Einerseits verändern Akteure den Handlungsraum ihrer Adressaten, indem sie ihnen bestimmte Handlungsmöglichkeiten entziehen und andere Optionen attraktiv machen. Sind sie dabei auf Dauer erfolgreich, so verfestigen oder verändern sie zugleich bestehende Strukturen. Andererseits sind es diese Strukturen, die aller persönlichen Machtausübung die Bedingungen ihres Handelns vorgeben.

Die feministische Machtdiskussion sieht deshalb *agency* und *structure* von vornherein zusammen. Die Macht, welcher Frauen unterworfen sind – die „Unterwerfung der Frauen" (John Stuart und Harriet Taylor Mill) – betrifft sowohl Handlungen als auch Strukturen: Sie wirkt einerseits als direkte Unterdrückung von Frauen durch Männer und andererseits als Übermächtigung von Frauen durch strukturelle Geschlechterasymmetrien, welche von den Frauen zumeist auch noch verinnerlicht werden. Auf jeden Fall wirkt Macht auf Frauen in einer klar durch das Geschlecht definierten Diskriminierung, die als solche aufzuheben ist – entweder durch die Herstellung einer durchgängigen Gleichberechtigung der Geschlechter (Gleichheits-Feminismus) oder aber durch die Anerkennung der Eigenwertigkeit des Weiblichen (Differenz-Feminismus).

Der Ausgangspunkt dieser Analysen ist Macht, verstanden als *power over*. Die feministische Machtdiskussion bleibt dabei freilich nicht stehen. Sie bezieht das Verständnis von Macht als *power to* mit ein (worauf in 4.1.2 eingegangen wird), oder sie entzieht – bisweilen in Verbindung mit *power to* – der einfachen Auffassung von *power over* im Geschlechterverhältnis den Boden. Das führt immanent zu Schwierigkeiten. Wer Machtausübung über andere feststellen will, muss bestimmen, wer die Macht ausübt und wer sie erduldet. Aus feministischer Perspektive bedeutet das eine klare Identifizierung der Geschlechter. Diese Voraussetzung wird aber bereits seit den 1980er Jahren durch postmoderne, poststrukturalistische Ansätze in Frage gestellt (Dingler et al. 2000). Denn in neueren Ansätzen, die sich insbesondere auf die Machtanalytik von Michel Foucault beziehen, werden nicht nur klar identifizierbare Unterdrückungsverhältnisse thematisiert, sondern schon die Geschlechtsnormierung von Subjekten (Männer, Frauen, Homosexuelle, Heterosexuelle etc.) wird als Prozess der Macht beschrieben – und zudem als Prozess, an dem wir jeweils selbst partizipieren. Geschlechter sind vor allem kulturell bedingt und somit sozial konstruiert. Geschlecht besteht aus (biologischem) Sex und (sozialem) Gender, und selbst diese Unterscheidung wird letztlich aufgelöst (Butler 1991: Kap. 1). Es bleibt nichts Festes, nichts Substantielles mehr. In der Vervielfältigung der Machtbeziehungen drohen allerdings die Erfahrungen realer Unterdrückung und das handelnde Subjekt verloren zu gehen. Die Betonung der sozialen Konstruktion von Geschlechtsunterschieden, die Suche nach neuen feministischen Strategien, die weniger auf die Erfahrung gemeinsamer Unterdrückung als auf vielfältige Koalitionen setzen (Mouffe 1998) – all dies macht es zunehmend schwierig, die Macht im Geschlechterverhältnis noch als *power over* zu lokalisieren und diese nicht aus dem Auge zu verlieren.[70]

4.1.2 power to

Die Analyse der Machtbeziehungen, die als *power over* beschrieben sind, setzt voraus, dass mindestens einer der Beteiligten in der Lage ist, mehr Macht auszuüben als die Adressaten in der Machtbeziehung. Macht muss bereits bestehen, bevor sie ausgeübt werden kann. Aber wie lässt sich überhaupt von Macht sprechen, wenn sie nicht tatsächlich auch auf andere ausgeübt wird? Offensichtlich besteht Macht nicht nur in der Veränderung der Handlungsmöglichkeiten anderer, sondern sie liegt auch in den eigenen Handlungsmöglichkeiten selbst. Deshalb ist es naheliegend, Macht nicht nur in ihren Wirkungen auf andere, sondern auch als Eigenschaft oder Fähigkeit zu untersuchen. Das ist die Dimension von *power to*. In den Machtanalysen, die sich auf *power to* beziehen, wird diese entweder der *power over* vorangestellt, um jene Voraussetzungen von Macht zu bestimmen, welche Machtbeziehungen erst ermöglichen. Oder *power to* wird nicht allein als Voraussetzung von Machtbeziehungen, sondern als eine Form der Macht ganz eigener Qualität aufgefasst, die eine grundlegende Form sozialer Beziehungen ausmacht.

Geht es um die Voraussetzungen zur Ausübung von Macht, so ist Macht zunächst eine Disposition: Sie ist Fähigkeit (capacity) im Gegensatz zu ausgeübter Macht; solange sie nicht ausgeübt wird, ist sie latent, noch nicht sichtbar, und nur potentiell, noch nicht aktuell. Im Kern liegen alle diese Bestimmungen von *power to*, die in der Machtdiskussion häufig und in bisweilen unterschiedlichen Konnotationen auftreten, auf derselben Ebene. Wenn Macht als Dispositionsbegriff aufgefasst wird, ist sie nicht nur eine Fähigkeit, sondern auch latent und nur potentiell.

Konzepte, die den Aspekt von *power to* in den Vordergrund stellen, wenden sich gegen eine vorschnelle Analyse von Machtbeziehungen im Sinne von *power over* (Morris 1987). In der Tat besteht ein Problem darin, dass eine einfache Untersuchung der Wirkungen von Macht zu sehr an der Oberfläche bleibt und die wirklichen gesellschaftlichen und politischen Zusammenhänge nicht erkennt. Auf der anderen Seite wird argumentiert, dass empirische Aussagen über Macht nur vermittels ihrer Wirkungen zu gewinnen seien, so dass die Untersuchung von *power to* eher heuristischen Wert besitzt (Wartenberg 1990, Dowding 1996). Man sollte meinen, die Debatte um *power over* und *power to* müsste sich durch die einfache Überlegung beenden lassen, dass beide Dimensionen der Macht zusammengehören. *Power over* kann nur wirksam sein, wenn das entsprechende Potential vorhanden ist – andererseits bleibt ein Machtpotential als *power to* völlig unbestimmt und Macht ist darum eigentlich auch gar nicht vorhanden, solange sie nicht durch *power over* in sozialen Beziehungen realisiert und sichtbar wird. In diesem Zusammenhang wird gewöhnlich unter dem Gesichtspunkt von *power to* nach den Ressourcen gefragt, die in den Machtbeziehungen wirksam

70 Man kann das, aus feministischer Position, auch weniger skeptisch sehen, vgl. Kerner 2009: 292-300.

werden, unter dem Gesichtspunkt von *power over* nach den Wirkungen, welche die Machtkapazitäten für soziale Beziehungen erbringen. Trotzdem macht es Sinn, nicht mit dieser symmetrischen Fragestellung an die Machtanalyse heranzugehen, sondern zunächst dezidierter und durchaus auch für sich die Seite von *power to* zu entfalten.

Diesen Weg sind Talcott Parsons, Niklas Luhmann und in normativer Radikalisierung Hannah Arendt gegangen. Ausgangspunkt für Parsons und Luhmann ist die Beobachtung, dass Macht keineswegs immer ein Nullsummen-Spiel sein muss, wie es alle Konzepte von *power over* voraussetzen. In einem Nullsummen-Spiel geht es darum, durch Machtausübung die eigene Position zu stärken und die Position des Adressaten zu schwächen – die Summe der Machtquanten bleibt gleich, diese sind nur anders verteilt. Aber nicht alle Machtprozesse sind solche Nullsummen-Spiele. In wechselseitigen Interaktionen, wie etwa in der Gewaltenteilung, erzeugt Macht Gegenmacht, und auf diese Weise wird Macht nicht nur gegenseitig beschränkt, sondern sie wird auf diese Weise für beide Partner zugleich befestigt und gestärkt. Für *Parsons* ist Macht in der Politik, analog zum Geld in der Wirtschaft, ein Zirkulationsmedium, vermittels dessen im Austausch von Beherrschung und Unterstützung wechselseitige Verpflichtungen im politischen System entstehen. Auf diese Weise wird gemeinsames Handeln möglich – Macht definiert er deshalb als Medium der Gesellschaft zur Mobilisierung eines wirkungsvollen gemeinsamen Handelns.[71] Ganz ähnlich fasst *Luhmann* Macht als ein „symbolisch generalisiertes Medium der Kommunikation" (Luhmann 1975: 3). Macht ermöglicht in der politischen Kommunikation den Austausch von Leistung und Unterstützung – die geforderte Leistung der Regierenden verlangt eine Investition der Regierten in Form von gewährter Unterstützung und umgekehrt. Das Ergebnis ist ein gemeinsamer Zuwachs an Macht (Luhmann 1975, 2000). Macht wird auf diese Weise für alle Beteiligten produktiv.

Hannah Arendt lässt den Gesichtspunkt der erzielten Wirkung ganz beiseite und bestimmt Macht allein normativ als Miteinander-Reden-und-Handeln der Menschen – mit der fundamentalen Bedeutung, dass nur im Miteinander-Reden-und-Handeln menschliche Gemeinschaft, der Raum der Öffentlichkeit und das Politische entsteht und die Menschen ihre Qualität als menschliche Individuen erhalten (Arendt 1967, 1970; siehe unten 4.1.5). Arendt nimmt hier eine Extremposition ein, indem sie sich bei der Bestimmung von Macht ausdrücklich auf *power to* beschränkt und den Aspekt von *power over* nicht nur nicht einbezieht, sondern als „Gewalt" (violence) dem Machtbegriff entgegenstellt. Macht ist eine rein selbstreferentielle Beziehung, und zwar bezogen nicht auf ein Individuum, sondern auf eine Gruppe und somit auf eine Gemeinschaft von Individuen. Da mit der Erzeugung von Macht das menschliche Zusammenleben und Politik selbst erst entsteht, bleibt Macht als *power to* auch nicht mehr bloß potentielle Macht, sondern ist ganz im Gegenteil verwirklichte Macht durch gemeinsame Kommunikation. Macht ist nicht nur *capacity*, sondern vor allem *empowerment*, nämlich Gewinn und Erhaltung autonomer Handlungsfähigkeit. Eine Unterscheidung von

71 Power „is to be the generalized medium of mobilizing resources for effective collective action" (Parsons 1963: 108 (deutsch in: Jensen 1980, 76).

potentieller und aktueller Macht wird hier sinnlos. Dieser normative Ansatz ist der entscheidende Gegenpol zum Grundverständnis von *power over*, wie es unserem Alltagsverständnis entspricht. Zugleich stellt er am radikalsten die gängige Unterscheidung beider in Frage. Wenn er auch nur ansatzweise überzeugt, wird die zunächst so hilfreiche Unterscheidung von *power over* und *power to* obsolet.

4.1.3 power over und power to

Hier geht es nun um zwei Probleme: Zunächst gibt es ganz offensichtlich Machtkonzepte, in denen die Unterscheidung von *power over* und *power to* nicht greift, weil sie beide Seiten umfassen oder zumindest nicht klar wird, welcher Seite sie zuzuschlagen sind. Sodann aber stellt sich angesichts der Schwierigkeit, *power over* und *power to* trennscharf zu unterscheiden, ein eher grundsätzliches Problem: Bedarf es nicht vielmehr eines anderen, neuartigen Zuschnitts, um den Unklarheiten gängiger Unterscheidungen im Verständnis von Macht zu entgehen? Um Letzteres geht es im nächste Abschnitt (4.1.4). In den Machtkonzepten, in denen die Unterscheidung von *power over* und *power to* nicht so recht greift, wird *power to* entweder als *capacity* (1) oder als *empowerment* (2) verstanden.

(1) In den Theorien internationaler Beziehungen wird gemeinhin zwischen realistischen, institutionellen, liberalen und konstruktivistischen Ansätzen unterschieden (Schimmelfennig 1998, Schieder/Spindler 2006). Realistische Ansätze setzen auf die Staaten als Akteure im internationalen System, institutionelle Ansätze auf international sich herausbildende Machtzentren in der Form von Organisationen (UNO, Weltbank) oder Regimen (GATT, WTO), liberale Ansätze verweisen auf die innergesellschaftliche Bedingtheit des Verhaltens im internationalen System, konstruktivistische Ansätze auf dessen Strukturierung durch Ideen und Normen. Was heißt das nun machttheoretisch? Für realistische, institutionelle und liberale Ansätze wird diskutiert, ob Macht als Vermögen (capacity) oder als eine gesellschaftliche Relation zu begreifen ist (Baldwin 2002). Offensichtlich wird jedes Vermögen erst in einer Beziehung zwischen Akteuren wirksam, und zwar dann, wenn die Ressourcen ungleichgewichtig verteilt sind, so dass auch Androhungen genügen (Morgenthau 1963). Das ist eine Kombination von *power over* und *power to.*

In institutionellen und liberalen Ansätzen wird dabei nicht nur auf Akteure gesehen, auch Strukturen sind mit im Spiel. Für konstruktivistische Ansätze ist der Zusammenhang von *structure* und *agency* zentral, denn Ideen und Normen sind strukturelle Faktoren, die auf das Akteurshandeln einwirken. Gleichzeitig sind Akteure aber durchaus in der Lage, orientierungsleitende Ideen und handlungsregulierende Normen im internationalen System zu verändern, weil keine einseitige Abhängigkeit besteht (Guzzini 1993, Wendt 1999). In diesem Wechselverhältnis wäre *power to* den Ideen und Normen als Strukturen, *power over* den Akteuren zuzuschreiben – Ideen und Normen geben den Rahmen ab, innerhalb dessen Akteure ihre Macht ausüben. Da das Verhältnis der beiden zueinander prinzipiell offen ist und beide wechselseitig aufeinander einwirken können, macht eine Unterscheidung zwischen *power over* und *power to* hier wenig Sinn. Es erscheint fast schon konsequent, dass Theorien der internationalen Beziehungen von den Kategorien *power over* und *power to* kaum Notiz nehmen.

(2) Nun lässt sich *power to* nicht nur als *capacity*, sondern auch als *empowerment* verstehen, nämlich als Gewinn und Erhaltung selbständiger Handlungsmacht. Theorien, die *power to* im Sinne von *empowerment* verwenden, unterscheiden durchaus zwischen *power over* und *power to*, aber sehen sie zugleich als zueinander komplementär. Macht im Sinne von *empowerment* ist bereits in den konstruktivistischen Ansätzen der Theorien internationaler Beziehungen enthalten, weil Ideen und Normen das Handeln der Akteure nicht nur strukturieren, sondern ihnen zugleich erst die erforderliche Handlungsmacht verleihen (Barnett/Duval 2005: 54f). In der neueren sozialwissenschaftlichen Machtdiskussion, insbesondere bei Foucault und Bourdieu, hat dieser Aspekt unter dem Stichwort „produktive Macht" zunehmend an Bedeutung gewonnen. Individuen werden als Subjekte, die gesellschaftlichen Machtbeziehungen unterworfen sind, zugleich erst zu eigenwertigen Individuen in der Gesellschaft ausgebildet. So sind hier *power over* und *power to* zu unterscheiden und doch gleichermaßen notwendig enthalten. Foucault ebenso wie Bourdieu begreifen zunächst Macht in gesellschaftskritischer Absicht als Beherrschung, als *power over*. Sie haben dabei aber höchst komplexe Strukturen vor Augen. *Foucault* fasst Macht als eine „Vielfältigkeit von Kräfteverhältnissen" (Foucault 1983: 113) in denen das Individuum weniger durch Repression verfangen ist als vielmehr durch die Strukturen der Diskurse und gesellschaftlichen Praktiken, die es im Innersten durchziehen (siehe unten 4.2.2). *Bourdieu* fragt nach den Kapitalstrukturen, welche die Gesellschaft beherrschen, und hebt dabei das symbolische Kapital heraus. Geltende Symbolsysteme sind die herrschende Ausdrucksform einer Gesellschaft. Entsprechend werden die Individuen durch ihre eigene Ausdrucksform, den „Habitus", im Machtsystem der Gesellschaft verortet. Dies ist zugleich ihre eigene Perspektive der Wahrnehmung, und so akzeptieren sie die symbolisch verfestigten Machtverhältnisse als legitim, auch wenn sie dadurch im sozialen Raum zu ihren Ungunsten positioniert sind (Bourdieu 1977, 1985, 1992; siehe unten 4.2.2).

Machtverhältnisse dieser Art sind konstitutiv für die Gesellschaft und damit zugleich auch für die zugehörigen Individuen. Foucault sieht in dem Umstand, dass Macht die Körper der Individuen bis ins Innerste durchzieht, auch die Bedingung dafür, dass sich Subjekte als Individuen konstituieren. Bourdieu ist da zurückhaltender; gleichwohl kann auch in seiner Sicht das Individuum angesichts der nur grob fixierten Machtstrukturen in der Gesellschaft eigenes Profil gewinnen und, aufgeklärt durch Intellektuelle, Herrschaftsverhältnisse durchschauen und in symbolischen Kämpfen verändern (Bourdieu 1989, 1991).

Feministische Machtkonzepte knüpfen häufig an Foucault – wie auch an Hannah Arendt – an, um die Aspekte von *power over* und *power to* miteinander zu verbinden. So deutet *Judith Butler* das Machtkonzept von Foucault dahingehend aus, dass in den Kräfteverhältnissen für das Individuum auch Normen gegenseitiger Anerkennung in der Gesellschaft entstehen. Alldurchziehende Macht wirkt auf den Körper in seiner Selbsterhaltung und seinem Begehren ein. Wie soll sich unter diesen Bedingungen Individualität herausbilden, die von gegenseitiger Anerkennung abhängt? Macht ist das Medium. Sie „orchestriert ... die Art und Weise, in der wir uns affektiv unserer Identität versichern oder sie aufgeben“ (Butler 2003: 66). *Amy Allen* nimmt – anknüpfend an Foucault, Hannah Arendt und Judith Butler – das Problem der Unterscheidung von *power over* und *power to* für die feministische Machtdiskussion explizit auf und versucht, die offensichtlichen Unzulänglichkeiten der Unterscheidung durch die Einführung einer dritten Dimension – *power with* – zu lösen. *Power over* fasst sie als Fähigkeit, die Wahlmöglichkeiten anderer einzuschränken; *power to* als individuelle Fähigkeit, ein Ziel zu erreichen und insbesondere Widerstand zu leisten; *power with* als Fähigkeit, gemeinsam und zudem solidarisch zu handeln (Allen 1998, 1999: 121-129). Auf diese Weise will sie Foucault und Hannah Arendt in eine feministische Sichtweise zusammenbringen. Gegenüber *power over* und *power to* ist allerdings *power with* – mit Bezug auf Arendt, aber noch über sie hinausgehend – eine viel stärker normative Kategorie, denn solidarisches Handeln mag zwar dringend erwünscht sein, kann aber nicht einfach empirisch vorausgesetzt werden. So bleiben die Schwierigkeiten einer Unterscheidung von *power over* und *power to* bestehen, und *power with* setzt auf einer neuen Ebene an. Amy Allen hat die gegenwärtige Machtdiskussion für feministische Ansätze wohl am intensivsten aufgearbeitet und mit beeindruckender Konsequenz weitergeführt. Gleichwohl lässt die Hinzufügung lediglich einer weiteren Dimension zu viele Fragen offen, um den Machtbegriff überzeugend zu strukturieren. Man sollte grundsätzlicher nachdenken.

4.1.4 Neustrukturierung des Machtbegriffs: transitive und intransitive Macht

Wie kann, bezogen auf die Unterscheidung zwischen *power over* und *power to* bei Hanna Pitkin, das Vermögen eines Individuums oder eines kollektiven Akteurs überhaupt als wirksam angenommen werden, ohne auf die Realisierung solcher Macht in sozialen Relationen zurückzugreifen? Offensichtlich lassen sich *power to* und *power over* nur schwer voneinander trennen. Trotzdem gibt es Evidenzen dafür, dass *power to* nicht notwendig mit *power over* gekoppelt sein muss, und zwar auf ganz unterschiedliche Weise. Militärische Stärke ist ein Machtfaktor, der nicht unbedingt ausgespielt werden muss, um das Verhalten anderer zu beeinflussen und eigene Ziele durchzusetzen. Hier ist Macht im Sinne von *power to* ein Vermögen, etwas zu bewirken. Aber es geht nicht nur um die Wirkung auf andere, wenn von Macht die Rede ist. Wie Hannah Arendt gezeigt hat, ist Handlungsmacht einer Gruppe nur durch ihre Selbstmacht zu gewinnen, und hier besteht *power to* in der Selbstreferenz einer Gruppe vor jedem Einfluss nach außen. Zu der Schwierigkeit, *power to* und *power over* voneinander abzugrenzen, kommt noch die Schwierigkeit hinzu, dass das Verständnis von Macht, wie soeben dargestellt, als *power to* selbst doppeldeutig ist:

- Einerseits meint *power to* das Vermögen, etwas zu bewirken (capacity).
- Andererseits meint *power to* die Generierung – Gewinn und Erhaltung – der selbständigen Handlungsmacht einer Gruppe (empowerment).

Im ersten Fall ist *power to* potentiell, im zweiten Fall aktuell. Capacity kann in ihrer möglichen Wirkung zwar auch nur eingeschätzt werden, wenn sie realisiert wird. Aber wenn entsprechende Erfahrungen vorliegen, braucht sie nicht erneut realisiert zu werden, um zu wirken (z. B. militärische Stärke); das Drohpotential genügt – und wirkt auf diese Weise nur umso intensiver (Luhmann 1975: 27). Macht ist hier latent; sie entfaltet ihre Wirkung, ohne dass es besonderer Handlungen bedarf. Das Drohpotential muss den Adressaten – möglicherweise durch frühere Erfahrungen – eindrücklich vor Augen stehen, aber es tritt nicht mehr eigens in Erscheinung, um ihr Handeln zu beeinflussen.

Empowerment dagegen, die Handlungsmacht eines Einzelnen oder einer Gruppe, ist nicht potentiell, sondern stets aktuell. Sie existiert oder sie existiert nicht. Mehr noch – um zu bestehen, muss sie sich stets und immer wieder aktualisieren: durch die immer wieder zu erneuernde Integration der Bürger (Smend) oder durch fortlaufende Kommunikation aller Beteiligten (Hannah Arendt). Ohne Aktualisierung ist sie nicht existent.

Aber auch *power over* ist entsprechend doppelsinnig: In erster Linie beschreibt Macht als *power over* eine soziale Relation, in der ein Akteur seinen Willen gegen den Willen eines anderen Akteurs durchsetzen kann. Diese Relation ist als Einflussnahme aktuell, manifest (ein beobachtbarer sozialer Vorgang) und auf den Adressaten der Willensbeziehung bezogen. Macht kann aber als *power over* auch potentiell und selbstreferentiell sein. Ein solcher Fall liegt vor, wenn eine Gemeinschaft sich selbst bindet, indem sie sich in einer Verfassung dazu verpflichtet, unveräußerliche Rechte der Individuen und grundlegende Ordnungsprinzipien des Gemeinwesens nicht zu verändern und wichtige Entscheidungen an die Zustimmung einer qualifizierten Mehrheit zu knüpfen.[72] Die Wirkung ist potentiell, weil sie nur eintritt, wenn gegen die Selbstverpflichtung verstoßen wird; zugleich ist sie selbstreferentiell. Sie beeinflusst das Verhalten aller, die dieser Gemeinschaft angehören, da sie sich entsprechend orientieren, sei es aus Überzeugung, sei es um Sanktionen zu vermeiden (Elster 1987).

Mit *power over* und *power to* ist also Verschiedenes gemeint, je nachdem, ob es um Potentialität oder Aktualität der Macht und um ihren Bezug nach außen oder auf die eigene Gruppe geht (Abb. 7):

	potentiell	aktuell
Bezug nach außen (Fremdreferenz)	*power to* als *capacity*	*power over* als *Einflussnahme*
Bezug auf die eigene Gruppe (Selbstreferenz)	*power over* als *Selbstbindung*	*power to* als *empowerment*

Abb. 7: power over – power to

72 So die Regelungen im deutschen Grundgesetz, Art. 79 Abs. 2 und 3 GG. Abs. 2 verlangt für Änderungen des Grundgesetzes eine Zweidrittelmehrheit in Bundestag und Bundesrat, Abs. 3 verbietet dem Gesetzgeber eine Änderung des Grundgesetzes hinsichtlich der Gliederung des Bundes in Länder, der grundsätzlichen Mitwirkung der Länder bei der Gesetzgebung und der Grundsätze in Art. 1 und 20 GG (sogen. „Ewigkeitsklausel").

So lässt sich erklären, warum *power over* und *power to* als Dimensionen der Macht so schwer voneinander zu unterscheiden sind, obwohl ihre Unterscheidung zunächst intuitiv einleuchtet. Was sie meinen, ist jeweils doppelsinnig, nämlich potentiell oder aktuell, und – gegenläufig dazu – Fremdreferenz oder Selbstreferenz.

Angesichts dieser Bestandsaufnahme habe ich eine andere Strukturierung des Machtbegriffs vorgeschlagen (Göhler 2011b), nämlich *transitive* Macht und *intransitive* Macht. In der Grammatik ist ein Verb transitiv, wenn es neben dem Subjekt noch ein Objekt im Akkusativ verlangt („Ich koche eine Suppe" oder „Ich treffe einen Freund"), wenn es sich also direkt auf etwas anderes bezieht. Es ist intransitiv, wenn es von sich aus kein direktes Objekt verlangt („Ich gehe nach Hause" oder „Ich treffe mich mit einem Freund"), wenn es sich also auf sich selbst bezieht. Entsprechend ist Macht als Bezug nach außen *transitive Macht*, nämlich Macht, die den eigenen Willen auf andere überträgt und auf diese Weise Einfluss nimmt. Dagegen ist Macht als Selbstreferenz, sei es als Bezug auf sich selbst oder – worum es hier vornehmlich geht – als Bezug auf die eigene Gruppe, *intransitive Macht*, nämlich Macht, die sich nicht auf andere richtet, sondern in sich selbst erzeugt und aufrechterhalten wird.[73] Beide – transitive wie intransitive Macht – können auch potentiell oder aktuell sein (Abb. 8):

	potentiell	aktuell
transitive Macht (Bezug nach außen, Fremdreferenz)	*capacity*	*Einflussnahme*
intransitive Macht (Bezug auf die eigene Gruppe, Selbstreferenz)	*Selbstbindung*	*empowerment*

Abb. 8: transitive Macht – intransitive Macht

So ist transitive Macht potentiell *capacity* und aktuell *Einflussnahme*, intransitive Macht potentiell *Selbstbindung* und aktuell *empowerment*. Diese Ausdifferenzierung ist einfacher und eindeutiger als diejenige nach *power over* und *power to*, und sie gibt die Möglichkeit, Macht auch wieder als ein Gesamtphänomen zu begreifen.

4.1.5 Max Weber, Hannah Arendt und die Konturen eines integrativen Machtbegriffs

Prototypisch für transitive Macht steht das Konzept von Max Weber, für intransitive Macht das Konzept von Hannah Arendt (welches bei *power to* bereits angesprochen wurde). Zur Erläuterung der beiden Dimensionen von Macht seien sie zunächst kurz zusammengefasst, sodann wird nach den Konsequenzen für den Machtbegriff gefragt.

73 Kritisch zur Strukturierung des Machtbegriffs in transitive und intransitive Macht: Clegg/Haugaard 2009: 403ff. Ihre Argumente sind für mich schwer nachvollziehbar. Dagegen trifft Judith Butler mit Bezug auf das Subjekt und im Anschluss an Foucault eine ähnliche Unterscheidung: „transitive" Macht, durch die das Subjekt von außen geformt wird, und „eigene" Macht, die das Subjekt handelnd bewirkt (Butler 2001: 19).

Max Weber versteht unter Macht die Durchsetzung des Willens in einer sozialen Beziehung, die auch mit Gewalt erfolgen kann:

> „Macht bedeutet jede Chance, innerhalb einer sozialen Beziehung den eigenen Willen auch gegen Widerstreben durchzusetzen, gleichviel worauf diese Chance beruht“ (Weber 1922: 28).

Macht als Einwirkung oder Einflussnahme auf andere, notfalls auch gegen deren Willen, ist das in vielen Variationen verbreitete Machtverständnis in den Sozialwissenschaften, es entspricht auch dem Alltagsverständnis von Macht.

Hannah Arendt dagegen versteht unter Macht das Miteinander-Reden-und-Handeln der Menschen:

> „Macht ... entsteht zwischen Menschen, wenn sie zusammen handeln ... Macht ist, was den öffentlichen Bereich, den potentiellen Erscheinungsraum zwischen Handelnden und Sprechenden, überhaupt ins Dasein ruft und am Dasein erhält“ (Arendt 1967: 194). „Macht entspricht der menschlichen Fähigkeit, nicht nur zu handeln oder etwas zu tun, sondern sich mit anderen zusammenzuschließen und im Einvernehmen mit ihnen zu handeln“ (Arendt 1970: 45).

Hannah Arendt setzt in den sozialen Beziehungen alles auf die Macht, welche Gemeinschaft konstituiert, und stellt sie antithetisch der Gewalt der Einzelnen gegenüber. Gewalt versteht sie als ein Instrument, um bestimmte Ziele zu erreichen (Arendt 1970: 47), als eine Extremform der Willensdurchsetzung entsprechend dem Machtverständnis von Max Weber. Dagegen hat Macht bei ihr eine völlig andere und stärker normative Bedeutung. Im Miteinander-Reden-und-Handeln der Beteiligten ist sie das verwirklichte Potential einer Gesellschaft, um als Gemeinschaft zu bestehen; Macht ist ihre Selbstmächtigkeit als Gemeinschaft. Das ist für Hannah Arendt zugleich das Politische.

> „Alle politischen Institutionen sind Manifestationen und Materialisationen von Macht; sie erstarren und verfallen, sobald die lebendige Macht des Volkes nicht mehr hinter ihnen steht und sie stützt“ (Arendt 1970: 42).

Die beiden Machtbegriffe von Weber und Arendt scheinen sich gegenseitig geradezu auszuschließen, und doch haben sie beide einen realen Erfahrungshintergrund. Obwohl sie sich zu widersprechen scheinen, sind sie für sich jeweils völlig plausibel. Es liegt also nahe, sie nicht gegeneinander auszuspielen, sondern sie vielmehr als unterschiedliche Dimensionen des Phänomens der Macht zu begreifen, die sich nicht gegenseitig ausschließen, vielmehr geradezu wechselseitig ergänzen. Vermittels der Kategorien von transitiver und intransitiver Macht lässt sich das unschwer zeigen. Max Webers Machtbegriff ist nämlich nicht nur prototypisch für transitive Macht, sondern gründet auf intransitiver Macht, und Hannah Arendts Machtbegriff ist nicht nur prototypisch für intransitive Macht, sondern führt auch auf transitive Macht. Auf diese Weise lässt sich Macht als Phänomen insgesamt, also vermittels eines integrativen Machtbegriffs erfassen. Das soll hier abschließend skizziert werden.

Macht ist bei Max Weber und Hannah Arendt eine soziale Beziehung in ganz unterschiedlicher Hinsicht. Max Weber betrachtet Macht als eine Beziehung, die von einer Person ausgeht, welche Macht hat, und sich auf eine Person richtet, die dieser Macht unterworfen ist. Hannah Arendt dagegen betrachtet Macht als eine Beziehung, die zwischen Personen in der Form der Kommunikation und des gemeinsamen Handelns entsteht. Im Gegensatz zu Gewalt ist Macht eine Beziehung, die in der Form der Kommunikation und des gemeinsamen Handelns erzeugt wird, und sie ist nicht auf Außenstehende, sondern auf die Gruppe von Handelnden selbst gerichtet. Insoweit handelt es sich bei Max um transitive, bei Hannah Arendt um intransitive Macht. Wenn es aber um Verstetigung, d.h. Institutionalisierung von transitiver bzw. intransitiver Macht geht, kommt stets das andere Konzept ins Spiel.

Bei Max Weber wird transitive Macht zur realen und verstetigten Einflussnahme in der politischen Form der Herrschaft: „Herrschaft soll heißen die Chance, für einen Befehl bestimmten Inhalts bei angebbaren Personen Gehorsam zu finden" (Weber 1922: 28). Zwar ist auch Herrschaft nur eine „Chance", denn es gibt in sozialen Beziehungen keinen Automatismus. Aber dabei bleibt es nicht. Im Gegensatz zu Macht ist Herrschaft nicht mehr „soziologisch amorph" (ebd.), vielmehr ist die Chance, dass die Einflussnahme zu dem gewünschten Ergebnis führt, in doppelter Weise präzisiert und damit auf eine andere Grundlage gestellt: Sie erfolgt vermittels klarer Befehle, welche Gehorsam verlangen, und die Beherrschten sind angebbare Personen. So ist Macht als Herrschaft institutionalisiert. Gehorsam wird nicht nur verlangt, er kann auch erwartet werden. Dass es bei den Beherrschten eine entsprechende „Fügsamkeit" (29) gibt, hat allerdings eine Grundlage, die nichts anderes ist als intransitive Macht: Es ist der „Legitimitätsglaube" (122) der Beherrschten.[74] Nur wenn sie die Form ihrer Herrschaft als legitim ansehen, kann diese auch auf Dauer bestehen – so ist Herrschaft für Max Weber sowohl institutionalisierte und als auch legitimierte Macht.

Bei Hannah Arendt wiederum ist aktuell nur die intransitive Macht, aber einmal im Miteinander-Reden und Handeln realisiert, muss sie auch institutionell verstetigt werden, denn nur auf diese Weise lassen sich Gemeinwesen mit Verfassung und Gesetzen begründen – vorausgesetzt, ihre lebendige Macht bleibt erhalten.[75] Einmal institutionalisiert, ist das Gemeinwesen auch fähig zur Ausübung von transitiver Macht und muss sich ihrer bedienen, nach innen wie nach außen.[76]

So weit, wie es zuerst schien, liegen die beiden Machtkonzepte also gar nicht auseinander. Vielmehr machen sie es möglich, formuliert in den Kategorien von

74 „Sitte oder Interessenlage so wenig wie rein affektuelle oder rein wertrationale Motive der Verbundenheit könnten verlässliche Grundlagen einer Herrschaft darstellen. Zu ihnen tritt normalerweise ein weiteres Moment: der Legitimitätsglaube" (Weber 1922: 122).

75 „Wo immer es Menschen gelingt, die Macht, die sich zwischen ihnen im Verlauf einer bestimmten Unternehmung gebildet hat, intakt zu halten, sind sie bereits im Prozess des Gründens begriffen; die Verfassungen, Gesetze und Institutionen, die sie dann errichten, sind genau so lange lebensfähig, als die einmal erzeugter Macht lebendigen Handelns in ihnen überdauert" (Arendt 1965: 227).

76 Vgl. sinngemäß die Auflistung von Brunkhorst 2011: 295. Für Hannah Arendt besteht das Problem dann allerdings darin, dass transitive Macht als Durchsetzungsmacht sich nicht mehr klar von Gewalt unterscheiden lässt (Meyer 2016: 96, dazu insgesamt 92-104 und 146-166).

transitiver und intransitiver Macht, das Phänomen der Macht in der Politik als ein Gesamtphänomen zu begreifen. Durch die Zusammensicht von transitiver und intransitiver Macht lassen sich die unterschiedlichen Ansätze der Machttheorie für die Politische Theorie in einem integrativen Machtbegriff erfassen.[77] Grundsätzlich gilt: *Macht strukturiert in sozialen Beziehungen die Handlungsräume der Beteiligten.*[78] Indem Macht entsteht oder ausgeübt wird, sind ihnen bestimmte Handlungsoptionen eröffnet oder verschlossen.

Das könnte für alle sozialen Beziehungen gelten. Zunächst scheint es, als könnten die Handlungsräume der Beteiligten in sozialen Beziehungen auch anderweitig strukturiert werden, z.B. durch Geld oder Liebe. Aber bei genauerem Hinsehen ist diejenige soziale Beziehung, die den Handlungsraum strukturiert, die Macht. Wenn es um Geld geht, so zuvorderst um das Verdienen, oder wenn es um Liebe geht, so zuvorderst um Zuneigung – zugleich werden dadurch aber bestimmte

77 Dies ist der Versuch, Macht insgesamt, trotz aller unterschiedlichen in der Machtdiskussion herausgestellten Aspekte, als ein Phänomen zu begreifen, welches auch mit unserer Alltagserfahrung übereinkommt. Er soll, ausgehend von Max Weber und Hannah Arendt, über die bereits erwähnte resignative Feststellung hinausführen, in der Machtdiskussion gebe es lediglich bestimmte „Familienähnlichkeiten" (family resemblances, vgl. Clegg/Haugaard 2009: 3ff, 400f; Haugaard 2020: 15f). Immerhin legt jetzt auch Haugard (2020) eine Gesamtsicht vor. Suggestiv angelehnt an Lukes untergliedert er Macht in vier Dimensionen: *Agency* legt den Focus auf die unmittelbare Ausübung von Macht, ausgehend von Dahl und Max Weber; *structure* auf strukturelle soziale Konflikte, ausgehend von Bachrach/Baratz und Giddens; *system of thought* auf „tacit social knowledge" in den Machtbeziehungen, ausgehend von Kuhn und Foucault; *social ontology* auf die internalisierte Selbstdisziplin des Machtgehorsams, ausgehend von Erikson, Giddens, Garfinkel und Milgram. In die meisten sozialen Interaktionen sind alle vier Dimensionen involviert (Haugaard 2020: 23-26). Alles das fußt auf einer beeindruckenden Aufarbeitung der Machtliteratur, die verschiedenen Perspektiven der Machttheorie werden zu einem umfassenden Gliederungsschema akkumuliert. Das ist zweifellos nützlich, erbringt allerdings – erklärtermaßen – keine Verdichtung in Richtung auf einen integrativen Machtbegriff, wie ich ihn anstrebe.
Zenkert unterscheidet in ideengeschichtlicher Herleitung drei Dimensionen/Gestalten/Typen/Modi/Aggregatszustände der Macht: Handlungsmacht, regulative Macht als Herrschaft und konstitutive Macht: „Macht ist in einem elementaren Sinne Handlungsmacht, das Vermögen dessen, der etwas ins Werk zu setzen weiß. Macht ist in einer anderen Bedeutung Herrschaft, die sich in der Kontrolle oder Beeinflussung anderer äußert. Macht ist schließlich Ausdruck einer fundamentalen Gemeinsamkeit, die als unhintergehbare Bedingung jeglicher politischen Organisation verstanden werden muss" (Zenkert 2004: 321, vgl. 18, insges. 320-336). Mit der letzteren bezieht er Hannah Arendt ein (vgl. Zenkert 2019: 19-24).
In der integrativen Sicht von Macht ist auch Einfluss (siehe oben Fn. 69) weder komplementär zur Macht noch ihr gegenüber das allgemeinere Konzept. Prinzipiell lässt sich Macht und Einfluss einander entweder gleichgewichtig gegenüberstellen (vgl. Lukes 1974/2005, Zimmerling 2005), oder Macht unter Einfluss bzw. Einfluss unter Macht subsumieren. Ich fasse Einfluss präziser, nämlich als eine Form der transitiven Macht (ähnlich Lohmann 2018).

78 Hier besteht eine gewisse Ähnlichkeit mit dem Begriff der *noumenalen Macht*, mit dem Rainer Forst die Macht ebenfalls insgesamt erfassen möchte. Er verwendet diesen an Kant angelehnten Begriff, obwohl er missverständlich ist, als ob es nur um einen bestimmten Bereich der Ideen oder Gedanken gehe, was nicht gemeint ist – tatsächlich ist für ihn „das reale Phänomen der Macht gänzlich im noumenalen oder intelligiblen Raum zu verorten" (Forst 2015: 59). Der Grundgedanke: Ausgehend von Dahl ist Macht „das Vermögen von A, B dazu zu motivieren, etwas zu denken beziehungsweise zu tun, das B anders nicht gedacht oder getan hätte" (Forst 2015: 63, 2021:79). Entscheidend ist nun dabei, dass Macht „motiviert", also Gründe (reasons) liefert, auf diese Weise zu denken oder zu handeln. Deshalb ist Ort der Macht der „Raum des Kognitiven ... genauer: der Raum der Rechtfertigungen, da A die motivationalen Gründe von und für B verändern muss. Macht zu haben und ausüben zu können, heißt folglich, in der Lage zu sein, den Raum der Gründe für andere beeinflussen, bestimmen, besetzen oder gar abschließen zu können" (2021:80, vgl. 2015: 66, dort näher ausgeführt; vgl. dazu auch die Diskussion in JPP 2018 und die Erwiderung Forst 2018). Das ist nichts anderes als die Strukturierung eines Handlungsraums, indem Optionen verändert, eröffnet oder verschlossen werden. Forst geht es dabei um die jeweiligen Rechtfertigungen, während mich vor allem die Strukturen der sozialen Beziehungen mit Blick auf die institutionelle Konfiguration interessieren.

Optionen für die Beteiligten eröffnet oder verschlossen: Es ist es die Macht des Geldes oder die Macht der Liebe, welche dies bewirkt.

Das soll hier nicht weiterfolgt werden, hier geht es um den Handlungsraum Politik, für den die Machtbeziehungen konstitutiv sind. Folgen wir Max Weber, so ist Macht als soziale Beziehung geradezu die *differentia specifica* gegenüber anderen Handlungsräumen. Unter den vielfältigen sozialen Beziehungen im Handlungsraum Politik ist es die Macht, welche diesen Handlungsraum strukturiert.[79] Und zwar auf doppelte Weise: als transitive und als intransitive Macht. Transitiv strukturiert Macht, sofern ein Akteur auf andere einwirkt, um bestimmte Handlungsoptionen zu eröffnen oder zu verschließen. Aber auch intransitiv strukturiert Macht die Handlungsräume der Beteiligten, und dies durchaus auch im Verständnis von Hannah Arendt. Indem nämlich intransitive Macht einen gemeinsamen Handlungsraum der Beteiligten überhaupt erst erzeugt, wird Gemeinsamkeit nicht nur hergestellt, sondern auch ausgeformt, also strukturiert. Bestimmte Handlungsoptionen sind eröffnet, andere verschlossen. Im gemeinsamen Handeln oder – weniger emphatisch – in der gemeinsamen Basis für individuelles Handeln im Gemeinwesen sind die Handlungsoptionen der Beteiligten, soweit es die Gemeinsamkeit betrifft, nicht mehr beliebig, sondern sie sind letztlich auf das Gemeinwesen hin ausgerichtet und durch gemeinsame Werte strukturiert. Wer ihnen entspricht, ist in die Gemeinschaft inkludiert, wer nicht, ist exkludiert.

4.2 Transitive und intransitive Macht

Um die beiden Dimensionen transitive und intransitive Macht nun näher zu beschreiben, greife ich, soweit erforderlich, auf die zu *power over* und *power to* herangezogenen Konzepte zurück.

4.2.1 Transitive Macht

Das Grundmuster der transitiven Macht ist die Unterordnung des Willens unter den Willen eines anderen. Das ist auch unser Alltagsverständnis von Macht. In einer Machtbeziehung werden durch den Willen des Akteurs A die Handlungsoptionen des Akteurs B entsprechend den Präferenzen von A eingeschränkt bzw. ausgerichtet, auch neue Optionen können dadurch eröffnet werden. Auf jeden Fall kann B in einer Machtbeziehung nicht allein nach seinen eigenen Präferenzen handeln. Er muss sich nach den Präferenzen von A insoweit richten, dass er bestimmte Handlungen unterlässt, die A nicht will, um nicht Sanktionen zu riskieren, oder aber sich zu Handlungen entschließt, die A will, um eine Belohnung zu erhalten.

79 Die Konturen eines integrativen Machtbegriffs habe ich erstmals im Zusammenhang mit *power over* und *power to* beschrieben (Göhler 2011b: 237f) und dabei Macht, angelehnt an Parsons und Luhmann, als „Medium sozialer Beziehungen" (237) aufgefasst. Später bin ich davon abgerückt und habe Macht selbst als eine soziale Beziehung bezeichnet (Göhler 2013: 240). Da mir inzwischen jedoch beides plausibel erscheint, fasse ich jetzt Macht als eine soziale Beziehung auf, die im Handlungsraum Politik und insbesondere in der institutionellen Konfiguration (Kap. 7) als Medium wirkt.

Transitive Macht richtet sich nach außen. Sie ist Einwirkung auf andere, um deren Handlungsoptionen auf die eigenen Präferenzen hin auszurichten.

Das Machtgefälle zwischen A und B bedeutet nicht, dass B nicht auch seinerseits Macht hätte; seine Handlungsoptionen sind nicht auf Null gebracht. Macht ist nicht ohne Gegenmacht vorstellbar, sonst wäre sie lediglich Zwang oder Gewalt. A kann in der Regel seine Macht über B nicht schrankenlos ausüben, weil er immer Widerstand oder Ausweichstrategien riskiert. Er wird also den Widerstand von B, wenn er gut beraten ist, immer in sein Kalkül mit einbeziehen. Selbst wenn also eine Machtposition überwiegt, stößt Macht immer auf Gegenmacht. Macht und Gegenmacht können in einer asymmetrischen, aber auch in einer symmetrischen Beziehung stehen. In der asymmetrischen Beziehung wird überlegene Macht hingenommen; in der symmetrischen Beziehung üben A und B wechselseitig Macht so aufeinander aus, dass sie sich gegenseitig in ihrer Machtausübung begrenzen und ein gewisses Gleichgewicht herstellen. Für die Politikwissenschaft ist die symmetrische Beziehung von besonderem Interesse, wenn die komplementäre Machtausübung institutionalisiert ist. In der Doktrin der repräsentativen Demokratie beschränken sich die Staatsgewalten in horizontaler oder vertikaler Gewaltenteilung gegenseitig in ihrer Machtentfaltung, und zwischen Wählern und ihren Abgeordneten besteht grundsätzlich ein komplementäres Machtverhältnis, weil eine Wahl zwar Machtübertragung an die Repräsentanten bedeutet, die nächste Wahl aber Sanktionsmöglichkeiten bietet, welche ihre Handlungsoptionen durchaus beeinflussen.

Institutionalisierte ebenso wie nicht-institutionalisierte transitive Macht wird nicht nur direkt durch das Handeln von Akteuren ausgeübt. Auch indirekt kommt sie zur Geltung, wenn Machtadressaten durch Verhaltenserwartungen das mögliche Machthandeln bereits vorwegnehmen und den eigenen Handlungen zugrunde legen. Auch Strukturen, nämlich geronnene soziale Beziehungen in Form von Regelungen, Habitus (Bourdieu) oder Diskursformationen (Foucault), beeinflussen in diesem Sinne die Optionen der Adressaten, ohne dass es konkreter Machthandlungen bedarf. Gegen institutionalisierte Macht steht politisch die transitive Macht der Bürger in vielfältigen Formen: als konkrete Einflussnahme aufgrund eigener Interessen, als generelle Unterstützung, die auch versagt werden kann, und schließlich als politische Kontrolle. Auch moralische Verhaltenserwartungen der Bürger an Politiker und Institutionen sind eine Form der transitiven politischen Macht, weil sie die Handlungsoptionen der Akteure politischer Institutionen in einem erstaunlichen Maß beeinflussen und damit strukturieren. In der Realität sind alle diese transitiven Machtbeziehungen vielfältig miteinander verflochten. Sie sind jedoch stets Nullsummenspiele: Was A an Macht hat, hat B nicht, und umgekehrt. Die verfügbaren Machtquanten, so könnte man sagen, sind in der transitiven Macht nur variabel verteilt, und um diese Verteilung geht es in den politischen Auseinandersetzungen.

4.2.2 Intransitive Macht

Dagegen ist intransitive Macht kein Nullsummenspiel, denn hier geht es nicht um die Unterordnung des Willens unter einen fremden Willen innerhalb einer Gemeinschaft, sondern um diese Gemeinschaft selbst, die Bedingung ihrer Möglichkeit, ihre Konstituierung. Es werden also nicht Machtquanten ausgetauscht, sondern sie werden zur Konstituierung der Gemeinschaft gewissermaßen zusammengelegt. Und je mehr intransitive Macht „ausgeübt" wird, je intensiver die Akteure zusammenhandeln, desto mehr wird sie realisiert. An die Stelle des Nullsummenspiels tritt für alle Beteiligten eine Steigerung von Macht.

Bei *power to* wurde bereits gezeigt, wie Parsons und Luhmann die Vorstellung der Macht als Nullsummenspiel verlassen (4.1.2.). Verstanden als Zirkulationsmedium (Parsons) oder als symbolisch generalisiertes Kommunikationsmedium (Luhmann): Macht trifft auf Gegenmacht dergestalt, dass die wechselseitige Machtbeziehung nicht zu einer Beschränkung, sondern zu einer Steigerung der Macht auf beiden Seiten führt. Die Macht von A wird durch die Macht von B gestärkt und umgekehrt, beide Machtsteigerungen bedingen sich gegenseitig, und beide sind gleichermaßen erforderlich. Wenn nun die Perspektive nicht auf die Macht der einzelnen Akteure, sondern vielmehr auf das *gemeinsame Ganze* gerichtet wird, welches durch die Beziehungen der Akteure selbst Macht erhält und dadurch überhaupt erst konstituiert wird, besteht Macht primär im Zusammenwirken der Akteure. Macht schafft einen gemeinsamen Handlungsraum.

Intransitive Macht ist Selbstbezug. Sie besteht im Zusammenwirken der Akteure, um ein gemeinsames Ganzes zu konstituieren.

Um die *intransitive* Seite der Macht genauer auszuführen, nehme ich Hannah Arendt, Foucault und Bourdieu wieder auf und füge Hermann Heller hinzu.

Hannah Arendt liefert in *Vita activa* (1967) das bereits beschriebene normative Grundmodell: Macht als „Miteinander-Reden-und-Handeln". Im Zusammenhandeln entsteht erst der „Erscheinungsraum" für die Menschen, das Öffentliche, das Politische. Nur im Erscheinungsraum können sie ihr Menschsein verwirklichen (Arendt 1967: §§ 24, 28). Arendt knüpft hier an die Lehre des Aristoteles an, dass die Menschen auf Gemeinschaft angelegt sind und nur in dieser, in der Form der Praxis, die stets eine politische ist, ihr Telos verwirklichen können. Macht ist die Herstellung des gemeinsamen Vermögens. Sie ist nicht instrumental verstanden, auf die Erreichung äußerer Zwecke gerichtet, sondern sie ist Selbstzweck, weil in dieser sozialen Beziehung der Mensch sein Menschsein konstituiert und erfährt. Daran ist überzeugend, dass eine politische Einheit ohne die Grundlage eines gemeinsamen Vermögens, eben intransitiver Macht, auf Dauer nicht bestehen kann. Das Machtkonzept von Hannah Arendt ist in erster Linie normativ, es formuliert die Bedingungen einer *vita activa* im Politischen. Zugleich gibt es in empirischer Perspektive wichtige Funktionsbedingungen vor, die für ein stabiles politisches System auch heutzutage gelten. Wie allerdings intransitive Macht in modernen fragmentierten Gesellschaften wirkt (sofern sie eine politische Einheit ausbilden), welche Mechanismen sie ausbildet, wie sie zustande kommt, ist ihrem Konzept selbst nur wenig zu entnehmen.[80]

Solche Anknüpfungspunkte gibt aus einer völlig anderen Position *Michel Foucault*. Die Verbindung mit dem normativen Konzept von Hannah Arendt mag zwar ungewohnt sein, ist in diesem Zusammenhang aber wichtig, weil sie zur empirischen Anschlussfähigkeit des Konzepts von intransitiver Macht beiträgt. Foucault fragt nicht danach, wie die Bürger eine politische Einheit konstituieren, sondern versucht ganz im Gegenteil herauszufinden, was unsere Gesellschaften in ihrer Heterogenität zusammenhält. Das ist eine Vielfalt von (transitiven) Machtbeziehungen, die von indirekter Herrschaft durch Diskurse in den Formen des Wissens bis hin zu unmittelbaren Unterdrückungsverhältnissen reichen. Als Ensemble von Kräfteverhältnissen allerdings ergeben sie intransitive Macht. Gesellschaften werden nicht in erster Linie durch Repression („Gewalt" in der Terminologie von Hannah Arendt) zusammengehalten, vielmehr sind die Individuen in vielfältiger Hinsicht von Machtverhältnissen durchdrungen, die erheblich subtiler sind. In der Form der „Disziplinarmacht" oder der „Pastoralmacht" fügen sie die Individuen nicht nur als Subjekte in die herrschenden Kräfteverhältnisse ein; sie bewirken eine vollständige, verinnerlichte Integration und damit letztlich erst soziale Produktivität (Foucault 1977, 1983). Auch wenn Foucault unsere Gesellschaften in kritischer Absicht seziert, stellt er doch fest, dass Machtverhältnisse die Entfaltungsmöglichkeiten der Individuen nicht nur umgrenzen, sondern letztlich erst konstituieren. Als Subjekt sind die Individuen den Machtverhältnissen nicht nur unterworfen, sie finden in ihnen ihre Handlungsoptionen. Sie verinnerlichen die Normen gesellschaftlicher Diskurse und Praktiken, aber sie gehen nicht spannungsfrei in ihnen auf. Indem sie ihre Individualität ausbilden, können sie auch Widerstandspotentiale gegen herrschende gesellschaftliche Kräfteverhältnisse entwickeln (Foucault 1987: 246f). Foucault erhebt in seiner Machtanalyse letztlich nur zum Fluchtpunkt, wovon Hannah Arendt normativ ausgeht. Allerdings bleibt bei ihm, ebenso wie bei Arendt, die symbolische Dimension ausgeblendet, die – wie noch zu sehen sein wird – für den Bestand von intransitiver Macht entscheidend ist. Intransitive Macht muss stets auch sichtbar, also symbolisch präsent sein.

In dieser Hinsicht ist die Gesellschaftstheorie von *Pierre Bourdieu* auf symbolische Macht fokussiert, und mit dem Symbolbezug leistet er einen wesentlichen Beitrag zur soziologischen Fundierung der intransitiven Dimension des Machtkonzepts.[81] Es sind die Symbole, und zwar die herrschenden, welche die gesellschaftlichen Unterschiede, das Oben und Unten bestimmen und sichtbar machen. Insofern geht von ihnen zunächst transitive Macht aus, und sie sind das Ergebnis von Kämpfen um ihre Durchsetzung in der Gesellschaft. Einmal herrschend, geben sie allerdings eine Weltsicht vor, die den Wahrnehmungsraum der einzelnen Klassen insgesamt

80 Vgl. dazu Höppner 2011. Sie entfaltet ein systematisches Konzept von intransitiver Macht dezidiert auf der Grundlage des Machtkonzepts von Hannah Arendt, um letztlich zu zeigen, wie sich auf diese Weise Globalisierung besser begreifen lässt.

81 Zur symbolischen Macht insbesondere Bourdieu 1977, 1985, 1992. Bourdieu wurde bereits im Zusammenhang mit dem Symbol herangezogen (Kap. 3.3), im nächsten Kapitel (5.2.3) wird seine Theorie der politischen Repräsentation ausführlicher rekonstruiert.

strukturiert. Symbolische Macht bezeichnet eine Gemeinsamkeit der Weltsicht, die nicht nur im jeweiligen Habitus der Beteiligten ihre symbolische Distinktion zum Ausdruck bringt, sondern zugleich eine gesellschaftliche Stratifizierung, ein klares Oben und Unten, begründet, welches doch zugleich von allen, auch den Benachteiligten, als legitim anerkannt wird. Symbolische Macht bei Bourdieu ist daher eine spezifische Form der intransitiven Macht. Sie entspricht zunächst als Ergebnis von symbolischen Kämpfen dem, was *Hannah Arendt* als intransitive Macht normativ voraussetzt. Aber mit einem gravierenden, vor allem demokratietheoretisch bedeutsamen Unterschied. Bei Hannah Arendt ist intransitive Macht begründet durch das Miteinander-Reden-und Handeln prinzipiell Gleicher, dazu bedarf es nicht ihrer Aufrechterhaltung durch symbolische Präsenz. Bourdieu will dagegen zeigen, wie gerade über symbolische Mechanismen Ungleichheit konstituiert und legitimiert wird. Symbolische Macht dient der Verschleierung nicht gerechtfertigter Herrschaftsverhältnisse. Das mag realistisch sein, kann aber normativ nicht hinreichen. Mit Bourdieus Konzept der symbolischen Macht allein lässt sich kein Zugang gewinnen zum normativen Modell von intransitiver Macht in Form eines politischen Handlungsraums, der durch einen Fundus gemeinsamer Wertvorstellungen ohne Aufherrschung gebildet und als solcher symbolisch dargestellt wird. Auf diese Grundbedingung insistiert Hannah Arendt zu Recht. Ohne eine Einbindung der symbolischen Dimension von intransitiver Macht in eine an Hannah Arendt orientierte normative Perspektive – wie kontrafaktisch auch immer – ist eine Begründung von intransitiver Macht zur Legitimation demokratischer Systeme nicht zu leisten.

Ein weiterer Aspekt kommt hinzu. Intransitive Macht ist selbstbezüglich, aber darum nicht unstrukturiert. Sie bedarf unter den Bedingungen des modernen Flächenstaates einer Organisationsform, die nach demokratischen Kriterien alle Beteiligten umfasst, ohne dass diese selbst stets physisch präsent sind. Historisch hat sich als organisierte Form der intransitiven Macht der Staat herausgebildet. Wenn er auch vermutlich in der Form des Nationalstaats nicht den historischen Endpunkt intransitiver Macht bedeutet, so ist er derzeit doch unter demokratischen Kriterien die höchstentwickelte Form, in der eine reale Partizipation aller Beteiligten möglich ist. Wie der Staat als organisierte intransitive Macht und mithin demokratisch aufzufassen ist, hat *Hermann Heller* wegweisend ausgeführt. In seiner Staatslehre von 1934 fasst er den Staat als „organisierte Entscheidungs- und Wirkungseinheit" (Heller 1934: 228-237). Was zunächst wie ein transitives Machtkonzept aussieht, dass nämlich Macht vom Staat ausgeübt wird, gründet auf einem intransitiven Konzept gesellschaftlicher Macht. Dass der Staat als Entscheidungseinheit agiert, setzt voraus, dass er auch Wirkungseinheit ist, und das bedeutet für Heller das Zusammenwirken aller Beteiligten. Organisierte gesellschaftliche Macht ist Aufhebung des Nullsummenspiels, denn das Zusammenwirken konstituiert eine Einheit, die mehr ist als die Summe der einzelnen Machtquanten. Sie ist eine „Gestalt" (99) von eigener Qualität, nicht auf einzelne Zwecke bezogen, sondern stets als ganze zu aktualisieren. So ist sie als Wirkungseinheit die Voraussetzung für das politische Handeln, in welches das Zusammenwirken aller Beteiligten im Staat nach außen wie nach innen konkret umgesetzt wird. Intransitive Macht ist in dieser Perspektive nicht nur normative Voraussetzung der

Politik, sondern auf ihre realen Abläufe und Konstitutionsbedingungen bezogen, nämlich die Herstellung und Durchführung verbindlicher, gesamtgesellschaftlich relevanter Entscheidungen. Die Selbstbezüglichkeit intransitiver Macht, die im Handeln politischer Akteure nur ihren gebündelten und konkretisierten Ausdruck findet, ist deshalb Grundbedingung der Politik. Für Heller steht zunächst die organisatorische Ausrichtung auf gemeinsame Zwecke im Vordergrund, ebenso sehr bewusst ist er sich allerdings auch, dass diese auf einem „Wir-Gefühl", auf gemeinsamen Wertvorstellungen und Ordnungsprinzipien beruhen müssen (Heller 1928). Ohne sie hat eine politische Wirkungseinheit auf Dauer keine innere Kraft, keine Selbstmächtigkeit.

4.2.3 Der gemeinsame Handlungsraum in der Demokratie

Wenn man diese Elemente einer – gegenüber landläufigen Vorstellungen – alternativen Sicht der Macht zusammenfasst und jeweilige Engführungen vermeidet, so lässt sich intransitive Macht in ihrer Selbstbezüglichkeit für die Demokratie[82] wie folgt bestimmen:

> Intransitive Macht konstituiert das Gemeinwesen als Wirkungseinheit in Form eines gemeinsamen, symbolisch präsenten Handlungsraums.

Die Bestimmung intransitiver Macht stellt auf *Gemeinsamkeit* ab: auf erforderliche Mindestbedingungen in Form gemeinsamer Orientierungen und gemeinsamen Handelns gleichberechtigter Individuen, die erst ihr Zusammenleben in wechselseitiger Anerkennung möglich machen. Das ist der *gemeinsame Handlungsraum*, den jedes demokratische Gemeinwesen als Raum der Öffentlichkeit bedarf. Er ist vom *verschränkten Handlungsraum* zu unterscheiden, der durch die Ausübung transitiver Macht entsteht. Im gemeinsamen Handlungsraum agieren die beteiligten Personen A und B gleichberechtigt auf der Grundlage und entsprechend der Reichweite von gemeinsamen Wertvorstellungen und Ordnungsprinzipien. Dagegen ist in der Ausübung transitiver Macht der Handlungsraum zwischen den beteiligten Personen A und B lediglich durch den Aspekt der jeweiligen Über- und Unterordnung ihres Willens definiert – er überdauert die einzelnen Akte der Machtausübung nicht, welche ihre Handlungsoptionen verschränken (Abb. 9).

82 Ich verfolge hier nur den – von Hannah Arendt vorgezeichneten – normativen Pfad für die Demokratie. Tatsächlich ist intransitive Macht, so schwer diese Überlegung auch fallen mag, auch jenseits der normativen Voraussetzungen von Demokratie funktional denkbar. Gleichberechtigung der Individuen und ihre reale Partizipation würden entfallen. Eine solche Form der intransitiven Macht dürfte allerdings ohne wirksame Surrogate und Ersatzmechanismen (z.B. Nationalismus) nicht auskommen.

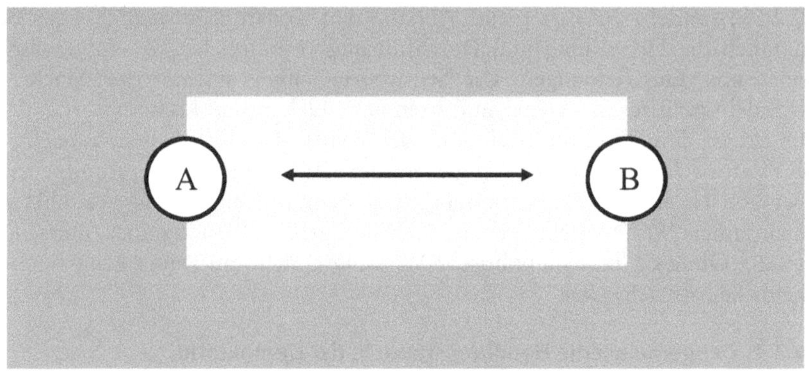

Abb. 9: verschränkter – gemeinsamer Handlungsraum

Wenn die Gemeinsamkeit auf Dauer gestellt werden soll, bedarf es zusätzlicher Mechanismen in der (temporären) Fixierung intransitiver Macht. Der entscheidende Mechanismus ist die *Institutionalisierung.* Wenn soziale Beziehungen auf Dauer gestellt werden, so bilden sie Institutionen aus – für das Gemeinwesen politische Institutionen – und anders als in institutionalisierter Form ist intransitive Macht letztlich nicht vorstellbar. Erst durch Institutionalisierung kann auch intransitive Macht, als soziale Beziehung, Persistenz gewinnen. Alle Hoffnungen auf eine stets neue Gewinnung von intransitiver Macht – auch Hannah Arendt hegt sie – kommen an diesem institutionentheoretischen *factum brutum* nicht vorbei. Institutionalisierung bildet einen Rahmen für die vielfältigen Interaktionen der Individuen; durch Institutionalisierung generiert intransitive Macht also einen symbolisch strukturierten und zugleich strukturierenden gemeinsamen Handlungsraum (Bourdieu 1977: 407) und stellt ihn bis zu einem gewissen Maße auf Dauer. Im Politischen beruhen Strukturiertheit und Strukturierung auf geltenden gemeinsamen Werten und Ordnungsprinzipien – das ist die Institutionalisierung der intransitiven Macht im Gemeinwesen. Die Strukturiertheit wird sichtbar und die Strukturierung wird wirksam durch die für das Gemeinwesen maßgeblichen *Symbole.* Sie halten intransitive Macht in den gemeinsamen Werten und Ordnungsprinzipien stets präsent. Sie bieten den Bürgern eine anschauliche, ebenso kognitive wie affektive Orientierung, und so ermöglichen sie, recht interpretiert, die Bindung der Bürger an das Gemeinwesen und ihre Identifikation mit ihm. So formt intransitive Macht, indem sie das Gemeinwesen als institutionalisierten und symbolisierten gemeinsamen Handlungsraum konstituiert, den Fremdbezug der Beteiligten in transitiver Machtausübung bis zu einem gewissen Grade zu einem Selbstbezug um. Sie schafft dadurch eine Wirkungseinheit, die als Organisation ausgebildet und eingesetzt werden kann.

Intransitive Macht erbringt eine Steigerung, aber auch eine Einschränkung der Handlungsoptionen aller Beteiligten. Einerseits setzt das Potential der Selbstmächtigkeit Kräfte frei, die sich aus Einzelpräferenzen als Machtquanten so nicht aufsummieren ließen. Das ist die Aufhebung des Nullsummenspiels der Macht. Andererseits kann in diesem Verbund nicht mehr jeder tun, was er einfach will. Macht bedeutet stets Strukturierung. Wirkungsvolle intransitive Macht setzt der willkürlichen transitiven Macht der Akteure deutliche Grenzen. Diese Einschränkung, die sich aus dem Miteinander-Reden-und-Handeln zwanglos ergibt, wird durch Symbole verfestigt, weil sie gemeinsame Handlungsorientierungen sichtbar machen und dadurch verstärken.

Wirkliche (und nicht nur inszenierte) intransitive Macht ist für das Gemeinwesen als politische Einheit die Voraussetzung sowohl zur Fähigkeit der Selbstbehauptung nach außen als auch zur Fähigkeit, die gemeinsamen Werte und Ordnungsprinzipien im Innern organisatorisch umzusetzen. Das schließt freilich nicht aus, dass in der historischen Entstehung eines gemeinsamen Handlungsraums auch die transitive Machtdurchsetzung eine erhebliche Rolle spielt. In welcher realen Form der gemeinsame Handlungsraum der Demokratie zustande kommt und Bestand hat, welche Wertvorstellungen und Ordnungsprinzipien sich als die maßgebenden durchsetzen und etablieren, ist nicht nur eine Frage des Konsenses und der Überzeugung, sondern ebenso und möglicherweise sogar vorrangig ein Resultat der Kräfteverhältnisse in den gesellschaftlichen Auseinandersetzungen.

5 Politische Repräsentation

Zusammenfassung

Zusammen mit Macht ist (politische) Repräsentation die zweite grundlegende soziale Beziehung im Verhältnis von Bürgern und politischen Institutionen. Politische Repräsentation ist Willensbeziehung ebenso wie Symbolbeziehung: Repräsentation durch Mandat und symbolische Repräsentation. Beide Dimensionen werden aus den wichtigsten Repräsentationstheorien systematisch herausgearbeitet und jeweils daraufhin diskutiert, welche Problematik mit ihnen in der modernen Demokratie verbunden ist.

In der politischen Repräsentationstheorie ist *The Concept of Representation* (1967) von Hanna Pitkin trotz manch neuer Perspektiven[83] nach wie vor grundlegend für unser modernes Verständnis von politischer Repräsentation. Während Pitkin ihre für die Machttheorie so einflussreiche Unterscheidung von *power over* und *power to* eher beiläufig getroffen hat, wird die Repräsentationstheorie von ihr umfassend und systematisch entwickelt. Sie unterscheidet grundsätzlich zwei Konzepte von Repräsentation, nämlich „acting for" und „standing for" entsprechend den deutschen Ausdrücken „vertreten" und „darstellen" (so im Original: 59). *Acting for* ist eine Willensbeziehung, hier handeln die Repräsentanten gemäß dem geäußerten oder unterstellten Willen der Repräsentierten. *Standing for* ist eine Symbolbeziehung, in welcher das Gemeinsame, etwa die gemeinsamen Werte der Community, symbolisch dargestellt werden. Die Symbolbeziehung ist ebenfalls politische Repräsentation, aber Hanna Pitkin kann sich mit ihr nicht wirklich anfreunden, sie sieht in ihr letztlich nur die Form der Repräsentation in totalitären Diktaturen.[84] So schließt sie normativ mit einem Modell von Repräsentation, welches sie lapidar als „political representation" bezeichnet (209) – das ist die von ihr präferierte Form der responsiven Repräsentation nach dem Muster des amerikanischen *Federalist*.

Auch wenn Pitkins Arbeit über politische Repräsentation grundlegend bleibt, kann ihr systematisches Konzept letztlich noch nicht befriedigen, und zwar für *ac-*

83 Siehe dazu Mansbridge 2003 und 2009, Rehfeld 2005 und 2006, Urbinati 2006, Urbinati/Warren 2008, Shapiro et al. 2009, Linden/Thaa 2011, Budde 2013, Michelsen/Walter 2013, Linden 2014, Linden/Thaa 2014, Diehl/Steilen 2016, Horneber 2019, Mansbridge 2020 – sowie aus konstruktivistischer Sicht: Saward 2006 und 2010, Ankersmit 2012, Disch 2015, Mateo 2018, Disch/van de Sande/Urbinati 2019, Mateo 2019 (dazu unten Kap. 7 Fn. 202). Einen guten Überblick gibt Lembcke 2021. Zu Lefort und Gauchet siehe unten Kap. 5.2.2. Ausgehend von Lefort, Gauchet und Castoriadis entwickelt Paula Diehl eine Repräsentationstheorie, in der das Symbolische, ergänzt um das Imaginäre, eine entscheidende Rolle spielt (Diehl 2015), siehe unten Kap. 7.2.

84 Siehe unten Kap. 5.3. Auch in der neueren Literatur zur politischen Repräsentation ist die Symbolbeziehung noch deutlich unterbelichtet. Der Sammelband über politische Repräsentation von Voigt 2019 handelt zwar auch über „Repräsentation durch bildliche Darstellung" (Teil IV), aber symbolische Repräsentation erhält da keinen systematischen Stellenwert. Im Sammelband von Huhnholz/Hausteiner 2018 geht es (nur) um die verwandte Frage der Visualisierung in der Differenzrepräsentation (siehe unten Fn. 127). Dezidiert auf symbolische Repräsentation sind lediglich die an Lefort, Gauchet und Castoriadis anschließenden Arbeiten von Paula Diehl gerichtet; vgl. Diehl 2015, Diehl/Steilen 2016. In der französischen Diskussion ist die symbolische Seite der Repräsentation ohnehin präsent, die an Lefort und Gauchet anschließenden Arbeiten von Pierre Rosanvallon werden inzwischen in Deutschland auch für die Repräsentationstheorie – hier insbesondere Rosanvallon 1998 – rezipiert (vgl. dazu Diehl 2019b, bes. 46-48).

ting for ebenso wie für *standing for*. In der Dimension des *acting for* trägt Pitkin der kontinentaleuropäischen Tradition des Repräsentationsverständnisses nicht hinreichend Rechnung, wie sie von Abbé Sieyes 1789 im ersten Jahr der Französischen Revolution formuliert wurde und so auch in die erste französische Revolutionsverfassung von 1791 eingegangen ist. Mit dem Prinzip des freien Mandats wurde sie wegweisend für die Verfassungen auf dem europäischen Kontinent bis in unsere Tage. Pitkin berücksichtigt Sieyes überhaupt nicht, sondern beschränkt sich in diesem Zusammenhang auf Edmund Burke, der zwar manches ähnlich sieht, aber das freie Mandat längst nicht so scharf und konsequent vertreten hat wie Sieyes und die auf ihn zurückgehenden Verfassungen (siehe unten Fn. 99). Die klaren Alternativen in der Dimension des *acting for* sind das amerikanische Modell des *Federalist* und das kontinentaleuropäische Modell von Sieyes. In der Dimension des *standing for* unterschätzt Pitkin die Bedeutung der politischen Repräsentation als Symbolbeziehung. Weil sie diese letztlich nur auf totalitäre Regime bezieht, verstellt sie den Blick auf ihre konstitutive Funktion für jede Art von politischer Repräsentation.[85] Tatsächlich ist die Präsentation gemeinsamer Werte durch symbolische Repräsentation auch eine notwendige Bedingung jeder Demokratie. Aufbauend auf Pitkin soll deshalb das Grundverständnis von politischer Repräsentation präzisiert und in seiner Systematik neu gewichtet werden.

Repräsentation meint im weitesten Sinn: etwas Unsichtbares sichtbar, etwas Abwesendes anwesend zu machen. Das ist die Grundvorstellung politischer Repräsentation, wie sie prägnant Carl Schmitt formuliert hat: „Repräsentation heißt ein unsichtbares Sein durch ein öffentlich anwesendes Sein sichtbar machen und vergegenwärtigen" (Schmitt 1928: 209; ebenso Leibholz 1929: 26, Pitkin 1967: 8f). Von dieser Definition gehe ich aus.[86] Wie aber wird etwas Unsichtbares sichtbar gemacht? Sichtbar wird es in der Beziehung zwischen Repräsentanten, die repräsentieren, und dem Repräsentierten, nämlich wer oder was repräsentiert wird. Sind die Repräsentanten und das, was sie repräsentieren, Personen, so handelt es sich um eine Willensbeziehung; ist die Repräsentation eine Sichtbarmachung von Werten, so sind die Werte symbolisch dargestellt, die Repräsentanten sind also Symbole, und dies ist eine Symbolbeziehung.

Dieses weite Verständnis ist wichtig auch für die Politik, wo Repräsentation insbesondere für repräsentative Demokratien gern enger gefasst wird. Jede politische Einheit, sei es Nationalstaat, Land, Region, Kommune oder auch ein transnationaler Zusammenschluss, also jede für die Beteiligten maßgebliche politische Zurechnungseinheit, muss ihre Vielfalt nicht nur organisieren, sondern das zugrunde liegende Ordnungsprinzip um ihres Zusammenhaltes willen auch sichtbar machen. Die Demokratie muss die Herrschaft des Volkes nicht nur durch

85 In diesem Sinne argumentiert Lembcke, dass Pitkin in ihrer Interpretation und Kritik der Repräsentationstheorie von Hobbes (Pitkin 1967: 14-37) seine grundlegende Unterscheidung von Repräsentation und Autorisierung übersieht (Lembcke 2019).

86 Sintomer (2013) weist mit guten Gründen darauf hin, dass man nicht vom „Wesen" (essence) der Repräsentation sprechen könne, es gebe nur viele Wortbedeutungen. Von einer Grundvorstellung muss man aber doch wohl ausgehen, um Repräsentation als solche zu bezeichnen.

bindende Entscheidungen, die vom Volk ausgehen, realisieren, sondern ebenso in ihrer Vielfalt als eine wie auch immer geartete Einheit darstellen.[87]

Wie im Folgenden ausgeführt wird, sind deshalb in der politischen Repräsentation grundsätzlich zwei Dimensionen der Beziehung zwischen Repräsentanten und den Repräsentierten zu unterscheiden: Zum einen *vertreten* die Repräsentanten diejenigen, die sie repräsentieren: Durch Auftrag oder durch Wahl, real oder fiktiv, machen sie ihren Willen geltend. Als Repräsentation durch Mandat ist Repräsentation eine Willensbeziehung. Zum anderen wird die politische Einheit durch Repräsentation *dargestellt*: So gibt eine Versammlung von Repräsentanten ein Abbild der politischen Einheit in ihrer ethnischen, religiösen, schichten- und klassenspezifischen Zusammensetzung, und herausgehobene Symbole machen als Repräsentanten die politische Einheit und ihre Ordnungsprinzipien selbst prägnant sichtbar – in der Fahne ebenso wie im Text der Verfassung. In diesem Sinn ist Repräsentation eine Symbolbeziehung: symbolische Repräsentation.

Willens- und Symbolbeziehung sind nicht, wie letztlich bei Pitkin, unterschiedliche Vorstellungen, sondern lediglich *Dimensionen* der politischen Repräsentation.[88] Sie werden im Folgenden aus dem Theoriebestand systematisch herausgearbeitet (5.1 und 5.2) und jeweils daraufhin diskutiert, welche Problematik mit ihnen in der modernen Demokratie verbunden ist (5.1.3 und 5.2.4).

5.1 Politische Repräsentation als Willensbeziehung

In der Repräsentation als *Willensbeziehung* wird vom Repräsentanten im Namen eines anderen, des Repräsentierten, gehandelt – und zwar so, als ob dieser selbst es sei, der handelt. Der Wille des Repräsentierten wird dem Repräsentanten zugeschrieben und als solcher geltend gemacht. In diesem Sinn handelt es sich um Repräsentation durch Mandat oder „askriptive Repräsentation"[89]. Repräsentiert werden kann eine Gruppe (ein Wahlkreis, ein Stand, eine Klasse, eine aus bestimmten Merkmalen konstruierte Identität: die Frauen, die Farbigen, die Schwulen usw.) oder auch die Gesamtheit der Bürger, das Gemeinwesen. Politisch ist diese Repräsentation, wenn es um verbindliche, gesamtgesellschaftlich relevante Entscheidungen geht.

> Repräsentation als Willensbeziehung ist die Übertragung des Willens der Repräsentierten auf die Repräsentanten in Form der Zurechnung des Willens der Repräsentanten auf die Repräsentierten.

Repräsentation erfolgt hier im weitesten Sinn in Form eines *Mandats*: Sie umfasst jede Form der Vertretung von Interessen und Zwecken, von individuellen und

---

87 Das gilt so auch für „Differenzrepräsentation" (Vollrath 1992, Huhnholz/Hausteiner 2018). Zur Unterscheidung von Identitätsrepräsentation und Differenzrepräsentation siehe unten Fn. 127.

88 Diehl geht noch einen Schritt weiter: In ihrem neuen Repräsentationsmodell verortet sie das Symbolische der Repräsentation nicht nur, wie der Verfasser, in der Dimension der Symbolbeziehung, sondern fasst politische Repräsentation überhaupt als „intrinsisch symbolisch" auf (Diehl 2015: 18).

89 Der terminus technicus „askriptiv" (zugeschrieben) lehnt sich an Voegelin an, der im gemeinten Sinn von „deskriptiver" Repräsentation spricht („der deskriptive Typus", Voegelin 1959a: 57). Um die bei ihm damit verbundenen Wertung (ebd. 57f) nicht zu übernehmen, verwende ich diesen neutralen Ausdruck.

kollektiven Interessen bis hin zu gesamtgesellschaftlichen Belangen, zu der die politische Ordnung den Repräsentanten ermächtigt oder verpflichtet. Die Repräsentation als Willensbeziehung ist zunächst in der ständischen Vertretung ausgebildet; für die heutigen westlichen Demokratien, die sich durchweg als repräsentative Demokratien verstehen, gilt grundsätzlich das pluralistische Prinzip der Verbindung von Interessenvertretung und Wahrnehmung allgemeiner Belange durch Repräsentanten, soweit das Volk nicht selbst entscheiden kann oder soll (Fraenkel 1960b: 82f).

Es ist wichtig zu sehen, dass Repräsentation auch in der Willensbeziehung ganz weit gefasst werden muss. In anschaulicher Sprache gehen wir davon aus, dass in der Repräsentation ein Wille „übertragen" wird. Diese Formulierung ist nicht falsch, wirft aber Probleme auf. Schon Rousseau hat mit Recht darauf hingewiesen, dass ein Wille nicht übertragen werden kann, denn entweder geht es um den Willen des Repräsentierten oder den Willen des Repräsentanten, und keiner der beiden kann durch den anderen ersetzt werden. Rousseau begründet damit die Unmöglichkeit der Repräsentation (CS: Buch 3, Kap.15). Tatsächlich finden aber nach unserer Alltagserfahrung häufig Willensübertragungen statt, auch in der Politik. Die Übertragung des Willens in der Repräsentation ist genau genommen eine Zurechnung (Weber 1922: 25, 171): Der Wille des Repräsentanten wird dem Willen des Repräsentierten so zugerechnet, als ob es sein eigener Wille sei, der zur Geltung kommt. Damit ist in der Tat jede Form der Vertretung, wenn vom Volk oder den Betroffenen nicht unmittelbar selbst entschieden wird, eine Repräsentation – handele es sich, wie bei dem freien Mandat, um eine Vertretung des ganzen Volkes, die an Aufträge und Weisungen nicht gebunden ist (so Art. 38 Abs. 1 GG), oder, wie bei dem imperativen Mandat, um die Vertretung der Interessen der Basis gemäß ihren Beschlüssen, oder um Mischformen beider.[90] Viele politisierte Diskussionen um das Repräsentationsprinzip erweisen sich in dieser Hinsicht als Scheingefechte. Es geht nicht um die Alternative, ob oder ob nicht Repräsentation, sondern vielmehr um die Abwägung, in welcher Form die unumgängliche Repräsentation von Interessen in einer Demokratie mit einem wie immer gearteten Gesamtinteresse der Bürgergemeinschaft verbunden werden und wie effektiv und sinnvoll die Kontrolle der Repräsentanten durch die Repräsentierten in diesem Spannungsverhältnis gestaltet werden kann.

Die Willensbeziehung hat in der westlichen Theorietradition der Repräsentation vielfältige Ausprägungen gefunden, wobei sich allerdings ein rein imperatives Mandat, wie es dem Rätesystem zugrunde liegt, bisher historisch nicht hat durchsetzen können. Vielmehr haben sich für die westlichen repräsentativen Demokratien zwei Modelle als grundlegend erwiesen: Das Modell einer *responsiven Repräsentation* (Pitkin 1967: 209), das der *Federalist* nach der amerikanischen Revolution in den Auseinandersetzungen um die künftige Verfassung begründet, entfaltet ein Wechselverhältnis von „trust" und „fidelity" zwischen den Abgeordneten und ihren Wählern. Das Modell einer *absorptiven Repräsentation* (Fraenkel 1958: 187), das Sieyes zu Beginn der Französischen Revolution propagiert und in der

90 Siehe. dazu Müller 1966; Pitkin 1967, Kap. 7: The Mandate–Independence Controversy, 144-167.

ersten Revolutionsverfassung von 1791 in Frankreich durchgesetzt hat, soll vor allem anderen die Unabhängigkeit der Repräsentanten und ihre ausschließliche Verantwortung für die Nation absichern. Steht das Modell des Federalist für die amerikanische, so das Modell von Sieyes für die kontinentaleuropäische Tradition. Beide enthalten in unterschiedlicher Ausprägung eine liberale, rechtsstaatliche und eine demokratische, partizipatorische Komponente und stellen prototypische Formen des Kompromisses zwischen der liberalen und der demokratischen Auffassung politischer Ordnung dar, wie sie sich historisch seit dem 18. Jahrhundert im Westen unter dem Signum „repräsentative Demokratie" entwickelt haben.[91]

5.1.1 Das amerikanische Modell: der Federalist

Der *Federalist* oder die „Federalist Papers", in denen James Madison, Alexander Hamilton und John Jay 1787-88 in 85 Essays in New Yorker Zeitungen den Verfassungsentwurf der Philadelphia Convention gegen die Kritik der *Anti-Federalists* verteidigt haben, sind seit dem Inkrafttreten der Verfassung der USA der maßgebende Kommentar; sie bilden den Kern des US-amerikanischen Verfassungsverständnisses. Das Repräsentationsmodell des *Federalist* wird von James Madison vor allem in den Artikeln Nr. 10 und 57 entwickelt.[92] Es steht im Zusammenhang mit der von ihm gesehenen Notwendigkeit, die Bildung gefährlicher „factions"[93] zu verhindern oder einzudämmen, um zu einer brauchbaren und vernünftigen Verbindung von Einzelinteressen und allgemeinen Belangen gelangen. Die Hauptaufgabe einer modernen Gesetzgebung besteht darin, die vielfältigen und widersprüchlichen Interessen der Bürger durch „regulation" (Fed. 10: 59) zu ihrem Recht kommen zu lassen. Deshalb hat die Verfassung Vorkehrungen dagegen zu treffen, dass Gruppen, die sich gegen die Interessen anderer oder das allgemeine Interessen zusammenschließen (was in der menschlichen Natur liegt), nicht die Übermacht gewinnen. Gegenmittel sind Gewaltentrennung, Föderalismus und Repräsentation. Durch Gewaltentrennung ist die Staatsgewalt auf verschiedene voneinander unabhängige Organe aufgeteilt. Der Föderalismus soll die Zusammenballung von Macht bei einigen wenigen Personen an einer zentralen Schaltstelle verhindern, und er leistet dies umso wirkungsvoller, je größer und damit vielfältiger gegliedert das ganze Staatsgebiet ist. Repräsentation soll als maßgebliches Prinzip der Willensübertragung vom Bürger auf das Gemeinwesen das Durchschlagen einzelner Interessen ebenso wie eine Abkoppelung politischer Eliten verhindern.

In der Ausgestaltung der Repräsentation verficht der *Federalist* nicht einfach ein freies Mandat, wonach die Repräsentanten nur ihrem Gewissen unterworfen über die Verwirklichung des Gemeinwohls befinden müssten. Dies wäre die Vorstellung eines von den Einzelinteressen prinzipiell abgehobenen und auch jeweils ablösbaren Gesamtinteresses des Volkes. Eine solche Voraussetzung fehlt hier; vielmehr verbindet der *Federalist* die Vorstellung eines „common good" mit einer Berück-

91 Das wird unten bei Sieyes (5.1.2) näher ausgeführt.

92 Zur Verortung des Federalist in den beiden Dimensionen der politischen Repräsentation: Buchstein 1997.

93 Faction lässt sich mit „Faktion" (Adams, Fed-A) oder – etwas altertümlich, aber plastischer – mit „Parteiung" (Zehnpfennig, Fed-Z) übersetzen.

sichtigung der Einzelinteressen, die auszuhandeln und lediglich zu regulieren sind. So sollen die Repräsentanten einerseits unabhängig und urteilskräftig sein, um die allgemeinen Belange vor Augen zu haben, zugleich aber ihrer Wählerschaft verbunden, um deren spezifische Interessen einzubringen und sich nicht ihrerseits zu elitären Gruppen mit Sonderinteressen zu verselbständigen. Repräsentation soll somit in doppelter Weise als Filter wirken: Einerseits soll sie verhindern, dass aus der Vielfalt der unmittelbaren Interessen der Bürger partikulare Interessen, die mit den allgemeinen Belangen unvereinbar sind, aufgeputscht durch Demagogen auf das Gemeinwesen durchschlagen; das schließt ein imperatives Mandat der Abgeordneten im Sinne der Gebundenheit an Weisungen ihrer Entsender aus. Andererseits soll Repräsentation, indem sie Vertretung der Belange der Repräsentierten ist und diese zur Geltung bringt, eine abgehobene Politik verhindern, die nur den Interessen der jeweiligen Machthaber dient; das schließt ein freies Mandat aus.

Eine angemessene politische Repräsentation muss deshalb auf einem Wechselverhältnis zwischen Bürgern und Repräsentanten beruhen: auf Seiten der Bürger „trust" gegenüber den Repräsentanten, auf Seiten der Repräsentanten „fidelity" gegenüber den Bürgern, die sie vertreten (Fed. 57: 385). Für die Bürger muss gewährleistet sein, dass urteilsfähige Männer ihres Vertrauens ihre Interessen in die Regelung allgemeiner Belange angemessen einbringen; für die Repräsentanten muss deutlich sein, dass sie nur im Namen derjenigen agieren, die sie entsenden, und dass sie allgemeine Regelungen nur in Kenntnis und in Abwägung ihrer Interessen finden können. Das sicherste Mittel sind regelmäßige Wahlen in kurzen Abständen. Durch Wahl und erforderliche Wiederwahl besteht für die Bürger hinreichend Möglichkeit zur Selektion und zur Kontrolle – für die Abgeordneten in ihrem eigenen Interesse das Erfordernis der Rückbindung, ohne in starre Abhängigkeiten zu geraten.

5.1.2 Das kontinentaleuropäische Modell: Sieyes

Deutlicher noch als im Repräsentationsmodell des *Federalist* wird bei Sieyes der Kompromiss zwischen der liberalen und der demokratischen Komponente politischer Ordnung sichtbar. Die liberale Intention geht auf die Sicherung der freien Entfaltung der Persönlichkeit in materieller und geistiger Hinsicht durch den Rechtsstaat; die Repräsentanten sollen an staatlichen Entscheidungsprozessen nur soweit beteiligt sein, wie diese die Belange der Bürger tangieren. Dagegen geht die demokratische Intention, nach dem Muster der griechischen Polis, auf unmittelbare Teilhabe an allen Angelegenheiten des Gemeinwesens; die Übertragung dieser Aufgabe an Stellvertreter kann, wenn überhaupt, nur in engster Rückbindung und mit dem Vorbehalt der Letztentscheidung durch das Volk erfolgen. Der Kompromiss zwischen der liberalen und der demokratischen Intention bedeutet den Anspruch, das gesamte Gemeinwesen auf der Grundlage der Volkssouveränität zu gestalten (demokratisches Prinzip), zugleich aber die Massen von der Ausübung dieses Geschäftes fernzuhalten, dieses vielmehr vermittels einer zeitlich und inhaltlich begrenzten, im übrigen aber eigenverantwortlich auszufüllenden Vollmacht an Repräsentanten zu übertragen (liberales Prinzip).[94] Im *Federalist* wird dieser Kompromiss durch die republikanischen Gründungsbedingungen in den USA gewissermaßen überdeckt. Sieyes reklamiert in Frankreich die Interessen des Dritten Standes, des Bürgertums, gegenüber den Privilegien des Adels und des Klerus, und er fordert nicht seine Gleichstellung, sondern erklärt ihn selbst zur Nation, lässt also die Interessen des Bürgertums im Prinzip der Volkssouveränität aufgehen. So gelangt er zum Kompromiss der „repräsentativen Demokratie", indem er als politischer Denker der Aufklärung die Positionen von Locke und Rousseau miteinander verbindet (Göhler 1991: 374-386, Urbinati 2006: Kap. 4).

Für Locke ist das Ziel, wofür die Menschen sich in einem Gesellschaftszustand verbinden und ein Gemeinwesen begründen und organisieren, der Schutz des Eigentums – Eigentum in dem weiten Sinn von *life*, *liberty* und *estate* (TG II: Kap. 9, § 123). Sieyes folgt zunächst voll dieser Linie (PS 26). Die Grenzen der Freiheit beginnen erst dort, wo sie die Freiheit anderer beeinträchtigen, und wenn das Gesetz diese Schranken markiert, so stellt es für den Einzelnen nur Verpflichtungen fest, die für alle von Vorteil sind (PS 247). Die Verfassung organisiert das Verhältnis der öffentlichen Gewalten untereinander und gegenüber den Bürgern so, dass Missbräuche, die sich gegen ihre Freiheit und gegen allgemeine Belange richten, vermieden werden. Im Namen der Bürger formulieren ihre Repräsentanten den Gemeinwillen.

Mit diesem Rekurs auf den Gemeinwillen nimmt Sieyes die Tradition von Rousseau hinzu und stützt sich auf dessen für demokratische Bewegungen grundlegendes Prinzip der Volkssouveränität. Ähnlich wie der *Federalist* wendet sich auch Sieyes gegen Sonderinteressen, aber im Rekurs auf Rousseau mit einer völlig unterschiedlichen Argumentation. Rousseau hat radikal und konsequent darauf bestanden, dass der Allgemeinwille mit dem Willen der einzelnen Gesellschaftsglieder identisch sein muss. Der Einzelne ist nämlich nur frei, d.i. von niemand anderem als sich selbst abhängig, wenn sein Wille mit dem Willen aller anderen Glieder der Gesellschaft identisch ist. Freiheit bedeutet, Teil der *volonté générale* zu sein; hier erhalten seine Interessen, sofern sie über den privaten Bereich hinausgehen, ihren Ausdruck und ihre Realisierung. Sollten seine eigenen Interessen dem Gemeinwillen entgegenstehen, so ist der Einzelne unfrei und wird zur Freiheit gezwungen (CS: Buch 1, Kap. 7, S. 264).

Auf dieser Grundlage unterscheidet Sieyes wie Rousseau zwischen Einzel-, Gruppen- und Gemeininteresse (PS 187). Einzelinteressen sind unproblematisch, weil sie über den privaten Bereich nicht hinausgehen und sich deshalb gegenseitig neu-

94 So hat vor allem Ernst Fraenkel darauf hingewiesen, dass die „westlichen Demokratien" einen jeweils unterschiedlichen Ausgleich zwischen der repräsentativen und der plebiszitären Komponente, zwischen dem Prinzip der Interessenrepräsentation und der volonté générale ausgebildet haben (Fraenkel 1958: 170; 1960b: 82f). Historisch gesehen ist die repräsentative Demokratie am besten als ein Kompromiss zwischen dem demokratischen Prinzip (aus der Antike) und dem liberalen Prinzip (aus der Neuzeit) zu begreifen. Darauf verweisen nicht zuletzt die erbitterten Auseinandersetzungen zwischen Liberalen und Demokraten im deutschen Vormärz. Selbstverständlich kann deshalb die repräsentative Demokratie im modernen Flächenstaat nicht als „Demokratie" im Sinne der unmittelbaren Demokratie der griechischen Polis bezeichnet werden, wie es Manin (1997) und Dingeldey (2022) zu Recht wieder herausgearbeitet haben.

tralisieren. Gruppeninteressen dagegen sind gefährlich, denn wenn Interessen nur einem Teil der Gemeinschaft gemeinsam sind, schaden sie dieser selbst; sie sind deshalb auszuschalten. Sieyes fürchtet also wie der *Federalist* die Übermächtigung durch Gruppeninteressen, aber seine Lösung ist entgegengesetzt. Werden dort die verschiedenen Interessen ausgehandelt, reguliert und zu einem Gemeinschaftsinteresse zusammengebracht (wobei lediglich ein Überhandnehmen von Sonderinteressen auf Kosten der anderen zu verhindern ist), so wird hier das Gemeininteresse grundsätzlich oberhalb der Sonderinteressen angesetzt: Es ist das, was übrigbleibt, wenn alle (legitimen) Einzelinteressen und alle (illegitimen) Gruppeninteressen abgezogen werden. Das Gemeininteresse ist Ergebnis des einen, gemeinsamen Willens, und nur dieser kann repräsentiert werden (PS 188).[95]

Sieyes nimmt die demokratische Tradition von Rousseau auf, ohne die liberale Tradition von Locke abzugeben. Er bringt die liberale Tradition eines umfassenden Schutzes von Person und Eigentum mit dem demokratischen Prinzip der unmittelbaren Willens- und Interesseneinheit der Bürger dadurch zusammen, dass er das demokratische Potential von Rousseau mit dem liberalen Repräsentativgedanken von Locke verbindet. Dieser Kompromiss ist pikant, denn Rousseau selbst lehnt bekanntlich die Repräsentation grundsätzlich ab. Und wenn die Größe eines Gemeinwesens eine Vertretung des Willens der Bürger unumgänglich macht, so sind bei Rousseau die Vertreter doch durch unmittelbare Auftraggebung und Rechenschaftslegung, also durch das imperative Mandat, an den Willen der Bürger gebunden.[96] Genau das will Sieyes nicht. Er setzt sich vielmehr mit aller Konsequenz für eine Repräsentation des Volkswillens ein, die nicht von der unmittelbaren und permanenten inhaltlichen Einflussnahme der Repräsentierten abhängt, also für das freie Mandat, begründet dieses aber bezeichnenderweise gerade aus dem von Rousseau formulierten demokratischen Postulat.

Wenn in einem Flächenstaat nicht alle Bürger selbst an der Formulierung des allgemeinen Willens beteiligt sein können, muss die demokratische Willensbildung in die zentrale, repräsentative Instanz des Parlaments verlagert und hier konzentriert werden (PS 268f). Eine Dezentralisierung von Entscheidungen, etwa in einem System des Föderalismus, würde für Sieyes die Einheit des Willens der Nation aufheben. Das imperative Mandat, die Weisungsgebundenheit von Abgeordneten, würde eine demokratische Willensbildung und Entscheidungsfindung letztlich unmöglich machen. Wenn nämlich die Repräsentanten nur den bereits vorformulierten Willen ihrer Wähler zum Ausdruck bringen dürften, würde verloren gehen, was gerade die Demokratie auszeichnet: die Herausbildung einer Mehrheitsmeinung aus dem Streit der unterschiedlichen Argumente, durch Diskussion und Beratung derjenigen, welche die Entscheidung selbst zu fällen haben. Das kann im Flächenstaat nur das Parlament sein; inhaltliche Entscheidungen, die durch die einzelnen Wahlbezirke an der Basis bereits festgelegt sind, könnten den

95 Dabei ist Einstimmigkeit nur in den Grundfragen erforderlich: für die Zwecke der gesellschaftlichen Vereinigung. Diese impliziert zugleich, dass bei der Wahl der Mittel, um diese zu erreichen, die Mehrheit entscheidet (PS 252).

96 Rousseau behandelt diesen Fall im Contrat social nicht mehr (vgl. CS: Buch 3, Kap. 15, S. 431), führt ihn aber in seinem Verfassungsentwurf für Polen entsprechend aus (Considérations: 979 f.).

erforderlichen Aufklärungsprozess nur behindern. Das allein ist demokratische Entscheidungsfindung, es ist „dies selbst in der strengsten Demokratie die einzige Methode ... um einen gemeinschaftlichen Willen zu bilden" (PS 268).[97] Tatsächlich, so das Ergebnis, würde in einem Flächenstaat gerade die Anwendung des imperativen Mandats das demokratische Prinzip der Willenseinheit von Regierenden und Regierten ad absurdum führen.

Jeder Abgeordnete vertritt somit das gesamte Volk. Seine Wähler können, nachdem sie ihn gewählt haben, keinen besonderen Willen mehr geltend machen. Mit der Wahl erteilen sie Vollmacht, die allgemeinen Angelegenheiten zu besorgen. Die Vollmacht lässt sich nicht einschränken, ist aber von vornherein zeitlich und sachlich begrenzt (PS 30). Die zeitliche Begrenzung ergibt sich durch kurze Wahlperioden, wobei eine unmittelbare Wiederwahl ausgeschlossen sein soll, um von den Wählern unabhängig zu bleiben. Die sachliche Begrenzung ist durch die Verfassung festgelegt und beruht auf dem Grundsatz, dass der Abgeordnete nur gemeinsame Interessen, nicht aber Gruppen- oder Einzelinteressen vertritt. Einzelinteressen können nicht, Gruppeninteressen dürfen nicht zur Geltung kommen (Parteien sind nicht erlaubt); es geht allein – modern gesprochen – um verallgemeinerungsfähige Interessen.[98]

Nur auf dieser Grundlage kann Sieyes die liberale und die demokratische Intention im Konzept einer repräsentativen Demokratie nach kontinentaleuropäischer Vorstellung verbinden.[99] Sein Konzept einer absorptiven Repräsentation wirkt in Europa bis heute fort. Unmittelbaren Eingang hat es in die französische Revolutionsverfassung von 1791 gefunden,[100] die zum Vorbild der liberalen Verfassungen

97 Darauf verweist ausdrücklich auch Urbinati: „Sieyes did not actually reject direct democracy entirely but transferred it to the few. He relocated direct democracy rather than eliminating it" (Urbinati 2006: 145).

98 Indem Sieyes die Notwendigkeit des rationalen Argumentierens, unbeeinflusst von Einzel- und Sonderinteressen, betont, um zu vernünftigen (Mehrheits-)Entscheidungen für das Gemeinwesen zu gelangen, nimmt er das moderne Konzept der deliberativen Demokratie vorweg. Aber es ist bemerkenswert, dass er die Deliberation völlig abgehoben, als absorptive Repräsentation verlangt, während sich die Konzepte deliberativer Demokratie stets eher radikaldemokratisch verstehen.

99 Das Repräsentationskonzept von Sieyes hat Ähnlichkeit mit dem Konzept von *Burke* (obwohl Burke die Französische Revolution, das französische Parlament und somit auch Sieyes scharf kritisiert). Gemeinhin wird Burke als Begründer des freien Mandats in der Repräsentation angesehen. Das ist insofern richtig, als Burke in der Tat für England analog zu Sieyes fordert, jeder Abgeordnete dürfe nicht einzelne Interessen, sondern müsse die Interessen der Nation vertreten. Zu diesem Zweck unterscheidet er zwischen „actual" und „virtual representation". Ist die erstere von Zufälligkeiten der Wahlkreise abhängig, so vertritt die letztere in einer innigen Verbundenheit mit dem ganzen Volk, einschließlich der Vorfahren und Nachkommen, das Gesamtinteresse. Aber Burke begründet nicht einfach ein freies Mandat, er betont zugleich, hierin dem Federalist nicht unähnlich, die Verantwortung des Repräsentanten gegenüber dem Wähler. Vgl. Burke, Works, Bd. 2: 95f (Speech to the Electors of Bristol, 1774), Bd. 4: 293f (Letter to Sir Hercules Langrishe ... on the Subject of the Roman Catholics of Ireland, 1792), Bd. 7: 92-101 (Speech on a Motion in the House of Commons, 1782). Vgl. dazu auch Fraenkel 1958: 170-172, Pitkin 1967: 168-189 (hier bes. 176), Podlech 1984: 527f.

100 „Les représentants nommés dans les départements ne seront pas représentants d'un département particulier, mais de la Nation entière, et il ne pourra leur être donné aucun mandat" (Constitution de 1791: Titre III, Chap. premier, Section III, Art. 7). Deshalb wird hier auch nur Sieyes' Repräsentationskonzept von 1789 aufgenommen. In den Folgejahren der Französischen Revolution hat er es noch ausdifferenziert und ausgeweitet, insbesondere 1795 in der Diskussion über die Ausgestaltung der Gewaltenteilung für die dritte Revolutionsverfassung. Er unterscheidet nun zwischen dem grundlegenden Repräsentanten, dem Konvent, und den Repräsentanten, welchen politische Vollmachten bei der Prüfung, Beantragung, Ausfertigung und Ausführung der Gesetze übertragen wurden (Erste Thermidorrede, DS 314-316).

im Europa des 19. und 20. Jahrhunderts geworden ist. Auch im Grundgesetz der Bundesrepublik Deutschland ist es wörtlich aufgenommen.[101]

5.1.3 Repräsentation in der Parteiendemokratie: das Problem des Gemeinwohls

Offensichtlich ist dieses Konzept eher normativ und nicht sehr wirklichkeitsnah – denn wie sollten in einem Wahlkreis gewählte Repräsentanten die Interessen ihrer Wähler vollständig vergessen können, nur weil sie allein Vertreter der ganzen Nation sein dürfen? Das Problem verschärft sich im 19. Jahrhundert auf dem europäischen Kontinent mit dem Übergang von Honoratiorenparlamenten, in denen die Abgeordneten relativ unabhängig von ihren Wählern beraten, zur Massendemokratie, in denen die Parteien jeweils kollektive Interessen vertreten, die aus der Zugehörigkeit zu Klassen, Schichten oder Milieus resultieren. Parteien organisieren nun die politische Entscheidungsfindung, um ihre Zielsetzungen und Ideologien zur Geltung zu bringen und nach Möglichkeit umzusetzen. Sieyes hatte noch in der Nachfolge von Rousseau die Parteien als Vertreter von Gruppeninteressen strikt abgelehnt – das war logisch konsequent, wenn auch letztlich kontrafaktisch. In diesem Sinne wurde das freie Mandat, welches auf seinem Modell der absorptiven Repräsentation gründet, in der Folge beibehalten, obwohl die Parteien zunehmend eine konstitutive Funktion in der politischen Willensbildung erhielten, die schließlich auch in der Verfassung festgeschrieben wurde.[102] Die Abgeordneten im Parlament gehören in aller Regel einer Partei an und sind für diese gewählt, bestenfalls noch – im bundesdeutschen Wahlsystem zur Hälfte – zusätzlich für einen Wahlkreis. Die Spannung zwischen Art. 21 Abs. 1 und Art. 38 Abs. 1 GG ist offensichtlich.

Das Problem stellt sich grundsätzlich auch im Modell des *Federalist*, dort allerdings abgeschwächt und weniger sichtbar. Mit der responsiven Repräsentation ist eine pragmatische und eben nicht kontrafaktische Lösung gefunden: Die Repräsentanten sind normativ dem Gemeinwohl wie auch den Interessen ihres Wahlkreises gleichermaßen verpflichtet und müssen jeweils einen Ausgleich finden. Aber es gibt nicht nur Interessen, die es zu regulieren gilt, sondern auch „common goods", die das Gemeinwesen bereitzustellen hat. Das sind gemeinsame Aufgaben im Staat, die mit den verschiedenen Interessen – zumindest normativ – zusammengebracht werden müssen, und hier wirken wiederum die unterschiedlichen Parteiinteressen.

In jedem Fall stellt sich somit die Frage, wie in der Parteiendemokratie die Repräsentation unterschiedlicher Interessen zum Gemeinwohl führen kann. Wie es Winfried Thaa griffig formuliert, hat Repräsentation als Willensbeziehung die Funktion, „gesellschaftliche Interessen und Meinungen an konkurrierende Interpretationen von politischen Prinzipien (wie Freiheit, Gleichheit oder Gerechtigkeit) und gesellschaftlichen Werten (wie Wohlstand, Sicherheit, Solidarität) anzubinden. Gesellschaftliche Interessen und Meinungen müssen auf der politischen

101 „Die Abgeordneten ... sind Vertreter des ganzen Volkes, an Aufträge und Weisungen nicht gebunden und nur ihrem Gewissen unterworfen" (Art. 38 Abs. 1 GG).

102 „Die Parteien wirken bei der politischen Willensbildung des Volkes mit" (Art. 21 Abs. 1 GG). Zur Problematik vgl. Fraenkel 1960a: 61f.

Bühne in den *Rollen verschiedener Versionen des Allgemeinwohls* (Hervorhebung GG) auftreten“ (Thaa 2013: 118). Politische Entscheidungen im Gemeinwesen ergeben sich daraus, welche dieser Versionen jeweils die Mehrheit erhält, bei Wahlen ebenso wie in der parlamentarischen Gesetzgebung. Formal sind sie dadurch legitimiert, aber es bleibt doch das Problem, ob sie auch unter dem Gesichtspunkt des Gemeinwohls legitimiert sind. Warum können die propagierten, miteinander konkurrierenden Versionen des Gemeinwohls auf der politischen Bühne gleichermaßen beanspruchen, das Allgemeininteresse zu verwirklichen, wenn sie doch vor allem ihren eigenen Interessen folgen?

Ernst Fraenkel, der immer wieder betont hat, dass in der pluralistischen Demokratie Gemeinwohl und Gruppeninteressen sich nicht gegenseitig ausschließen, vielmehr gerade wechselseitig bedingen (Fraenkel 1960b: 89), gibt einen Hinweis. Er war sich dessen Tragweite möglicherweise selbst nicht einmal bewusst, denn letztendlich setzte er allein auf das Vertrauen, dass sich pluralistische Demokratien, die zu Entscheidungen als „Resultante“ in einem „Parallelogramm der Kräfte“ gelangen und dabei die Grundbedingungen des Fair Play und eines Mindestmaßes von sozialer Gerechtigkeit erfüllen, a posteriori, im Nachhinein gesehen, auch das Gemeinwohl verwirklichen (Fraenkel 1960b: 88 f, 1964: 259, 268). Der Hinweis ist in seinem Konzept des *hypothetischen Volkswillens* zu finden. In Auseinandersetzung mit Rousseau stellt er ihn etwas apokryph dem „empirischen Volkswillen“, den Rousseau für die direkte Demokratie postuliert, als entscheidende Grundlage der repräsentativen Demokratie gegenüber.[103] Das Gemeinwohl lässt sich zwar nur a posteriori feststellen, aber die Interessenauseinandersetzungen und Entscheidungen zuvor können doch nicht voraussetzungslos sein. Um das Vertrauen zu haben, dass hier in einer Demokratie tatsächlich das Gemeinwohl normative Richtschnur ist, muss vorausgesetzt werden – notfalls auch kontrafaktisch – dass die Repräsentanten letztlich stets das Gemeinwohl anstreben. Das ist das „Hypothetische“ des Gemeinwohls. Ohne diese Voraussetzung wären die Repräsentanten nicht legitimiert, lässt sich ihre Entscheidung gegenüber dem Wähler doch stets nur im Nachhinein rechtfertigen. Ihre Legitimation beruht also auf der *Fiktion*, dass sie das Gemeinwohl anstreben, und diese Fiktion ist eine notwendige Voraussetzung der repräsentativen Demokratie.

In der *Philosophie des Als Ob* von Hans Vaihinger (1922) erlauben Fiktionen das vorzustellen, was wir nicht sehen oder wissen können, obwohl es – möglicherweise – durchaus existiert, z.B. die irrealen Zahlen, Atom, Gott oder Unsterb-

103 „Ein idealtypisches repräsentatives Regierungssystem geht von der These eines vorgegebenen und objektiv feststellbaren Gesamtinteresses und der Hypothese aus, dass der Wille des Volkes auf die Förderung des Gesamtinteresses gerichtet sei (hypothetischer Volkswille) … Aufgabe einer Repräsentativverfassung ist es somit, die Realisierung des Volkswillens optimal zu ermöglichen mit der Maßgabe, dass bei einer etwaigen Divergenz zwischen hypothetischem und empirischem Volkswillen dem hypothetischen Volkswillen der Vorzug gebührt“ (Fraenkel 1958: 165). – „Ein idealtypisches plebiszitäres Regierungssystem geht von der stillschweigenden Voraussetzung eines einheitlichen Volkswillens aus, von dem a priori angenommen wird, dass er mit dem Gesamtinteresse identisch sei … Aufgabe eines plebiszitären Regierungssystems ist es, einen Zustand herzustellen und zu bewahren, der eine optimale Kongruenz von empirischem Volkswillen und Gesamtinteresse gewährleistet mit der Maßgabe, dass bei einer Divergenz zwischen empirischem und hypothetischem Volkswillen dem empirischen Volkswillen der Vorzug gebührt“ (166f). Vgl. Göhler 2012c: 518.

lichkeit. Sie sind „bewusst falsche“, nämlich am Kriterium der Realität nicht zu bemessende Vorstellungen, aber gerade deshalb besonders zweckdienlich.[104] Für ein Repräsentativsystem sind solche Fiktionen notwendig. Sie legitimieren das Handeln der Repräsentanten grundsätzlich, jenseits und unberührt von der immer wieder neu zu stellenden Kontrollfrage, ob getroffene Entscheidungen tatsächlich dem Gemeinwohl dienen oder nicht.[105]

5.2 Politische Repräsentation als Symbolbeziehung

Was gemeinhin als politische Repräsentation verstanden wird, ist Repräsentation durch Mandat, also Repräsentation als Willensbeziehung. Wie dargelegt, wurden die grundlegende Modelle in Amerika vom *Federalist* als responsive Repräsentation und auf dem europäischen Kontinent von Sieyes als absorptive Repräsentation entwickelt. Politische Repräsentation ist aber ebenso eine Symbolbeziehung – symbolische Repräsentation. Hier geht es nicht um eine Realisierung des Willens der Repräsentierten durch die Repräsentanten, sondern um die symbolische Darstellung der Grundlagen eines Gemeinwesens, welche durch ihre Repräsentation zur Präsenz gebracht werden. Ohne Repräsentation mögen sie zwar vorhanden und in Geltung sein, aber sie sind nicht sichtbar und somit für die Wahrnehmung abwesend, sie sind nicht „da“.

> Repräsentation als Symbolbeziehung ist die Darstellung der grundlegenden politischen Wertvorstellungen und Ordnungsprinzipien eines Gemeinwesens vermittels von Symbolen. Sie ist Darstellung der politischen Einheit insofern, als sie sichtbar macht, was diese in ihrer Vielheit zusammenhält.

Dass politische Repräsentation nicht nur durch Mandat, sondern auch symbolisch erfolgt und nicht minder wichtig ist, lässt sich durch eine einfache Überlegung plausibilisieren: Warum und bis zu welcher Grenze akzeptieren denn Bürger die Entscheidungen politischer Institutionen, wenn sie anderer Meinung sind oder andere Interessen haben? Abgesehen von einer gewissen Hinnahme („die da oben“) oder von Zwangsmechanismen, die auf Dauer ein Gemeinwesen nicht stabilisieren können, bedarf es für die Akzeptanz solcher Entscheidungen einer starken Moti-

---

104 Fiktionen sind „Annahmen, von deren Falschheit der Annehmende von vornherein überzeugt ist, die er aber um ihrer Brauchbarkeit willen anwendet“ (Vaihinger 1923: 204). „ ... bewusst falsche Annahmen, die entweder der Wirklichkeit widersprechen oder sogar in sich selbst widersprüchlich sind, die aber so gemacht werden, um durch diese Abweichung Schwierigkeiten des Denkens zu überwinden ... Die so entstehende Als-Ob-Welt, die Welt des Irrealen, ist ebenso wichtig, ja für das Ethische und Ästhetische viel wichtiger als die Welt des im gewöhnlichen Sinne des Worts sog. Wirklichen und Realen. Jene ästhetische und ethische Als-Ob-Welt, die Welt des Irrealen, wird für uns schließlich zu einer Welt der Werte, die sich, besonders in der Form einer religiösen Welt, in unserer Vorstellung der Welt des Werdens schroff gegenüberstellt“ (209f). Eine Fiktion ist bereits bei Kant der ursprüngliche Vertrag: „Allein dieser Vertrag ... ist keineswegs als ein Faktum vorauszusetzen nötig ... Sondern es ist eine bloße Idee der Vernunft, die aber ihre unbezweifelbare (praktische) Realität hat: nämlich jeden Gesetzgeber zu verbinden, dass er seine Gesetze so gebe, als sie aus dem vereinigten Willen eines ganzen Volks haben entspringen können, und jeden Untertan, sofern er Bürger sein will, so anzusehen, als ob er zu einem solchen Willen mit zusammengestimmt habe“ (Kant, Gemeinspruch: 153, Hervorhebung GG). Auf die Wichtigkeit solcher Fiktionen für die repräsentative Demokratie, gewonnen aus Kant und auch mit Bezug auf Vaihinger, verweist ausdrücklich Urbanati (2006: 123-126, 136, 267; daran anschließend Dormal 2017: 98).

105 Fiktionen sind Modi der Repräsentation als Willensbeziehung und somit nicht mit Symbolen zu verwechseln, die eben der Symbolbeziehung angehören (Speth 1997a: 112f); siehe auch unten Kap. 7.2.

vation, welche insbesondere die Demokratien zu liefern haben. Ihre Stabilität ist geradezu danach zu bemessen, ob Wahlen, auch wenn sie nicht nach Wunsch ausgehen, trotzdem akzeptiert werden. Defekte Demokratien haben hierin ihr größtes Problem. Demokratie gründet auf gemeinsam akzeptierten Werten und einzuhaltenden Verfahrensweisen, die es in einem stabilen Gemeinwesen geben muss – wirksam wird diese Ressource aber nur, wenn die politischen Institutionen sie selbst sichtbar und erlebbar machen. Dass die Sichtbarmachung dabei vornehmlich durch Symbole erfolgt, hat, wie noch zu sehen sein wird, ganz bemerkenswerte Konsequenzen.

Wenn politische Repräsentation symbolisch gefasst wird, so in durchaus unterschiedlichen Varianten in der deutschen und der französischen Tradition. In *Deutschland* wurde in der ersten Hälfte des 20. Jahrhunderts ein Repräsentationsverständnis entwickelt, welches unter dem Stichwort „symbolische" oder „existentielle Repräsentation" in geisteswissenschaftlicher Tradition vor allem darauf abstellt, die gemeinsamen Werte für die politische Gemeinschaft zu repräsentieren (Erik Voegelin, Carl Schmitt, Siegfried Landshut). Auch in *Frankreich* hat politische Repräsentation im Rahmen poststrukturalistischer und postmarxistischer Ansätze einen neuen Stellenwert erhalten, und zwar ebenfalls als „symbolische Repräsentation". Claude Lefort und Marcel Gauchet formulieren ein eigenständiges Konzept symbolischer Repräsentation als konstitutive Bedingung des Politischen, Pierre Bourdieu verleiht dem Repräsentanten in der Politik als Ort symbolischen Wirkens eine magische Bedeutung für die Existenz der von ihm repräsentierten Gruppe. Mit diesen verschiedenen Konzepten erhält politische Repräsentation als Symbolbeziehung überhaupt erst einen eigenen Stellenwert.

Lefort und Gauchet – einschließlich ihres Konzepts der symbolischen Repräsentation – wurden in Deutschland bekannt, als Rödel/Frankenberg/Dubiel 1989 mit ihnen demokratietheoretisch Furore machten. Mit dem Ziel der Selbstinstituierung einer autonomen Zivilgesellschaft haben sie zur deutschen Tradition symbolischer Repräsentation allerdings keinen Bezug hergestellt. Bourdieu wurde in Deutschland zwar breit rezipiert, sein Konzept politischer Repräsentation blieb aber bisher eher randständig, vor allem wohl, weil es erst durch die deutsche Ausgabe seiner politischen Schriften 2010/2013 wirklich zugänglich wurde. Auf den ersten Blick haben die drei Konzepte symbolischer Repräsentation wenig miteinander gemein, das gilt insbesondere für die deutsche Sicht einerseits, die französische Sicht andererseits. Aber es lohnt sich, die unterschiedlichen Sichtweisen aufzunehmen und miteinander zu vergleichen – um zu sehen, was sie insgesamt zur Ausbildung des Verständnisses der symbolischen Dimension in der Repräsentationsbeziehung beitragen. Dabei wird sich zeigen, dass es in stärkerem Maße Ähnlichkeiten gibt als gemeinhin angenommen.

5.2.1 Symbolische Repräsentation aus deutscher Tradition

Explizit ausgearbeitet wurde das Konzept der symbolischen Repräsentation in Deutschland von Eric Voegelin, Carl Schmitt und Siegfried Landshut.[106] Obwohl

106 Vgl. dazu ausführlich Speth 1997b.

es in ihrer politischen Position wie in ihrem theoretischen Zugang nur wenig Gemeinsamkeiten gibt, geht es ihnen hier doch um die gleiche Struktur: Politische Repräsentation muss zuallererst das Wesen des Gemeinwesens in seinen grundlegenden politischen Wertvorstellungen und Ordnungsprinzipien sichtbar machen. In diesem Sinn ist symbolische Repräsentation zugleich „existenzielle Repräsentation", denn erst in der Sichtbarmachung seines Wesens kommt es zur Existenz. Symbolische und existenzielle Repräsentation sind hier nahezu synonym.

Eric Voegelin verortet in den politischen Symbolen einer Gesellschaft den Sinn ihrer Existenz. Er unterscheidet drei Arten der Repräsentation: deskriptive, existentielle und transzendente Repräsentation. Auf der unteren, elementaren Ebene umfasst deskriptive Repräsentation die vorfindlichen und beschreibbaren repräsentativen Institutionen, vermittels derer eine Gesellschaft innerhalb eines vorausgesetzten existenziellen Rahmens ihre politische Ordnung realisiert. Hier handelt es sich also um Repräsentation als Willensbeziehung. Auf der oberen Ebene ist transzendente Repräsentation die Beziehung zum „Grund", der jeder Existenz von Mensch und Gesellschaft vorausgeht. Die Gesellschaft repräsentiert eine transzendente Wirklichkeit, um die Wahrheit der Symbole auszudrücken, in denen die Gesellschaft den Sinn ihrer Existenz aussagt. Die existenzielle Repräsentation – Repräsentation als Symbolbeziehung – ist die Form der Repräsentation auf der mittleren Ebene zwischen deskriptiver und transzendenter Repräsentation, in der die Gesellschaft sich als solche symbolisch artikuliert, vermittels ihrer Symbole den Sinn ihrer Existenz, die Idee ihrer Institutionen zum Ausdruck bringt und damit den Rahmen ihrer Existenz überhaupt erst schafft. Jede menschliche Gesellschaft gelangt zu einem Verständnis ihrer selbst durch eine Vielfalt von Symbolen, und so ist die Selbsterhellung der Gesellschaft durch Symbole ein integraler Bestandteil der sozialen Realität. Eine politische Gesellschaft wird erst existent, wenn sie sich symbolisch artikuliert und einen Repräsentanten hervorbringt. Symbolische Repräsentation fixiert für jede Gesellschaft die "Wahrheit" ihrer Ordnung und ruht stets auf einer spannungsreichen Beziehung zum "Grund", zur Transzendenz auf, aus der sie sich speist. Erst auf dieser Grundlage ist legitime Herrschaft möglich; sie wird durch die Verwendung anerkannter Symbole geschützt und auf Dauer gestellt. Symbolische Repräsentation ist damit eine existenzielle Form der Repräsentation, die jeder technischen Form der Repräsentation als Willensbeziehung vorhergeht (Voegelin 1959a: 49-83, bes. 49f, 61f, 81f; Gebhardt 2020: 40f).[107]

Auch *Carl Schmitts* Repräsentationsbegriff ist existenziell und stellt auf die Symbolbeziehung ab: „Repräsentation ist kein normativer Vorgang, kein Verfahren und keine Prozedur, sondern etwas Existenzielles. Repräsentieren heißt, ein unsichtbares Sein durch ein öffentlich anwesendes Sein sichtbar machen und vergegenwärtigen" (Schmitt 1928: 209). Allerdings, so spitzt Schmitt zu: Nicht alles und jedes kann repräsentiert werden, sondern nur ein höheres, besonders wertvolles Sein – nämlich das Volk, welches als „politische Einheit" intensiver existiert als eine bloß zusammenlebende Menschengruppe. Repräsentiert werden kann nur die politische Einheit als Ganzes; echte Repräsentation geht über jeden Auftrag und

107 Jürgen Gebhardt hat den Zusammenhang von Symbolen und politischer Ordnung im Ansatz von Voegelin intensiv und besonders wirkungsvoll weitergeführt, vgl. programmatisch Gebhardt 2010.

jede Funktion hinaus. So ist es das Wesen der Regierung, dass sie „das geistige Prinzip der politischen Existenz darstellt und konkretisiert“ (212).[108]

Ganz ähnlich und mit ausdrücklichem Bezug auf Carl Schmitt argumentiert *Siegfried Landshut.* Das ist bemerkenswert, musste er doch als Jude 1933 aus Deutschland emigrieren; so fehlt bei ihm jede Mystik einer Volksgemeinschaft.[109] Vielmehr vertritt er den klassischen Politikbegriff des Aristoteles, in dem es vornehmlich um das gute Zusammenleben der Menschen geht, und er versucht, ihn für die Moderne wiederzubeleben (Landshut 1959: 294f). Zugleich orientiert er sich auch stark an Rousseau.[110] Eine politische Gemeinschaft, welche die Freiheit des Individuums gewährleistet, wird nicht durch Macht oder Wohlstand zusammengehalten, sondern durch eine „konkrete, bestimmte Idee der Lebensführung, ein[en] sittliche[n] Imperativ des Verhaltens, der für alle, die die Gemeinschaft bilden, im wörtlichsten Sinn ‚verbindlich‘ ist, weil allein in einer solchen Idee, einem sittlichen Imperativ die Einheit einer Gemeinschaft begründet sein kann“ (Landshut 1958: 314). Politische Repräsentation ist allein die Repräsentation dieser Idee.[111] Dagegen ist Repräsentation, wie sie gemeinhin im „Repräsentativsystem“ als Willensbeziehung verstanden wird, im strengen Sinn überhaupt nicht Repräsentation, sondern lediglich das Verhältnis von Auftraggeber zu Beauftragten, in dem das Volk als Souverän seinen Willen durch das Parlament als sein Organ ausüben lässt. Der Wille kann nicht vertreten werden, siehe Rousseau. Wohl aber muss das Ideelle, Geistige der politischen Gemeinschaft repräsentiert werden, denn wenn es nicht sichtbar ist, so ist es auch nicht „da“, nicht wirksam, die politische Gemeinschaft existiert nicht. „Das, was repräsentiert wird, ist also nur, sofern es repräsentiert wird“, stellt Landshut mit Rekurs auf Hegel fest (1964: 493). Ähnlich dem Symbol, welches für etwas anderes steht, erfolgt die Repräsentation durch Personen, und zwar durch solche, in denen das Prinzip des Allgemeinen und Gemeinsamen präsent wird. „Repräsentation liegt ... allein in der Möglichkeit von Personen, die sowohl in ihrem geistigen Format wie ihrer äußeren Lebenslage nach dazu imstande sind, die allgemeine Sache, die ‚res publica‘, zu ihrer eigenen und damit wirksam, erkennbar und offensichtlich zu machen, was die Sache aller ist“ (495, vgl. schon Leibholz 1929). Der Repräsentant steht nicht für den Volkswillen, sondern „was er präsent macht, ist ihm vorgegeben, ist etwas seiner Person und allen Personen, die mit ihm die Gemeinschaft bilden, Jenseitiges“:

108 Urbild einer symbolisch repräsentierenden Institution ist für Carl Schmitt die katholische Kirche: Sie „repräsentiert die civitas humana, sie stellt in jedem Augenblick den geschichtlichen Zusammenhang mit der Menschwerdung und dem Kreuzesopfer Christi dar, sie repräsentiert Christus selbst, persönlich“ (Schmitt 1925: 32).

109 Da Landshut die symbolische Repräsentation entmystifiziert, referiere ich ihn hier ausführlicher, obwohl er seine Repräsentationstheorie nur in einem Aufsatz ausgeführt hat (Landshut 1964). Manche Fragen bleiben in diesem Aufsatz offen, etwa der Zusammenhang mit dem Repräsentationsbegriff von Carl Schmitt und das Verhältnis von politischer Repräsentation und Vertretung.

110 Schon in der Weimarer Republik bestimmt Landshut die Grundbegriffe der Politik vermittels „einer Interpretation der sachlichen Zusammenhänge, die den von Rousseau im Gesamtzusammenhang formulierten Generalbegriffen des menschlichen Miteinanderlebens zugrunde liegen ... Dann wird sich erweisen, dass der ganze Umfang unseres heutigen politischen Haushaltes sich aus Rousseauschen Prinzipien ernährt“ (Landshut 1925: 355). Auch sein Repräsentationsverständnis ist – mutatis mutandis – an Rousseau orientiert.

111 In seiner Repräsentationslehre lehnt sich Landshut stark an Leibholz an (vgl. Leibholz 1929: 25-43), siehe dazu aber auch die folgende Fn.

die „verpflichtende (sittliche) Idee des Ganzen" (ebd.).[112] Repräsentanten können Monarchen, Präsidenten, Regierungen und Mitglieder von Parlamenten sein, die selbst Hoheitsrechte ausüben, oder Richter, Botschafter und höhere Beamte, denen diese Ausübung anvertraut ist. Sie bringen die Idee des Allgemeinen in der Öffentlichkeit in einer ihrer Würde angemessenen Darstellung zur Erscheinung. Auch wenn Landshut dabei selbst nicht auf Symbole abstellt, wird man Repräsentation in dieser Darstellung wohl am ehesten als symbolisches Handeln von Amtsträgern verstehen können.

All diese Konzepte symbolischer Repräsentation differieren beträchtlich, haben jedoch eines gemeinsam: Das Unsichtbare, welches Repräsentation sichtbar macht, ist nicht nur und nicht in erster Linie der Wille der Bürger, der in konkreten politischen Entscheidungen resultiert. Politische Repräsentation bringt vor allem symbolisch die gemeinsamen Werte zum Ausdruck, die einem Gemeinwesen zugrunde liegen und es erst legitimieren. Da diese aber nicht in den konkreten politischen Entscheidungsprozessen unmittelbar sichtbar werden, müssen sie symbolisch für die Bürger präsent und sichtbar sein. Das hat bemerkenswerte empirische wie normative Implikationen: Wenn die präsentierten Symbole bei den Bürgern auf positive Resonanz stoßen, dann erfahren die Bürger das Gemeinwesen mit seinen Werten als das ihre, sie fühlen sich zugehörig, ihre Partizipationsbereitschaft steigt. Auf dies Weise bewirkt symbolische Repräsentation normative Integration. Wenn die präsentierten Symbole dagegen bei den Bürgern keine Resonanz oder sogar negative Resonanz finden, so ergibt sich ein Zustand der Entfremdung vom Gemeinwesen; die Bürger haben keinen Anlass, das Gemeinwesen als das ihre anzusehen und sich zu engagieren. Das Gemeinwesen befindet sich in einer Krise – misslingende symbolische Repräsentation ist also zugleich ein Maßstab, um Legitimationskrisen anzuzeigen.

5.2.2 Symbolische Repräsentation aus französischer Tradition: Lefort und Gauchet

Auch Claude Lefort und Marcel Gauchet entwickeln ein Konzept politischer Repräsentation, in dem die Symboldimension eine tragende Rolle spielt. Allerdings ist die Betonung des Symbolischen nicht eine mehr oder weniger weitgehende Neuausrichtung der liberalen Tradition, wie bei der deutschen Sichtweise, sondern eine völlige Neufundierung der Repräsentationstheorie.

112 Landshut schließt sich zwar ausdrücklich der Definition von Carl Schmitt (1928) und Gerhard Leibholz (1929) an, dass Repräsentation etwas präsent macht, was an sich nicht gegenwärtig, nicht „da" ist (Landshut 1964: 491). Aber dies kann nur eine Idee, ein Prinzip sein, nicht eine Person oder das Volk. Damit geht er noch einen Schritt über Schmitt und Leibholz hinaus: „Nur Personen können repräsentieren, aber was in ihnen präsent gemacht wird, sind nicht wieder Personen, sondern das Prinzip des Allgemeinen und Gemeinsamen" (494). Die Repräsentation von Personen wäre eine Willensbeziehung, die er für Repräsentation ablehnt.

Grundzüge

Repräsentation ist für Lefort und Gauchet[113] die Vorstellung, welche sich die Gesellschaft von sich selbst macht. Sie ist viel mehr als eine reine Verfahrensweise in der Politik, sie ist grundlegend für das Politische. Im Gegensatz zu den einzelnen Politiken ist das Politische die Formgebung der Gesellschaft – dasjenige was eine Ansammlung von Individuen zu einem Gemeinwesen macht. Das Politische ist die symbolische Dimension des Gesellschaftlichen und als solche zugleich als ein Jenseitiges von der Gesellschaft abgetrennt (Hildebrandt 2001: 321, Breckman 2013a: 158) – somit ist das Politische gleichursprünglich Repräsentation. In dieser Sichtweise interessiert politische Repräsentation nicht in erster Linie als Willensbeziehung, vermittels eines Mandats, sondern sie dient dem symbolischen Ausdruck der Gesellschaft. Das *grundsätzliche* Theorem der Repräsentation lautet: Eine Gesellschaft erhält ihre Identität nur, wenn sie sich auf einen Ort außerhalb ihrer selbst bezieht, von dem aus sie sich als Ganzes betrachten kann und durch den die einzelnen Individuen ihre Identität in der Gesellschaft finden. Zentrale Annahme ist es, dass jede Ordnung auf transzendenter Legitimität beruht (Lefort/Gauchet 1990: 102, Yildiz 2013: 70). Das Außen ist der Ort der symbolischen Repräsentation der Gesellschaft, und Lefort und Gauchet nennen ihn den Ort der Macht. Hier „spielt Macht jenseits ihrer empirischen Funktionen die Rolle einer symbolisch instituierenden Instanz“ (Gauchet 1990: 226). So ist es die Macht, welche in der „ursprünglichen Teilung“ (Lefort/Gauchet 1990: 96) zwischen dem Innen und dem Außen der Gesellschaft einen Ort außerhalb ihrer designiert und damit die Gesellschaft sich selbst gegenüber als ganze symbolisch repräsentiert. Sie eröffnet dadurch symbolisch einen gemeinsamen sozialen Raum, in dem bestimmte Prinzipien Geltung besitzen und somit eine bestimmte Gesellschaftsform etablieren. Zugleich verschafft sie den Prinzipien durch ihr Einwirken vermittels der Organe des Gemeinwesens materiale Geltung (Gauchet 1990: 226-231).

Diese grundsätzliche Sichtweise wird in ihrer *historischen* Entfaltung plausibilisiert; aus der historischen Entwicklung werden die Strukturbedingungen von Demokratie und der Gegensatz zum Totalitarismus deutlich. Bezugspunkt ist Ernst Kantorowicz und sein Theorem von den zwei Körpern des Königs: Anstelle der mystischen Einheit von Kirche und Staat im Mittelalter personifiziert sich der Staat der Neuzeit im Monarchen. Dieser ist nun der symbolische Repräsentant der Gesellschaft, er macht sie in ihrer eigenen Identität sichtbar. Zugleich kann er weiterhin, entsprechend der ursprünglich-religiösen Einheit, einen inneren Ewigkeitsanspruch verkörpern – das ist der „unsterbliche Leib“ des Königs. Der König hat also einen sterblichen ebenso wie einen unsterblichen Körper, und dieser letztere ist der Ort der Macht. Seinen Legitimationsanspruch leitet er seinerseits noch von Gott ab (nur nicht mehr vermittelt durch die Kirche), der transzendente

113 Ich skizziere nur die Grundzüge, da das Konzept in der Literatur bereits hinreichend beschrieben wurde: Rödel/Frankenberg/Dubiel 1989: bes. 83-127, Rödel 1990: 14-22, Speth 1997b: 468-471, Hildebrandt 2001: 319-329, Weymans 2005, Cohen 2012: 136-141, Breckman 2013a: 147-182, Breckman 2013b, Yildiz 2013. Marchart geht in seinem Kapitel über Lefort (Marchart 2010: 118-151) nicht explizit auf Repräsentation ein. – Ich unterscheide hier auch nicht zwischen Lefort und Gauchet, da sie das Grundkonzept der Repräsentation gemeinsam vertreten. Allerdings haben sie sich inzwischen in der Einschätzung der modernen Demokratie auseinanderentwickelt (Breckman 2013a: 175-182).

Ursprung bleibt noch erhalten. Aber der monarchische Körper ist nun selbst der archimedische Punkt eines Außen; das ist das Grundmuster, von dem die ganze politische Moderne bestimmt wird (Kantorowicz 1992: Kap. VI und VII).

Lefort und Gauchet nehmen dies auf und verfolgen nun die Wandlung des Repräsentationsprinzips in der bürgerlichen Revolution und in der Demokratie des liberalen Verfassungsstaats (Yildiz 2013: 76ff, Manow 2008). Sie registrieren hier zwei grundlegende Veränderungen: (1) Mit der Zerstörung des monarchischen Körpers versteht sich die Gesellschaft selbst als autonom, ausgedrückt in der Volkssouveränität. Der archimedische Punkt der Repräsentation bleibt wohl außerhalb, im Akt der Repräsentation wird die gesellschaftliche Identität geschaffen, aber es ist nun die Gesellschaft selbst, die sich im Außen durch Selbstrepräsentation konstituiert. Die grundsätzliche Teilung in ein Innen und Außen der Gesellschaft bleibt bestehen, aber diese Teilung wird durch den Bezug auf die eigenen Prinzipien überbrückt. (2) Zugleich wird in der Demokratie neben der äußeren Teilung eine innere Teilung in einzelne Sphären, Interessen und Teilautonomien manifest, eine konfliktuale Pluralität, die grundsätzlich nicht aufgehoben werden kann und welche die Demokratie auch nicht aufheben darf. Denn obwohl es auch in der Demokratie immer wieder nahe liegt, die gesellschaftlichen Differenzen und Konflikte aufzulösen und zur Kohärenz zu bringen – so ist gerade die Leugnung der inneren Teilung das Wesen des Totalitarismus (wie er auch die äußere Teilung aufhebt und immanentisiert).[114]

Das hat zwei Konsequenzen: (1) Die Prinzipien der Gesellschaft bleiben abstrakt. Die innere Zerrissenheit der Gesellschaft erlaubt es nicht, sie verbindlich zu konkretisieren und zu fixieren, denn dadurch würde die Pluralität zerstört. Weil die Prinzipien aber abstrakt bleiben müssen, stehen sie stets in Spannung zur gesellschaftlichen Realität, nämlich zu den jeweils unterschiedlichen Konkretisierungen und Interpretationen in den einzelnen Sphären und Gruppen, um deren Durchsetzung diese ringen. (2) Damit kann symbolische Repräsentation nicht eine Abbildung der Gesellschaft sein, sie ist „Quasi-Repräsentation" (Weymans 2005: 267, Breckman 2013a: 157). Vermittelt wird sie durch die jeweils Herrschenden, also den Staat – aber der Ort der Macht selbst bleibt „leer" (Lefort 1999: 50, 1983: 293). Er ist insoweit abstrakt, als er nicht mit konkreten Interpretationen gefüllt werden kann und darf (Weymans 2005: 268, Breckman 2013a: 163f), und diese Leere kommt in der Demokratie symbolisch dadurch zum Ausdruck, dass sich aufgrund regelmäßiger Wahlen keine Gruppe mit ihrem eigenen konkreten Repräsentationsanspruch auf Dauer in ihm festsetzen kann. Der „leere Ort der Macht" ist äußerlich gesehen der institutionalisierte Wechsel von Regierung und Opposition, seinen Grund hat er aber im Charakter der Macht, welche die gesellschaftliche Identität nur instituiert, solange sie sich dort nicht festsetzt (Gauchet 1990: 232) und somit in der notwendigen Abstraktheit der gesellschaftlichen Prinzipien verbleibt, welche allein die Pluralität absichert.

114 Das entspricht Voegelins Gnosis-These. Durch das Prinzip der innerweltlichen Erlösung hebt die Gnosis die Offenheit zur Transzendenz und damit die Spannung zum Grund auf; sie wird dadurch zum Muster des Totalitarismus (Voegelin 1959b).

Überraschende Ähnlichkeiten

Auf den ersten Blick hat die Repräsentationstheorie von Lefort und Gauchet mit der deutschen Sichtweise von symbolischer Repräsentation nur das eine gemeinsam, dass Repräsentation vor allem symbolisch gefasst wird; ansonsten unterscheiden sie sich fundamental. Bei näherem Hinsehen allerdings zeigen sich, trotz der grundlegend verschiedenen Zugangsweisen, bemerkenswerte Ähnlichkeiten.[115]

(1) *Konstitutive Rolle der symbolischen Repräsentation*: Das Gemeinwesen konstituiert sich vermittels der Darstellung durch Symbole, welche für die grundlegenden Werte (deutsche Tradition) oder die Prinzipien der Gesellschaft (Lefort/Gauchet) stehen. Wenn Voegelin argumentiert, dass sich eine Gesellschaft artikulieren muss, um zur Existenz zu kommen, so ist das bei Lefort und Gauchet nicht anders. Für diese ist es das Außen, das Transzendente, durch das im Akt der Repräsentation gesellschaftliche Identität geschaffen wird; im deutschen Verständnis ist die Artikulation des Transzendenten vor allem an die politischen Institutionen geknüpft, welche die grundlegenden gemeinsamen Werte symbolisch zum Ausdruck bringen. Sie sind nicht das Außen von Lefort und Gauchet, denn diese misstrauen institutionellen Verfestigungen, wohl aber ein Außen der Gesellschaft, das mit der abgetrennten Rolle des Staates bei Lefort und Gauchet korrespondiert.[116] Die Unterschiede verschwimmen.

(2) *Repräsentation von Prinzipien/Werten*: Bei Lefort und Gauchet steht das Symbolische der Realität, also der Gesellschaft, gegenüber, das Symbolische sind die leitenden Prinzipien (Weymans 2005: 265). Das ist aus deutscher Sicht nicht anders, allerdings scheint der Unterschied darin zu bestehen, dass symbolische Repräsentation dabei einen festen Wertekanon verkörpert (z.B. Werte der Verfassung), während die Prinzipien bei Lefort/Gauchet ganz abstrakt und fluid bleiben. Aber ist der Unterschied wirklich so groß? Bei aller Abstraktheit gehen auch Lefort und Gauchet von Werten aus: zuallererst von den Menschenrechten, der Errungenschaft der bürgerlichen Revolution, welche durchaus nicht mehr historisch zur Disposition stehen, vielmehr die Grundlage für die moderne Demokratie bilden. Die Menschenrechte haben, entgegen der Kritik von Marx, entscheidende politische Bedeutung. Sie artikulieren das unveräußerliche Recht eines jeden, gegen überkommene Rechte vorzugehen, und sichern damit der Demokratie, als institutionalisierte Unsicherheit, die stete Offenheit für neue Prinzipien (Lefort 1986: 258f). Auf ihr beruhen die Prinzipien von Volkssouveränität und Gleichheit, welche für die Demokratie leitend sind (Weymans 2005: 267f, Yildiz 2013: 78). Diese werden von Lefort und Gauchet in der Tat als ganz abstrakt verstanden, aber auch in der deutschen Sichtweise lassen sich grundlegende gemeinsame Werte nicht im Einzelnen festlegen. Es geht vielmehr immer um das notwendige Minimum, und so plädiert Ernst Fraenkel, der im Übrigen nicht für das Konzept symbolischer Repräsentation in Anspruch genommen werden kann, aus den leidvollen Erfahrungen der Weimarer Republik für nichts weiter als einen Minimal-

115 So auch Rohgalf 2015. Er sieht bei Lefort geradezu eine adäquate Fortsetzung der Voegelinschen Intention, ohne dass Voegelin dadurch überholt wäre.

116 Dies gilt vor allem für Gauchet (1990: 188f), vgl. Breckman 2013a: 167.

konsens durch Regeln des Fair Play und ein Minimum an sozialer Gerechtigkeit (Fraenkel 1960b: 89). Es bleibt allerdings bei Lefort und Gauchet noch ein Spezifikum symbolischer Repräsentation: Sie ist gebrochen durch eine unaufhebbare Spannung zwischen abstrakten Prinzipien und der Realität, welche nur eine „Quasi-Repräsentation" erlaubt. Die deutsche Repräsentationstheorie kennt so etwas nicht; nur gibt es bei Voegelin ebenfalls eine Gebrochenheit, die stets notwendige „Spannung zum Grund", und es erscheint fraglich, ob sie wirklich so anders gelagert ist.

(3) *Rolle der Konflikte*: Zunächst hat es den Anschein, als ständen hier ein Harmoniemodell (deutsche Tradition) und ein Konfliktmodell (Lefort/Gauchet) einander diametral gegenüber. Aber symbolische Repräsentation im deutschen Verständnis muss nicht zwingend die gesellschaftliche Einheit im Sinne von Homogenität darstellen und die Bürger entsprechend normativ integrieren. Das mag so für Carl Schmitt gelten, nicht aber für Voegelin und Landshut (und ist auch grundsätzlich in der symbolischen Repräsentation nicht so angelegt, wie noch symboltheoretisch zu zeigen sein wird). Für Rudolf Smend, dessen Integrationskonzept in engem Zusammenhang mit der symbolischen Repräsentation steht (siehe unten Kap. 6.1.1), gehören Kampf und Konflikte ausdrücklich zu den Integrationsfaktoren (Smend 1928: 151f, 154f). Im Idealfall wird die Einheit in der Vielfalt symbolisiert. Umgekehrt ist bei Lefort und Gauchet die Totalität der Gesellschaft, die von außen repräsentiert wird, ebenfalls eine Einheit, allerdings eine solche, die durch Konflikte lebt und durch die „symbolische Instituierung" zusammengehalten wird (Gauchet 1971: 234).[117]

Die entscheidende Frage scheint deshalb nicht zu sein, ob es überhaupt grundlegender Werte bedarf, sondern wie konkret und fixiert diese sein müssen, um eine Gesellschaft zu konstituieren (Lefort/Gauchet) oder die Bürger normativ in das Gemeinwesen zu integrieren (deutsche Sicht). In der alten Bundesrepublik Deutschland galt lange die Version von Ernst Fraenkel als maßgebend, dass eine Demokratie auf einer stabilen Wertgrundlage beruhen müsse, auf der dann die Interessenkonflikte ausgetragen und gelöst werden. Dieses Konzept des Minimalkonsenses scheint dem Konfliktmodell, welches auch Lefort und Gauchet vertreten, diametral entgegengesetzt zu sein. Aber bereits in der alten Bundesrepublik wurde zunehmend vermerkt, dass die grundsätzlich sehr plausible Vorgabe Fraenkels mit der Realität einer fragmentierten Gesellschaft nicht mehr übereinstimmt, denn seine beiden Vorgaben – Fair Play und ein Minimum an sozialer Gerechtig-

117 Mit ausdrücklichem Bezug auf Lefort und Gauchet betont so auch Dormal, dass „die Frage nach dem Gemeinsamen als Frage auch für einen konflikttheoretischen Demokratiebegriff nicht einfach irrelevant wird" (Dormal 2017: 117). Es gibt (1) einen Bedarf für gemeinsame Referenzen, die zwischen den streitenden Parteien liegen, (2) die Rechtsordnung ist für alle Bürger gleichermaßen verpflichtend, (3) die Dimension des Gemeinsamen ist eine Ressource für Widerstand und für die Veränderung des Bestehenden (115 ff). Dormal möchte das Gemeinsame – etwas gewagt – mit dem an Gramsci anschließenden Begriff der Hegemonie erfassen, die er nun so versteht: Hegemonie ist „diejenige Macht ... die auf bestimmten geteilten Prinzipien des politischen Urteilens und damit verbundenen Deutungen des Gemeinwesens beruht" (119, dazu insgesamt 118-125). Symbolische Repräsentation bezeichnet in diesem Zusammenhang einen „konkreten Aspekt des Streits um Hegemonie: den Versuch von Repräsentanten, sich selbst zum Symbol zu machen, oder aber die Verwendung kultureller Symbole, um die eigenen Repräsentationsansprüche abzustützen" (123).

keit – lassen sich höchst unterschiedlich ausdeuten; sie sind *stricto sensu* daher kaum mehr anwendbar. Um diese Schwierigkeit zu vermeiden, lässt sich, wie später noch näher gezeigt wird (Kap. 6.1.3), der Minimalkonsens über Fraenkel hinausgehend auch symboltheoretisch formulieren. Werden die grundlegenden Werte, welche den Konsens bilden, nicht allzu sehr konkretisiert (was auch Fraenkel vermeidet) und als Symbole verstanden (was Fraenkel selbst nicht tut), so stehen sie – innerhalb einer gewissen Bandbreite – den unterschiedlichen Interpretationen gesellschaftlicher Gruppen offen, ohne dass der Minimalkonsens verloren gehen muss. Dieser braucht auch nicht inhaltlich festgeschrieben zu werden, sondern er steht jeder Dynamik offen. All das ist, zwar nicht in der Terminologie, wohl aber in der Sache, dem Konzept der symbolischen Repräsentation bei Lefort und Gauchet sehr ähnlich. Bei ihrem Konzept mag man sich fragen, wie es denn plausibel sein könnte, dass abstrakte Werte in völliger Offenheit und Unabgeschlossenheit vermittels der mit ihnen verbundenen Konflikte ein Gemeinwesen zusammenhalten sollen. Geht man nun davon aus, dass leitende Prinzipien zwar unabdingbar sind, dass sie aber ihre Wirkung eben als Symbole, also nicht abstrakt, sondern erst konkretisiert durch wechselnde, im Konflikt entstehende gesellschaftliche Interpretationen entfalten, so wird die Bindungs- und Orientierungswirkung abstrakter Prinzipien ähnlich wie bei Fraenkel erklärt.

Wenn also für beide Sichtweisen die symbolische Repräsentation als Darstellung grundlegender Werte bzw. als Selbstrepräsentation der Gesellschaft mit ihren leitenden Prinzipien unabdingbar ist und somit Werte und Prinzipien nicht völlig zur Disposition stehen, sind auch Konflikte grundsätzlich in diese symbolische Repräsentation mit ihren Werten und Prinzipien eingebettet und können ihrerseits nicht verabsolutiert werden; sonst würden sie die Existenz der Gesellschaft zerstören, wie in Bürgerkriegen leicht ersichtlich. Wenn zudem Werte (deutsche Sicht) und Prinzipien (Lefort und Gauchet) gleichermaßen mehr oder weniger abstrakt sind, muss es immer und grundsätzlich um die Interpretation dieser Werte und Prinzipien gehen. Es ist ganz offensichtlich, dass jede Durchsetzung der spezifischen eigenen Interpretation potentiell konflikthaft verläuft. Das sieht Fraenkel nicht anders als Lefort/Gauchet oder auch Chantal Mouffe mit ihrem Konzept des *Agonismus* (Mouffe 2007: 30f, Westphal 2018), wobei nur die Möglichkeit von Kompromissen ganz unterschiedlich eingeschätzt wird. Voraussetzung bleibt, dass sie in einen gemeinsamen symbolischen Raum und somit in einem Rahmen letzter gemeinsamer Werte und Prinzipien eingebettet sind, wie abstrakt diese auch immer sein mögen.

Insgesamt wirken mit Blick auf das Symbolische der symbolischen Repräsentation die festgestellten Ähnlichkeiten schwerwiegender als die verbleibenden Differenzen, wenn es darum geht, im Rahmen der institutionellen Konfiguration die erforderliche Integrationsleistung der symbolischen Repräsentation zu ermitteln (siehe unten Kap. 6.1.1). Zumindest lässt sich konstatieren, dass einer Theorie demokratischer Repräsentation, die die normative Integration der Bürger aus symbolischer Repräsentation in der Tradition der deutschen Staatsrechtslehre entwickelt, die Theorie symbolischer Repräsentation von Lefort und Gauchet nicht entgegensteht. Darüber hinaus verhilft diese dazu, auf die konstitutive Rolle von

Differenzen und Konflikten in einer pluralistischen Demokratie zu achten, sofern die deutsche Tradition da zurückhaltend bleibt.

5.2.3 Das Konzept der politischen Repräsentation bei Pierre Bourdieu

Zeigt die Repräsentationstheorie von Lefort und Gauchet mehr Nähe zur deutschen Sichtweise von symbolischer Repräsentation als vermutet, so gilt für das Konzept der politischen Repräsentation von Bourdieu das Gegenteil: Obwohl dem ersten Anschein nach mit dem symbolischen Wirken der Repräsentanten der deutschen Tradition näherstehend, geht Bourdieu doch einen ganz anderen Weg.

Der Grund für die schwierige Einschätzung liegt nicht zuletzt darin, dass sein Konzept der politischen Repräsentation bisher vergleichsweise wenig Beachtung gefunden hat und auch als Ganzes noch nicht wirklich rekonstruiert wurde.[118] Dies ist auch nicht leicht, denn Bourdieu hat es selbst nie ausgiebig und systematisch dargestellt (Barlösius 2011: 147); es gibt dazu von ihm nur wenige, zumeist kleinere unmittelbar einschlägige Arbeiten. Dabei handelt es sich um späte Texte, vor allem aus der ersten Hälfte der 1980er Jahre, die auch erst seit Neuerem rezipiert werden.[119] Zudem sind darin jeweils nur einzelne Aspekte seines Repräsentationsverständnisses ausgeführt. Scheinbar besonders einschlägig ist der Aufsatz *Die politische Repräsentation* (1981), aber er befasst sich vor allem mit der politischen Beziehung von Repräsentanten und Repräsentierten; der theoretische Rahmen, welcher die Funktionsweise von Repräsentation begründet, wird in anderen Arbeiten eher knapp und mit vielen Überschneidungen vorgestellt. Im Folgenden versuche ich, durch detaillierten Textbezug Bourdieus Konzept der Repräsentation als Ganzes zu rekonstruieren, wobei ich – entsprechend der leitenden Themenstellung – den Schwerpunkt auf die symbolische Seite lege und seine konkrete Kritik der politischen Repräsentation hier nur summarisch aufnehme.[120] Anschließend

118 Bourdieus Konzept der politischen Repräsentation hat eine symbolische Seite: Konstitution der Gruppe durch Repräsentanten, und eine politische Seite: Kritik der Verselbständigung der Repräsentanten, besonders im bürokratischen Sozialismus. Den Zusammenhang beider referieren knapp Klages 2006 und Swartz 2012. Barlösius beschreibt zwar sehr klar Bourdieus Konzept der Repräsentation der Wirklichkeit (Barlösius 2011: 142-157), bezieht aber die politische Repräsentation mit der Konstitution von Gruppen durch den Repräsentanten nicht mit ein. Eine wichtige Rolle spielt das Repräsentationskonzept von Bourdieu unter dem Stichwort "soziale Magie" bei Jentges 2010 (siehe unten Fn. 121), es wird dort allerdings nicht eigens rekonstruiert. Zur „sozialen Magie" bei Bourdieu siehe bereits Speth 1997b: 459-461. Hilfreich zum Verständnis seines Repräsentationskonzepts ist Wacquant 2013.

119 Bourdieus Schriften zur Politik sind in der deutschen Werkausgabe als Band 7 bei UVK 2010, bei Suhrkamp 2013 erschienen. Zuvor wurden 2001 einige Texte unter dem Titel „Das politische Feld" publiziert, die übrigen verstreut. Der 2001 überarbeitete und erweiterte Aufsatz „Die politische Repräsentation" (1981) ist auf Deutsch erstmals 1991 erschienen.

120 Herangezogene Schriften (erstmals publiziert frz.|dt.):

PFr	Politische Fragen (1977|1982), Bourdieu 2013: 125-207.
BV	Beschreiben und Vorschreiben (1981|1990), Bourdieu 2013: 11-22.
PR	Die politische Repräsentation (1981|1991, erweitert 2001), Bourdieu 2013: 43-96.
SR	Sozialer Raum und "Klassen" (1984|1985), Bourdieu 1985: 7-46.
DF	Delegation und politischer Fetischismus (1984|1986), Bourdieu 2013: 23-41.
PF	Das politische Feld (2000|2001), Bourdieu 2013: 97-112.
SF	Sozialer Raum und politisches Feld (2000|2001), Bourdieu 2013: 113-116.
PM	Politische Monopolisierung und symbolische Revolutionen (2000|2001), Bourdieu 2013: 329-335.
MM	Das Mysterium des *ministerium* (2001|2010), Bourdieu 2013: 305-314.

diskutiere ich sein Konzept in den zugrunde gelegten Kategorien der Willens- und der Symbolbeziehung, um es mit dem Konzept der symbolischen Repräsentation der deutschen Tradition zu vergleichen.

Rekonstruktion des Konzepts

Politische Repräsentation steht bei Bourdieu in drei gesellschaftstheoretischen Kontexten:

(1) Der soziale Raum ist das Universum, in dem die Individuen jeweils einen Platz besetzen, der durch ihre Position bei der Verteilung sozialer Ressourcen bestimmt ist (SF 114). Er manifestiert sich in ihrem jeweiligen Habitus. Der soziale Raum ist aber nicht nur ein Raum der sozialen Positionen, in denen sich die gesellschaftlichen Akteure je nach ihren Einflussmöglichkeiten, also dem verfügbaren Ausmaß an Kapitalsorten verorten, sondern auch ein Raum der Perspektiven. Die für die Akteure einzig reale soziale Welt sind die verschiedenen Arten von Vorstellungen, die sich die Akteure jeweils von ihr machen (Barlösius 2011: 134). Das sind Repräsentationen, nämlich „die verschiedenen Arten und Weisen, wie sich Menschen soziale Gegebenheiten und Prozesse vergegenwärtigen"(147). Repräsentationen sind nicht „objektiv", also verallgemeinerungsfähige Abbildungen einer gemeinsamen sozialen Wirklichkeit, sondern sie sind vom Habitus bedingt und korrespondieren mit der jeweiligen Position im sozialen Raum. Entsprechend der eigenen Position klassifizieren sie die soziale Welt. Auf diese Weise sind die Akteure nicht nur Produzenten, sondern zugleich auch Produkte der Klassifikation, denn durch die Repräsentationsakte klassifizieren sie auch sich selbst. Entscheidend ist nun, dass diese Repräsentationen von den gesellschaftlichen Akteuren jeweils für die Sache selbst genommen werden; dass darin Konstruktionen enthalten sind, die aus sozialen Auseinandersetzungen resultieren, wird ausgeblendet (148f).

(2) Im sozialen Raum lassen sich Gruppen identifizieren, die grundsätzlich aus jenen Individuen bestehen, welche durch ihre Position und entsprechend ihrem Habitus zusammen gehören oder – genauer – zusammengesehen werden können. Bourdieu interessiert sich in diesem Zusammenhang vor allem für Gruppen in Form von Klassen, nämlich diejenigen gesellschaftlichen Gruppen, welche nach marxistischer Tradition bedingt durch den Besitz oder Nichtbesitz an Produktionsmitteln – also ökonomisch definiert – die Grundstruktur der Gesellschaft bilden. Sein Repräsentationskonzept kreist immer wieder darum, wie Klassen angemessen zu begreifen sind, so dass auch erklärt werden kann, wie aus der zugerechneten Gruppenzugehörigkeit der Individuen überhaupt handelnde Klassen entstehen. Hier liegt nach Bourdieus Analyse die Aporie der marxistischen Theorie, denn ihre Klassendefinition ist kurzschlüssig. Auf der Basis der Positionen im sozialen Raum lassen sich zwar logische oder theoretische Klassen herauslösen, die sich aus allen Akteuren mit ähnlichen Positionen zusammensetzen. Diese Klassen sind aber „keine wirklichen Klassen, d.h. Gruppen, die von Individuen gebildet werden, die durch das Bewusstsein ihrer gemeinsamen Identität und ihrer Zugehörigkeit zur gleichen sozialen Einheit miteinander verbunden sind" (SF 114). Der Fehler der marxistischen Theorie liegt in der Gleichsetzung von konstruierter und wirklicher Klasse. Der Klassenbegriff ist nur zu retten, wenn

erklärt werden kann, wie aus einer wahrscheinlichen Klasse „eine ‚kämpfende Gruppe', eine handelnde Klasse aus den objektiven ökonomischen Bedingungen auftaucht" (SF 115). Dazu bedarf es eines Repräsentationskonzepts, welche die sozialen Prozesse, die „mysteriöse Alchemie" der Konstitution von Klassen sichtbar macht, und zwar weniger in den ökonomischen Beziehungen als vielmehr im „Universum der symbolischen und sozialen Vorstellungen oder im politischen Raum" (ebd.).

(3) Politik ist bei Bourdieu, wie bei Max Weber und vielen anderen, zunächst grundsätzlich Kampf um die Macht, insbesondere die Macht über den Staat (PF 107). Im politischen Feld spielen die Professionellen, welche die sozialen Zugangsvoraussetzungen erfüllen, mit ihrem Kompetenzanspruch ein besonderes Spiel nach besonderen Regeln, von dem die Laien insgesamt ausgeschlossen sind. Es entwickelt seine eigene Logik, schottet sich gegenüber den Laien ab und folgt, soweit diesen gegenüber durchsetzbar, den eigenen Interessen der Professionellen (PF 97-104). Im Kampf um die Macht ist Politik vor allem aber – so spezifisch Bourdieu – ein Ort des symbolischen Wirkens, denn es geht eben um die symbolischen und sozialen Vorstellungen: „Politik ist der Ort schlechthin symbolischen Wirkens: jenes Handeln, das mittels Zeichen sich vollzieht, die soziale Dinge und zumal Gruppen zu erzeugen vermögen" (SR 39). Hier liegt der Grund der politischen Repräsentation, wie noch auszuführen sein wird. Symbolisches Wirken bedeutet, dass die Professionellen um die Produktion eines *common sense* kämpfen, nämlich um die Durchsetzung einer legitimen Sicht von sozialer Welt (SR 22f). Kampf um die Macht ist Kampf um die Benennungsmacht, welche einer spezifischen Sicht der sozialen Welt den offiziellen Charakter verleiht und sie für die anderen verbindlich macht (Barlösius 2011: 152). Legitim ist diese Sicht, wenn sie anerkannt ist, d.h. herrschend und als solche von den Bürgern als Konsumenten wiederum verkannt (PFr 201). Sie gibt die geltenden Klassifikationen des sozialen Raums, das Unten und das Oben der sozialen Positionen vor. Kämpfe im politischen Feld sind „Kämpfe um das Monopol des legitimen Sicht- und Teilungsprinzips der sozialen Welt" (PF 107). Das politische Feld ist damit – nun wiederum ganz im Sinne von Marx gefasst – das Feld der Ideologieproduktion, selbst wenn diese wissenschaftlich daherkommt. Wichtiger als politische Urteile sind die von ihr erzeugten Leitideen, denn diese sind die eigentlich wirksamen Machtinstrumente, weil sie als Instrumente der Erkenntnis und Konstruktion der Vorstellung von sozialer Welt funktionieren (PFr 203).

Aus diesen Kontexten ergibt sich für Bourdieu, dass Politik stets vermittels von Repräsentation erfolgt. Zugleich entsteht daraus für politische Repräsentation ein sehr eigenwilliges Konzept. Kernfunktion der politischen Repräsentation ist für Bourdieu nicht die Vertretung von Interessen der Repräsentierten durch ihre Repräsentanten – als Willensbeziehung – und auch nicht die Darstellung der Grundwerte des Gemeinwesens – als Symbolbeziehung. Politische Repräsentation leistet dies selbstverständlich auch, aber das sind nur abgeleitete Funktionen. Kernfunktion der politischen Repräsentation ist die „symbolische Arbeit der Herstellung von Gruppen" (SF 115). Wenn Politik bedeutet, dass Gruppen, in Sonderheit Klassen, mit- und gegeneinander um die Macht im Staat kämpfen, so sind diese

Kämpfe nur möglich, wenn sich Gruppen als handlungsfähige Gruppen konstituieren. Dies leistet politische Repräsentation. Insgesamt tritt so das Symbolische – mithin symbolische Repräsentation als Darstellung – in der Politik auf doppelte Weise auf: als Benennungsmacht in Form von anerkannten Repräsentationen der sozialen Welt und als Konstitution von Gruppen in ihrer sozialen Identität:

> „Ziel des politischen Handelns ist es, Repräsentationen der sozialen Welt (mental, verbal, graphisch, dramatisch) zu schaffen und durchzusetzen, mit denen die Vorstellungen der sozialen Akteure und damit die soziale Welt selbst beeinflusst werden können; oder, genauer gesagt, soziale Gruppen – und mit ihnen das kollektive Handeln, mit dem diese versuchen könnten, die soziale Welt ihren Interessen gemäß zu verändern – zu schaffen und abzuschaffen, indem es die Repräsentationen produziert, reproduziert oder zerstört, die diese Gruppen für sich selbst und für andere sichtbar machen" (BV 11).

Zum ersten geht es in der Politik also darum, Repräsentationen, d.i. Vorstellungen der sozialen Welt, vor allem in Form von „Sicht- und Teilungssystemen" (PR 57), "Wahrnehmungs- und Klassifizierungskategorien" (SF 116) durchzusetzen. Ziel für Bourdieu ist es dabei, für die Unterdrückten eine Veränderung der sozialen Welt zu bewirken, und zwar durch einen „häretischen Diskurs" (BV 13), eine „symbolische Revolution" gegen die herrschenden Taxonomien, welche ihnen ihre soziale Identität nehmen (BV 16). Die Durchsetzung von Repräsentationen ist aber noch nicht im eigentlichen Sinn politische Repräsentation. Diese beruht vielmehr – zum zweiten – auf der Macht der Repräsentation,

> „dem, was praktisch, stillschweigend oder implizit existiert, die volle, das heißt objektivierte, unmittelbar für alle sichtbare, offizielle und damit autorisierte Existenz zu verschaffen. Diese Manifestationsmacht ... ist nirgends so wirkungsmächtig wie dann, wenn sie auf die Sicht- und Teilungsprinzipien der sozialen Welt angewandt wird, indem sie die geltenden Prinzipien verstärkt oder verändert ... neue Prinzipien der Klassifizierung und Gruppierung des Wahrgenommenen und damit neue *Gruppen* [Hervorhebung Bourdieu] durchsetzt (PR 57)."

Die Durchsetzung von Sicht- und Teilungsprinzipien der sozialen Welt ist gleichbedeutend mit der Konstitution von Gruppen. Das ist die zweite Funktion von Repräsentation in der Politik, und hier handelt es sich erst um politische Repräsentation. Erst wenn Sicht- und Teilungsprinzipien durch die Existenz einer Gruppe, die sich mit ihnen identifiziert, manifest werden, erhalten sie Autorität und somit Wirksamkeit im politischen Kampf, und umgekehrt entsteht eine handlungsfähige Gruppe nur dadurch, dass sie sich über eigene, von den Mitgliedern geteilte Sicht- und Teilungsprinzipien definiert, welche durch die Benennung gemeinsamer Eigenschaften Identität herstellen (BV 13f). Es kommt also auf die Existenz der Gruppe durch geteilte Sicht- und Teilungsprinzipien an, und diese wird durch politische Repräsentation bewirkt.

Im allgemeinen Verständnis ist politische Repräsentation die Beziehung zwischen den Repräsentanten und einer Gruppe oder der Gesamtheit, die von ihnen repräsentiert wird. Daran ist nichts Geheimnisvolles – Repräsentanten stehen für den geäußerten oder zugerechneten Willen der von ihnen Repräsentierten. Aber für Bourdieu ist politische Repräsentation durchaus geheimnisvoll, sie ist letztlich „Magie", ein „Mysterium". Wie gelangt er zu solchen Charakterisierungen und zu welchem Zweck? Bourdieu bestimmt Repräsentation immer vor dem Hintergrund der Frage nach Klassen. Er bewegt sich also nicht im Modell der Repräsentation in der französischen Verfassung von 1791, nach dem jeder Abgeordnete die gesamte Nation repräsentiert. Ihn interessiert vielmehr der Repräsentant als Mandatsträger einer Gruppe. Nun hat zwar auch schon Ernst Fraenkel festgestellt, dass in der modernen Massendemokratie an die Stelle der individuellen die kollektive Interessenvertretung getreten ist, und er hat für sich daraus die normative Theorie des Neo-Pluralismus entwickelt. Bourdieu dagegen sieht politische Repräsentation sehr viel kritischer. Er schließt an Robert Michels' Theorem vom „ehernen Gesetz der Oligarchie" (Michels 1911) an und fragt, warum sich in politischen Gruppen, insbesondere in Gewerkschaften und sozialistischen Parteien, die Führung verselbständigt. Die Antwort liegt für ihn im Wesen der politischen Repräsentation selbst. Empirische Befunde sind nur Illustrationen einer zugrunde liegenden Logik, die er zu entschlüsseln versucht.

Die Beziehung zwischen dem Repräsentanten und der von ihm repräsentierten Gruppe erscheint zirkulär. Repräsentant einer Gruppe ist, wer von ihr delegiert und bevollmächtigt wird, für sie zu sprechen. Er hat das Mandat, „die Interessen einer anderen Person oder einer Gruppe zu repräsentieren – ein vieldeutiges Wort –, das heißt darzustellen, sichtbar zu machen, zur Geltung zu bringen" (DF 23). Zwar

> "*scheint* [Hervorhebung Bourdieu] die Gruppe den zu erschaffen, der an ihrer Statt und in ihrem Namen ... handelt; *in Wirklichkeit* [Hervorhebung Bourdieu] ist es kaum minder richtig zu sagen, dass es der Sprecher, der Wortführer ist, der die Gruppe erschafft. Weil der Repräsentant existiert, weil er repräsentiert (ein symbolischer Akt), existiert die repräsentierte, symbolisierte Gruppe und lässt sie im Gegenzug ihren Repräsentanten als Repräsentanten einer Gruppe existent werden ... Urzirkel der Repräsentation" (DF 23f).

So „steht der Wortführer für die Gruppe, die nur dank dieser Bevollmächtigung Dasein hat" (SR 38). Die Gruppe kann nur existieren, wenn durch den Akt der Delegation eine Person für sie spricht. „In dieser zirkulären Beziehung wurzelt die charismatische Illusion, die bewirkt, dass am Ende der Wortführer als *causa sui* erscheint: in den Augen der anderen wie in den eigenen" (ebd.).

Tatsächlich bewirkt dieser Zirkel nichts anderes als die Vormacht des Repräsentanten, und zwar nicht als eine Entartung der Repräsentationsbeziehung, sondern durch ihre Logik selbst. Individuen für sich allein sind machtlos gegenüber den Herrschenden; es bringt ihnen auch nichts, ihre Interessen allgemein an Verbände, Gewerkschaften und Parteien zu übertragen (MM 310). Aber

> „dank der Sozialtechnologie der Delegation, die dem Mandatsträger eine Vollmacht, die *plena potentia agendi*, sichert, kann die repräsentierte Gruppe ‚wie ein Mann' auftreten, der Machtlosigkeit der seriellen Atomisierung entgehen, die gesamte materielle und vor allem symbolische Macht mobilisieren, die sie im potentiellen Zustand sich birgt" (ebd.).

Losungen, unmissverständlich formulierte Worte, die die einigenden Prinzipien der eigenen Lage als mobilisierende Zeichen darstellen, können die Gruppe als etwas Gemeinsames darstellen und damit dazu beitragen, sie selbst erst zu schaffen. Aber nur die autorisierte Rede des Wortführers, nicht ein einzelner Aufschrei, kann dies bewirken: „Wenn der Wortführer spricht, ist es eine Gruppe, die durch ihn spricht, die aber als Gruppe nur durch diese Rede existiert und durch denjenigen, der sie hält" (MM 311). Nur der autorisierte Wortführer kann eine Gruppe mobilisieren und sie sowohl für sich selbst als auch für andere als Gruppe manifestieren.

Der Akt der Delegation, durch den eine Person zum Repräsentanten, zum bevollmächtigten Wortführer einer Gruppe wird, ist für Bourdieu ein *Mysterium*. Er verwendet hier gern den Ausdruck „das Mysterium als *ministerium*" – eine Beziehung, welche die mittelalterlichen Kanoniker hergestellt haben (MM 305, 312f).

> „Worin besteht das Mysterium des *ministerium*? Durch den unbewussten Akt der Delegierung ... wird der Mandatsträger befähigt, als Substitut der Gruppe seiner Mandanten zu handeln. Anders gesagt, der Beauftragte steht zu seiner Gruppe sozusagen in einem Verhältnis der Metonymie, er ist ein Teil der Gruppe, allerdings ein Teil, das als Zeichen an Stelle der Gesamtheit der Gruppe fungieren kann (DF 26, vgl. SR 39)."

Das Mysterium wirkt allerdings nur, wenn dieser Akt der Delegation verborgen bleibt. Der *minister* muss seine Usurpation verschleiern, indem er als schlichter „Diener" erscheint (DF 29).

Der Akt der Delegation ist zugleich ein Fall von *sozialer Magie*, also eines Einwirkens auf die Gesellschaft, die nach naturwissenschaftlicher Sichtweise nicht rational erscheint, weil sie kausal nicht nachvollziehbar ist – was wiederum ihrer Verschleierung dient.[121] Bourdieu hat hier ein Doppeltes vor Augen. Erstens bewirkt die soziale Magie der politischen Repräsentation die Identifizierung einer bevollmächtigten Person, also des Repräsentanten, mit der repräsentierten Gruppe selbst. Das ist ein Mysterium, denn es ist ja nicht einzusehen, warum der Repräsentant mit der Gruppe identisch sein soll:

> „Das ‚Mysterium' des ‚Ministeriums' stellt einen jener Fälle von gesellschaftlicher Magie dar, bei der sich eine Sache oder Person in etwas anderes verwandelt und ein einzelner mit einer Gesamtheit von Menschen, dem

121 In diesem Zusammenhang entwirft Jentges, gestürzt auf Bourdieu, Elias und Canetti, eine theoretische Begründung der schon von Saward vertretenen These, dass auch nichtgewählte Akteure, i.e. die Zivilgesellschaft, als legitime Repräsentanten anerkannt werden können (Jentges 2010: 61-99: „Die soziale Magie der Repräsentation").

> Volk, der Arbeiterschaft usw., oder mit einem sozialen Verband – Staat, Kirche, Partei – identifiziert oder identifiziert wird (SR 38)."

Zweitens – und das schließt Bourdieu hier unmittelbar an – bewirkt die soziale Magie der politischen Repräsentation erst die Existenz der Gruppe: „Seinen Höhepunkt hat das 'Mysterium' dann erreicht, wenn die Gruppe nur durch den Akt der Delegation an eine Person existieren kann, diese ihr Dasein verleiht, indem sie für sie spricht" (SR 38). Durch ihre Benennung wird die Gruppe erst geschaffen: „Der Wortführer ist jener, der, indem er von und anstelle einer Gruppe spricht ... sie kraft der jedem Akt der Benennung innewohnenden Magie instituiert, einsetzt" (40). Denn schon „in vielen archaischen Gesellschaften [bestand] eine der grundlegenden Formen politischer Macht im gleichsam magischen Vermögen der Benennung, darin, kraft Namensgebung etwas existent werden zu lassen" (19). Zur Magie gehörte schon immer der Glaube, dass die Kenntnis des Namens Macht über den Namensträger verleiht – mit der Benennungsmacht durch den Akt der Delegation versucht Bourdieu, diese magische Vorstellung zur kritischen Analyse der politischen Repräsentation nutzbar zu machen.[122]

Auf diese Weise wird das „Werk der Delegation" (DF 24) zur Grundlage der politischen Entfremdung; sie ist der Beziehung zwischen Repräsentanten und Repräsentierten als Möglichkeit immer schon immanent (26). Entfremdet ist ganz allgemein im Sinne von Hegel und Marx das Individuum, wenn es sich in seinem Produkt nicht wiedererkennt, weil es darüber nicht verfügen kann. Bei Bourdieu meint politische Entfremdung des Näheren, dass die Gruppe nicht als Gruppe agieren kann, vielmehr „enteignet" ist, weil sie von ihrem Repräsentanten, der für sie spricht und ihr dadurch Identität verleiht, zugleich abgeschottet ist:

> „Politische Entfremdung gründet in der Tatsache, dass die isolierten Akteure ... sich nicht zu Gruppen zusammenschließen können, das heißt zu einer Kraft, die sich im politischen Feld Gehör zu verschaffen mag, ohne zugleich zugunsten eines Apparates abzudanken; darin, dass, wer politischer Enteignung sich entziehen will, sich immer dem Risiko politischer Enteignung aussetzen muss" (SR 38f).

Tatsächlich ist der Akt der Delegation in der Repräsentationsbeziehung eine „widerrechtliche Machtergreifung", eine Usurpation, die bereits potentiell in der Delegation enthalten ist (DF 29). Sie ist nichts anderes als eine „Selbstkonsekration" des Bevollmächtigten, verschleiert durch den mysteriösen und magischen Charakter der Delegation:

> „Die persönliche (widerrechtliche) Aneignung von positionsspezifischen Merkmalen ist nur möglich, wenn dieser Akt als solcher verborgen bleibt – nicht anders definiert sich symbolische Macht. Symbolische Macht ist eine, die Anerkennung voraussetzt, das heißt das Verkennen der über sie ausgeübten Gewalt (DF 29)."

122 Hier wäre auch an Durkheims Analyse des Totems zu erinnern. Das Totem, ein Tier oder eine Pflanze, repräsentiert eine Gruppe. Durch ihre Verehrung verwandelt es die Individuen in eine moralische Gemeinschaft (Durkheim 1912).

Bourdieu sieht das Repräsentationsverhältnis als ein Gewaltverhältnis, als symbolische Gewalt (Schmidt/Woltersdorff 2008). Ohne dies hier näher zu begründen, stellt er lediglich die Frage, „wie es denn geschehen kann, dass der Beauftragte Macht über den gewinnt, der ihm Macht verleiht" (DF 23). Die Antwort findet er mit Marx im Phänomen des Fetischismus, den er auf die moderne Welt anwendet. Im *Kapital* ist die ökonomische Entfremdung im Fetischcharakter der Ware begründet: Wird ein Ding zur Ware, so findet eine Vertauschung statt. Die Ware tritt ihrem Produzenten als eine selbstständige Größe gegenüber, aus einem sinnlichen wird ein übersinnliches Ding:

> „Das Geheimnis der Warenform besteht also einfach darin, dass sie den Menschen die gesellschaftlichen Charaktere ihrer eigenen Arbeit als gegenständliche Charaktere der Naturprodukte selbst, als gesellschaftliche Natureigenschaften dieser Dinge zurückspiegelt ... Durch dies Quidproquo werden die Arbeitsprodukte Waren ... Das ... gesellschaftliche Verhältnis von Menschen ... [nimmt] hier für sie die phantasmagorische Form eines Verhältnisses von Dingen an" (Marx, Kapital: Bd.1, 86).

In der Warenform können die Produzenten nicht mehr über ihre Produkte verfügen: „Ihre eigne gesellschaftliche Bewegung besitzt für sie die Form einer Bewegung von Sachen, unter deren Kontrolle sie stehen, statt sie zu kontrollieren" (89).

Bourdieu bestimmt nun analog zum Fetischcharakter der Warenform und mit ausdrücklichem Verweis auf das Marxsche Theorem den Repräsentanten in der politischen Repräsentationsbeziehung als politischen Fetisch:

> „Politische Fetische, das sind Menschen, Dinge, Wesen, die ein Eigendasein zu führen scheinen, wo doch soziale Akteure ihnen dies Dasein erst geschenkt haben, sind die von ihren eigenen Schöpfern verehrten Schöpfungen. Die politische Idolatrie beruht genau darin, dass der einer politischen Persönlichkeit beigelegte Wert, dieses Produkt des menschlichen Kopfes, wie eine geheimnisvolle objektive Eigenschaft dieser Persönlichkeit erscheint, als deren Reiz, Charisma – und das *ministerium* als *Mysterium*" (DF 24f, vgl. SR 39).

Der politische Fetischismus der Mandatsträger bewirkt eine zweifache Ohnmacht ihrer Mandanten: Ohnmacht gegenüber der Politik und Ohnmacht gegenüber den politischen Apparaten (PF 50).

Diese Analogiebildung erscheint mir als Schlüssel zum Verständnis des Bourdieuschen Konzepts der politischen Repräsentation. Repräsentanten sind abgehoben, die Repräsentierten entfremdet, und doch ist Delegation zur Gruppenbildung notwendig: Sie ist „der Akt, durch den sich eine Gruppe formiert, indem sie sich mit all dem ausstattet, was eine Gruppe zu einer solchen erst macht". Das sind „eine Art Zentralstelle mit ständigem Personal, ein Büro samt allem, was zu einer entsprechenden bürokratischen Organisationsform gehört", und durch diese konstituierte Realität die Betrauung einer Einzelperson mit einem Mandat: „1.

Akt – Übergang atomistischer Einzelsubjekte zu einem Büro; 2. Akt – Übergang vom Büro zum Sekretär“ (DF 26). So ist

> „die Existenz einer ständigen, von den korporativen und konjunkturellen Interessen relativ unabhängigen Organisation die Bedingung der permanenten und im eigentlichen Sinne politischen Repräsentation einer Gruppe und damit der Existenz dieser Gruppe als solcher“ (PR 48).

Es ist nicht ohne Reiz, dass Bourdieu hier Gewerkschaften und kommunistische Parteien mit dem Rekurs auf Marx kritisiert – es bleibt aber ebenso festzuhalten, dass er auf diese Weise die politische Repräsentation in der Parteiendemokratie insgesamt und grundsätzlich mit einschließt.[123]

So stehen den Repräsentierten als Laien die professionellen Wortführer der Gruppe gegenüber, ein „Korps von Repräsentationsfachleuten ... Kultur- und Ideologieproduzenten, Politiker, Gewerkschaftsvertreter“ (SF 116). Sie sind in den symbolischen Kämpfen miteinander konfrontiert. So „reproduziert das Feld der Ideologieproduktion in der Struktur der es definierenden Positionen und Oppositionen die Struktur des Feldes der sozialen Klassen“ (PF 205). Die Homologie zwischen politischem und sozialem Raum, zwischen politischen Kämpfen und Klassen (PR 61) ist auch der Grund dafür, dass die bevollmächtigten Wortführer sich nicht selbst entlarven, wenn sie ihren eigenen Interessen folgen. „In dieser strukturellen Koinzidenz der besonderen Interessen der Beauftragten mit denen der Auftraggeber gründet das Mysterium des aufrichtigen und erfolgreichen *minister*. Die erfolgreich den Interessen ihrer Mandanten dienen, dienen sich damit selber erfolgreich“ (DF 36, vgl. PF 50). Die „Verallgemeinerung der spezifischen Interessen des Apparatschiks“ bedeutet damit zugleich, dass „die Bevollmächtigten keineswegs – oder doch in geringerem Maße und seltener als gedacht – zynisch sind, vielmehr selber verstrickt im Geschehen und tatsächlich an das glauben, was sie tun“ (DF 37). Man fühlt sich wieder an Marx erinnert: Die Bevollmächtigten (ebenso wie die Repräsentierten) sind lediglich „Charaktermasken“ in der Struktur der politischen Repräsentation.[124]

Gibt es einen Ausweg aus all diesen Dilemmata? Bourdieu konstatiert lediglich, dass „die letzte politische Revolution, die Revolution gegen die politische Klerikatur und gegen die in jedem Delegationsakt potentiell enthaltene Usurpation, noch immer aussteht“ (DF 41). Im Jahr 2000, zwei Jahre vor seinem Tod, greift er die Frage explizit auf und verweist auf Beispiele einer solchen Revolution im Jahr 1989 mit dem Neuen Forum in Deutschland und der Solidarnosc in Polen, stets angeführt von Schriftstellern, Künstlern und Wissenschaftlern, vermerkt aber

123 "Ich glaube in der Tat, dass, im Gegensatz zu dem, was die Opposition von ‚Totalitarismus' und ‚Demokratie' suggeriert, das Sowjetregime, unter dem uns hier interessierenden Blickwinkel, sich nur durch einen *graduellen* [Hervorhebung Bourdieu] Unterschied von dem Parteienregime unterscheidet, das unter dem Namen Demokratie gepriesen wird, und in Wirklichkeit nur dessen Grenzfall darstellt" (PM 329).

124 Ökonomische Charaktermasken bei Marx: Im Austauschprozess mitsamt seinen rechtlichen Regelungen existieren die Personen „nur füreinander als Repräsentanten von Ware und daher als Warenbesitzer. Wir werden überhaupt im Fortgang der Entwicklung finden, dass die ökonomischen Charaktermasken der Personen nur die Personifikationen der ökonomischen Verhältnisse sind, als deren Träger sie sich gegenübertreten“ (Marx, Kapital: Bd. 1, S. 99f).

zugleich, dass sie „allgemeine Probleme" aufwerfen (PM 329). Explizit befasst er sich ein Jahr später mit den Dilemmata und fragt, ob der Widerspruch überwindbar sei: „Wie kann eine Gruppe die Meinung unter Kontrolle bringen, die der Wortführer ausdrückt, derjenige, der im Namen der Gruppe und zu ihren Gunsten, aber auch an ihrer Stelle spricht?" Da gibt es Schwierigkeiten: „Die fundamentale, fast metaphysische Frage ist, zu wissen, was es heißt, für Leute zu sprechen, die nicht sprechen würden, wenn man nicht für sie spräche" (MM 313). Zur Schaffung einer wirklichen Demokratie müsse daran gearbeitet werden, die sozialen Bedingungen eines tatsächlich kollektiven „Allgemeinwillens" zu schaffen,

> „also auf der Grundlage des geregelten Austausch einer dialektischen Konfrontation, die eine Verständigung über die notwendigen Verständigungsmittel voraussetzt, um Einigkeit oder Uneinigkeit herzustellen, und in der Lage ist, die verständigten Inhalte zu verändern und diejenigen, die sich verständigen" (MM 314).

Das bleibt dann doch sehr vage.

Zur Systematik des Konzepts

Die Grundlegung der politischen Repräsentation besteht bei Bourdieu aus einer Theorie der Gruppenkonstitution und einer Theorie der Delegation.

Die Theorie der *Gruppenkonstitution* besagt, dass Repräsentation erst die Gruppe erzeugt, die repräsentiert wird; sie wird erst sichtbar und handlungsfähig, wenn sie von dem Repräsentanten in einem Akt sozialer Magie benannt und dadurch zur Existenz gebracht wird. Die Gruppenkonstitution ist eine symbolische Handlung, sie ist Repräsentation als *Darstellen*, unzweifelhaft eine Symbolbeziehung. Sie ähnelt somit dem Konzept der symbolischen Repräsentation im deutschen Verständnis, und wie hier ist die symbolische Dimension für die politische Repräsentation zentral. Allerdings mit einem wesentlichen Unterschied: Wird in symbolischer Repräsentation nach deutschem Verständnis das Gemeinwesen als Ganzes in seinen grundlegenden Werten repräsentiert, so liegt diese Denkweise Bourdieu fern – er denkt Politik allein in den Kategorien von Gruppe und Kampf. So wird in der Repräsentationsbeziehung die Sichtweise der jeweiligen Gruppe, werden die für sie maßgebenden Sicht- und Teilungsprinzipien der sozialen Welt präsent gemacht. Das Gemeinwesen wird auf diese Weise als Ganzes nur dadurch repräsentiert, dass eine politische Gruppe als Ergebnis politischer Kämpfe den Staat beherrscht, so dass die Sichtweise der Gruppe selbst auch zur herrschenden geworden ist.

Schwieriger einzuordnen ist die Theorie der *Delegation*. Unzweifelhaft gibt sie dem Repräsentationsverständnis von Bourdieu die grundsätzlich kritische Ausrichtung. Aber handelt es sich dabei um eine Willens- oder eine Symbolbeziehung? Der Akt der Delegation, vermittels dessen der Repräsentant bevollmächtigt wird (was wiederum erst die Existenz der Gruppe bewirkt), ist zunächst eine Willensbeziehung, denn die Einsetzung des Bevollmächtigten – etwa durch Wahl – ist ein

Willensakt. Aber das Konzept der politischen Repräsentation bei Bourdieu besagt ja gerade, dass die Gruppe ohne einen bevollmächtigten Repräsentanten nicht existent ist, also kann der Akt der Delegation wiederum keine Willensbeziehung sein. Bourdieu entfaltet vielmehr aus diesem Zirkel seine grundsätzliche Kritik an der politischen Repräsentation, dass die Repäsentierten entfremdet sind und keinen willentlichen Einfluss auf den Repräsentanten haben. Der Tatbestand der Enteignung in der politischen Repräsentation wird durch soziale Magie und das Mysterium des Dienens lediglich verschleiert, um ihre Anerkennung zu gewährleisten. Also bedeutet die Delegation doch keine Willensbeziehung, sondern eine zweite Symbolbeziehung. Das entspricht dem Repräsentationskonzept bei Hobbes (Leviathan: Kap. 17). Die Vertragspartner vereinigen zwar ihren Willen, um eine Person als Souverän zu konstituieren, der sie künftig repräsentiert, aber damit verzichten sie zugleich auf ihre natürlichen Rechte (mit Ausnahme des Rechts auf Leben) und jede legale Einwirkung auf das Handeln des Souveräns. Die ursprüngliche Willensbeziehung ist im Akt ihrer Ausübung zur Symbolbeziehung geworden – ein Quidproquo, wie es Bourdieu analog zum Fetischcharakter der Ware für den Bevollmächtigten im Repräsentationsverhältnis wieder einführt.

Es fehlt somit eine genuine Willensbeziehung in Bourdieus Konzept der politischen Repräsentation. Das ist in seinem Sinn zugleich Kritik an den gegenwärtigen Repräsentationsverhältnissen, weil sie eben eine genuine Willensbeziehung unter den derzeit möglichen Bedingungen von Bevollmächtigung nicht zulassen – so dass sie der kommunikativen, symbolischen Revolutionierung bedürfen. Aber es wird bei ihm nicht ersichtlich, wie politische Repräsentation, wenn sie, wie Bourdieu sehr eindrucksvoll darlegt, allein als Symbolbeziehung auftritt, unter veränderten Rahmenbedingungen aus dieser Symbolbeziehung wieder eine Willensbeziehung generieren könnte. Mit Bourdieus Konzept der politischen Repräsentation lässt sich daher die institutionelle Konfiguration in der Demokratie nicht modellieren. Sein Konzept bleibt allerdings unhintergehbar für den untrennbaren Zusammenhang von politischer Repräsentation und sozialen und politischen Kämpfen, und so wird es hier auch immer wieder herangezogen. Insbesondere in der Symbolbeziehung ist es eine notwendige Konkretion und auch Korrektiv von naiven oder ideologischen Vorstellungen über Herkunft und Status der herrschenden Symbole in der Demokratie.

Das Verhältnis von symbolischer Repräsentation und Demokratie bleibt allerdings auch ohnedies durchaus klärungsbedürftig.

5.2.4 Symbolische Repräsentation und Demokratie

Lefort/Gauchet und die deutsche Sicht der symbolischen Repräsentation in der Repräsentationstheorie haben gemeinsam, formuliert in der Theoriesprache der deutschen Tradition: Das Unsichtbare, welches Repräsentation sichtbar macht, ist nicht nur der Wille der Bürger, der in konkreten politischen Entscheidungen resultiert. Politische Repräsentation bringt auch symbolisch die gemeinsamen Werte zum Ausdruck, die einem Gemeinwesen zugrunde liegen und es erst legitimieren. Da diese nicht in den konkreten politischen Entscheidungsprozessen unmittelbar sichtbar werden, müssen sie symbolisch für die Bürger präsent und sichtbar sein.

Gleichwohl ist dieses Konzept der symbolischen Repräsentation, wie schon zu Anfang angemerkt, von Hanna Pitkin, die immerhin den Standard für moderne Repräsentationstheorien vorgibt, grundlegend und höchst einflussreich zurückgewiesen worden (Pitkin 1967: 92-111). Sie argumentiert, dass symbolische Repräsentation im Kontext der Demokratiekritik in der Weimarer Republik entstanden ist – so ist sie im Ansatz antidemokratisch. Folgerichtig wurde sie dann von den totalitären Systemen im 20. Jahrhundert zur zwangsweisen Herstellung gesellschaftlicher Einheit eingesetzt. Symbolische Repräsentation ist für Pitkin deshalb so gefährlich, weil der Gebrauch (und Missbrauch) von Symbolen vor allem totalitären Regimen dazu verhilft, die Bürger durch verbindliche Vorgabe von Werten ideologisch einheitlich auszurichten (101, 107). Ihr Totalitarismusverdacht geht vor allem auf die leidvolle Erfahrung mit dem Nationalsozialismus zurück. Er vermochte es in der Tat, durch den Einsatz von Symbolen eine völkische Einheit zusammenzuschweißen oder – vorsichtiger ausgedrückt – diesen Anschein nach innen wie nach außen erfolgreich zu erwecken. Dies gelang, indem in einer bestimmten historischen Situation bekannte und suggestive Symbole in die nationalsozialistische Ideologie eingepasst und auf diese Weise für die Idee der Volksgemeinschaft so uminterpretiert wurden, dass sie einerseits neue Inhalte präsentierten, andererseits ihre Bindungswirkung beibehielten.

Pitkins Kritik ist zunächst nicht von der Hand zu weisen. Symbolische Repräsentation ist für sich allein weder demokratisch noch gegen totalitären Missbrauch abgesichert. Gleichwohl trifft ihr Verdikt nicht den Kern des Konzepts symbolischer Repräsentation und versperrt den Zugang zu wichtigen Einsichten, wenn man sie im Zusammenhang der institutionellen Konfiguration betrachtet und sich auf das Symbolische in der politischen Repräsentation näher einlässt. Das Verhältnis von symbolischer Repräsentation und Demokratie lässt sich auf diese Weise viel genauer bestimmen.

(1) Symbolische Repräsentation ist per se nicht antidemokratisch und führt auch nicht automatisch zu autoritärer Diktatur.

Pitkins Gegner ist das Konzept der symbolischen Repräsentation in der deutschen Staatsrechtslehre der 1920er und 1930er Jahre. Ob ihre Kritik allerdings grundsätzlich zutrifft, muss in der institutionellen Konfiguration neu vermessen werden. Das entscheidende Kriterium ist, ob die Erweiterung der Repräsentationstheorie um die symbolische Dimension zugleich auch die *Willensbeziehung* in der politischen Repräsentation angemessen berücksichtigt. Das Ergebnis ist durchaus unterschiedlich. Historischer Hintergrund des existentiellen Repräsentationsbegriffs, wie er in Deutschland als symbolische Dimension der politischen Repräsentation ausgebildet wurde, war die kontinentaleuropäische Krise des Parlamentarismus in den 1920er Jahren. Das Versagen des Parlamentarismus, seine schwindende Glaubwürdigkeit und Integrationskraft warfen die Frage auf, ob das Parlament überhaupt noch als repräsentative Institution betrachtet werden dürfe und ob nicht vielmehr andere Institutionen dessen Repräsentationsfunktion übernehmen könnten (eine Frage, die heute wieder sehr aktuell klingt).[125] Dazu musste grundsätzlicher gefragt werden, welcher Stellenwert der politischen Repräsentation bei der Schaffung und Erhaltung des gesellschaftlichen Zusammenhangs zukommt, und das ist die Problemstellung der symbolischen und existentiellen Repräsentation. Da lässt sich gar nicht ableugnen, dass Autoren wie Carl Schmitt eine dezidiert antiliberale und auch antidemokratische Stoßrichtung verfolgt haben. In der existentiell verstandenen Repräsentation bleiben die Bürger passiv; sie ist kein demokratischer Vorgang, sondern bloße Identifikation. Deshalb wirkt sie auch besonders geeignet zur Legitimation autoritärer und totalitärer Regime. Wenn also politische Repräsentation auf die existentielle, symbolisch vermittelte Repräsentation reduziert wird, wenn sie alle repräsentativen Willensbeziehungen, wie sie der westliche Konstitutionalismus entwickelt hat, ersetzen und eliminieren soll, anstatt sie vielmehr zu begründen – dann ist sie in der Tat ein politisch außerordentlich gefährliches Ordnungsprinzip.

Aber die Beschwörung ihres Gefährdungspotentials reicht allein nicht aus. Symbolisch vermittelte existentielle Repräsentation beschreibt ein Ordnungsprinzip, welches zum Verständnis politischer Vorgänge, insbesondere der politischen Einheit von Gesellschaften, konstitutiv und somit unerlässlich ist. Es kommt also alles darauf an, gegen ideologisch einseitige Übersteigerungen das Prinzip der symbolisch vermittelten Repräsentation im normativen Sinne demokratisch zu fassen. Wenn eine politische Ordnung in ihren Institutionen und den in Institutionen handelnden Personen die Existenz der Gesellschaft herstellt, indem sie ihren Sinn, ihre leitenden Ideen symbolisch repräsentiert, so müssen die Bürger in diesen Symbolen sich nicht nur selbst wiedererkennen können, sie müssen darüber auch selbst bestimmen.[126] Entscheidend ist, dass Repräsentation nicht nur als Symbolbeziehung, sondern auch als Willensbeziehung wirksam wird. Demokratietheoretisch unerwünschte Folgen stellen sich nur dann ein, wenn Repräsentation auf die Symbolbeziehung reduziert wird. Bleibt politische Repräsentation als Willensbeziehung intakt, so ist das erforderliche Gegengewicht gegen symbolische Vereinnahmungen prinzipiell vorhanden: Im demokratischen Gemeinwesen bedingen sich Repräsentation als Symbolbeziehung und als Willensbeziehung wechselseitig.[127]

---

125 Die Stoßrichtung ist allerdings eine andere. Heute geht es eher darum, dass politische Repräsentation nicht mehr nur von Parteien, sondern auch informell und nicht wirklich autorisiert ausgeübt wird oder werden soll: von der Zivilgesellschaft, von Nicht-Regierungsorganisationen, Bürgerinitiativen usw. Siehe dazu unten Kap. 7.2.

126 So nimmt der ehemalige Verfassungsrichter Ernst-Wolfgang Böckenförde diese sehr deutsche Tradition auf und wendet sie zu einem dezidiert demokratischen Verständnis von Repräsentation: „Demokratische Repräsentation bedeutet die Aktualisierung und Darstellung des in den Bürgern angelegten eigenen Selbst des Volkes sowie des Bildes, das in der Vorstellung der Bürger von der Art der Behandlung der allgemeinen Fragen sowie der Vermittlung der Bedürfnisse und Interessen auf das Allgemeine hin lebendig ist. Sie kommt zustande, wenn die einzelnen ihr eigenes Ich als Bürger (citoyen in sich) und das Volk sein eigenes Selbst (volonté générale) im Handeln der Repräsentanten, ihren Überlegungen, Entscheidungen und Fragen an das Volk wiederfinden" (Böckenförde 1983: 25 f).

127 Das ist auch die Kernaussage der Unterscheidung von Identitätsrepräsentation und Differenzrepräsentation, wie sie Ernst Vollrath (1992) formuliert hat. Ausgehend von Hasso Hofmann (1974) begründet er seine Unterscheidung aus der mittelalterlichen Repräsentationsdebatte. Es handelt sich bei Identitäts- und Differenzrepräsentation im Ursprung um die Figuren der „Caput-Repräsentation", welche politische Einheit durch Personifizierung darstellt, und der „Corpus-Repräsentation", welche die politische Einheit durch Verbindlichkeit erzeugendes Verhalten ihrer Mitglieder bildet (Vollrath 1992: 68). Das verweist auf die Unterscheidung von Willens- und Symbolbeziehung. Identitätsrepräsentation, wenn unter modernen

Das steht für Voegelin und Landshut außer Zweifel – ihnen geht es ja vielmehr darum, dass politische Repräsentation nicht allein als Willensbeziehung gefasst werden darf. Pitkins Kritik trifft lediglich die Repräsentationstheorie von Carl Schmitt, denn mit seiner Parlamentarismuskritik blendet er die Dimension der Willensbildung letztlich aus.[128] Es ist deshalb zwar nicht unproblematisch, sich auf die Tradition der deutschen Staatsrechtslehre zu berufen, aber ihr Repräsentationskonzept, das für die Symbolbeziehung gemeinsam ist (Carl Schmitt eingeschlossen), bleibt weiterführend, sofern nur der notwendige Wechselbezug zur Willensbeziehung gewahrt bleibt (hier fällt Carl Schmitt heraus). Dass symbolische Repräsentation die Willensbeziehung ausschließt oder auch nur überflüssig machen könnte, wäre für Voegelin und Landshut undenkbar. Das gilt in der französischen Sicht zwar nicht für Bourdieu,[129] wohl aber ebenso für Lefort und Gauchet. Ihre Repräsentationstheorie konnte Pitkin noch nicht berücksichtigen, da die Texte erst nach dem Erscheinen ihres Werkes in den 1970er und 1980er Jahren veröffentlicht wurden. Sie wären aber von ihrem Verdikt schon deshalb nicht betroffen, da Lefort und Gauchet in der symbolischen Repräsentation die Grunddifferenz zwischen der demokratischen und der totalitären Sicht des Politischen festmachen.[130] Symbolbeziehung und Willensbeziehung sind bei ihnen in der politischen Repräsentation unmittelbar miteinander verbunden, dabei steht allerdings die symbolische Repräsentation dezidierter noch als in der deutschen Sichtweise im Vordergrund. Sie ist das entscheidende Konstitutivum der Gesellschaft und des Politischen (Cohen 2012: 139f).

(2) Symbolische Repräsentation muss auch nicht zu Totalitarismus führen, sie kann vielmehr den Pluralismus in der Demokratie absichern. Das ist dem Umstand zu verdanken, dass Symbole stets mehrdeutig sind (Kap. 3.2).

Bedingungen real und radikal durchgeführt, hat totalitären Charakter – Differenzrepräsentation dagegen ist konstitutiv für die moderne Verfassungsdemokratie, denn sie beruht auf dem bleibenden Unterschied zwischen Regierenden und Regierten, kontrolliert durch das formale Verfahren der Wahl. Carl Schmitt ist der Prototyp moderner Identitätsrepräsentation. Zwar unterscheidet er zwischen Identität und Repräsentation und sieht beide Prinzipien stets in einer Gemengelage, aber damit verschleiert er nur, „dass er wegen der Existentialität der Repräsentation und unter Ausschluss alles bloß Verfahrensmäßigen, d.h. Technischen, keine andere als die Identitätsrepräsentation kennt" (69). Identitätsrepräsentation als Symbolbeziehung erhält ihren totalitären Charakter, wenn sie die Willensbeziehung vereinnahmt: „Erst wenn diese Gestalten unterschiedslos zusammenfallen, wäre jene Figur der Identitätsrepräsentation erreicht, die von der Differenzrepräsentation unterschieden werden kann" (68). An die Stelle der Wahl tritt die Akklamation durch das Volk als substantielle und homogene Einheit. Dagegen „lässt der differenzrepräsentative Wahlakt mit seinem numerischen Formalismus ... diese Einheit nur symbolisch präsent werden" (78).

128 Die beiden Prinzipien politischer Form, Identität und Repräsentation, sind bei Carl Schmitt im wesentlichen Symbolbeziehung, keine Willensbeziehung (Schmitt 1925: 214). Diese Vereinseitigung des Repräsentationsbegriffs – wie sie bereits Vollrath treffend angemerkt hat (vorige Fn.) – ist die Grundlage der Parlamentarismuskritik bei Carl Schmitt. Da Repräsentation nur eine Symbolbeziehung ist (so auch Schmitt 1926: 44 Anm.), bekämpft er das Parlament, das auf der Willensbeziehung zwischen Wählern und Abgeordneten beruht, als Interessenklüngel hinter verschlossenen Türen (62).

129 Bourdieu lässt nach allem, was hier rekonstruiert wurde, nicht ersehen, wie er der Falle eines rein symbolischen Repräsentationsverständnisses entgehen könnte, das Hanna Pitkin bei Carl Schmitt ebenso vehement wie zu Recht kritisiert. Seine Repräsentationstheorie ist vor allem Kritik an den gegenwärtigen Repräsentationsverhältnissen, weil sie eine genuine Willensbeziehung nicht zulassen. Es bedürfte einer Revolutionierung, welche nun aber kommunikativ und rein symbolisch erfolgen müsste. Daraus lässt sich wiederum schwerlich eine gleichberechtigte Willensbeziehung generieren.

130 So besonders Gauchet 1971. Wie oben ausgeführt (5.2.2), ist es das Wesen des Totalitarismus, durch die Aufhebung der ursprünglichen Teilung eine konfliktfreie Gesellschaft herzustellen.

Die Mehrdeutigkeit der Symbole macht ihre Wirkung, nämlich die Art und Weise, wie ihre Inhalte vom Rezipienten verstanden werden und wie sie ihr Handeln beeinflussen, höchst bemerkenswert. Symbole wirken, aber wie sie wirken, lässt sich nicht einfach voraussagen. Anders als Rechtsnormen verlangen Symbole von den Bürgern kein eindeutiges Verhalten oder schließen Alternativen eindeutig aus. Sie sind lediglich Orientierungsangebote, und ihre Annahme, Ablehnung oder auch Nichtbeachtung hängt davon ab, wie sie jeweils interpretiert werden. Ihre Wirkung unterliegt also stets einer Bandbreite von Deutungsmöglichkeiten. Diese können durchaus unterschiedlich ausfallen, sie lassen Interpretationsspielräume und unterschiedliche Möglichkeiten der affektiven Zuwendung offen. So kann es, wenn Symbole präsentiert werden, grundsätzlich zu den unterschiedlichsten Interpretationen kommen, wie sie der Rahmen der kulturell vorgegebenen Sozialisation überhaupt zulässt.

Die Mehrdeutigkeit der Symbole führt zu ambivalenten Konsequenzen: *Einerseits* ermöglicht es die Mehrdeutigkeit der Symbole, eine bestimmte, politisch gewollte Interpretation gegen andere, abweichende Interpretationen mehr oder weniger manipulativ durchzusetzen und zur herrschenden zu machen, indem sie jene auf Null stellt – die grundlegenden Symbole dürfen nur mehr eindeutig, im Sinne des Regimes, interpretiert werden. So hat es Bourdieu prägnant herausgearbeitet. Lässt sich damit zugleich die Willensbeziehung soweit stillstellen, dass abweichende Sichtweisen auch hier nicht mehr die Chance haben, zum Zuge zu kommen, sondern strukturell ausgeschlossen bleiben (was in der Regel gleichschrittig und notfalls mit Gewalt geschieht), so ist der Weg in den Totalitarismus offen. Abweichende Meinungen können unterdrückt und schließlich alle gesellschaftlichen Aktivitäten gleichgeschaltet werden. Aber diese Entwicklung ist nicht zwangsläufig. Sie hängt nicht von der Verwendung von Symbolen ab, sondern davon, ob Gleichschaltung und Vereinheitlichung auch im Symbolischen gelingt, und das ist eine Frage der Kräfteverhältnisse in einer historischen Situation. Gleichschaltung und Vereinheitlichung sind das entscheidende Kennzeichen des Totalitarismus, und gerade dies ist mit der Interpretationsbedürftigkeit von Symbolen *per se* nicht vorgegeben.

Wenn *andererseits* davon auszugehen ist, dass Symbole für den gesellschaftlichen Zusammenhalt in jeder Form eines Gemeinwesens konstitutiv sind, so macht vielmehr die Mehrdeutigkeit der Symbole die symbolische Repräsentation in einer pluralistischen Demokratie überhaupt erst möglich. Dürften Symbole, welche die Werte des Gemeinwesens präsentieren, nur auf eine einzige Weise verstanden und rezipiert werden, so wären sie für die Demokratie in der modernen differenzierten Gesellschaft entweder wirkungslos oder gefährlich. Der Fundus gemeinsamer grundlegender Werte ist hier durchaus begrenzt und fragil. Deshalb ist unsere moderne Demokratie ihrem Wesen nach pluralistisch, lässt also eine Vielzahl politischer Wertvorstellungen zu, solange sie den Bestand der Demokratie nicht selbst gefährden. Damit wird es aber umso schwieriger, in modernen fragmentierten Gesellschaften noch auf gemeinsamen Werten aufzubauen – ein Erfordernis, das für die Demokratie, im Gegensatz zu autoritären Systemen, von existentieller Bedeutung ist, da sie leitende Werte nicht einfach verordnen kann.

Hier vermag symbolische Repräsentation vieles zu erleichtern (im Vergleich der Rolle der Konflikte aus deutscher und französischer Sicht wurde bereits auf dieses Potential hingewiesen). Die symbolische Darstellung gemeinsamer Werte erweitert das Spektrum der Akzeptanz. Gemeinsame Werte können auf unterschiedliche Weise interpretiert werden, aber dadurch verlieren sie nicht an Geltung. Vielmehr ermöglichen sie gerade durch ihre symbolische Vermittlung einen Grundkonsens in der pluralistischen Demokratie, der letztlich unabdingbar ist, über eine uniforme Festlegung aber nicht erreichbar wäre (siehe unten Kap. 6.1.3). So wird der Sozialstaat (Art. 20 Abs. 1 GG), verstanden als Symbol, in Deutschland und auch in Europa und im Gegensatz zu den USA grundsätzlich akzeptiert, aber doch in sehr unterschiedlichem Maße. Das Sozialstaatsprinzip unterliegt einer Bandbreite von Interpretationen: Sie reicht vom Vorwurf einer Überdehnung des Sozialstaats bis hin zur Klage über seinen Abbau. Wie der Sozialstaat also im Einzelnen ausgestaltet werden soll, ist Gegenstand permanenter politischer Auseinandersetzungen, und entsprechend den jeweiligen Mehrheitsverhältnissen setzt sich jeweils eine Interpretation für einen bestimmten Zeitraum durch. Solange dieser aber nicht völlig überdehnt oder völlig ausgehöhlt wird, bleibt das Sozialstaatsprinzip ein politisches Symbol, welches für den gesellschaftlichen Zusammenhalt in unserer Demokratie unverzichtbar ist.

Es kommt eben nicht darauf an, dass alle Bürger die tragenden Werte und Ordnungsprinzipien des modernen Gemeinwesens in gleicher Vorgabe verstehen und sich mit ihnen identifizieren – das wäre nicht nur utopisch, sondern auch gefährlich. Vielmehr gibt es stets eine Bandbreite möglicher Ausdeutungen, von denen sich die einen politisch durchsetzen, die anderen nicht, möglicherweise aber später doch. Der politische Kampf wird gleichermaßen darüber geführt, welche Interpretation jeweils maßgebend ist (das entscheidet die gewählte Mehrheit) und wie weit die Bandbreite legitimer Interpretationen jeweils reichen soll (das entscheidet das Verfassungsgericht). Die gemeinsame Wertsubstanz ist stets im Fluss und nicht mehr klar abgegrenzt, aber sie wird trotzdem nicht obsolet.

Symbole stehen also für eine gemeinsame, nicht aber für eine uniforme Realität. Sie sind, recht gebraucht, eher die Garanten von Pluralismus als Instrumente einlinig ideologischer Ausrichtung. Sie sind also der Demokratie besonders affin und ihr förderlich. Sie liefern Orientierungsangebote, welche akzeptiert oder abgelehnt werden können. Wenn sie akzeptiert werden, so lassen sie sich in ihrer Bedeutung durch unterschiedliche Interpretation doch individuell variieren, ohne damit Gemeinsamkeiten politischer Ordnung außer Kraft zu setzen. Sie bieten vielmehr die Chance, diese durch die Variationsbreite ihrer Zustimmung abzusichern und zu verstärken. Der affektiv bestimmte, Mehrdeutigkeiten produzierende Überschusscharakter der Symbole ist also, trotz aller Möglichkeiten des Missbrauchs, geradezu dazu prädestiniert, den gesellschaftlichen Zusammenhalt bei pluralistischer Politik, soweit er erforderlich ist, zu befördern und abzusichern.

6 Normative Integration und politische Steuerung

Zusammenfassung

Macht und Repräsentation werden nun in der institutionellen Konfiguration betrachtet, und zwar hier von Seiten der politischen Institutionen. Diese wirken auf die Bürger, indem sie intransitive Macht durch normative Integration und transitive Macht durch politische Steuerung ausüben.

Bisher wurden Macht und Repräsentation jeweils für sich betrachtet. So wurden sie bereits aus institutionentheoretischer Perspektive expliziert, aber noch nicht in der institutionellen Konfiguration verortet, wie zum Abschluss des Institutionenkapitels angekündigt. Damit beginne ich in diesem Kapitel. In der institutionellen Konfiguration sind Macht und Repräsentation die Medien im Verhältnis von Bürgern und politischen Institutionen, und zwar als Willensbeziehung ebenso wie als Symbolbeziehung (Kap. 2.2.4). Um sie in der institutionellen Konfiguration zu verorten, ist nun zu fragen: Wie sehen diese Beziehungen jeweils aus, d.h. handlungstheoretisch gefasst: Wie werden Macht und Repräsentation seitens der politischen Institutionen und der Bürger ausgeübt? In diesem Kapitel soll es darum gehen, wie sich die Ausübung von Macht und Repräsentation von Seiten der politischen Institutionen aus darstellt – was für die Theorie politischer Institutionen von besonderem Interesse ist. Die Vervollständigung für die institutionelle Konfiguration erfolgt in Kap. 7.

Foucault hat einmal lapidar gefragt: Wie wird Macht ausgeübt? (1987: 251) Hier geht es nun um transitive und intransitive Macht. *Transitiv* wird Macht ausgeübt, indem A auf B einwirkt. Dadurch wird sein Handlungsraum im Sinne von A strukturiert. Ausübung von Macht in der Politik, sofern sie formell geregelt seitens der politischen Institutionen erfolgt, ist politische Steuerung (Kap. 2.2.3). In der Demokratie muss sie stets durch Repräsentation seitens der Bürger legitimiert und kontrolliert sein. Transitive Macht der politischen Institutionen und Repräsentation durch Mandat sind in der Demokratie unmittelbar miteinander verbunden.

Wie aber wird *intransitive* Macht ausgeübt, wird sie überhaupt „ausgeübt"? Würde sie nicht ausgeübt, so wäre sie nicht existent. Wie Hannah Arendt gezeigt hat, ist intransitive Macht stets aktuell – entweder sie wirkt oder sie ist nicht vorhanden. So genügt es nicht, intransitive Macht nur potentiell, im Sinne von *power to*, gelten zu lassen (Kap. 4.2.2). Trotzdem führt gerade Hannah Arendt in der Frage der Ausübung von intransitiver Macht nicht wirklich weiter. Ihr geht es vor allem darum, wie Macht von den Bürgern in einer bestimmten Situation generiert wird. Das sind eher Ausnahmesituationen wie z.B. die Montagsdemonstrationen vor dem Zusammenbruch der DDR. Ausübung von intransitiver Macht impliziert aber zugleich die Frage: Wie hat sie über eine Situation hinaus Bestand? Die Ausübung von intransitiver Macht betrifft nicht nur den Ausnahmefall eines spontanen Handelns aller Beteiligten, sondern vor allem auch den Normalfall: Wie wird sie praktiziert und unter welchen Bedingungen kann sie wirken, wenn sie nicht durch unmittelbares Zusammenhandeln der Akteure aktualisiert wird? Moderne Demokratien können allein schon aufgrund ihrer Größe nicht auf dem permanenten spontanen Zusammenhandeln der Bürger beruhen, wie es in der athenischen Demokratie vielleicht möglich war. In modernen Demokratien ist intransitive Macht nur in Ausnahmefällen Ergebnis von spontanen Aktionen, im Übrigen aber institutionalisiert.[131] Wie kann sie unter diesen Bedingungen ausgeübt und dadurch aufrecht und lebendig erhalten werden?

Hier tritt die Leistung der politischen Institutionen ein. Im vorigen Kapitel wurde gezeigt, dass symbolische Repräsentation die gemeinsamen Werte der Bürger, also ihre intransitive Macht ausdrückt. Symbolische Repräsentation erfolgt seitens der politischen Institutionen. In diesem Kapitel wird nun ausgeführt, wie in der Demokratie die politischen Institutionen durch symbolische Repräsentation die intransitive Macht des Gemeinwesens aktuell und lebendig erhalten, nämlich durch normative Integration. Sie gelingt, wenn die symbolische Repräsentation wirklich die gemeinsamen Werte der Bürger repräsentiert, sie misslingt, wenn dies nicht der Fall ist. Das ist die Ausübung der intransitiven Macht, die in der Demokratie von den Bürgern generiert wird, vermittels von Symbolen durch die politischen Institutionen.[132]

Symbole benötigen Resonanz, um zu wirken. Das ist die entscheidende Bedingung für normative Integration. Zudem lässt sich mit Symbolen auch steuern, und hierfür ist gleichermaßen Resonanz erforderlich. Deshalb erörtere ich zunächst die Ausübung intransitiver Macht durch normative Integration (6.1) und erst anschließend die Ausübung transitiver Macht durch politische Steuerung (6.2).

6.1 Normative Integration: die Ausübung von intransitiver Macht durch die politischen Institutionen

Zusammenfassung

Normative Integration bedeutet Ausübung von intransitiver Macht durch symbolische Repräsentation seitens der politischen Institutionen. Dies wird im Folgenden entwickelt und begründet. Auf dieser Grundlage werden unterschiedliche Konzepte von normativer Integration vorgestellt und bewertet.

Normative Integration wurde bereits im Institutionenkapitel (2.1.2, 2.2.2) und bei den Symbolen (3.3) angesprochen. Nach der Ausführung von intransitiver Macht und symbolischer Repräsentation in den vorhergehenden Kapiteln kann sie nun systematisch erfasst werden.

6.1.1 Normative Integration – intransitive Macht – symbolische Repräsentation

Normative Integration, intransitive Macht und symbolische Repräsentation stehen in der institutionellen Konfiguration in einem unmittelbaren Zusammenhang.

131 Das weiß Hannah Arendt natürlich auch, vgl. oben Kap. 5.1.5 und Arendt 1965: 227, aber für ihren Machtbegriff ist Institutionalisierung nicht zentral.

132 Wie dies des Näheren erfolgt, kann erst im Gesamtzusammenhang der institutionellen Konfiguration (Kap. 7) erläutert werden. In Kap. 7.3 (1) erfolgt auch eine nähere Begründung, warum ich anders als Hannah Arendt die intransitive Macht als Symbolbeziehung bestimme und warum deshalb die intransitive Macht des Gemeinwesens auf Bürger und politische Institutionen verteilt ist.

Zuerst wird für die normative Integration der Zusammenhang mit intransitiver Macht, sodann mit symbolischer Repräsentation dargelegt.

(1) Der Zusammenhang von intransitiver Macht und Integration wird nur ersichtlich, wenn man Integration im Anschluss an Talcott Parsons als „normative Integration", die auf Werte gerichtet ist (Parsons 1951: 43-52), oder mit Jürgen Habermas als „Sozialintegration" versteht (Habermas 1973: 14f, 1981: Bd. 2, 277f). Mit dem Konzept der Integration wird untersucht, was eine Gesellschaft oder ein Gemeinwesen zusammenhält,[133] normative Integration bezieht sich auf die Einstellungen der Bürger gegenüber ihrem Gemeinwesen. Normative Integration ist sowohl Prozess als auch Ergebnis. Sie ist der stete, nie abgeschlossene Prozess, in dem sich die Bürger an den Werten orientieren, die der Ordnung des Gemeinwesens zugrunde liegen – und zwar soweit, dass als Ergebnis jeweils ein Mindestmaß an Identifikation und kollektiver Identität entsteht und aufrecht erhalten bleibt.

Warum benötigen wir überhaupt normative Integration? Die Antwort ergibt sich aus ganz praktischen Überlegungen, wie sie analog schon bei der symbolischen Repräsentation angestellt wurden (5.2). Warum gibt es Folgebereitschaft in einem Gemeinwesen, etwa im Staat: Warum zahlen wir Steuern, gehorchen der Polizei, gehen zur Wahl? Bei Steuern und Polizei sicher in erster Linie zur Vermeidung von Strafen, aber bei Wahlen? Angst vor Strafen reicht zur Erklärung nicht aus, bei Wahlen ohne Wahlpflicht ganz offensichtlich nicht, bei Steuern auch nicht unbedingt. Der Staat hat zwar nach Max Weber das Monopol der legitimen physischen Gewaltsamkeit, aber kein Regime beruht auf Dauer allein auf Gewalt. Folgebereitschaft entsteht nicht nur aufgrund von Zwang, sondern ebenso aufgrund von Einsicht und Konsens. Und je mehr Einsicht und Konsens es im Gemeinwesen gibt, desto entbehrlicher ist Zwang (obwohl er, wie Gramsci betont, im Hintergrund immer präsent bleibt). Was einem Gemeinwesen auf diese Weise Bestand gibt, ist normative Integration.

Die Notwendigkeit einer solchen Integration hat eindrücklich der deutsche Staatsrechtler *Rudolf Smend* herausgearbeitet, auf den schon mehrfach verwiesen wurde (Kap. 2.1.2, 3.3).

In seiner Verfassungslehre (1928) hebt er heraus, dass ein Staat und seine Verfassung in erster Linie an ihrer Integrationsleistung zu bemessen sind. Entscheidend ist, dass die Bürger permanent und auch nicht allein über ihre rationalen Zwecke integriert werden. So ist bei der verfassungsrechtlichen Interpretation von staatlichen Institutionen und Vorgängen oft nicht so sehr der rationale Zweck als vielmehr der funktionale, oft unbewusst wirkende und insofern irrationale Integrationswert zu beachten (Berthold 1997a: 368). Smend geht davon aus (und beruft sich dabei auf den Kulturphilosophen Theodor Litt), dass die Einbindung und Zugehörigkeit der einzelnen Bürger zum Staat nicht auf rationalen Willensakten, sondern auf rational allein nicht begründbaren Gemeinschaftserlebnissen beruht (Litt 1926, Smend 1928: 125f Fn. 4-8). Kollektivitäten bestehen nicht aus

133 Grundlegend zur Integration moderner Gesellschaften: Peters 1993. Ideengeschichtlich zur normativen Integration im (aufgeklärten) Liberalismus: Blänkner 2006.

rationalen Diskursen, sondern aus intersubjektiven Darstellungs-, Verstehens- und Erlebnisakten.[134] Integration wird mithin, ob wir uns dessen bewusst sind oder nicht, in einem sehr viel weiteren als dem eng rationalistischen Sinn bewirkt. Der Staat benötigt zudem permanent diese Integration, denn wie jede menschliche Gemeinschaft ist er kein ruhendes Ganzes, sondern er besteht er nur in einem „Prozess ständiger Erneuerung, dauernden Neuerlebtwerdens" (Smend 1928: 136). Politische Institutionen integrieren deshalb nicht nur, indem sie ein Verfahren der rationalen Willensbildung und Entscheidungsfindung bereitstellen, sondern auch und gerade dadurch, dass sie in einem permanenten Prozess den Bürgern die Teilnahme an einem Gemeinschaftserlebnis ermöglichen. Herrschaft bedeutet dann nichts anderes als eine „Erlebnisgemeinschaft" (158).

Smend hat den Stellenwert der normativen Integration in seiner Verfassungslehre zweifellos überzogen; eine Verfassung ist auch nach anderen Kriterien zu bewerten. Man kann aber sehr gut von ihm lernen, dass es in der Politik stets um eine doppelte Integrationsleistung geht, und davon wurde hier bereits für den Politikbegriff ausgegangen (Kap. 2.1.2): Integration bedeutet grundsätzlich die Herstellung einer Einheit in der Vielheit. Im technischen Sinn wird diese Einheit durch Koordination und Organisation von Handlungsabläufen hergestellt; die Beteiligten agieren nach denselben Regeln und unterliegen den für sie gemeinsam verbindlichen Entscheidungen. Der Prozess der europäischen Integration soll diese Einheit für die Mitgliedsstaaten durch Aufgabe nationaler Souveränitätsrechte soweit wie möglich erreichen. Technische Integration gehört wie politische Steuerung zur Ausübung von transitiver Macht. Integration erfolgt aber zugleich durch Orientierung. Sie findet statt, wenn die Bürger ihr Handeln, soweit es andere und die Gemeinschaft betrifft, an einem gemeinsamen Wertfundus ausrichten. Dadurch entsteht ihre kollektive Identität, ihre „Wir-Identität" (Elias 1987) im Gemeinwesen. Innerhalb der Gemeinsamkeiten des Lebensgefühls, der Kultur, Tradition, Sprache usw. – von denen einige, aber nicht unbedingt alle zugleich erforderlich sind, um ein Wir-Bewusstsein zu konstituieren – entsteht kollektive Identität im politischen Sinn durch die Orientierung auf gemeinsam geteilte Wertvorstellungen und politische Ordnungsprinzipien (so bereits Heller 1928).

Ist diese institutionalisiert, d.h. in der institutionellen Konfiguration auf Dauer gestellt, so handelt es sich um intransitive Macht, welche die Bürger und ihre politischen Institutionen umfasst. Intransitive Macht konstituiert das Gemeinwesen, als Wirkungseinheit, in Form eines gemeinsamen Handlungsraums (Kap. 4.2.3). Der gemeinsame Handlungsraum beruht auf der Gemeinsamkeit der grundlegenden Wertvorstellungen. Sie ist grundsätzlich für den Bestand eines jeden Gemeinwesens erforderlich, insbesondere aber für die Demokratie, die noch weniger als andere Herrschaftsformen durch Zwang und Propaganda zusammengehalten werden kann. In der Demokratie beruhen die Werte und Ordnungsprinzipien des Gemeinwesens auf gemeinsamen Vorstellungen der Bürger darüber, wie ihr Zusammenleben im Gemeinwesen geordnet sein soll. Nur wenn die politische

134 „Die Kollektivitäten sind nur das Einheitsgefüge der Sinnerlebnisse der Individuen" (Smend 1928: 126).

Ordnung dem entspricht, werden die Bürger das Gemeinwesen als das ihre ansehen.[135]

(2) Der gemeinsame Handlungsraum muss zugleich *symbolisch präsent* sein, und das ist der Zusammenhang von normativer Integration und symbolischer Repräsentation. Es genügt nicht, dass der erforderliche Grundkonsens nur einfach vorhanden ist. Schon Hegel schreibt in seiner *Logik*: „Das Wesen muss erscheinen" (L 323). Einsicht und Konsens müssen also im Gemeinwesen, wenn es denn Bestand haben soll, einen sichtbaren Ausdruck finden, sonst sind sie nicht wirksam. Intransitive Macht hat stets auch eine expressive Seite (Taylor 1994: Kap. 21). Diese Präsentation leistet symbolische Repräsentation. Die politischen Symbole verdichten die grundlegenden Werte und Ordnungsvorstellungen des Gemeinwesens zu Anschauungsgehalten, sie halten sie auf diese Weise für die Bürger sichtbar präsent und bewirken dadurch gesellschaftlichen Zusammenhalt.

Auch darauf hat Smend bereits hingewiesen. Politische Repräsentation bewirkt die erforderliche Integration, indem sie ein Gemeinschaftserlebnis symbolisch vermittelt und immer wieder aktualisiert. Dadurch erhält Repräsentation eine grundlegendere Bedeutung als in der reinen Willensbeziehung. Integration durch Repräsentation wird spätestens dann notwendig, wenn die Unmittelbarkeit des Gemeinschaftserlebnisses nicht mehr gewährleistet ist. In kleinen Gemeinschaften ist Teilhabe am Gemeinschaftserlebnis in unmittelbarer Form möglich; der moderne Staat hingegen ist in der Vielfältigkeit seiner Angelegenheiten für den Einzelnen nicht mehr überschaubar und somit auch nicht erlebbar.

> „Die Totalität des Lebens ist jedenfalls als extensive nicht übersehbar und insofern ... nicht erfassbar. Um erlebt zu werden, um integrierend zu wirken, muss sie gewissermaßen in ein Moment zusammengedrängt, durch dieses repräsentiert werden. Das geschieht institutionell durch die Repräsentation des geschichtlich-aktuellen Wertgehalts im politischen Symbol" (Smend 1928: 162f).

Die soziale Einheit wird also da, wo sie nicht mehr unmittelbar von den einzelnen Bürgern erlebt werden kann, zu einem Integrationsproblem, dessen Lösung die symbolische Leistung der Repräsentation übernimmt. Der moderne Staat bedarf der integrierenden Symbole, welche als repräsentative Mittel die Unmittelbarkeit des Gemeinschaftserlebnisses ersetzen. So kommt der symbolischen Repräsentation in anonymen, heterogenen Massengesellschaften eine unentbehrliche sozialintegrative Funktion zu. Vor allem die Verfassung hat diese symbolisch integrierende Funktion; alle ihre Einzelbestimmungen möchte Smend darauf abstellen. Das ist die dynamisierte und zugleich expressiv ausgeweitete Fassung des von Max Weber eingeforderten Legitimitätsglaubens der Beherrschten als Grundlage von legitimer Herrschaft (Weber 1922: 122).

So sind die Symbole eine notwendige Ausdrucksform des Gemeinwesens und eben auch der Demokratie. Mit dem symbolischen Ausdruck der Werte und Ord-

135 Was dies für moderne fragmentierte Gesellschaften bedeutet, wird unten 6.1.3 erörtert.

nungsprinzipien eines Gemeinwesens sind gewissermaßen Wegweiser aufgestellt, die sichtbar und erlebbar und ohne äußerliche Zwänge Muster des gemeinsamen Handelns anbieten und präsent halten. Solche Wegweiser, welche symbolisch integrieren, sind die Leitsymbole eines Gemeinwesens wie Flagge oder Hymne; es sind Texte und Dokumente, die auch symbolisch wirken wie etwa die Verfassung oder Übereinkünfte nach sozialen Auseinandersetzungen; es sind schließlich die erlebbaren und somit auch symbolisch wirksamen Handlungen der politischen Amtsträger (Kap. 3.1). Normative Integration erfordert eine angemessene symbolische Repräsentation gemeinsamer Werte. Sie werden den Bürgern in vielfältiger Weise sichtbar und präsent gehalten – als ein Angebot, sich im Bürgerstatus an diesen zu orientieren. Soweit dieses Angebot erfolgreich ist, besteht auch intransitive Macht.

So ist auch die Verfassung, welche die gemeinsamen Werte und die darauf aufbauenden Ordnungsprinzipien unserer Demokratie formuliert, als Text zugleich Symbol. Das deutsche Grundgesetz ist nicht nur das grundlegende Regelwerk unseres politischen Gemeinwesens. Das kann es nur sein als der kodifizierte Ausdruck der Grundentscheidungen dieses Gemeinwesens, in denen die Erfahrungen unserer Geschichte und unserer Ortsbestimmung der Gegenwart allesamt zum Ausdruck kommen. Solches geschieht symbolisch, entsprechend sind die maßgebenden Werte symbolisch verdichtet. Der absolut grundlegende Wert unserer Verfassung, die Menschenwürde, erhält seine Kraft nicht so sehr aus einem abstrakten Gleichheits- und Einmaligkeitspostulat aller Menschen, sondern aus den historischen und lebensweltlichen Erfahrungen der geknechteten und gequälten Kreatur. Alle diese negativen Erfahrungen sind nun im positiven Gegenbegriff der Menschenwürde symbolisch verdichtet. Menschenwürde ist also nicht nur der oberste Wert der Verfassung, sondern als Wortsymbol der Fluchtpunkt der symbolischen Repräsentation in unserer Demokratie.

6.1.2 Normative Integration als symbolische Repräsentation: eine Hegel-Interpretation

Normative Integration ist eine Leistung der symbolischen Repräsentation,[136] und zwar auf der Grundlage von intransitiver Macht im Gemeinwesen vermittels der politischen Institutionen. Das Erfordernis einer solchen normativen Integration vermittels politischer Institutionen hat erstmals der Philosoph G.W.F. Hegel herausgearbeitet. Eine der wichtigsten Leistungen politischer Institutionen im Staat ist es, so sein Argument, dass die Individuen sich durch die politischen Institutionen in Einheit mit dem Allgemeinen wissen können, auch wenn sie im Staat von ihm real unaufhebbarer getrennt bleiben. In seiner *Rechtsphilosophie*, den „Grundlinien der Philosophie des Rechts“ von 1821, führt er diese Funktion der politischen Institutionen systematisch aus (R §§ 263-267) – freilich in einer

136 Systemtheoretisch gesehen ist normative Integration eine Funktionsweise der symbolischen Repräsentation, denn Funktion bedeutet Leistung für das (politische) Gesamtsystem.

so knappen und schwierigen Argumentation, dass sie bisher keine hinreichende Beachtung gefunden hat.[137]

Hegel gliedert die *Rechtsphilosophie* in Recht, Moralität und Sittlichkeit, und die letztere in Familie, bürgerliche Gesellschaft und Staat. Als höchste Stufe der Sittlichkeit ist der Staat die Einheit von Einzelheit und Allgemeinheit, nämlich die Einheit der Individuen mit ihren besonderen Interessen und des allgemeinen Willens in Form der Gesetze und des politischen Handelns. Der Staat bedeutet somit konkrete Freiheit als Einheit von subjektiver und objektiver Freiheit (§§ 257, 258). Hegel spricht erstmals hier, im Abschnitt „Staat", explizit über Institutionen, was etwas verwunderlich ist. Tatsächlich geht es auch zuvor im Abschnitt "Bürgerliche Gesellschaft" bereits um Institutionen, denn Hegel verweist jetzt nun ausdrücklich auf die "im Vorherigen betrachteten Institutionen" (§ 263). Aber für Hegel ist die bürgerliche Gesellschaft zugleich „Not- und Verstandesstaat" (§ 183) und der Staat erst "der eigentlich politische Staat" (§ 267), und so treten ganz entsprechend auch die politischen Institutionen in doppelter Funktion auf. In der bürgerlichen Gesellschaft als „Not- und Verstandesstaat" haben politische Institutionen die Funktion der Steuerung, sie regieren in Form von Gesetzen die Bereiche von Familie und bürgerlicher Gesellschaft (§ 263 Zusatz). Sie gewährleisten die "besondere Freiheit" der Individuen und sind damit zugleich die "feste Basis des Staates", denn sie sind Voraussetzung dafür, dass die Individuen Zutrauen zu ihm haben können (§ 265). Aber von Seiten der Individuen bleibt das Verhältnis zum Allgemeinen durchaus prekär.

Für die bürgerliche Gesellschaft hat Hegel ausgeführt, wie die Individuen realiter, in der Verfolgung ihrer eigenen Interessen, vom Allgemeinen getrennt bleiben. Davon nimmt Hegel für seine Staatsvorstellung nichts zurück, denn nur auf diese Weise ist das Prinzip der Subjektivität im modernen Staat zu seiner vollen Ausbildung gelangt (§ 260 mit Zusatz). In der früheren *Realphilosophie* von 1805/06 hatte er schärfer argumentiert, es sei das "höhere Prinzip der neueren Zeit", dass der Einzelne sich als sich selbst weiß, sich mit diesem Wissen begnügt und das Allgemeine freilässt (J 263|267f). "Durch dieses Prinzip ist die äußere wirkliche Freiheit der Individuen in ihrem unmittelbaren Dasein verloren, aber ihre innere, die Freiheit des Gedankens erhalten" (263f|269). Angesichts der unaufhebbaren Besonderung und Verinnerlichung, wie sie Hegel so als Prinzip neuzeitlicher Subjektivität zugrunde legt, ist es nicht so leicht ersichtlich, wie die emphatischen Einheitsbeteuerungen des politischen Staates für die Individuen angemessen ausgeführt sein sollen.

Hier kommen für Hegel die politischen Institutionen mit ihrer Orientierungsfunktion ins Spiel. Es kommt ganz entscheidend auf das Bewusstsein an. Da die Individuen in der Verfolgung ihrer privaten, egoistischen Zwecke mit dem Staat nicht eins sein können, und da dieses sittliche Defizit auch nicht eliminiert werden kann und darf, liegt die vernünftige Einheit auf Seiten der Individuen nicht in einer

137 Dass Hegel hier eine besondere Leistung politischer Institutionen begründet, kommt selbst in systematischen Kommentaren nicht zur Sprache, vgl. Schnädelbach 2000: 303-309 und, dem Text noch detaillierter folgend, Bourgeois 1997: 234-239. Näher dazu: Göhler 1994b und 2012a.

Form der Selbstherrschaft (Volkssouveränität) oder auch nur in realer Mitgestaltung der politischen Entscheidungsprozesse. Vernünftige Einheit mit dem Allgemeinen besteht für die Individuen darin, dass sie ein Selbstbewusstsein entwickeln, in dem sie sich tatsächlich als sich selbst und darin zugleich im Ganzen aufgehoben wissen. Erforderlich ist das "Bewusstsein" und das "Selbstgefühl", Mitglied des Ganzen zu sein (R § 261 Anm.). Die Einheit des menschlichen Zusammenlebens wird also für die Individuen durch eine Form der Integration hergestellt, die zusätzlich zur Regulierung gesellschaftlicher Vorgänge vor allem das Zutrauen zum Staat als dem politischen Ganzen und das damit verbundene, vielleicht daraus erst resultierende Selbstgefühl der Individuen bewirkt. Erst in den politischen Institutionen haben die Individuen „ihr wesentliches Selbstbewusstsein“ (§ 264).

In der bürgerlichen Gesellschaft stehen die Institutionen dem Individuum nur als fremde "Notwendigkeit" (§ 266), nämlich als Zwang der Staatsmacht und ihrer Gesetze, gewissermaßen mechanisch gegenüber, während sich die Individuen lediglich um ihre besonderen Angelegenheiten bekümmern; so hat das Gemeinwesen keinen sicheren Bestand. Im „eigentlich politischen Staat“ ist diese Gegenüberstellung aufgehoben, ohne dass diese Momente verloren gingen. Die allgemeine Notwendigkeit ist mit der individuellen Freiheit vereinigt, und da die Notwendigkeit in dieser Einheit nicht aufhört, erhält sie für die Individuen vermittels der politischen Institutionen zusätzlich die "*Gestalt* der Freiheit" (§ 266, Hervorhebung von Hegel). Notwendigkeit wird nicht einfach zur Freiheit, das wäre irreführend, denn die ökonomischen und rechtlichen Zwänge bestehen für die Individuen nach wie vor. Im politischen Staat erhält die Notwendigkeit nun aber einen neuen Bedeutungsgehalt für die Individuen: Sie kann von ihnen vermittels der politischen Institutionen in Gestalt der Freiheit angeschaut werden, in der Notwendigkeit wird die Freiheit als Substanz auch für die Individuen selbst sichtbar.

So erbringt der „eigentlich politische Staat" ein Wechselverhältnis auf qualitativ neuer Stufe: Das Allgemeine ist "Organismus", ein lebendiges Zusammenwirken aller Kräfte – das Bewusstsein der Individuen ist "politische Gesinnung" (§ 267), mit der sie nun substantiell dem Staat zugehören und ihm zu seiner Wirklichkeit verhelfen. So wird das Allgemeine von den Individuen nicht mehr unvermittelt als ein anderes, als ein ihnen Fremdes gesehen, vielmehr wissen die Individuen, dass das Gemeinwesen auch für ihre eigenen Interessen steht – sowohl für diejenigen Interessen, die sie nur für sich selbst, als auch für diejenigen Interessen, die sie mit den anderen Bürgern gemeinsam haben. In diesem Wissen sind sie frei. Ihre politische Gesinnung äußert sich im "Patriotismus", worunter Hegel nichts anderes als Gemeinsinn versteht (§ 268 Anm.). Er beruht auf dem Zutrauen der Individuen in die verwirklichte Vernunft im Staat.[138]

138 Die politische Gesinnung ist für Hegel die subjektive Grundlage des Staates, weil sie die Affekte seiner Bürger sittlich sublimiert. In dieser Form ist sie, auch wenn Hegel eine demokratische Partizipation für die Neuzeit ablehnt, eine notwendige Voraussetzung für den Bestand des Gemeinwesens und für das Funktionieren seiner Institutionen. Seitens der Bürger ist also eine kognitiv vermittelte, sittliche Affektivität zugunsten des Gemeinwesens erforderlich, seitens der Institutionen eine Repräsentation der sittlichen Freiheitsidee, welche die Bürger ebenfalls kognitiv und affektiv anspricht.
Näher über den Zusammenhang von Zutrauen, Patriotismus und Vertrauen (wobei Vertrauen auf einer Verbindung von Zutrauen und Patriotismus beruht): Won 2002, Teil III. Vertrauen ist auch ein grund-

Die politische Gesinnung der Individuen kommt allerdings nicht von diesen selbst – vielmehr ist sie "nur Resultat der im Staate bestehenden Institutionen" (§ 268). Erst vermittels der Institutionen im Staat kann sich echter Gemeinsinn entwickeln, und erst diese Entwicklung verwirklicht Vernünftigkeit im Staat. Wie können die Institutionen solches leisten? Für die Individuen ist die substantielle Freiheit eine Bewusstseinskategorie. Um sich frei zu wissen, bedarf es der Gestalt der Freiheit, die die Individuen vor Augen haben, und diese Anschauung vermitteln die politischen Institutionen. Die politische Gesinnung der Bürger kann kein Abstraktum sein, sie benötigt einen "besonders bestimmten Inhalt". Das ist nun der "Organismus des Staates", der in seinen "verschiedenen Gewalten" als "politische Verfassung" zum Ausdruck kommt (§ 269). Die staatlichen Institutionen, mit denen es der Bürger zu tun hat, treten als organisch gegliederte Staatsgewalten auf – die Regierungsgewalt ist mit der fürstlichen und der gesetzgebenden Gewalt verbunden – und repräsentieren für das Bewusstsein des Bürgers seine substantielle Freiheit in einer anschaulichen Gestalt. So realisieren die Staatsgewalten nicht nur die Seite des Allgemeinen. Sie haben vielmehr, nicht minder wichtig, die Funktion, konstitutiver anschaulicher Inhalt für die Ausbildung der Gesinnung des Individuums in seiner Einheit mit dem Allgemeinen zu sein.

Dieser Ansatz, Individuen in Einheit mit dem Ganzen vermittelt durch Institutionen zu denken, ist *normative Integration durch symbolische Repräsentation.* Substantielle Freiheit bedeutet für Hegel, dass das Individuum sich im sozialen Ganzen in allen Belangen selbst wiedererkennt, also im Gemeinwesen sich als sich selbst weiß. Die Einheit wird zunächst erfahren im Zwang, der durch Gesetze legitimiert ist. Sie wird darüber hinaus und wesentlich erfahren im Bewusstsein substantieller Zugehörigkeit zu einer Gemeinschaft. So ist das Gemeinwesen, der politische Staat, konstituiert. In ihm sich als sich selbst zu wissen, kann für Hegel nicht abstrakt, kein bloßes Postulat sein. Das Wissen bedarf der Inhalte, die das Individuum als die seinen und in denen es somit sich als sich selbst erkennt. Die Prinzipien der Verfassung müssen für die Bürger nicht nur gelten, sondern sie entfalten lebendige Kraft erst dann, wenn sie auch jederzeit anschaulich sichtbar sind. Sie müssen also nicht nur objektiv realisiert, sondern in ihrer Realisierung auch dargestellt sein. Beides haben die politischen Institutionen zu leisten. Die "Gestalt der Freiheit", in der die Notwendigkeit vermittels der Institutionen im politischen Staat auftritt, wird damit zum Symbol für die grundlegenden Prinzipien, die im Staat für das Individuum verwirklicht sind. Diese symbolische Repräsentation bewirkt die normative Integration der Individuen, sie erhebt sie im Bewusstsein zur unmittelbaren Anschauung der organischen Einheit des Gemeinwesens, an der grundsätzlich, unbeschadet aller Differenzierungen und Abstufungen, alle seine Mitglieder teilhaben.

legendes Erfordernis der repräsentativen Demokratie. Schon Locke hat darauf hingewiesen, dass eine konstitutionelle Regierung (constitutional government), die den Bürgern verantwortlich ist, auf dem Prinzip des Vertrauens beruht (Locke, TG II: Kap. 11, § 142; Kap. 13, § 149; Kap. 19, § 221). Im Repräsentationsverständnis des Federalist besteht ein Wechselverhältnis zwischen "trust" der Repräsentierten und "fidelity" der Repräsentanten (Kap. 4.1.1). Entsprechend hat auch Böckenförde (1983: 397) die Hegelsche Kategorie des Vertrauens, die er hier genauer als „Zutrauen" fasst, explizit in seine Repräsentationslehre mit aufgenommen. Zur institutionentheoretischen Funktionsbestimmung von Vertrauen siehe Göhler 2002b.

Hegel zeigt somit in seiner Staatslehre, dass es nicht ausreicht, sich auf Rechtsmechanismen zur Regelung des menschlichen Zusammenlebens zu verlassen. Sie bedürfen der Verinnerlichung seitens der Beteiligten, und zwar in einem permanenten Integrationsprozess, in dem die grundlegenden Wertvorstellungen und politischen Ordnungsprinzipien eines Gemeinwesens symbolisch in seinen Institutionen präsent gehalten werden. Zugleich zeigt er, dass auf diese Weise die Bürger, auch wenn sie ihren besonderen Interessen folgen, in der Identifikation mit dem Allgemeinen politisch frei sind, denn Freiheit bedeutet, nicht fremd-, sondern selbstbestimmt zu sein. Zwar kann für Hegel, der für die konstitutionelle Monarchie, nicht aber für die Demokratie plädiert, diese politische Freiheit nur eine Freiheit im Bewusstsein bedeuten, aber er zeigt einen Mechanismus der normativen Integration auf, bei dem nicht einzusehen ist, dass er nicht auch mit realer Partizipation der Bürger vereinbar sein sollte.

Mit Hegel lässt sich bereits lernen, dass normative Integration nur dann gelingen kann und auch nur dann legitimiert ist, wenn symbolische Repräsentation tatsächlich und vollumfänglich die gemeinsamen Wertvorstellungen der Bürger und die darauf aufbauenden politischen Ordnungsprinzipien des Gemeinwesens zur Darstellung bringt – oder um es näher an Hegel zu formulieren: soweit und solange hinter ihrer anschaulichen Gestalt auch die Wirklichkeit des Gemeinwesens als Bürgergemeinschaft steht. Wären die symbolisch repräsentierten Werte und Ordnungsprinzipien des Gemeinwesens nicht so, dass die Bürger sie als ihren Vorstellungen entsprechend, also als ihre eigenen erkennen könnten, so hätte auch ihre symbolische Repräsentation keine „Wirklichkeit", denn sie wäre unvernünftig.[139] Das hat Hegel, obwohl selbst alles andere als ein Demokrat, sehr genau gesehen.

6.1.3 Normative Integration, Resonanz und der erforderliche Grundkonsens in der Demokratie

Zwar ist aus Sicht der modernen Demokratie das Hegelsche Konzept der normativen Integration unzureichend, weil es nur in der Symbolbeziehung verbleibt und reale Partizipation der Bürger, also reale Einflussnahme auf die repräsentierenden politischen Institutionen ausschließt. Diese Form der Willensbeziehung ist die Grundbedingung der modernen Demokratie, wie auch immer sie institutionell ausgestaltet sein mag.[140] Demokratie und Partizipation sind grundsätzlich Synonyme und deshalb Hegel wesensfremd (Saage 2006). Hoch aktuell bleibt Hegels Konzept der normativen Integration aber in der Symbolbeziehung, und

139 Wirklichkeit und Vernunft sind bekanntlich bei Hegel untrennbar: „Was vernünftig ist, das ist wirklich", hat er provokativ in der Vorrede zur „Rechtsphilosophie" formuliert, nur um sogleich hinzuzufügen: „und [nur das] was wirklich ist, das ist vernünftig" (R S. 24).

140 Bernd Ladwig unternimmt den interessanten Versuch, ausgehend von Hegel dem „sozialtheoretischen Objektivismus" (dazu rechnet er u.a. Foucault, Luhmann, Habermas) eine „materialistisch informierte Konzeption moderner Sittlichkeit" entgegenzusetzen (Ladwig 2006, hier: 112). Mit Hegel, denn „moderne Sozialintegration [kann] nur Integration durch Entzweiungen hindurch sein" (115). Auf diese Weise möchte er, ohne sich an den starken Idealismus des Hegelschen Systems zu binden, „eine Konzeption moderner Gesellschaften umreißen, die es kategorial erlaubt, die modernen Strukturen, Institutionen und Prozesse als ebenso viele Verkörperungen der Autonomie vernünftiger Subjekte anzusehen" (ebd.). Sie lassen sich aber eben nicht ohne ihre „eigenlogischen Entzweiungen" (133) integrieren, deshalb bedarf es – mit Hegel – eines Primats der Politik, zumindest für eine letztverbindliche Grenzziehung, und – gegen Hegel – einer entsprechenden Demokratisierung (vgl. 133).

dies auch und gerade für die moderne Demokratie. Bedingung einer gelingenden normativen Integration ist die Korrespondenz von intransitiver Macht und symbolischer Repräsentation – nämlich Korrespondenz der intransitiven Macht der Bürger und ihrer symbolischen Repräsentation durch die politischen Institutionen. Demokratie benötigt wie keine andere Herrschaftsordnung die intransitive Macht, die von den Bürgern ausgeht; in der grunderforderlichen Gemeinsamkeit an Wertvorstellungen und akzeptierten Ordnungsprinzipien konstituiert sie in der institutionellen Konfiguration der Demokratie jene Bürgergemeinschaft, welche erst das Gemeinwesen ermöglicht.[141] Die Korrespondenz von intransitiver Macht und symbolische Repräsentation ist in der Symbolbeziehung die Grundbedingung für den Bestand der Demokratie.[142] Für die Bürger muss erfahrbar und somit auch sichtbar sein, dass das Gemeinwesen auf gemeinsamen Werten beruht. Ist dieser Zusammenhang gestört oder gebrochen, so können sie sich dem Gemeinwesen, in dem sie leben und dem sie sich schlecht zu entziehen vermögen, nicht zugehörig fühlen.

Auf der Korrespondenz von intransitiver Macht und symbolischer Repräsentation beruht normative Integration in der Demokratie: Wenn die präsentierten Symbole bei den Bürgern auf positive Resonanz stoßen, dann erfahren die Bürger das Gemeinwesen als das ihre, sie fühlen sich zugehörig, ihre Partizipationsbereitschaft steigt. Wenn die präsentierten Symbole dagegen bei den Bürgern keine Resonanz oder sogar negative Resonanz finden, dann ergibt sich ein Zustand der Entfremdung vom Gemeinwesen; die Bürger haben keinen Anlass, das Gemeinwesen als das ihre anzusehen und sich zu engagieren. Das Gemeinwesen befindet sich in einer Krise – misslingende symbolische Repräsentation ist also zugleich ein Maßstab, um Legitimationskrisen anzuzeigen.

Resonanz, ein ursprünglich physikalischer Begriff, ist neuerdings durch das gleichnamige Werk von Hartmut Rosa höchst erfolgreich für die Sozialwissenschaften reklamiert worden (Rosa 2016).[143]

> Rosa greift weit aus. Ihm geht es darum, „Resonanz als Zentralbegriff für die kategoriale Grundlegung einer relationalen Soziologie und Philosophie der Weltbeziehung zu etablieren“ (Rosa 2019a: 14). Das ist letztlich und im Grunde normativ verstanden. Resonanz ist nämlich „das Andere der Entfremdung“ (16). Seit dem jungen Marx ist „Entfremdung“ die Chiffre

141 In der institutionellen Konfiguration kommt hier noch ein Bindeglied hinzu: Die intransitive Macht, die von den Bürgern ausgeht, äußert sich in ihrer Imagination, die wiederum von den politischen Institutionen aufgenommen und in Form symbolischer Repräsentation den Bürgern repräsentiert wird. Dies wird unten Kap. 7.3 ausgeführt.

142 Die Korrespondenz von intransitiver Macht und symbolischer Repräsentation ist funktional und normativ eine notwendige Bedingung der Demokratie, ebenso wie in der Willensbeziehung die Korrespondenz von transitiver Macht und Repräsentation durch Mandat. Diese Struktur der institutionellen Konfiguration liegt auch der Bestimmung von Institutionenwandel in Kap. 8 zugrunde. Dort geht es allerdings nicht normativ um die Korrespondenz der Determinanten in Willensbeziehung und Symbolbeziehung, sondern deskriptiv um ihre jeweilige Veränderung, welche Institutionenwandel anzeigt und erfassen lässt.

143 Auch für Mühlhoff 2018 ist Resonanz – bei ihm in der Form der „affektiven Resonanz“ – eine „Grundform dynamischer Reziprozität im Sozialen“ (21); Resonanz ist nicht nur ein physikalischer, sondern auch ein philosophischer Begriff (vgl. Mühlhoff 2018: 90-123, bes. 91 u. 122f). Auf das Buch von Rosa nimmt er keinen Bezug, obwohl er ihn in seinen Dank mit aufnimmt (501).

für Kapitalismuskritik, wobei das Grundmuster der entfremdeten Arbeit in der Folgezeit vielfältig ausgeweitet und auch umformuliert worden ist, bis hin zur Kulturkritik von Erich Fromm und Herbert Marcuse. Rosa greift diesen Traditionsstrang bewusst auf, um ihn in eine allgemeine Beziehungstheorie der Welt zu überführen. Entfremdung ist nun eine „Chiffre für das als moderne Grundangst herausgearbeitete Verstummen der Welt" oder mit Rahel Jaeggi die „Beziehung der Beziehungslosigkeit" (2019a: 17, mit Bezug auf Jaeggi 2005). Demgegenüber bedeutet Resonanz als komplementärer Gegenbegriff „den Zustand oder Modus einer Welt, in dem sich Subjekt und Welt ... wechselseitig berühren und transformieren" (17f). Entfremdung bedeutet die bloße „Aneignung einer Sache", dagegen sind Resonanzbeziehungen „dadurch gekennzeichnet, dass sich mit und in ihnen Subjekt und begegnende Welt verändern" (2019a: 19, näher 2016: 299-316, bes. 306). Resonanz bedeutet somit „Anverwandlung" (18). Resonanzbeziehungen sind nun „genau das ... wonach menschliche Subjekte sich sehnen" (20), und so ist gelingende Resonanz das „Kriterium des guten Lebens" (21). Auf diese Weise möchte Rosa in einer „Kritik der Resonanzverhältnisse" aufzeigen, dass sich „die Krisentendenzen der Gegenwart ... als umfassende ‚Resonanzkrisen' verstehen lassen" (26).[144]

Das mag so sein. Für die Verwendung des Resonanzbegriffs in der institutionellen Konfiguration ergibt sich allerdings ein schlichtes Problem. Wie unschwer festzustellen, gibt es in der Symbolbeziehung entweder positive Resonanz oder negative Resonanz oder gar keine Resonanz. Das einfachste Beispiel: Eine Fahne kann Begeisterung oder aber auch Hass auslösen oder auf Gleichgültigkeit treffen. Negative Resonanz ebenso wie das Fehlen von Resonanz sind für normative Integration ein Problem. Die Resonanztheorie von Rosa will sich aber auf negative Resonanz als Alternative zu positiver Resonanz nicht einlassen, weil sie die normative Vorgabe stört, dass Resonanz ausschließlich positiv konnotiert ist und ihren Gegenbegriff allein im stummen oder entfremdeten Weltverhältnis hat.[145] Mit dieser normativen Vorgabe ließe sich analytisch in der Institutionentheorie nicht arbeiten, auf diese Vorgabe muss man verzichten. Zum Glück lässt Rosa auch selbst eine Lesart seiner Resonanztheorie zu, die nicht so normativ aufgeladen

144 „Menschliche Weltbeziehungen – und daher: menschliches Leben – gelingen dann, so lautet meine normative Grundthese, wenn die Ausbildung sozialer bzw. horizontaler (zu anderen Menschen), diagonaler bzw. materieller (zu den Dingen) und schließlich vertikaler Resonanzachsen (zur Welt bzw. einer letzten Wirklichkeit als einer Ganzheit) gelingt. Gesellschaftskritik wird dann zu einer systematischen Kritik der Resonanzverhältnisse" (Rosa 2019: 20). Konkret: „ ... kommt es entscheidend darauf an, die Erinnerung an und die Hoffnung auf ein anderes In-der-Welt-Sein, das durch die Beziehungsform des Hörens und Antwortens anstelle des Beherrschens und Verfügens gekennzeichnet ist, lebendig zu erhalten" (30). Entsprechend untersucht Rosa 2016 in Teil 4 die Institutionen, Praktiken und Gesellschaftsmodi der (spät-)modernen Gesellschaft auf ihre resonanzermöglichenden bzw. resonanzverhindernden Qualitäten (2016: 294). Die normative Ausrichtung bleibt allerdings gebrochen, denn Resonanz ist nicht erzwingbar oder bewusst steigerbar, sie steht stets im Modus der Unverfügbarkeit, ein geradezu seltenes Gut (2019: 19 f und 2016: 295, 316-326).

145 „Ich bin diesem Vorschlag nicht gefolgt, weil er ... mein normatives Vorhaben, Resonanz gleichsam monistisch als Kriterium des guten Lebens auszuweisen, zu Fall gebracht hätte" (Rosa 2019a: 21, dort auch die weiteren Ausführungen). Ebenso Rosa 2016: 292. In diesem Sinn ist auch Gemeinwohl als Resonanzverhältnis zu denken: Rosa 2019b.

ist: „Es ist allerdings meine Hoffnung, dass die Resonanztheorie sich auch für diejenigen als analytisch fruchtbar erweisen kann, welche diesen normativen Schritt nicht mitgehen wollen. Denn die systematische Analyse von Weltbeziehungen kann auch dann ein lohnenswertes Vorhaben sein, wenn Resonanz nicht als erstrebenswert, sondern einfach als auftretender Beziehungsmodus verstanden wird" (2019a: 21f). In dieser abgespeckten, nicht-normativen Version bleibt die Resonanztheorie von Hartmut Rosa für die Theorie politische Institutionen äußerst hilfreich. Ihm gelingt es nämlich eindrucksvoll, den physikalischen Begriff der Resonanz in einen sozialwissenschaftlichen Begriff zu transformieren, der nicht bloß metaphorisch bleibt.[146]

Physikalisch ist Resonanz „eine spezifische Beziehung zwischen zwei schwingungsfähigen Körpern, bei der die Schwingung des einen Körpers die ‚Eigentätigkeit' (bzw. die Eigenschwingung) des anderen anregt" (2016: 282). So schwingt eine Stimmgabel mit, wenn eine andere Stimmgabel in der Nähe angeschlagen wird und die Eigenfrequenz dieser Stimmgabel anregt. Erforderlich ist ein resonanzfähiges Medium, welches die Schwingungen überträgt. Stellt man etwa zwei Metronome auf eine Steinplatte, so entsteht keine Resonanz, beide Metronome schlagen weiter wie bisher. Auf einer schwingungsfähigen Unterlage dagegen, etwa einem dünnen Holzbrett, pendeln sich beide Metronome aufeinander ein (284). Wie lässt sich dieses physikalische Resonanzkonzept auf psychosoziale Weltbeziehungen übertragen? Wie Rosa überzeugend argumentiert:[147] Indem man Resonanz nicht als einen materiellen oder substantiellen, sondern strikt relationalen Begriff bestimmt: „Resonanz beschreibt eine Beziehung zwischen zwei (oder mehreren) Objekten oder Körpern, die den aus der Physik gewonnenen Relationseigenschaften entspricht". Als eine solche Beziehung bedeutet Resonanz, „dass sich die beiden Entitäten der Beziehung in einem schwingungsfähigen Medium (oder Resonanzraum) wechselseitig so berühren, dass sie als aufeinander antwortend, zugleich aber auch mit eigener Stimme sprechend, also als ‚zurück-tönend' begriffen werden können" (285). Dabei kommt Resonanz in Weltbeziehungen, also auch und vor allem in sozialen Beziehungen nur zustande, wenn eine „antwortende Erregung" (255) ausgelöst wird; diese ist kulturabhängig und unterliegt der „Logik sozialer Interaktionsdynamiken". Auf diese Weise determinieren Resonanzen „in keiner Weise menschliche Kognitionen und das daraus hervorgehende menschliche Handeln" (256), es gibt keinen mechanischen Zusammenhang oder ein eindeutiges kausales Ursache-Wirkungs-Verhältnis. Ob Resonanz erfolgt, hängt von der institutionellen Verfasstheit der Resonanzverhältnisse ebenso wie von der dispositionellen Verfassung der Subjekte ab (2019a: 27).

146 „Es ist mir wichtig, Resonanz nicht einfach nur als ‚klingende Metapher' zu verwenden, sondern als eine kategorial eindeutige Form der Beziehung zu definieren" (Rosa 2019a: 22).

147 Rosa belegt die Übertragungsmöglichkeit ausführlich über Spiegelneuronen- und Empathietheorien sowie die Selbstwirksamkeitsforschung, zusammengefasst 2016: 279.

Die deskriptive Bestimmung von Resonanz durch Rosa zeigt dieselben Merkmale wie die Symbolbeziehung, wie ich sie anhand der Unterscheidung von Zeichen und Symbol herausgearbeitet habe (Kap. 3.1). Resonanz lässt sich daher auch als Symbolbeziehung fassen. Normative Integration durch symbolische Repräsentation erfordert positive Resonanz. In Anlehnung an Smend könnte man von dem Erfordernis eines (positiven) „Resonanzerlebnisses" sprechen. Eines solchen bedarf es nicht permanent, aber wie Rosa zu Recht, wenn auch in einem eher normativ-ästhetischen Zusammenhang dargelegt hat[148], sind immer wieder Resonanzerlebnisse gefragt, um Gemeinsamkeiten der eigenen Wertvorstellungen mit denen des Gemeinwesens bewusst zu machen. Es bedarf gewissermaßen immer wieder eines Aha-Erlebnisses, um das Gemeinwesen als das eigene zu empfinden. Die präsentierten Symbole stehen für eine solche Vergewisserung im Prinzip zwar jederzeit bereit, aber es bedarf stets auch der Aktualisierung durch Integrationsfaktoren, etwa durch politische Auseinandersetzungen oder Wahlkämpfe, die eine eigene Positionierung anstoßen.[149] Das ist umso wichtiger, als viele konkrete Entscheidungen der Regierung oder des Parlaments ebenso wie das symbolische Handeln der Amtsträger nicht unbedingt auf Zustimmung stoßen und deshalb die normative Integration immer wieder in Frage stellen. Noch verheerender sind selbstverständlich negative Resonanzerlebnisse, die an der Korrespondenz der eigenen mit den im Gemeinwesen repräsentierten Werte und Ordnungsprinzipien zweifeln lassen. So führt es zur Politikverdrossenheit, wenn die Bürger den Eindruck gewinnen, dass die Politik sich um ihre realen Probleme nicht wirklich kümmert.

In jedem Fall kann normative Integration nur wirksam werden, wenn die präsentierten Symbole auf eine hinreichend große Anzahl von aufnahmebereiten und -willigen Rezipienten treffen. Ein überwiegender Teil der Bürger eines Gemeinwesens muss einen *Resonanzboden* bilden, der ansprechbar und aktivierbar ist, also durch die Symbole gewissermaßen „zum Schwingen" gebracht wird. Ob dies gelingt, hängt offensichtlich von der Disposition und hierin vor allem den Wertvorstellungen der Adressaten ab: ob die Werte, welche die Symbole präsentieren, von den Adressaten als die eigenen angesehen und akzeptiert oder als solche abgelehnt werden, oder ob sie einfach auf Desinteresse stoßen. Positive Resonanz entsteht nur, wenn die präsentierten Werte zu einem Mindestmaß mit denjenigen der Adressaten korrespondieren; negative Resonanz, wenn die Adressaten durch die präsentierten Werte zwar affiziert werden, diese aber grundsätzlich anders interpretieren; keine Resonanz, wenn die Wertvorstellungen der Adressaten völlig anders gelagert sind. Ist ein Resonanzboden vorhanden, der affiziert werden kann, positiv oder negativ, so wird die Wirkung der Präsentation durch Symbole vor

148 „Resonanz ist das (momenthafte) Aufscheinen, das Aufleuchten einer Verbindung zu einer Quelle starker Wertungen in einer überwiegend schweigenden und oft auch repulsiven Welt. Deshalb ... [bergen] Momente intensiver Resonanzerfahrung (der Sonnenuntergang, die betörende Musik, das Verliebtsein) ... das Versprechen auf eine andere Form der Weltbeziehung" (Rosa 2016: 317).

149 „Das Erlebnis beim Austrage innerpolitischer Kämpfe ist bei gesunden politischen Verhältnissen das einer wohltuenden Entladung ähnlich wie beim Ausgang eines Spieles ... Der Austrag ist ein wesentlicher integrierender Lebensakt der Gemeinschaft und deshalb zugleich eine Erhöhung des Lebensgefühls des Einzelnen, einerlei ob er zur Mehrheit oder zur Minderheit gehört" (Smend 1928: 151). Über die Integrationstypen: 142-170.

allem affektiv verstärkt, denn als Symbole sprechen sie die Bürger nicht nur kognitiv, sondern auch affektiv an (Kap. 3.2). Diese Wirkung ist umso bedeutsamer und brisanter, als Symbole zu einem wesentlichen Teil die soziale Realität selbst erst konstituieren (Kap. 3.3).

Ein wirklich breiter Resonanzboden ist aber nur möglich, wenn im Gemeinwesen ein *Grundkonsens* über gemeinsame Werte und darauf aufruhende Ordnungsprinzipien besteht (Kap. 5.2.2). Erst wenn bestimmte Werte und Ordnungsprinzipien für ein Gemeinwesen den Vorstellungen möglichst aller Bürger und faktisch einer überwiegenden Mehrzahl entsprechen, ist ein Resonanzboden für normative Integration in der Demokratie vorhanden. Es muss einen Grundkonsens darüber geben, welche Werte der Lebensführung den Bürgern gemeinsam sein müssen, damit das Gemeinwesen Bestand hat – und ebenso darüber, welche Werte *nicht* Sache des Gemeinwesens sind und auch nicht sein sollen, weil sie entweder nur die Lebensführung der Bürger betreffen oder weil sie qua Verfassung ausgeschlossen sind (wie etwa völkische Ideologie).

Ein solcher Grundkonsens wird jedoch angesichts der Komplexität moderner Gesellschaften immer schwieriger. Bereits Hegel hat sein Konzept der normativen Integration nicht bloß allgemein und überzeitlich formuliert. Es ist seine große Leistung, dass er sich mit dem „höheren Prinzip der neueren Zeit" (6.1.2) den Problemen der normativen Integration eines Gemeinwesens unter den Bedingungen des Individualismus explizit gestellt hat. Das gilt umso mehr für moderne Demokratien. Es ist kaum mehr davon auszugehen, dass eine individualisierte, fragmentierte Lebenswelt von sich aus gleichlautende gemeinsame Werte bereitstellt, die das Gemeinwesen zusammenhalten.[150] Das ist so *stricto sensu* aber auch nicht erforderlich. Moderne Demokratien ruhen auf Werten und politischen Ordnungsprinzipien, die in einer Grundentscheidung durch die Verfassung festgelegt sind.[151] Allerdings ist das Problem damit noch nicht gelöst. Es kommt darauf an, und dies besonders in unseren fragmentierten Gesellschaften, ob sie auch die erforderliche integrative Wirkung entfalten.

Eine Lösung bietet die symbolische Repräsentation, wie dort erstmals festgestellt (Kap. 5.3). Wenn Werte symbolisch repräsentiert werden, so sind sie, entsprechend dem Symbolcharakter ihrer Präsentation, nicht eindeutig, sondern stets mehrdeutig. Symbolische Repräsentation ermöglicht und erfordert stets eine Interpretation der gemeinsamen, symbolisch präsentierten Werte. Auch wenn die Grundentscheidung kodifiziert ist, muss sie nicht einheitlich interpretiert werden – das ist überhaupt nicht möglich. Die Interpretation folgt den eigenen Präferenzen der Bürger, und nur so ist normative Integration in einer fragmentierten Gesellschaft überhaupt möglich. Normative Integration in einer modernen Demokratie

150 Bernhard Peters hat dies beschrieben als „'Entstrukturierung', 'Verflüssigung' oder 'Serialisierung' des Sozialen, die Betonung von Pluralismus, Heterogenität oder Segmentierung" – normativ charakterisiert durch „die Aufwertung von Heterogenität, Besonderheit oder Kontextgebundenheit", welche die normative Integration der Gesellschaft erschwert (Peters 1993: 14f).

151 Dies gilt für geschriebene Verfassungen wie das deutsche Grundgesetz. Bei einer ungeschriebenen Verfassung wie in Großbritannien gibt es keine Grundentscheidung vermittels eines verfassungsgebenden Aktes, wohl aber ein gemeinsames Verständnis, welches sich historisch entwickelt hat. Die Bedingungen normativer Integration sind dadurch nicht grundsätzlich verändert.

kann nur dann gelingen, wenn sie den Bürgern die Möglichkeit der eigenen Interpretation gewährleistet. So entsteht ein Deutungsraum gemeinsamer Werte, innerhalb dessen normative Integration stattfindet. Er ist nur insofern begrenzt, als die Interpretationen den Bestand des demokratischen Gemeinwesens nicht in Frage stellen und somit gefährden dürfen. Der Wesensgehalt der gemeinsamen Werte und politischen Ordnungsprinzipien darf durch die individuelle Interpretation der präsentierten Symbole nicht angetastet werden. Es gibt nur eine Bandbreite möglicher Interpretationen, die durch die Verfassung, die Verfassungsgerichtsbarkeit und die politische Kultur des Gemeinwesens vorgegeben ist. Wird diese Bandbreite überdehnt oder überschritten, so ist normative Integration nicht mehr möglich – mit allen Folgeproblemen für die Legitimation des Gemeinwesens, wenn daraus ein Massenphänomen wird (wie im Niedergang der Weimarer Republik zu sehen).

Grundlage dieser Überlegungen ist eine symboltheoretische Ausdeutung des bekannten Theorems von *Ernst Fraenkel*, dass eine Demokratie stets einen *Minimalkonsens* benötigt, um zu bestehen (Kap. 5.2.2): Am Ende der Weimarer Republik hatte Fraenkel schmerzhaft erfahren müssen, dass diese dem Druck der politischen Extreme rechts und links nicht standhalten konnte, weil sie über keine hinreichende Basis gemeinsam anerkannter Werte verfügte. Ohne einen Minimalkonsens, einen „unstreitigen Sektor“, so Fraenkels Weimarer Erfahrung, hat eine Demokratie keinen Bestand. Diese Erfahrung hat er in den 1960er Jahren für die Bundesrepublik präzisiert. Damit kontroverse Willensbildung, die das Wesen der Demokratie bildet, überhaupt erfolgen kann, ohne die Demokratie zu zerstören, bedarf es der Existenz eines nicht-kontroversen neben einem kontroversen Sektor: ein Minimalkonsens über demokratisches Fair Play und ein Mindestmaß an sozialer Gerechtigkeit. Je stabiler die Akzeptanz dieser Werte im nicht-kontroversen Sektor ist, desto offener können im kontroversen Sektor die politischen Probleme ausgehandelt werden. Eliminierung des nicht-kontroversen Sektors bedeutet Anarchie, Ausschaltung des kontroversen Sektors Totalitarismus (Fraenkel 1932: 505f, 1960b: 89).[152]

Dieser Ansatz ist überzeugender als der Versuch, allein auf die Integrationswirkung von Konflikten zu setzen (Kap. 5.2.2). Denn wie sollen Konflikte in Extremsituationen, auf die es doch vor allem ankommt, integrieren? Aber der vorauszusetzende Minimalkonsens ist in modernen fragmentierten Gesellschaften zugleich höchst fragwürdig; er verlangt eine gemeinsame Wertbasis, die heute kaum mehr in einer inhaltlichen Übereinstimmung über grundlegende gemeinsame Werte zu finden ist. Die Grundidee von Ernst Fraenkel muss also neu interpretiert werden.

Der Grundsatz des Fair Play gilt weiterhin; er entspricht dem von Rawls begründeten Prinzip der "Gerechtigkeit als Fairness". Aber es muss auch ein Minimum an inhaltlicher Übereinstimmung geben, und da wird es schwierig mit dem Grundsatz der von Fraenkel statuierten sozialen Gerech-

152 Der nicht-kontroverse Sektor wird von Fraenkel auch noch weiter ausdifferenziert, allerdings eher beispielhaft (1964: 92f, 1969: 338-340)). Vgl. dazu Thaa 2022: 146ff.

tigkeit. Hier gibt es eine Wertekonkurrenz mit höchst unterschiedlichen Vorstellungen: Bedeutet soziale Gerechtigkeit nur die Chance für alle, mit ihren Fähigkeiten ein lebenswertes Leben zu führen – oder gilt es vielmehr, mögliche Benachteiligungen von vornherein auszugleichen? Beide Vorstellungen, die liberale und die soziale Lesart, lassen sich im praktischen Diskurs legitimieren, keine der beiden ist obsolet, beide sind demokratisch legitime politische Willensbezeugungen, und darum sind beide, auch wenn sie sich widersprechen, jede für sich normativ integrativ. Welche der beiden Vorstellungen, wenn sie den nicht-kontroversen Sektor inhaltlich begründen sollen, ist der erforderliche Minimalkonsens? Folgt man Fraenkel, so bleibt hier ein Dilemma: Grundsätze, die sich widersprechen, gehören in den kontroversen Sektor, und doch bedarf auch der nicht-kontroverse Sektor der inhaltlichen Füllung.

Ein Ausweg aus dem Dilemma ist die symboltheoretische Interpretation des Minimalkonsenses. Gemeinsame Werte treten den Bürgern nur symbolisch gegenüber, normative Integration als Orientierung an gemeinsamen Werten erfolgt nicht durch die Werte selbst, sondern durch ihre symbolische Repräsentation. Symbolisch präsentierte Werte sind nie eindeutig, der symbolisch präsentierte Wert der sozialen Gerechtigkeit lässt sich von den Adressaten ganz unterschiedlich ausdeuten.[153] Grundsätzlich ist der Minimalkonsens durch die Verfassung vorgegeben, aber wie er jeweils ausgedeutet wird, hängt von der sozialen Lage ebenso wie der affektiven Einstellung der Rezipienten ab.

Entscheidend für den Minimalkonsens im nicht-kontroversen Sektor ist somit nicht der genaue Gehalt der gemeinsamen Werte; diese können durchaus unterschiedlich interpretiert werden, ohne den Minimalkonsens zu gefährden. Entscheidend ist vielmehr die Bandbreite dessen, was jeweils allgemein akzeptiert wird und was nicht. Der Wert der sozialen Gerechtigkeit, der für die deutsche politische Kultur besonders wichtig ist, kann also innerhalb des nicht-kontroversen Sektors durchaus entgegengesetzte liberale oder soziale Lesarten enthalten, solange die Interpretation innerhalb der jeweils akzeptierten Bandbreite zwischen staatlicher Abstinenz einerseits, bloßer staatlicher Fürsorge andererseits verbleibt. In anderen politischen Kulturen kann die Bandbreite durchaus verschoben sein, in den USA etwa in Richtung auf ein stärkeres Misstrauen gegenüber staatlichen Eingriffen und Unterstützungsleistungen. Die Bandbreite dessen, was in einem Gemeinwesen allgemein akzeptiert ist, wird im kontroversen Sektor bestimmt, sei es durch die Entscheidungen des Bundesverfassungsgerichts, sei es durch die öffentlichen Diskurse. Im kontroversen Sektor wird also nicht nur darüber gestritten, welche der konkurrierenden Interpretationen – im Fall der sozialen Gerechtigkeit: eine stärker liberale oder eine stärker

153 Vgl. bereits Smend: „Einen symbolisierten Wertgehalt kann jeder so erleben, ‚wie ich ihn verstehe', ohne Spannung und Widerspruch, wie ihn Formulierung und Satzung unvermeidlich hervorrufen, und zugleich erlebt er ihn als totale Fülle, in einer Weise, die auf keinem anderen Wege zu erreichen ist" (Smend 1928: 164).

soziale Interpretation – die Mehrheit und damit politische Gestaltungskraft gewinnt. Der kontroverse Sektor entscheidet auch darüber, welche Interpretationen der gemeinsamen Werte insgesamt akzeptiert werden und welche nicht. Der Minimalkonsens im nicht-kontroversen Sektor ist nicht unwiderruflich festgelegt oder gar eine ontologische Konstante, er variiert vielmehr in seiner Bandbreite von Land zu Land und innerhalb des Gemeinwesens entsprechend der jeweiligen Entwicklung der politischen Kräfteverhältnisse.[154]

6.1.4 Konzepte normativer Integration: Nationalismus, Verfassungspatriotismus, Leitkultur

Bisher wurden Funktionsweise und Bedingungen der normativen Integration in der institutionellen Konfiguration erörtert. Auf dieser Grundlage lassen sich nun die gegenwärtig wichtigsten Konzepte der normativen Integration einander gegenüberstellen: Nationalismus, Verfassungspatriotismus und Leitkultur. Sie alle sind auf ihre Weise umstritten.

Seit Bassam Tibi 1998 unter dem Stichwort *Leitkultur* für einen auf europäischen Werten basierenden gesellschaftlichen Konsens plädierte, der als Klammer zwischen Deutschen und Migranten dienen sollte (Tibi 1998, 2001), steht vor allem das Konzept der Leitkultur immer wieder in der Kampfarena, in der Wissenschaft ebenso wie in der Politik. Über *Verfassungspatriotismus* wird schon seit den 1980er Jahren diskutiert. Seinen Verfechtern, beginnend mit Dolf Sternberger und Jürgen Habermas, ging es darum, nach der Pervertierung von Nation und Patriotismus in der jüngeren deutschen Geschichte eine neue Orientierung für das deutsche Gemeinwesen zu finden, die den Patriotismus gewissermaßen rehabilitiert auf die Werte der Verfassung ausrichten sollte (Sternberger 1982, Habermas 1987, 1989, 1990). *Nationalismus* wird zu Recht bekämpft, seit er nach seiner Übersteigerung in der deutschen Geschichte obsolet geworden ist. Aber seine Ausgangsstufe, die Nation, ist als Orientierungsrahmen damit nicht ebenso vom Tisch (Linden 2006: 44f),[155] auch wenn viele Intellektuelle in Deutschland das nicht gern so sehen wollen. Insgesamt haben wir es also mit drei höchst kontrovers aufeinander bezogenen Integrationsangeboten zu tun. Sie einfach polemisch einander gegenüberzustellen und gegeneinander auszuspielen, erscheint wenig fruchtbar. Hilfreicher ist es, sie als Konzepte der normativen Integration durch symbolische Repräsentation miteinander zu vergleichen und zu bewerten.

Zunächst zu Nationalismus und Verfassungspatriotismus. Um ihre Funktionsweise in Hinsicht auf symbolische Repräsentation zu bestimmen, gehe ich zwei Fragen nach:

---

154 Hier wird die Wechselbeziehung zwischen Willensbeziehung und Symbolbeziehung deutlich, siehe dazu unten Kap. 7, Fn. 214.

155 Bemerkenswert argumentiert Dormal in diesem Sinn, dass die Nation als ein genuin modernes Phänomen und vom Politischen her begriffen werden muss: „Nur wenn wir fragen, auf welche politischen Probleme der Moderne die Nation antwortet und wie sie das tut oder verfehlt, lässt sich angemessen verstehen, was die Nation ist, warum sie sich als Ordnungsmodell durchgesetzt hat und wie sie sich historisch veränderte" (Dormal 2017: 23). Normativ gesehen ist sie modern, weil allein sie dem Postulat eines „konfliktiven Republikanismus" (259) entspricht oder entsprechen kann.

(1) *Auf welche Weise erfolgt normative Integration: zweckrational oder wertrational und affektiv?* Wer den Bezug auf gemeinsame und somit leitende Werte des Gemeinwesens im *Verfassungspatriotismus* verankert sieht, fasst ihn in der Regel als eine zweckrationale Haltung gegenüber dem demokratischen Verfassungsstaat auf: Dieser erhält Akzeptanz und Unterstützung, weil er die Bedingungen für ein "gutes Leben" der Bürger schafft.[156] Aber es ist zu fragen, ob diese Modellierung nicht zu einfach gerät. Die Verfassung ist der kodifizierte, formalisierte Ausdruck für die Grundentscheidungen zur Ordnung des Gemeinwesens, und entsprechend sind in der symbolischen Dimension der Verfassung die maßgebenden Werte symbolisch verdichtet. In ihnen kommen die Erfahrungen unserer Geschichte und unserer Ortsbestimmung der Gegenwart zum Ausdruck. Diese Dimension ist in der zweckrationalen Haltung, wie sie der Verfassungspatriotismus einnimmt, noch nicht enthalten, das Symbolische spielt keine konstitutive Rolle. Aber neben der rationalen ist auch die affektive Komponente der Integration virulent, und diese findet nur im Symbolischen ihren Ausdruck. Somit lässt sich normative Integration nicht allein durch Verfassungspatriotismus gewinnen, denn er ist ohne den Einsatz der Symbole zu eng.

Es wäre allerdings außerordentlich problematisch, wenn eine Ausweitung der normativen Integration über den Verfassungspatriotismus hinaus in das Symbolische nun in das gegenteilige Extrem abgleiten würde: in den *Nationalismus*, der normative Integration allein über eine nur emotional bestimmte nationale Identität erzeugt.[157] Nation ist mit Perry Anderson (1983) eine „imagined community",[158] der Nationalismus fasst sie dagegen als Entität und übersteigert sie über alle Rationalität hinaus, um aus dieser Mystifizierung seine Handlungsrationalitäten abzuleiten. Der Mythos von der „Volksgemeinschaft" als angebliche Entität hat im Nationalsozialismus eine verhängnisvolle Rolle gespielt. Nationalismus ist eine ebenso einseitige Form der normativen Integration wie Verfassungspatriotismus, aber wegen seiner emotionalen Aufladung möglicherweise viel wirkungsvoller als der Verfassungspatriotismus und darum auch umso gefährlicher. Stattdessen muss die kulturelle Symbolwelt der Integration stets in den Grundwerten der Verfassung verankert sein. Der Nationalismus als Integrationskonzept braucht hier nicht weiter verfolgt zu werden.[159] Für den Verfassungspatriotismus gilt es hingegen noch eine weitere Frage zu prüfen:

---

156 So Oberndörfer 2001 als Argument für eine Ablehnung aller Vorstellungen von Leitkultur.

157 Nationalismus kann man auch weiter fassen. So hat Hans Kohn 1944 grundlegend zwischen civic und ethnic nationalism unterschieden, entsprechend rationalem westlichem Liberalismus und illiberalem romantischem Organizismus in Mittel- und Osteuropa. So pauschal ist diese Unterscheidung umstritten. Ich beziehe mich hier jedenfalls auf den ethnischen Nationalismus, wie er sich seit der 2. Hälfte des 19. Jahrhunderts in Deutschland herausgebildet hat.

158 Im Anschluss an Anderson gibt Dormal eine sehr plausible Bestimmung: Die Nation ist „eine vorgestellte politische Gemeinschaft, vorgestellt als begrenzt, souverän und historisch einzigartig. Sie beruht, und das ist nun keineswegs Gemeingut, nicht darauf, dass alle tatsächlich den gleichen Willen teilten ... sondern auf dem gemeinsamen Besitz von etwas, das zwischen den Menschen liegt, z.B. von Institutionen, Rechten, Erzählungen. Nation fällt weder einfach mit dem Staat noch mit Ethnizität zusammen. Sie ist etwas Drittes, nämlich eine politisch konstituierte Ressourcengemeinschaft, die dazu tendiert, sich selbst bis zu einem gewissen Grad nach dem Vorbild ethnischer Gruppen zu beschreiben" (Dormal 2017: 63).

159 Selbstverständlich bleibt der Nationalismus eine wichtige deskriptive Kategorie, solange es ihn allerorts gibt. Aber er ist in der Demokratie weder funktional noch normativ ein geeignetes Integrationskonzept.

(2) *Gelingt normative Integration allein durch die Hinwendung zur Verfassung und ihren Werten?* So sieht es das Konzept des Verfassungspatriotismus. Das ist zu bezweifeln, vielmehr ist davon auszugehen, dass Politik und Politiker in unserer Demokratie weniger nach den eher abstrakten Normen der Verfassung beurteilt werden als vielmehr über die normative Symbolwelt der politischen Kultur insgesamt. Maßstab sind nicht nur die in der Verfassung kodifizierten Werte, sondern ebenso die Alltagsvorstellungen eines angemessenen öffentlichen Handelns. Aus der Sicht des Rechts muss Politik verfassungsgemäß sein, aus der Sicht der Bürger als ihrer Adressaten sind Akzeptanzkriterien darüber hinaus und zuallererst Durchschaubarkeit, Zumutbarkeit und Effizienz für die Politik, persönliche Kompetenz, Verlässlichkeit und moralische Integrität für die Politiker. Diese normativen Alltagsvorstellungen müssen in symbolischer Form, nämlich als Handlungssymbole, seitens der Politiker präsent oder zumindest im öffentlichen Wirken von ihnen nicht sichtbar verletzt sein, denn ihr Handeln hat grundsätzlich auch eine symbolische Dimension (Kap. 3.1). Trifft diese Vermutung zu, so sind allgemeine Akzeptanz der Verfassung und allgemeines Vertrauen in Politik und Politiker nicht deckungsgleich. Und wenn der Fluchtpunkt normativer Integration weniger in den kodifizierten Normen der Verfassung als vielmehr in ihnen vorgelagerten Wertvorstellungen liegt, so lässt sich die Frage der Integration in modernen Demokratien im Wertbezug allein durch Verfassungspatriotismus gar nicht lösen. Es bedarf einer erheblich umfassenderen Sichtweise darauf, welche Werte im Gemeinwesen vornehmlich integrierend wirken. Wie es scheint, liegen solche Werte, denen realistischerweise eine Integrationskraft zugemessen werden kann, teils innerhalb der Verfassung – so die Beachtung der Menschenwürde und ihrer Derivate - teils aber außerhalb der Verfassung, weil sie ihr eher implizit zugrunde liegen. Alle solche Wertvorstellungen sind kulturell vermittelt, und sie wirken dabei weniger in ihrer kodifizierten Formulierung als in ihrem *symbolischen Ausdruck:* als Anständigkeit, Ehrlichkeit, Toleranz, Gemeinsinn, Fairness usw. Sie müssen deshalb, wenn das Gemeinwesen überhaupt integrieren soll, in der kulturellen Symbolik der Gesellschaft verankert sein. Normative Integration ist ohne unsere Alltagserfahrung nicht zu bewirken.

Daraus ergibt sich: Für normative Integration ist das Konzept des Verfassungspatriotismus, rein rationalistisch dimensioniert, zu eng; ihm fehlt die emotionale Komponente, der symbolische Ausdruck. Es steht nicht im vollen Zusammenhang mit symbolischer Repräsentation und berücksichtigt auch nicht die normative Symbolwelt der politischen Kultur und somit die Werte der Alltagskultur. Das Konzept der nationalen Identität ist, rein affektiv dimensioniert, ebenfalls zu eng, denn die Verengung auf emotionale oder traditionale Bindungen an ein Kollektiv sind für eine Demokratie rational nicht begründbar und darum normativ delegitimiert. Als Konzepte normativer Integration ist Verfassungspatriotismus für sich allein zu abstrakt, Nationalismus politisch gefährlich. Das Konzept der Leitkultur könnte, recht verstanden und von missverständlichen Assoziationen gereinigt, diese beiden Engführungen vermeiden und die kognitive wie die affektive Dimension

Seine Vorstellung von kollektiver Identität ist deshalb besonders gefährlich, weil sie allzu leicht zum Rassismus wird (Kerner 2006).

der normativen Integration miteinander verbinden (Stein 2008, Göhler/Iser/Kerner 2003).

Was können wir nun sinnvoll unter *Leitkultur* verstehen? Leitkultur ist, wie Tibi prägnant zusammenfasst, "Einverständnis über Gemeinsamkeiten" (2016: 292),[160] was meint: das Ensemble kulturell ausgedrückter, in einem Gemeinwesen geltender und allgemein kommunizierbarer Werte, einschließlich zuallererst der Normen der Verfassung.

In diesem Sinne bedeutet Leitkultur in Deutschland durchaus nicht Beherrschung und Unterdrückung von Minderheiten, Aufzwingen einer nationalistischen Perspektive usw. Argumente dieser Art überspitzen eine teleologische Geschichtsinterpretation, als ob Leitkultur für Deutschland notwendigerweise mit Nationalismus verbunden sei. Solch eine Identifizierung kann für uns heute nicht zwingend sein, wenn wir uns vergewissern, was "leitend" in unverfänglicheren Kontexten bedeutet:

- Die *Leitfrage* bündelt in komplexen Zusammenhängen die Argumentation – sie ist ein wichtiges methodisches Hilfsmittel, um sich nicht in Einzelheiten zu verlieren.
- Das *Leitmotiv* ist in der Musik eine wiederkehrende Tonfolge (so in den Wagner-Opern), um bestimmte Personen oder Sachverhalte zu kennzeichnen; der Einsatz von Leitmotiven gibt Auskunft über den Gang der Handlung.
- Die *Leitidee* ist nach Hauriou ein Merkmal von Institutionen zum Zweck ihrer Aufgabenerfüllung, ein Fluchtpunkt der Orientierung: Für die Akteure und die Adressaten der Institution zeigt sie an, wofür diese Institution jeweils steht (Hauriou 1965: 35-40, dazu näher unten Kap. 7.3).

Versteht man Leitkultur analog, so meint sie nichts anderes als ein kulturelles Orientierungsangebot, das weder eindeutig noch verbindlich ist.[161] Ausgedrückt wird sie stets durch Symbole, und Symbole sind stets offen für unterschiedliche Interpretationen: So verbleiben stets mehrere Optionen einschließlich derjenigen, das Orientierungsangebot auch abzulehnen. Leitkultur ist *per se* keine Norm, welche ein bestimmtes Verhalten oder Unterlassen zwingend vorschreibt.

Deshalb kann Leitkultur, recht verstanden, als symbolisches Dispositiv (Foucault) gerade die entscheidenden Integrationserfordernisse einer Demokratie erfüllen, und als wissenschaftliches Konzept wäre „Leitkultur“ besonders geeignet, die erforderlichen Integrationsmechanismen zu untersuchen:

Leitkultur bedeutet *einerseits* nicht nur die rationale Ausrichtung auf die Vorgaben der Verfassung, sondern ihre symbolische Einbindung in einen normativ wirkenden kulturellen Kontext mit seinen Traditionsbeständen und seiner Gegenwartserfahrung. Somit ermöglicht Leitkultur *andererseits* eine affektive Identifika-

160 Nida-Rümelin 2006 greift in seinem Plädoyer für einen erneuerten Humanismus „in provozierender Weise“ (7) die von Tibi 1998 entwickelte Vorstellung einer europäischen Leitkultur auf.

161 Vgl. Nida-Rümelin 2006: 7: Die ‚europäische Leitkultur‘ steht „einer Beliebigkeit der politischen Werte entgegen ... aber ebenso der Haltung der Intoleranz, der nationalen Normierung von Lebensformen, dem Zwang zur Assimilation“.

tion mit dem Gemeinwesen, aber nicht als nationale Identität, die andere Identitäten ausschließt, sondern als eine Identität, die vielfältige kulturelle Elemente integriert.

Leitkultur verträgt sich nicht nur mit kultureller Pluralität, sie ist ihr Ergebnis. In der Form der Leitkultur wird nationale Identität in dem Maße hybrid, wie Nationalkulturen ihren Ausschließlichkeitsanspruch verlieren. Auf diesem Weg sind wir in Europa durchaus schon fortgeschritten, ohne dass damit die Nationalkulturen ihre Bedeutung bereits verloren hätten. Dieser Gemengelage trägt Leitkultur als Ordnungselement in besonderem Maße Rechnung.

Diese Art der normativen Integration scheint insbesondere auch für ethnisch-kulturelle Minderheiten geboten, die durch Migration in einem Gemeinwesen entstehen: Sie richtet sie auf das Gemeinwesen aus, in dem sie leben, gibt ihnen die notwendige Orientierung – ohne sie zur Assimilation zu zwingen, d.h. zu einer Anpassung, welche die eigenen kulturelle Identitäten gegen ihren Willen zerstört. Die Definitionsmacht der Leitkultur, wie ich sie entwickelt habe, ist stets symbolisch, lässt also unterschiedliche Ausprägungen zu, solange eine gemeinsame Grundorientierung gewährleistet bleibt.[162]

Dies lässt sich konkretisieren. Mit Jutta Limbach (2006: 167) gehe ich davon aus, dass aufnehmende Kulturen immer eine Definitionsmacht ausüben. Den Hinzukommenden wird eine gewisse Varianz und Abweichung zugebilligt, der Freiraum hängt ab von den tatsächlichen oder eingebildeten kollektiven Erfahrungen und verändert sich auch entsprechend. Sieht die aufnehmende Gesellschaft in den Migranten keine Bedrohung, so erweitert sie für sich die kulturelle Vielfalt und schätzt die Bereicherungen. Türkische Lebensmittelgeschäfte sind aus den deutschen Großstädten nicht mehr wegzudenken. Erscheinen Grundvorstellungen der eigenen Sicherheit und Identität bedroht, so macht die aufnehmende Gesellschaft ihre Mindestbedürfnisse von Gemeinsamkeit geltend, pocht also im Falle radikalislamischer Einstellungen auf das Gebot der Toleranz und der Trennung von Religion und Politik. Leitkultur bedeutet Definitionsmacht, sie legt Mindesterfor-

162 Simon Bein kommt trotz einer gründlichen Analyse zu einem entgegengesetzten Ergebnis: "The Leitkultur concept does not seem to be suitable for designing a functional model of democratic collective identity between a too vague constitutional patriotism and a too rigid national identity based on ethnocultural continuity. The concept of Leitkultur remains, even in a mere symbolic interpretation, an instrument of conservative to right-wing actors and their attempts to preserve exclusive access to the narrative of static historical continuity and one-sided affirmative access to the collective" (Bein 2022: 18). Der Grund sind die empirisch feststellbaren Folgen des theoretischen Konzepts: "The transition from central arguments of the Leitkultur debate to the examination of concrete political implications of the concept highlights the dysfunctional contradiction between normative foundations meant to be inclusive and the opportunity for mutual, equal affective identification, which has an exclusive effect due to the power of interpretation remaining with the majority" (14). Es ist allerdings immer problematisch, von unerwünschten praktischen Folgen auf die Schwäche eines theoretischen Konzepts rückzuschließen. Zwar ist ein solcher Schluss nicht von vornherein abwegig, denn es kann durchaus sein, dass das theoretische Konzept solche Potentiale enthält (wie es etwa, worauf ich in meinen Vorlesungen immer wieder hingewiesen habe, für Marx und den Marxismus gelten mag). Aber die Problemlage liegt hier anders. Wenn Leitkultur vor allem symbolisch dimensioniert ist, so enthält ihr Symbolcharakter grundsätzlich auch, aufgrund seiner Mehrdeutigkeit, die Gefahr des Missbrauchs, analog zur Totalitarismusproblematik der symbolischen Repräsentation (Kap. 5.3). Das Konzept der Leitkultur hat also nicht per se exklusive Konsequenzen, wie Bein sie ihm vorwirft, sondern sie gründen in einer – normativ gesehen – falschen Interpretation seiner Symbole.

dernisse fest, und über diese lässt sich einigermaßen begründet diskutieren. Ein Mindesterfordernis ganz unzweifelhafter Art ist die Sprache – Leitkultur bedeutet hier also das Erfordernis, die deutsche Sprache zu lernen. Ob es ein Mindesterfordernis normativer Integration ist, sich gegenseitig die Hand zu geben, ist eher zweifelhaft, und ein Zwang, Schweinefleisch zu essen oder Alkohol zu trinken, ist ganz sicherlich kein Mindesterfordernis der Leitkultur in Deutschland.

Leitkultur bedarf des *Patriotismus*. Es ist nicht von ungefähr, dass selbst ein so rationalistisch dimensioniertes Integrationskonzept wie Verfassungspatriotismus eben „Patriotismus" enthält. Patriotismus bedeutet klassisch „Liebe zum Vaterland" oder „Vaterlandsliebe", und der Bestandteil „Liebe" gibt ihm eine stark affektive Ausrichtung. Dahinter steht die Einsicht, dass jedes Gemeinwesen für seinen Bestand ein Mindestmaß an Zuwendung und Hingebung einer hinreichenden Anzahl von Bürgern bedarf. Normative Integration kann nur gelingen, wenn ein Integrationsangebot nicht nur vorliegt, sondern auch tatsächlich wahrgenommen wird. Es bedarf also der entsprechenden Gesinnung einer hinreichenden Anzahl von Bürgern, und dies – und eben nur dies – meinen wir, wenn wir von „Patriotismus" sprechen. Hegel hat, wie oben gesehen, Patriotismus als notwendige subjektive Komponente normativer Integration systematisch begründet.

Patriotismus ist glücklicherweise ein weniger umkämpfter Begriff als die Leitkultur. Um sein Abdriften in ein nationalistisches Fahrwasser zu vermeiden, lässt er sich sehr gut von „Chauvinismus" abgrenzen – der frühere Bundespräsident Johannes Rau hat es prägnant formuliert: „Ein Patriot ist jemand, der sein Vaterland liebt. Ein Nationalist ist jemand, der die Vaterländer der anderen verachtet" (Rau 1999). Analog dazu ist es weder notwendig noch sinnvoll, Leitkultur nationalistisch zu konnotieren.

Patriotismus und Leitkultur sind zueinander notwendigerweise komplementär. Leitkultur ist ein Orientierungsangebot, gewissermaßen „von oben", es ist die Top-Down-Komponente der normativen Integration. Patriotismus geht als Zuwendung und Hingebung „von unten" aus, ist also die Bottom-Up-Komponente der normativen Integration. Leitkultur muss Resonanz erzeugen, der Resonanzkörper sind die Bürger. Resonanz findet Leitkultur, wenn sie die Werte des Gemeinwesens auf sichtbare Weise, also vermittels von Symbolen präsentiert, und das sind neben den abstrakteren Werten der Verfassung eben die handfesteren Wertvorstellungen unserer Alltagskultur, wie Anständigkeit, Ehrlichkeit, Toleranz, Gemeinsinn, Fairness, die von den Politikern eigentlich zu erwarten wären. Nur unter dieser Bedingung kann man ihnen vertrauen. Auf diesen wechselseitigen Zusammenhang haben bereits Hegel und Burke hingewiesen. Hegel betont, die Gesinnung des Patriotismus sei letztlich ein „Resultat" vernünftiger Institutionen, welche erst Vertrauen produziert (R § 268). So müssen die Institutionen eben selbst auch vernünftig sein, damit sie dieses Vertrauen verdienen. Das hat schon Burke festgestellt: "Wenn wir unser Vaterland lieben sollen, muss unser Vaterland liebenswürdig sein" (Reflections: 132).

Trotzdem bleibt es schwierig, für die Verwendung des Begriffs „Leitkultur" einzutreten. Eigentlich sollte er im Kampfgetümmel nicht der radikalen Rechten überlassen bleiben. Wissenschaftlich lässt sich angesichts der Erfordernisse normativer Integration unschwer zeigen, dass Leitkultur ein sinnvolles und alles andere als abwegiges oder gar gefährliches Konzept ist. Politisch ist Leitkultur in den Grundsatzprogrammen der CDU und der CSU verankert. Im CDU-Grundsatzprogramm von 2007 ist es die „Leitkultur in Deutschland", die mit unserer kulturellen Werten und historischen Erfahrungen die Grundlage für den Zusammenhalt unserer Gesellschaft bildet (Nr. 37), und das CSU-Grundsatzprogramm 2016 verbindet Leitkultur mit offener Gesellschaft (III.1). Der Kontrast zur AfD ist deutlich: Hier muss „die deutsche kulturelle Identität als Leitkultur" gegen die Bedrohung durch „importierte kulturelle Strömungen" verteidigt werden (AfD-Grundsatz-Programm 2016: 7.2). Einem unideologischen, von Nationalismus abgegrenzten Verständnis von Leitkultur sollte also nichts im Wege stehen.

Doch in der Wissenschaft stößt der Begriff nach wie vor auf Befremden, und selbst Norbert Lammert, der sich doch vehement für die Leitkultur eingesetzt hatte, hat sich zurückgenommen. Inzwischen hält er Leitkultur als Begriff nur für begrenzt geeignet, um zu bezeichnen, worum es dabei geht, und hilfreich nur mehr als Reizwort, um Debatten zu provozieren. Lapidar empfiehlt er: „Nennt es, wie ihr wollt, aber vergesst die Zusammenhänge nicht, um die es geht" (Lammert 2019: 11, 28). Wahrscheinlich muss man diesem Rat folgen und wirklich nur anders benennen, worum es in der Sache geht. Aber wie, mit welchem Begriff? Der gegenwärtige Bundespräsident Walter Steinmeier scheint sich darüber schon Gedanken gemacht zu haben. In einer Rede im Jahr 2018 zum 9. November verweist er nicht nur auf die historische Schuld der Deutschen, sondern auch auf die „weit verzweigten Wurzeln von Demokratie- und Freiheitsbestrebungen, die es [in Deutschland] über Jahrhunderte hinweg gegeben hat" und derer es sich gleichermaßen zu erinnern gilt. Was daraus folgt, nennt er aber nicht „Verfassungspatriotismus", sondern einen „aufgeklärten" oder auch „demokratischen Patriotismus", der dem Nationalismus entgegenzustellen ist (Steinmeier 2018: 8). Dabei geht es ihm vor allem auch um die affektive Komponente, welche der Verfassungspatriotismus offensichtlich nicht bietet: „Ein demokratischer Patriotismus ist keine Abstraktion und keine Kopfgeburt. Das Engagement dieser Bürgerinnen und Bürger entspringt doch nicht allein aus kühlem Verstand oder Berechnung, sondern bei den allermeisten aus tiefstem Herzen" (9). Wie aber zu sehen war, ist Patriotismus nur die subjektive Seite der Medaille. Im Gesamtzusammenhang der normativen Integration bedarf es ebenso sehr der Präsentation gemeinsamer Werte durch symbolische Repräsentation der politischen Institutionen. Dieses notwendige Korrelat könnte die *demokratische Leitkultur* sein – ob wir sie so benennen oder auch nicht.

6.2 Politische Steuerung: die Ausübung von transitiver Macht durch die politischen Institutionen

Zusammenfassung

Die Ausübung von transitiver Macht durch die politischen Institutionen ist politische Steuerung. Sie wird derzeit kontrovers diskutiert. Um einen Überblick zu erhalten, wird Steuerung in den Zusammenhang mit Macht gestellt und aus der Perspektive von Governance systematisiert. Aus modernen Machttheorien lässt sich zudem ein neuartiges Konzept, nämlich „weiche Steuerung" einschließlich Steuerung durch Symbole herausarbeiten.

Bisher wurde die Ausübung von intransitiver Macht durch symbolische Repräsentation untersucht. Hier hat alles eine gewisse Komplexität und wirkt analytisch ziemlich „weich". Demgegenüber ist die Ausübung von *transitiver* Macht zunächst recht einfach zu beschreiben: Sie wird ausgeübt, indem A auf B einwirkt. Dadurch wird sein Handlungsraum im Sinne von A strukturiert, denn seine Handlungsoptionen sind nun durch die Vorgaben von B bestimmt, ob er ihnen folgt oder nicht – also sich durch in Aussicht gestellte Nachteile oder Vorteile leiten lässt oder nicht. Institutionentheoretisch, in der institutionellen Konfiguration, ist die Ausübung transitiver Macht durch die politischen Institutionen politische *Steuerung* (Kap. 2.1.2). Ziele sollen dadurch erreicht werden, dass die Handlungsräume der Adressaten im gewünschten Sinne strukturiert, d.h. ihre Handlungsoptionen durch positive oder negative Anreize verändert und ausgerichtet werden. In der Demokratie ist politische Steuerung unmittelbar mit politischer Repräsentation verbunden. Sie erfolgt im Rahmen der Repräsentation durch Mandat, durch sie ist sie legitimiert und kontrolliert. Für alle Formen politischer Steuerung in der Demokratie ist dies eine notwendige Hintergrundbedingung.

Aber es gibt andere Schwierigkeiten. Das Konzept der politischen Steuerung ist inzwischen hoch umstritten und wird, wenn nicht ganz aufgegeben, so doch immer komplexer. Deshalb wird es hier in machttheoretischer Perspektive vor dem Hintergrund der institutionellen Konfiguration expliziert. Wenn politische Steuerung systematisch als eine Form der Machtausübung erfasst wird, nämlich als Ausübung transitiver Macht (was bisher so noch nicht unternommen wurde),[163] lässt sich erstens ein klar strukturierter Überblick über die verschiedenen Formen der Steuerung gewinnen und zweitens das Tableau derzeit relevanter Steuerungsformen um eine bisher so noch nicht erfasste Variante erweitern, die vor allem in der Governance-Analyse eine wichtige Rolle spielt. Ich habe sie in Anlehnung an den Begriff der „soft power" von Robert Nye (1990, 2004) *weiche Steuerung* benannt.[164]

163 Das war ein Ziel meiner hier zugrunde liegenden Arbeiten im DFG-Sonderforschungsbereich 700 „Governance in Räumen begrenzter Staatlichkeit: Neue Formen des Regierens?" (siehe folgende Fn.). In diesem Rahmen habe ich Steuerung machttheoretisch untersucht, aber nicht explizit in den Zusammenhang der institutionellen Konfiguration gestellt.

164 Das Konzept der weichen Steuerung wurde im Sonderforschungsbereich 700 im gleichnamigen Teilprojekt 2006-2009 ausgearbeitet. Hierzu liegen folgende Veröffentlichungen vor: Göhler 2007d, Göhler/Höppner/De La Rosa 2009, Göhler 2010 b, Göhler/Höppner/De La Rosa/Skupien 2010.

6.2.1 Politische Steuerung in der Diskussion

Im Alltagsverständnis entspricht Steuerung dem platonischen Muster: "Der Steuermann lenkt sein Schiff" (Platon, Pol. 551c). Es ist der Staatsmann, der als Lenker der Staatsgeschäfte nach Gutdünken entscheidet und mit den geeigneten Maßnahmen dem "Staatsschiff" die beste Richtung weist. Dieser klassische Steuerungsbegriff der Politik ist historisch gesehen allerdings erst mit der Durchsetzung des souveränen Staats in der Neuzeit relevant geworden. Der Staat, vertreten vom König oder dem Fürsten, beansprucht den direkten Durchgriff bis zum letzten Untertan, und diese Art der Machtausübung durch die Obrigkeit ist politische Steuerung im klassischen Sinn. Nun ist allerdings eine solche Steuerung, die mit der Vorstellung einer uneingeschränkten Souveränität des Staates verbunden ist, inzwischen zunehmend obsolet geworden. Vor allem die Entwicklung der europäischen Integration und die zunehmend stärker ins Bewusstsein tretenden Wirkungen der Globalisierung machen es unübersehbar, dass das einfache klassische Steuerungskonzept, welches auf der Beziehung von Befehl und Gehorsam beruht, den tatsächlichen Problemen in der Politik und den realen Möglichkeiten, mit ihnen umzugehen, längst nicht mehr gerecht wird. Luhmanns ätzende Kritik am klassischen Steuerungskonzept hat die Aporien prägnant zum Ausdruck gebracht (Luhmann 1989). In der Tat erweist sich die Vorstellung einer rein auf nationalstaatlicher Ebene und von oben nach unten direkt wirkenden Steuerung (sofern sie überhaupt jemals eine reale Grundlage hatte) inzwischen als zunehmend unzureichend. Steuerungsprozesse sind immer stärker über nationale Grenzziehungen hinaus miteinander verflochten, und auch im Innern folgt staatliches Handeln angesichts vielfältiger Verflochtenheit immer weniger diesem Muster. Es ist daher ganz offensichtlich, dass das klassische Steuerungskonzept theoretisch wie praktisch unzureichend geworden ist – kein Wunder, dass über Steuerung neu nachgedacht oder das Konzept insgesamt in Frage gestellt wurde. In der neueren Diskussion wird deshalb das klassische Konzept der Steuerung stark zurückgenommen: Entweder wird auf den Terminus der Steuerung ganz verzichtet oder die Definition von Steuerung wird ausgeweitet.

Seit Beginn der 1990er Jahre ist eine zunächst nur terminologische, dann allerdings folgenreiche Neubestimmung zu beobachten: Der Begriff der politischen Steuerung wird gern durch den Begriff „Governance“ ersetzt. Unter Governance versteht Renate Mayntz „das Gesamt aller nebeneinander bestehenden Formen der kollektiven Regelung gesellschaftlicher Sachverhalte“ (Mayntz 2004: 66, zum Folgenden Mayntz 2005 und 2008: 45-47). Es bleibt dabei allerdings offen, ob der Steuerungsbegriff nur beiseite geschoben oder der Sache nach ersetzt wird. Während einige Autoren nun „Governance“ synonym mit „Steuerung“ verwenden, geht es für Mayntz im Governance-Ansatz um eine grundsätzlich veränderte Perspektive, um einen „Paradigmenwechsel“. Governance soll nun vor allem auf Strukturen oder Institutionen ausgerichtet sein, und so treten an die Stelle des Steuerungshandelns vielmehr „Regelungsstrukturen“, in denen öffentliche und private, hierarchische und netzwerkartige Formen der Regelung zusammenwirken.

Es bleibt allerdings die Frage, ob mit dieser Verschiebung der Perspektive das Steuerungsproblem beseitigt ist. Wie soll Governance steuern, ohne zu steuern?[165]

Sofern man auf den Steuerungsbegriff nicht verzichtete, wurde er erweitert. Neben die hierarchische Steuerung nach dem Muster von Befehl und Gehorsam treten zusätzliche, ganz anders geartete Steuerungsformen. Steuerung braucht nicht im Rahmen von Befehl und Gehorsam, sie kann auch durch Anreize erfolgen, die dem Adressaten Vorteile versprechen, etwa in Form von materiellen Vergünstigungen durch Steuervorteile. Steuerung kann aber auch indirekt erfolgen. Sie beruht dann nicht mehr auf einer unmittelbaren Einwirkung des Steuerungssubjekts, etwa des Staates, auf die Steuerungsadressaten, um eine bestimmte Steuerungsabsicht zu realisieren. Vielmehr werden Rahmenbedingungen geschaffen, innerhalb derer die Beteiligten gewissermaßen horizontal die Steuerungsaufgaben erledigen, die ihnen von der steuernden Instanz übertragen werden. Das können Wettbewerbe, Verhandlungssysteme oder Formen der Selbstregelung sein. Von ihnen wird erwartet, dass sie in komplexen gesellschaftlichen Problemlagen durch eine interne horizontale Handlungskoordination erfolgreicher und sachangemessener zu Ergebnissen führen, als es durch unmittelbare Einwirkung von übergeordneten Instanzen aus möglich wäre (Trute et al. 2004, Schuppert 2006, Risse 2008).

Schließlich gewinnt auch rein horizontale Steuerung zunehmend an Bedeutung. Horizontalität heißt hier, dass es zwischen den Akteuren und den Adressaten von Steuerung kein festgelegtes und unabänderliches „oben“ und „unten“ gibt. Steuerungsleistungen können auch gänzlich ohne Hierarchien erbracht werden, indem man auf die Orientierungen und Identitäten der Adressaten einwirkt. Das ist der Fall etwa bei Kampagnen der Nichtregierungsorganisationen (NGOs), die sich nicht auf Hierarchien stützen, und ebenso in Räumen begrenzter Staatlichkeit, wo der Staatsapparat wenig Einflussmöglichkeiten besitzt. Hierbei handelt es sich, als Alternative zu hierarchischer Steuerung, um Formen von weicher Steuerung.[166] Das Handlungsformat der Steuerung, welches zunächst von direkter zu indirekter Steuerung erweitert wurde, ist hier nochmals erweitert um horizontal wirksame Mechanismen, bei denen die Einflussnahme grundsätzlich nicht mehr direkt oder indirekt „von oben“ erfolgt und trotzdem zu den erwünschten Ergebnissen führen kann.

165 Sehr klar formuliert dagegen Finke den Steuerungsbegriff unter Einbeziehung des kybernetischen Regelungsmodells: „Soziale Steuerung bezeichnet einen Prozess, demzufolge das Handeln eines Steuerungsakteurs kausal oder probabilistisch bestimmte mentale (psychische) Ereignisse bei einem anderen Akteur oder mehreren anderen Akteuren absichtsvoll auslöst, die wiederum kausal oder probabilistisch bestimmte äußere Handlungen bei demselben Akteur oder denselben Akteuren herbeiführen. Dieser Prozess impliziert eine vergleichende Rückkopplung, so dass das Verhalten gesteuerter Akteure fortlaufend in das Handeln des Steuerungsakteurs eingeht. Steuerung ist somit zunächst als Regelung im Sinne der Kybernetik und Regelungstechnik zu verstehen, womit sowohl Wissensprobleme als auch Wechselbeziehungen berücksichtigt werden“ (Finke 2016: 93).

166 So wurde der Begriff der weichen Steuerung um die Jahrtausendwende zunehmend herangezogen, um alternative Steuerungsmechanismen zu bezeichnen: Braun/Giraud 2003: 170, Görlitz/Burd 1998: 32, Dose 2003: 29.

6.2.2 Macht und Steuerung

Insgesamt reicht das Spektrum der Steuerungsformen also von hierarchischer Steuerung über indirekte Formen der Steuerung bis hin zu weicher Steuerung. Es ist diese Ausdifferenzierung, die es ermöglicht, den Steuerungsbegriff trotz der Infragestellung der Steuerungsmöglichkeiten des Staates weiter zu verwenden. Die Kritik am hierarchischen Steuerungsbegriff lässt sich unterlaufen, wenn statt dessen die ganze Bandbreite der einsetzbaren Steuerungsformen in den Blick genommen wird. Steuern muss Politik allzumal. Politik, die überhaupt nicht steuert, weil sie ihre Intentionen nicht durchzusetzen vermag, könnte ihrer Aufgabe, Verbindlichkeiten für ein Gemeinwesen zu schaffen, nicht mehr gerecht werden. Es bringt also wenig, das Steuerungskonzept durch andere Vorstellungen zu ersetzen, vielmehr muss es die neuen Problemlagen aufnehmen.

Wie lässt sich nun Steuerung in der erforderlichen Komplexität erfassen? Dazu ist es hilfreich, Steuerung systematisch im Rahmen der Machttheorie zu verorten, denn diese eröffnet die erforderliche breite Perspektive. Wie zu sehen war, führt eine zu enge Fassung von Steuerung zu der Schwierigkeit, dass es fraglich wird, ob man von Steuerung in der Politik heute überhaupt noch in realistischer Weise sprechen kann. Wird Steuerung im Rahmen der Machttheorie verortet, gibt es auf theoretisch-begrifflicher Ebene Lösungen für dieses Problem, denn die Machttheorie stellt unterschiedliche Perspektiven zur Verfügung.

Grundsätzlich ist Steuerung eine Form der Machtausübung. Macht wurde definiert als Medium, das die Handlungsoptionen in einer sozialen Beziehung strukturiert (Kap. 4.1.5). Wird Macht ausgeübt, so ist dem Adressaten ein Rahmen zur Verfolgung der eigenen Intentionen vorgegeben. Wie Macht im Allgemeinen, so schränkt auch Steuerung im Besonderen die Handlungsoptionen der Adressaten ein, richtet sie aus oder erweitert sie in die erwünschte Richtung. Dabei ist Steuerung, was für Macht insgesamt nicht unbedingt gilt, stets *intentional.*[167] Der Steuerungsakteur versucht, die Handlungsoptionen von Steuerungsadressaten in seinem Sinne zu beeinflussen und zu strukturieren. Steuerung ist intentional ausgeübte Macht in einer angebbaren sozialen Beziehung. Auch strukturelle Macht kann auf diese Weise wirken. Sie kann zielführend eingesetzt werden, um intentionale Machtausübung zu verstärken, etwa durch Verwendung des Machtgefälles zwischen Zentrum und Peripherie oder durch den Einsatz von struktureller militärischer oder ökonomischer Überlegenheit.

Die Einordnung von Steuerung in die Machtdiskussion bietet erhebliche Vorteile. Zum einen bringt sie für die Diskussion von Steuerung den Faktor „Macht" wieder ins Spiel. In der Literatur wird häufig – und zu Recht – beklagt, dass die Governance-Perspektive dem Faktor Macht zu wenig Aufmerksamkeit widmet; Machtbeziehungen in Governance-Arrangements werden ad hoc benannt, aber nicht systematisch in die Analyse einbezogen. Zum anderen ermöglicht der Bezug

167 Steuerung ist also nur eine bestimmte Form von Macht, nämlich intentionale Machtausübung. Macht selbst muss nicht intentional sein. Die Machtdiskussion kennt ebenso direkt und bewusst ausgeübte Formen der Macht wie unpersönliche und strukturelle Formen. Dagegen ist Steuerung anders als intentional nicht möglich, weil sie gezielt etwas bewirken will.

auf Macht eine Rekonzeptualisierung von Steuerung. Die Machttheorie verdeutlicht, dass wir es in der gezielten Ausübung politischer Macht mit zwei Extremen in einer Skala zu tun haben. Das eine Extrem ist *hierarchische* Steuerung in ihrer „harten" Form nach dem Muster von Befehl und Gehorsam. Sie erfolgt in vertikalen Beziehungen und ist durch ein vorab geltendes Ungleichgewicht der Macht gekennzeichnet, sie ist zumeist formalisiert und verlangt festgelegte Verfahren. Das andere Extrem ist *weiche* Steuerung, in der die Steuerungsinstanzen die Handlungsoptionen ihrer Adressaten gezielt strukturieren, ohne dass es dafür einer Differenz von „oben" und „unten" bedarf. Weiche Steuerung erfolgt informell und ohne festgelegte Verfahren auf einer horizontalen Ebene sozialer Beziehungen, sie ist intentionale und horizontale Machtausübung.

6.2.3 Macht und Steuerung aus der Perspektive von Governance: eine Systematisierung

Das Konzept der weichen Steuerung erhält besondere Bedeutung in Zusammenhang mit dem inzwischen vieldiskutierten Konzept der *Governance*. Der Begriff wird häufig als schwammig empfunden, am klarsten lässt er sich in Absetzung zu *Government* bestimmen. Arthur Benz stellt Government und Governance als „zwei Typen der Regelung gesellschaftlicher Handlungsfelder" einander gegenüber: „Während *government* die autonome Tätigkeit einer Regierung meint, werden mit Governance netzwerkartige Strukturen des Zusammenwirkens staatlicher und privater Akteure bezeichnet" (Benz 2004: 17f). Die Government-Perspektive richtet sich auf den Staat als handelnden Akteur, die Governance-Perspektive erweitert den Blick: Sie schließt den Staat mit ein, sieht aber Staat, Markt und Netzwerke „als komplementäre Steuerungsformen" (21) miteinander verbunden.

> „Die *government*-Perspektive zeigt den Staat als Institution, die sich vom Markt und der Gesellschaft unterscheidet; der Markt bzw. die Gesellschaft gelten als eigenständige und besondere Institutionen ... In der Governance-Perspektive gelten der Staat, der Markt und soziale Netzwerke und Gemeinschaften als institutionelle Regelungsmechanismen, die in variablen Kombinationen genutzt werden. Der Blick richtet sich dabei auf die Steuerungs- und Koordinationsfunktion dieser institutionellen Strukturen, in denen Elemente von Hierarchie, Wettbewerb ... und Verhandlungssystemen verbunden sein können" (Benz 2004: 19f).

Aus der Government-Perspektive erfolgt Steuerung in erster Linie hierarchisch, aus der Governance-Perspektive dagegen in einem Mix aus hierarchischen und nicht-hierarchischen Steuerungsmodi. So ist „Governance" gegenüber „Government" zweifellos der weichere Begriff, weil er einen um vieles komplexeren Sachverhalt bezeichnet. Er kann deshalb auch nur erst historisch später verwendet werden, wenn politische Prozesse eine entsprechende Komplexität erreicht haben – wie sie etwa in Deutschland in den letzten Jahrzehnten des 20. Jahrhunderts mit dem „kooperativen Staat" oder in der EU mit dem Mehrebenensystem von Europäischem Parlament, Rat und Kommission sichtbar wird. Entsprechend tritt der Typus der weichen Steuerung hier erheblich öfter auf, man wird sogar sagen können: Von „weicher Steuerung“ kann erst wirklich im Zusammenhang mit Governance die Rede sein. Sicherlich gab es weiche Steuerung in mancherlei Form schon zuvor, aber erst die Governance-Perspektive lässt die Komplexität erkennen, mit der Regieren derzeit vermittels unterschiedlichster Steuerungsformen erfolgt.

Wie wirkt nun Macht in Form von Steuerung in Governance-Beziehungen? Zu diesem Zweck verbinde ich die Governance-Perspektive mit dem für die institutionelle Konfiguration entwickelten Machtkonzept (1) und versuche dann, die verschiedenen Formen in der Steuerung systematisch zu erfassen (2).

(1) Governance besteht aus einer Kombination von unterschiedlichen Modi der „sozialen Handlungskoordination“, nämlich von „Interaktionsformen, die auf die Ermöglichung, Einschränkung und Ausrichtung von Handlungsoptionen abzielen“ (Draude et al. 2012: 6), sei es in hierarchischer oder nicht-hierarchischer Koordination. Unerwünschte Handlungen der beteiligten Akteure sollen möglichst vermieden werden, erwünschte Handlungen werden gefördert, und somit werden die Handlungsoptionen der beteiligten Akteure strukturiert. Das ist das Grundmuster der intentionalen Ausübung von Macht, und in der Politik bedeutet dies seitens der politischen Institutionen Steuerung.[168] Intentionale Machtausübung als Steuerung findet sich grundsätzlich in allen Governance-Prozessen, und so ist Steuerung für Governance ebenso zentral wie für Government, nur ist sie hier komplexer ausgebildet.

Governance, als Regieren, ist im Grunde also Ausübung von Macht.[169] Das lässt sich nun spezifizieren: Es sind *Mechanismen* der Macht, die konkret in den Governance-Formen und ihren Arrangements wirken. Jeder Modus der Handlungskoordination hat einen spezifischen Mechanismus oder spezifische Mechanismen, um die leitenden Intentionen zu realisieren. Sie sind am einfachsten als Mechanismen der Ausübung von Macht zu begreifen.[170]

---

168 Steuerung und Koordination sind nicht grundsätzlich unterschieden, vgl. Benz 2004: 20 FN 4: „Steuerung bedeutet die bewusste Intervention in Handlungsfelder bzw. die Lenkung des Verhaltens von Akteuren, um Änderungen in Richtung auf festgelegte Ziele zu erreichen. Koordination meint die Abstimmung von Handlungen unterschiedlicher Akteure in Bezug auf ein gemeinsames Ziel. Beide Begriffe sind weitgehend deckungsgleich.“

169 Es ist auffällig, wie die Diffusion der Herrschaftsbeziehungen in der Governance-Theorie – tendenzielle Auflösung von Hierarchien, Mischung von vertikaler und horizontaler Handlungskoordination, Mehrebenensysteme – der Diffusion von vertikalen Machtbeziehungen in den modernen Machttheorien entspricht. Dies lässt sich v.a. bei Foucault unschwer ersehen.

170 In der Governance-Forschung wird nicht so recht klar, was „Mechanismen“ bedeuten sollen. Das Handbuch Governance unterscheidet in der Einleitung zwischen Formen und Mechanismen von Governance: „Mit Formen meinen wir die Strukturen der Interaktion ... Als Mechanismen bezeichnet die Sozialwissenschaft demgegenüber die Prozessverläufe, die sich kausal im Rahmen dieser Formen ergeben. Es handelt sich hier um >Ursache-Wirkung-Ablauf-,Muster'<“ (Benz et al. 2007:14). Auf diese Weise soll zwischen Strukturen als Governance-Formen und Prozessen als Governance-Mechanismen unterschieden werden. Warum aber sind Mechanismen Prozesse? Sie bewirken doch eher, dass soziale Prozesse in einer bestimmten Art und Weise ablaufen, so dass der gewünschte Effekt eintritt. So meint es später im Handbuch wohl auch Schimank, mit Verweis auf Mayntz: „Von Mechanismus zu sprechen heißt, dass man für einen interessierenden Effekt ... nicht nur additiv Ursachenfaktoren benennt, sondern ausbuchstabiert, wie diese Faktoren ineinandergreifen und eine soziale Dynamik erzeugen, die dann Schritt für Schritt diesen Effekt hervorbringt“ (31). In diesem Sinne sind Mechanismen "relatively abstract concepts or pattern of actions ... that explain how a hypothesized cause creates a particular outcome in a given context“ (Falletti/Lynch 2009: 1145). Was damit konkret gemeint ist, wird klarer, wenn man sie als Mechanismen der Ausübung von Macht begreift.

Übt ein Akteur A gegenüber einem Akteur B Macht aus, so löst er durch den Einsatz geeigneter Instrumente[171] – etwa einem Befehl, einer Drohung oder einem Appell – einen Mechanismus aus, welcher für den Akteur B mit einer gewissen Wahrscheinlichkeit eine Veränderung seiner Handlungsoptionen im Sinne der Intention von A bewirkt. B gehorcht dem Befehl von A, um Zwangsmaßnahmen zu vermeiden; er lässt sich von seiner Drohung beeindrucken, weil er Nachteile befürchtet; er folgt dem Appell, weil er sich argumentativ überzeugen lässt oder weil er sich nicht öffentlich bloßstellen will. Dass sich sein Handlungsraum mit den für ihn sinnvollen Optionen auf diese Weise verändert, ist die Wirkung des ausgelösten Mechanismus, von dem man weiß oder annehmen kann, dass er unter bestimmten Rahmenbedingungen und in bestimmten Situationen genau dies bewirkt. Der Mechanismus ist also ein gesetzmäßiger oder quasi-gesetzmäßiger Zusammenhang, um Handlungsfolgen zu erklären, ganz entsprechend dem einfachen Muster der kausalen, deduktiv-nomologischen Erklärung: Immer wenn in einer Situation S ein Mechanismus M ausgelöst wird, ist die Wirkung E zu erwarten – also ist in der Situation S_1 durch die Auslösung des Mechanismus M die Wirkung E_1 zu erwarten. Mechanismen sind Muster von Wirkungszusammenhängen, die durch den Einsatz geeigneter Instrumente mit einer gewissen Wahrscheinlichkeit einen konkreten Wirkungszusammenhang herstellen. Auf diese Weise lassen sich Handlungsfolgen nicht nur erklären, sondern auch prognostizieren, um Mechanismen gezielt einsetzen zu können (Finke 2016: 118ff).[172]

(2) Diese Zusammenhänge sind nun aus der Governance-Perspektive näher zu beschreiben, und dazu versuche ich, die verschiedenen Formen oder Modi der Steuerung mit ihren Mechanismen in den Modi der Handlungskoordination systematisch zu erfassen.[173]

Die soziale Handlungskoordination kann in zwei Modi erfolgen: als gerichtete oder als wechselseitige Handlungskoordination. *Gerichtete Handlungskoordination* ist eine einlinige, unilaterale Machtbeziehung, wie sie bereits beschrieben wurde (6.2.2): Macht wird von einer Person A auf eine Person B ausgeübt. Politisch, als Regieren, ist diese Machtausübung *Steuerung*. Wie Macht im Allgemeinen, so schränkt auch Steuerung im Besonderen – namlich intentional – die Handlungsoptionen der Adressaten ein, richtet sie aus oder erweitert sie in die gewünschte Richtung.

Wechselseitige Handlungskoordination ist dagegen multilateral. Sie besteht aus „grundlegenden Formen kollektiven Handelns in der modernen Gesellschaft" (Benz et al. 2007: 20), in denen sich vielfältige Muster der Selbstregelung historisch ausgebildet haben. Die Selbstregelung ist ein fundamentaler Modus der gesellschaftlichen Handlungskoordination, aber dieser Modus ist für sich selbst

171 „Mit dem Begriff des Instruments wird allgemein das Wie der Steuerung thematisiert" (Finke 2016: 39). Zur Instrumentenforschung in der Politik mit ihren vielfältigen Vorstellungen darüber, was unter Instrumenten zu verstehen ist: 39-81.

172 Finke unterscheidet zwischen kausalen und probabilistischen Steuerungsmechanismen und führt diese detailliert aus (Finke 2016: 120-135, 161-218).

173 In diesem Kontext bezeichne ich fortan die Steuerungsformen auch als Steuerungsmodi, um sie terminologisch an die „Modi der Handlungskoordination" anzupassen.

noch keine Form des Regierens. Dazu wird er erst, wenn er intentional zu Steuerungszwecken eingesetzt wird, also in eine gerichtete Handlungskoordination eingebettet wird. Für sich allein kann der Modus der wechselseitigen Handlungskoordination unter dem Steuerungsaspekt deshalb außer Betracht bleiben. Im Folgenden geht es um die Formen von Steuerung im Modus der gerichteten Handlungskoordination (Abb. 10).

Macht		
transitive Macht		intransitive Macht
strukturelle Macht	***intentionale Machtausübung***	

↓

Steuerung		
Formen/Modi	*Ausrichtung*	*Mechanismen*
hierarchische Steuerung	vertikal	Befehl und Gehorsam Anreize
nicht-hierarchische Steuerung: ***indirekte Steuerung:*** Wettbewerb Verhandlungssysteme institutionelle Selbstregelung (Struktursteuerung) ***weiche Steuerung***	 vertikal und horizontal horizontal	 Konkurrenz Einigung ergebnisorientierte Kommunikation <folgt in Abb. 2>

Abb. 10: Macht und Steuerung aus der Governance-Perspektive

Steuerung kann hierarchisch oder nicht-hierarchisch erfolgen.

Als *hierarchische Machtausübung* beruht sie klassisch auf dem Mechanismus von *Befehl und Gehorsam*, wie ihn Max Weber seiner Definition von Herrschaft zugrunde legt: „Herrschaft soll heißen die Chance, für einen Befehl bestimmten Inhalts bei angebbaren Personen Gehorsam zu finden“ (1922: 28, § 16). Der Mechanismus von Befehl und Gehorsam bedeutet also, dass unter der Voraussetzung institutionalisierter und legitimer Machtausübung ein gegebener Befehl einen Mechanismus auslöst, der mit einer gewissen Wahrscheinlichkeit („Chance“) durch Folgebereitschaft zum Gehorsam führt, also die Handlungsoptionen des Herrschaftsunterworfenen auf den Befehlsgebenden ausrichtet. Das ist kein einfaches „Parieren", wie man es allenfalls beim Militär oder einer Kommandowirtschaft erwartet, sondern die Handlungsräume des Befehlsgebers und des Herrschaftsunterworfenen werden in der hierarchischen Machtbeziehung miteinander verschränkt. Moderne hierarchische Machtbeziehungen, wie wir sie in der Politik finden, stehen in einer Wechselwirkung von Macht- und Informations-Asymmetrien:

> „Koordination in der Hierarchie ... beruht auf wechselseitigem Einfluss zwischen vorgesetzten und untergeordneten, ausführenden Akteuren unter der Voraussetzung, dass die asymmetrische Machtverteilung die untergeordneten Akteure zur Beachtung der Anordnungen ihrer Vorgesetzten veranlasst, diese aber aufgrund der asymmetrischen Verteilung von Informationen ihre Vorgaben an die Reaktionen der ausführenden Akteure anpassen und sich durch deren Fachkenntnisse beeinflussen lassen" (Benz et al. 2007: 21).

Der Mechanismus hierarchischer Machtausübung wird dadurch allerdings nicht eingeschränkt, die Beachtung der Kommunikationsasymmetrie ist eine zusätzliche Bedingung für seinen erfolgreichen Einsatz.[174]

Zur hierarchischen Machtausübung gehört auch die *Anreizsteuerung*, ihr Mechanismus ist der Anreiz, einen Vorteil zu erzielen. Anreizsteuerung ist hierarchisch, denn sie wird durch eine vorgeordnete Instanz durchgeführt, nur beruht ihre Erfolgswahrscheinlichkeit nicht auf Sanktionen, die es zu vermeiden gilt, sondern auf der Erwartung, dass die Adressaten die ihnen gebotenen Vorteile durch steuerungskonformes Verhalten auch tatsächlich wahrnehmen.

Steuerung als *nicht-hierarchische Machtausübung* ist entweder *indirekt*, weil die Steuerung inhaltlich durch Selbstregelung erfolgt, oder aber *weich*, weil sie rein horizontal ansetzt.

Indirekte Steuerung erfolgt durch den gezielten Einsatz von Modi der wechselseitigen Handlungskoordination – Wettbewerb, Verhandlungssysteme oder institutionelle Selbstregelung (Benz et al. 2007: 21, Benz 2009: 73 f) –, um das angestrebte Ziel zu erreichen. Sie werden dort verwendet, wo erwartet wird, dass sich komplexe Probleme des Regierens leichter oder auch besser durch wechselseitige Handlungskoordination als durch eine unmittelbare Einwirkung von übergeordneten Instanzen lösen lassen. Es geht hier also nicht allein um wechselseitige Handlungskoordination, sondern diese ist Bestandteil der Steuerung mit ihrer Zielvorgabe, was diese zu einem indirekten Modus der Steuerung macht. Indirekte Steuerung wird gern als „horizontal" verstanden. Aber das ist ein Missverständnis. Sie ist vertikal und horizontal zugleich.[175] Horizontal ist sie, weil die konkreten

174 Benz findet im Mehrebenensystem der EU hierarchische Entscheidungen nur noch durch Vetospieler (2010: 119) – eine höchst rudimentäre Form der hierarchischen Machtausübung. Da scheinen mir die Hierarchien doch unterschätzt (vgl. Jachtenfuchs/Kohler-Koch 2010: 86-88). So werden Entscheidungen des EuGH autonom gefällt und sind verbindlich, werden also wirksam letztlich durch den Mechanismus von Befehl und Gehorsam.

175 Genau genommen ist indirekte Steuerung eine Mischung aus hierarchischer und nicht-hierarchischer Steuerung und müsste eigentlich zwischen den beiden positioniert werden (vgl. Göhler 2007d: 96, dage-

Steuerungsergebnisse durch prinzipiell gleichberechtigte Akteure zuwege gebracht werden. Aber sie ist zugleich vertikal, denn die Interaktionen erfolgen innerhalb eines vorgegebenen Rahmens, der nicht nur die Spielräume der Diskussionen definiert, sondern auch eine Bandbreite möglicher Ergebnisse vorgibt. Erfüllen diese nicht die Zielvorstellungen vorgeordneter Instanzen, so haben diese zumeist auch die Möglichkeit, bei unerwünschten Entwicklungen die Rahmenbedingungen zu verändern oder bestimmte Selbstregelungsprozesse zu beenden. So steht indirekte Steuerung stets „im Schatten der Hierarchie". Die berühmte Metapher von Fritz Scharpf (2000: 323) trifft hier sehr genau. Die Hierarchie bestimmt nicht selbst, sondern sie wirft nur ihren Schatten – aber dieser markiert zugleich ihren Einflussbereich.

Indirekte Steuerung verwendet also Modi der wechselseitigen Handlungskoordination, aber zugleich in hierarchischer Steuerungsabsicht. Hierzu gehören Wettbewerbs- und Verhandlungssysteme sowie institutionalisierte Selbstregelung.

- *Wettbewerb.* Indirekte Steuerung durch den Einsatz von Wettbewerb bedeutet die Einrichtung von Wettbewerbssystemen, etwa in Form von Ausschreibungen. Diese sind analytisch strikt zu unterscheiden von Wettbewerbssystemen wie etwa dem Parteiensystem. Als Modus der Handlungskoordination funktionieren Wettbewerbe „über wechselseitige Anpassung, zu der die Akteure durch Anreize veranlasst werden, welche die Konkurrenz um knappe Güter setzt" (Benz et al. 2007: 21). Die Einrichtung von Wettbewerbssystemen als Modus indirekter Steuerung setzt auf den Mechanismus der *Konkurrenz*, welche durch Anreize, Anpassung und Auslese zur Optimierung der Verteilung knapper Güter führen soll. Benz weist überzeugend darauf hin, dass im Wettbewerb nicht nur der – wie auch immer ermittelte – Beste gewinnt, sondern dass die Einrichtung von Wettbewerbssystemen auch jenseits von Verteilungsfragen durch wechselseitig erforderliche Anpassung an erfolgreiche Problemlösungen der Konkurrenten zu effektiven Problemlösungen und wirksamer Koordination auch in Mehrebenensystemen führen können (Benz 2009: 75).
- *Verhandlungen.* Indirekte Steuerung durch den Einsatz von Verhandlungen oder die Einrichtung von Verhandlungssystemen überträgt die Suche nach politischen Problemlösungen auf informelle oder formelle Aushandlungsprozesse. Der Mechanismus des Verhandelns ist *Einigung* im direkten Gespräch, welche durch die Bereitschaft entsteht, sich wechselseitig aufeinander zu orientieren (Benz 2009: 75). Das bedeutet, auf Drohungen, insbesondere auf Abbruch der Gespräche, letztlich zu verzichten, von Maximalforderungen abzulassen, Kompromissbereitschaft zu entwickeln (bargaining) oder sich durch Argumente überzeugen zu lassen (arguing). Machtausübung in der indirekten Steuerung gibt somit die Möglichkeit, vordefinierte Probleme horizontal oder zumindest ohne Geltendmachung von hierarchischen Abstufungen zu lösen. Daher spielt der Faktor Macht hier eine geringere Rolle als bei Wettbewerben, allerdings werden auch hier durch den Einsatz von Verhandlungen oder die Einrichtung

gen Draude et al. 2012: 13). Das könnte allerdings zu Missverständnisse führen, denn in der Tat steht die nicht-hierarchische Komponente im Vordergrund – hier werden die Ergebnisse geliefert.

von Verhandlungssystemen die Handlungsoptionen der Beteiligten von vornherein strukturiert, und die Ergebnisse müssen wiederum akzeptiert werden.

- *Institutionalisierte Selbstregelung.* Stärker noch als im Einsatz von Wettbewerb oder Verhandlungen ist Selbstregelung, wo sie zu Steuerungszwecken institutionalisiert wird, eine Struktursteuerung. Das Regieren besteht hier darin, Strukturen der horizontalen Handlungskoordination zu etablieren, in denen die Beteiligten im vorgegebenen Rahmen selbstverantwortlich agieren, ohne sich gegenseitig im Wettbewerb zu befinden oder in Verhandlungen eintreten zu müssen. Tatsächlich ist das die klassische Form der lokalen oder funktionalen Selbstverwaltung, in der die Akteure mit rechtlich geregelten Kompetenzen ihre Angelegenheiten selbst erledigen. Eine Aufhebung der Selbstverwaltung oder auch nur eine Veränderung der Kompetenzen wäre ein drastischer Schritt, welchen die übergeordnete Steuerungsinstanz nur unternehmen würde, wenn die Selbstverwaltung ihren Intentionen völlig zuwiderliefe. Im Mehrebenensystem der EU finden wir entsprechende Formen der horizontalen Handlungskoordination, um für das Regieren Probleme zu lösen, etwa in den Standardisierungsgremien und der Offenen Methode der Koordinierung (OMK), oder auch in der Komitologie (Jachtenfuchs/Kohler-Koch 2010). Der zugrunde gelegte Mechanismus ist die Aktivierung von *ergebnisorientierter Kommunikation*, um die übergeordnete Steuerungsinstanz zu entlasten. Politische Probleme werden kommunikativ geregelt oder aufbereitet, wobei es nicht darauf ankommt, ob sie auf einem Interessenausgleich mit oder ohne Mehrheitsentscheid oder auf verallgemeinerungsfähigen Argumenten beruhen.[176]

Weiche Steuerung verlässt den Schatten der Hierarchie und erfolgt rein horizontal. Sicherlich hat es auch unter den Bedingungen von Government bereits weiche Steuerung gegeben, aber erst in Governance-Prozessen wird sie virulent. Horizontalität heißt hier, dass es zwischen den Akteuren und den Adressaten von Steuerung kein festgelegtes und unabänderliches "oben" und "unten" gibt; das hängt jeweils von der Situation ab. Weiche Steuerung erfolgt nicht durch hierarchische Herrschaft, und sie geht informell und ohne festgelegte Verfahren vonstatten. Steuerungsleistungen werden erbracht, indem man mit bestimmten Mechanismen je nach der situativen Konstellation auf die Orientierungen und Identitäten der Adressaten einwirkt, ohne auf ein institutionalisiertes Sanktionspotential im Hintergrund zurückgreifen zu können. Das ist der Fall etwa bei Kampagnen der Nichtregierungsorganisationen (NGOs), die sich nicht auf Hierarchien stützen.[177]

176 Das Handbuch Governance führt noch einen vierten grundlegenden Modus der Handlungskoordination ein: Netzwerke und Gemeinschaften. Sie „beruhen primär auf Mechanismen der wechselseitigen Beeinflussung, wobei bei Netzwerken die Handlungsanreize in der Ressourcenabhängigkeit oder im Vertrauen liegen, bei Gemeinschaften hingegen in sozialen Ähnlichkeiten normativer, kognitiver oder evaluativer Art" (Benz et al. 2007: 21). Der Mechanismus wechselseitiger Beeinflussung, auf den hier abgestellt wird, lässt sich allerdings nicht mehr im engeren Sinn der Steuerung zuordnen, auch nicht der indirekten.

177 Das Konzept der weichen Steuerung ähnelt dem kommunikationstheoretischen Konzept des *framing*. „Frames werden als Sinnhorizonte von Akteuren verstanden, die gewisse Informationen und Positionen hervorheben und andere ausblenden" (Matthes 2014: 10, zit. nach Klein 2018: 290). Framing bedeutet entsprechend, in der politischen Kommunikation bestimmte Aspekte so herauszustellen, dass sie auf Seiten der Adressaten die gewünschte Interpretation befördern (Entman 1993: 52, zit. nach Klein ebd.). Das ist in letzter Konsequenz nichts anderes als der Versuch, Handlungsoptionen zu strukturieren, also weich zu steuern – auch wenn dies so im Framing nicht formuliert wird. Wie Josef Klein hervorhebt, sind

Aber auch weiche Steuerung ist durchaus eine Form der Machtausübung, denn sie strukturiert, wenn auch horizontal, die Handlungsoptionen der Adressaten. Um die Modi der weichen Steuerung, ihre Mechanismen und Instrumente geht es im folgenden Abschnitt.

6.2.4 Mechanismen und Instrumente weicher Steuerung

Um herauszufinden, wie weiche Steuerung ausgeübt wird, könnte man versuchen, aus der alltäglichen Erfahrung heraus alle jene Formen von Steuerung herauszufinden und als "weich" zu klassifizieren, die nun gar nicht hierarchisch erfolgen. Erfolgversprechender erscheint indes eine systematische, theoriegeleitete Herangehensweise. Da weiche Steuerung eine Sonderform von Macht ist, lassen sich alle jenen Theorien heranziehen, in denen Macht nicht nur vertikal, sondern auch horizontal gefasst wird. Und da wird man in der modernen Machtdiskussion erstaunlich fündig. Hier lassen sich insbesondere drei Formen oder Modi horizontaler Machtausübung herausfinden: Steuerung durch diskursive Praktiken, Steuerung durch Fragen und Argumente und Steuerung durch Symbole; sie verwenden jeweils spezifische Mechanismen und Instrumente (Göhler 2010, Göhler/Höppner/De La Rosa 2009, Göhler et al. 2010, siehe Abb. 11).[178] Um die ersten beiden geht es hier, Steuerung durch Symbole folgt gesondert (6.2.5).

---

hierbei auch Emotionen einbeschlossen (Klein 2018: 302 ff), was wiederum auf Steuerung durch Symbole verweist, denn Symbole haben neben der kognitiven auch die affektive Dimension.

Auch das eher populärwissenschaftliche Konzept des *nudging* (Thaler/Sunstein 2008) ist eine Form der weichen Steuerung, geht es hier doch darum, das Leben der Bürger zu beeinflussen, ohne ihre Entscheidungsfreiheit durch Verbote oder Gebote oder auch nur ökonomische Anreize einzuschränken. Menschen werden zu einem erwünschten, weil als sinnvoll angesehenen Verhalten „angestoßen“, etwa indem ihnen eine bessere Verhaltensweise als Standardvorstellung vorgegeben wird , z.B. die Einstellung für doppelseitiges Drucken, um Papier zu sparen; oder wenn die Regierung mit „Informationsnudgets“, z.B. der Lebensmittelampel, auf gesundheitsbewusstes Einkaufen hinzuwirken versucht.

178 Bei weicher Steuerung lassen sich Mechanismen und Instrumente (siehe oben (1) in Kap. 6.2.3) nicht trennscharf voneinander unterscheiden. Es ist eher eine Frage der Definition und der Zweckmäßigkeit, was im Wirkungszusammenhang der Steuerung noch als Mechanismus oder schon als Instrument bezeichnet werden soll. Auch in meinem Forschungsprojekt waren die Zuordnungen umstritten. Ich wähle vor allem aus Gründen der Übersichtlichkeit den Weg, den zugrundeliegenden Mechanismus jeweils prägnant mit einer übergreifenden Kennzeichnung zu erfassen und danach die Instrumente weiter auszudifferenzieren (anders Arndt/Richter 2009 und Höppner in Göhler et al. 2010: 696f).

weiche Steuerung		
Formen/Modi	*Mechanismen*	*Instrumente*
Steuerung durch diskursive Praktiken	Diskursstrukturierung	Wahrheit Subjektivierung Kategorisierung Inklusion leere Signifikanten
Steuerung durch Argumente	Rechtfertigung	Fragen Argumente
Steuerung durch Symbole	symbolische Verdichtung	Integrationssymbole Kampfsymbole

Abb. 11: Mechanismen und Instrumente weicher Steuerung

(1) Steuerung durch *diskursive Praktiken* bezieht sich auf die Macht- und Diskurstheorien von Foucault und Laclau/Mouffe und lässt sich aus ihnen erschließen.[179]

Diskurse sind mit *Foucault* die in einer Gesellschaft geltenden Bedeutungsgehalte oder Bedeutungszuschreibungen. Sie bestimmen, was jeweils gesagt und hinterfragt werden kann und was nicht, sie strukturieren somit die Wahrnehmung und die Ausdrucksmöglichkeiten der Beteiligten.[180] Diskursive Praktiken wirken auf die Diskurse ein und legen die Diskursordnungen fest. Sie "erzeugen" also Wirklichkeit. Auf diese Weise wird durch Diskursstrukturierung stets Macht ausgeübt, und um weiche Steuerung handelt es sich dann, wenn Macht – im Kontext des Diskurses, eben durch diskursive Praktiken – intentional und horizontal, nämlich ohne den Einsatz von Sanktionen ausgeübt wird, um durch die Herstellung von bestimmten Diskursordnungen die Wirklichkeit zu gestalten. Die Strukturierung eines Diskurses bedeutet stets, dass für die Beteiligten bestimmte Handlungsoptionen eröffnet und andere verschlossen werden.

Dies setzt allerdings voraus, dass mit Foucault so etwas wie intentional handelnde Subjekte überhaupt gedacht werden können.[181] Eine solche Verbindung mag auf den ersten Blick etwas verwunderlich erscheinen, denn in seinem frühen und mittleren Werk zielt Foucault darauf, wie Subjekte von Diskursen hervorgebracht und bestimmt werden. Die Möglichkeit eigenständigen Handelns oder bewusster Beeinflussung von Diskursen und Machtbeziehungen wird entweder abgelehnt oder nicht thematisiert. Aber das Spätwerk von Foucault ermöglicht die Interpretation, dass auch im Kontext des Foucaultschen Denkens Subjekte sich von den

179 Die genannten Autorinnen und Autoren werden nicht explizit für "weiche Steuerung" vereinnahmt, das wäre nicht sinnvoll. Vielmehr geht es darum, von ihnen weiterführende Anregungen für weiche Steuerung und ihre Mechanismen zu erhalten.

180 Der Begriff "Diskurs" ist doppeldeutig. Von dem hier herangezogenen Verständnis im Sinne von Foucault ist die stark normative Begriffsverwendung bei Habermas zu unterscheiden, wo "Diskurs" ein vernünftiges Argumentieren für theoretische oder praktische Konsensfindungen meint (Nonhoff, Art. "Diskurs", in: Göhler/Iser/Kerner 2011: 63-78).

181 Näher Arndt/Richter 2009: 33-36 mit den entsprechenden Nachweisen.

konstitutiven Macht- und Diskursstrukturen ein Stück weit distanzieren können, vor allem im Widerstand. Zur Konstitution des Subjekts gehört auch seine Selbstkonstitution, nämlich auf sich selbst einzuwirken, sich selbst zu erkennen, sich zu vervollkommnen und sich zu transformieren. So sind die Subjekte des späten Foucault intentional handlungsfähig, wenn auch anders vorgestellt als in der klassischen Handlungstheorie.

Auf dieser Grundlage lassen sich bei Foucault aus dem Zusammenhang von Macht und Diskurs verschiedene Möglichkeiten der Diskursstrukturierung erschließen, als Instrumente, vermittels derer Macht in Form der weichen Steuerung ausgeübt wird. Zwei dieser Möglichkeiten seien hier herausgehoben:[182]

- *Konstitution und Kontrolle von Wahrheit*: Machtausübung bedeutet Diskurskontrolle, die Regeln der Diskurskontrolle stellen machtvolle Prozesse der Ein- oder Ausschließung von Wissen dar. Das ist der „Power/Knowledge"-Komplex bei Foucault (1980). Die Regeln der Diskurskontrolle betreffen insbesondere die Konstitution von Wahrheit. In den Diskursen der Gesellschaft wird Wissen produziert und mit dem Anspruch auf Wahrheit ausgestattet. Was diesem Anspruch nicht genügt, bleibt ausgeschlossen, und so sind Macht und Wissen unmittelbar miteinander verbunden. Entscheidend ist daher, wie Wahrheit konstituiert wird. So wird nach Foucault in den westlichen Gesellschaften die Wahrheit durch wissenschaftliche Diskurse produziert, richtig ist nur, was den geltenden Regeln der Wissenschaft entspricht – etwa in der evidenzbasierten Medizin. Entsprechend der bestehenden Wahrheit handeln dann die Subjekte. Solches mit Wahrheit ausgestattete Wissen findet auch Eingang in den politischen Diskurs. Indem der Zustand der Gesellschaft, ihre Probleme sowie die möglichen Lösungswege als allgemeingültiges Wissen definiert werden, wirkt die Wahrheit handlungsstrukturierend auf die Akteure ebenso wie auf die Adressaten der Politik. Weiche Steuerung im Sinne von Foucault liegt vor, wenn Akteure den politischen Diskurs durch die Herstellung wissenschaftlicher Wahrheiten möglichst unhinterfragbar zu beeinflussen versuchen, etwa durch den Einsatz wissenschaftlicher Expertise zum Zweck der Durchsetzung eigener politischer Ziele.
- *Beeinflussung der Subjektivierung*: Grundsätzlich bestimmt nicht das Subjekt den Diskurs, sondern der Diskurs das Subjekt; erst durch die Diskursregeln wird es in seiner Sinn- und Erfahrungsbildung erzeugt. Die Macht des Diskurses aber, so der späte Foucault, ist nicht Gewalt, sondern trifft auf ein freies Subjekt; sie ist „Führung", die auf das Subjekt einwirkt, aber so, dass das Subjekt in „Selbstführung" selbst auf sich einwirken und sich in „Selbstpraktiken" auch selbst verändern kann. Macht verknüpft also die Führung der Subjekte mit der Weise ihrer Selbstführung, sie strukturiert die Verhaltensweisen der

182 Zusammengefasst aus Arndt/Richter 2009: 34ff, 39ff, 42-46, 50-53. Vgl. Foucault 1977, 1986a und b, 1987, 1991, nähere Nachweise bei Arndt/Richter. Gouvernementalität ist hierin nicht enthalten, denn sie ist selbst keine Steuerungsform: „Unter Gouvernementalität verstehe ich die Gesamtheit, gebildet aus den Institutionen, den Verfahren, Analysen und Reflexionen, den Berechnungen und den Taktiken, die es gestatten, diese recht spezifische und doch komplexe Form der Macht auszuüben, die als Hauptzielscheibe die Bevölkerung, als Hauptwissensform die politische Ökonomie und als wesentliches technisches Instrument die Sicherheitsdispositive hat" (Foucault 2003: 820).

Subjekte, indem sie ohne direkten Zwang auf die Selbstkonstitution der Subjekte einwirkt. Diese Form der Machtausübung ist horizontal, da die Subjekte die vorgegebenen Selbstpraktiken freiwillig oder lediglich aus Angst vor informellen Sanktionen annehmen, und sie kann auch intentional, also als weiche Steuerung erfolgen, um das Subjekt an gesellschaftlich gültigen Normen auszurichten und in die Herrschaftsstrukturen zu integrieren. Auf diese Weise wird etwa in der Unternehmensführung versucht, die individuellen Selbstentwürfe und Selbstverwirklichungsansprüche zu aktivieren, um sie zur Optimierung des Produktionsprozesses zu nutzen.

Laclau/Mouffe[183] schließen in ihrem Diskursverständnis eng an Foucault an, stets geht es um die bestimmten Regeln folgende machtvolle Produktion von Bedeutungen in diskursiven Ordnungen. Allerdings gegenüber Foucault mit einem anderen Schwerpunkt: Laclau/Mouffe fügen eine bei Foucault oft vermisste Theorie des Politischen hinzu, die auch, anschließend an den späten Foucault und nun explizit, wieder politische Subjekte einführt. Hier ergeben sich, entsprechend ihrer jeweiligen Intention, grundsätzlich zwei Möglichkeiten weicher Steuerung: Diese kann versuchen, eine bestehende und herrschende diskursive Ordnung zu destabilisieren, so ist sie subversive Praxis – oder sie kann versuchen, diese Ordnung zu stabilisieren, indem sie in Ritualen oder im routinisierten Umgang mit bestimmten Bevölkerungsgruppen bewusst neue stützende Elemente in die bestehende Ordnung einführt, so ist sie perpetuierende Praxis. Solchen Leistungen dienen Steuerungsinstrumente, die ihrerseits subversiv oder perpetuierend eingesetzt werden:

- *Kategorisierung*: Gesteuert wird durch Zuschreibung von Bedeutungen oder Zuweisung von Subjektpositionen in einem Diskurs. Bedeutungen werden zugeschrieben, wenn bestimmte Ereignisse gezielt in bestimmte diskursive Bedeutungszusammenhänge eingeordnet werden, etwa durch Ursprungsmythen. So lassen sich historische oder kulturelle Kontinuitäten herstellen oder zerstören. Um die Zuweisung von Subjektpositionen geht es, wenn bestimmte Partikularrechte für bestimmte Gruppen, etwa Berufsgruppen, oder Zugang zu Ressourcen oder Partizipation für ethnisch oder ökonomisch Benachteiligte mit subversiver oder perpetuierender Intention eingefordert und durchgesetzt werden. Wenn dies horizontal, also ohne den Einsatz von Anreizen oder Sanktionen erfolgt, handelt es sich um weiche Steuerung.
- *Inklusion*: Bisher separate Elemente werden miteinander verbunden, um ein Steuerungsziel zu erreichen. So ein nachbarschaftlich organisierter Protest gegen den Bau einer Autobahn: Die durchaus heterogene Bevölkerung der Nachbarschaft wird durch das gemeinsame Anliegen als Gruppe konstituiert, die sich nach außen gegen die anderen – die Stadtverwaltung, die Nachbarschaften, die nicht vom Bau betroffen sind – abgrenzt und so innere Geschlossenheit erreicht. Die neue Identifikation, welche durch die Steuerung erreicht wird, ermöglicht auch neue Formen und Ziele des politischen Handelns.

183 Zusammengefasst aus Arndt/Richter 2009: 57-63 und Göhler et al. 2010: 696f (Ulrike Höppner). Vgl. dazu Laclau/Mouffe 1991 und Laclau 2002, nähere Nachweise bei Arndt/Richter.

- *leere Signifikanten*: Auch die Mehrdeutigkeit von Begriffen und Ideen kann zur Steuerung durch diskursive Praktiken eingesetzt werden. Leere Signifikanten sind Begriffe, die in dem, was sie bezeichnen, so breit und unscharf sind, dass sie ganz unterschiedlich interpretierbar sind wie „Demokratie“ oder „Freiheit“. So bieten sie einem großen Adressatenkreis Identifikationsmöglichkeiten und wirken integrativ.[184] Gelingt es, den Bedeutungsgehalt solcher Begriffe vorübergehend zu fixieren, also den Diskurs imaginär zu schließen, entsteht eine Hegemonie. Sie vereinheitlicht ein diskursives Feld um einige Knotenpunkte. Die Fixierung bleibt allerdings kontingent, sie ist nie unangefochten, der Diskurs kann nie endgültig geschlossen werden. So lässt sich vermittels leerer Signifikanten auch umgekehrt steuern, indem bestimmte Bedeutungszuschreibungen, die sich nicht im hegemonialen Diskurs verankern lassen, genannt „Dislokationen“, gezielt genutzt werden, um die anvisierten Bedeutungsgehalte des leeren Signifikanten und damit die bestehende diskursive Ordnung in Frage zu stellen. Leere Signifikanten können also sowohl zur Stabilisierung als auch zur Destabilisierung eingesetzt werden.

In allen Varianten werden die Adressaten vermittels dieser Instrumente der Steuerung durch diskursive Praktiken in ihrem Verhalten beeinflusst: Die geschaffene Diskursordnung strukturiert ihre Wahrnehmung und Wirklichkeit und somit auch ihre Handlungsoptionen entsprechend den unterschiedlichen Positionen in der Gesellschaft, in die sie sich einordnen. Angesichts der genannten Beispiele lässt sich allerdings die Frage nicht von der Hand weisen, ob hierbei noch im engeren Sinne Steuerung oder nicht vielmehr politisches Handeln *per se* vorliegt (Arndt/Richter 2009: 63ff). Politisches Handeln ist bei Laclau/Mouffe allerdings sehr weit gefasst, es umfasst jede konstitutive oder subversive Praxis bezüglich der bestehenden hegemonialen Ordnung. Da aber in jedem politischen Handeln ein gewisses Maß an intentional-horizontaler Handlungsbeeinflussung inbegriffen ist, macht es durchaus Sinn, vor allem in vergleichender Perspektive, dieses analytisch zu separieren und als weiche Steuerung zu identifizieren – vorausgesetzt, es handelt sich dabei um die angebbare Intention eines angebbaren Akteurs.

(2) Ganz anders erfolgt Steuerung durch *Fragen und Argumente*.[185] Hier wird nicht der Rahmen festgelegt, innerhalb dessen die Subjekte miteinander agieren, sondern es geht um die unmittelbare Beeinflussung der Gesprächspartner selbst. Weiche Steuerung durch Fragen und Argumente beruht auf der Möglichkeit, andere Personen vermittels von Fragen oder Argumenten zu einer Änderung ihrer Einstellung oder ihres Verhaltens zu bewegen. Der Steuerungsakteur löst durch den Einsatz bestimmter Instrumente (Fragen und Argumente) einen Mechanismus (Rechtfertigung) aus, von dem er erwarten kann, dass er die Handlungsoptionen des Steuerungsadressaten verändert.

Mit Jürgen Habermas kann man hierbei einen erfolgsorientierten von einem verständigungsorientierten Sprachgebrauch unterscheiden, je nachdem ob die Ab-

---

184 In meiner Terminologie sind leere Signifikanten nichts anderes als Symbole, welche, wenn sie gesellschaftlich oder politisch relevant sind, Integrationsleistungen erbringen. Siehe dazu oben 6.1.3.

185 Steuerung durch Fragen und Argumente entsprechend Göhler 2010b und Göhler/Höppner/De La Rosa 2010: 697ff (Sybille De La Rosa).

sicht offengelegt und eine Verständigung gesucht wird, oder ob das Ziel erreicht werden soll, ohne den Gesprächspartner darüber aufzuklären. Verständigungsorientiertes Handeln erzeugt kommunikative Macht, und strategisches Handeln mündet in soziale Macht (Habermas 1998: 415, 432). In beiden Fällen wird durch Fragen oder Argumente, verwendet als Instrumente weicher Steuerung, ein bestimmter Mechanismus ausgelöst, nämlich das Erfordernis der Rechtfertigung. Fragen verlangen Antworten, der Gebrauch von Argumenten fordert zu Gegenargumenten auf. In beiden Fällen führt der Rechtfertigungsdruck, obwohl weder Zwang noch Befehl, zu einer Beeinflussung der Adressaten und ermöglicht damit weiche Steuerung.

Durch eine gezielte Frage lassen sich – wie etwa in der "Fragestunde" des Parlaments – nicht nur Antworten herbeiführen, sondern über die gegebene Antwort auch die Handlungsoptionen des Antwortgebenden beeinflussen, weil er sich an diese Antworten halten wird, um künftig nicht als Lügner dazustehen. Wenn auf ein vorgebrachtes Argument ein Gegenargument erfolgt, werden damit ebenfalls die Handlungsoptionen der Adressaten strukturiert, weil der Adressat sich festlegt, und der Freiraum wird für den Adressaten umso enger, je mehr sich die Argumentation des Steuerungsakteurs durchsetzt – sei es weil der Adressat ihm nichts mehr entgegenzusetzen hat (etwa in der öffentlichen Rhetorik), sei es, weil beide sich über den Sachverhalt verständigen. Es ist offensichtlich – und hier kommt wieder Habermas ins Spiel – dass die Bindungswirkung im Mechanismus der Rechtfertigung umso höher ist, je mehr sie auf verständigungsorientiertem Handeln beruht (De La Rosa/Gädeke 2009: 125). Der Begriff der Rechtfertigung verweist hier auf die laut Habermas in der Sprache selbst angelegte Möglichkeit, sprachliche Äußerungen auf die in ihnen enthaltenen Geltungsansprüche (der Wahrheit, Richtigkeit und Wahrhaftigkeit) hin zu hinterfragen (Habermas 1981: I 149, 413). Man mag sich in einer strategischen Situation einer Frage oder einem Argument nicht entziehen können, man wird dies aber in einer anderen Situation wieder versuchen. Wenn nun aber im Argumentationsprozess ein Ergebnis erzielt wurde, das alle Beteiligten überzeugt, kann sich die Intention des Steuernden, nachdem sie sich dem Argumentationsprozess offen ausgesetzt und dementsprechend auch Änderungen erfahren hat, letztlich auch nachhaltiger durchsetzen.

Fragen und Argumente sind also sprachliche Instrumente, welche den Adressaten zu einer Stellungnahme auffordern und somit sein Handlungsfeld vorstrukturieren. In diesem Sinne sind sie Instrumente weicher Steuerung im Mechanismus der Rechtfertigung. Dabei bleibt dem Adressaten bei der Antwort auf eine Frage oder ein Argument ein großer Spielraum. Die Antwort kann sehr unterschiedlich ausfallen, aber sie wird immer, selbst im Falle der absichtlichen Verweigerung einer Antwort, eine interpretierbare Reaktion auf die Frage oder auf ein Argument sein. Die implizite Erwartungshaltung gegenüber Gesprächspartnern ist, dass sie auf Fragen angemessen antworten und auf Argumente mit Gegenargumenten oder Zustimmung reagieren. Dies muss nicht explizit angesprochen werden, sondern ergibt sich implizit aus dem Gebrauch von Fragen und Argumenten. Indem also ein Steuerungsakteur Fragen oder Argumente an einen Adressaten richtet, verbindet er damit die Erwartung, angemessene Antworten oder Gegenargumente zu erhalten, die das Handeln des Adressaten rechtfertigen. Diese Erwartung wird schon deshalb selten enttäuscht, weil derjenige, der sich Fragen oder Argumenten entzieht, unausweichlich den Eindruck erweckt, dass er sich nicht anders zu helfen weiß – also in der Machtbeziehung von vornherein in eine schlechtere Position gerät.

6.2.5 Steuerung durch Symbole

Die dritte Form der weichen Steuerung behandle ich gesondert und etwas ausführlicher, weil sie durch den symboltheoretischen Kontext für mich von besonderem Interesse ist. Weiche Steuerung durch Symbole bedeutet, dass durch ihren Einsatz Orientierungen angeboten werden, um auf die Handlungsoptionen der Adressaten sowohl kognitiv als auch affektiv einzuwirken.[186] NGOs, die über keine reale Macht verfügen – schließlich können sie weder Gesetze erlassen noch Befehle erteilen – wenden diese Form der weichen Steuerung bevorzugt an. So wird etwa gegen das Jagen und Abschlachten von Robben nicht nur protestiert – der Protest wird vielmehr dadurch verstärkt, dass hilflose, niedliche junge Tiere gezeigt werden, welche die Emotionen ansprechen und damit das Gebot des Nicht-Tötens bildhaft transportieren. Die Steuerungswirkung beruht auf der aktivierten öffentlichen Resonanz, die ihrerseits wieder die Möglichkeit für Regierungen einschränkt, aus wirtschaftlichen Gründen das Töten von Robben zuzulassen oder gar zu fördern. Gleichwohl bleibt die Steuerung "weich", denn zwingen lassen sich die Adressaten auf diese Weise nicht, und selbst ein Erfolg kann ausbleiben, wenn die wirtschaftlichen Interessen überwiegen. Dieses Muster der Steuerung durch Symbole gilt ebenso für die politischen Institutionen in der institutionellen Konfiguration.

Wenn Symbole zur Herstellung eines Orientierungsangebots eingesetzt werden, um auf den Rezipienten einzuwirken, so entsteht dadurch ein Zusammenhang zwischen der Präsentation kognitiver Inhalte und affektiver Konnotationen im Symbol einerseits und der Orientierung der Rezipienten andererseits. Hier wirkt

186 Grundlage sind eigene Texte (Göhler 2007a: 313-319, 2010: 38f, 2010c: 699ff) und vor allem die systematischen Ausführungen von Cohen/Langenhan 2009: 146-154 (ergänzt aus Langenhan/Skupien 2008: 44-46, 53-57); letztere sind im Rahmen meines Forschungsprojekts „Weiche Steuerung" im DFG-Sonderforschungsbereich 700 entstanden.
Die Möglichkeit einer Steuerung durch Symbole hatte ich ursprünglich bezweifelt, weil ihre Mehrdeutigkeit und Interpretationsbedürftigkeit eine gezielte Einwirkung auszuschließen scheint (vgl. Göhler 1997b: 591f). Das ist für hierarchische Steuerung mit dem Mechanismus von Befehl und Gehorsam offensichtlich. Anders sieht es aus, wenn der Steuerungsbegriff erweitert wird (was ich erst später in den Blick genommen habe, vgl. Göhler 2002a: 38ff, 2007a: 313-319). Weiche Steuerung erfolgt horizontal, sie kann auf kein institutionalisiertes Sanktionspotential zurückgreifen und doch Handlungsräume strukturieren. Das ist auch vermittels von Symbolen möglich. Es bleibt allerdings zu beachten, dass es sich hierbei nicht im Wortsinn um eine Symbolbeziehung, sondern um eine Willensbeziehung handelt, denn Steuerung ist stets intentional und zweckbezogen, nur dass sie eben vermittels von Symbolen erfolgt. Der Gebrauch von Symbolen ist in der institutionellen Konfiguration nur eine Symbolbeziehung, wenn er nicht-intentional erfolgt und auf Werte und ihre Darstellung geht. Die Unterscheidung von Willensbeziehung und Symbolbeziehung schließt an Gehlen an, der in Der Mensch im letzten Kapitel seiner 4. Auflage die Begriffe „instrumentell" und „ideativ" verwendet, um die Institution in ihrer doppelten Funktionsweise zu charakterisieren (Kap. 2.1.1). Instrumentell geht es um Zweck, Mittel und Bedürfnisse, ideativ in primär symbolischer Form um nicht-instrumentelles, nicht zweckbewusstes schöpferisches Verhalten, welches durch die Institution mit Verpflichtungscharakter festgehalten und auf Dauer gestellt wird (vgl. Gehlen 2016a: 465-479; dazu Rehberg 2016: 498ff, Agard 2021).

Steuerung durch Symbole, so sie gelingt, motivbildend und schränkt dadurch die Handlungsoptionen des Rezipienten ein bzw. richtet sie aus. Aufgrund der Mehrdeutigkeit der Symbole, ihrer Interpretationsfähigkeit und Interpretationsbedürftigkeit, besteht dabei jedoch grundsätzlich keine Garantie für eine bestimmte Steuerungswirkung. Befehle verlangen eine eindeutige Ausführung, Symbole sind dagegen stets mehrdeutig, ihre Wirkung ist nur wünschbar und, selbst wenn sie eintritt, nicht eindeutig erwartbar. Aus diesem Grund ist das Symbol ein horizontales Steuerungsinstrument. Zwar können Symbole durchaus auch in Hierarchien zu Steuerungszwecken eingesetzt werden, um die Wirkung der vertikalen Steuerung verstärken. Totalitäre Regime machen davon besonders Gebrauch, etwa bei Demonstrationen. Aber dann handelt es sich um eine zusätzliche Wirkung, die ihrerseits, da sie auf einem grundsätzlich anderen, nämlich horizontalen Mechanismus beruht, auch dessen spezifischen Bedingungen unterliegt, und sie ist häufig auch mit Zwang verbunden (etwa dem Zwang, auf die Demonstration zu gehen und Fahnen oder Transparente zu schwenken).

Im Folgenden betrachte ich zunächst die Struktur des Steuerungsprozesses (1) und sodann die Bedingungen eines möglichen Erfolgs (2).

(1) Als *Prozess* lässt sich Steuerung durch Symbole kybernetisch modellieren. Demnach verfolgt der Akteur (kybernetisch: das steuernde System) eine Steuerungsintention und sendet eine codierte Botschaft an den Adressaten (kybernetisch: das zu steuernde System). Diese Botschaft wird zumeist von einem Transmitter übertragen,[187] was voraussetzt, dass dieser Transmitter die Botschaft zunächst decodiert, um sie dann im Rahmen der Übertragung erneut zu codieren. Der Adressat wiederum decodiert diese Botschaft abermals und gibt im Rahmen einer Rückkoppelung ein Feedback.

Mehr als andere Steuerungsmodi ist Steuerung durch Symbole daran gebunden, dass der Adressat als Rezipient das Symbol entschlüsselt und dementsprechend handelt. So müssen Symbole in einem ersten Schritt überhaupt wahrgenommen, verstanden und eingeordnet werden können, um in einem zweiten Schritt sowohl durch kognitive Akzeptanz als auch durch emotionale Identifikation handlungsorientierend zu wirken. Vermittels von Symbolen lässt sich also nur steuern, wenn es einen Rezipienten gibt, der handlungswirksam reagiert. Aussagen über mögliche Steuerungserfolge können vorab nicht zuverlässig getroffen werden.

187 Die Willensbeziehung in der institutionellen Konfiguration ist häufig medial vermittelt. Das habe ich bisher der Überschaubarkeit halber nicht thematisiert, hier ist die Benennung des Transmitters jedoch erforderlich.

Im kybernetischen Modell hat der Steuerungsprozess drei Komponenten: Akteur, Transmitter und Adressat (Abb. 12):

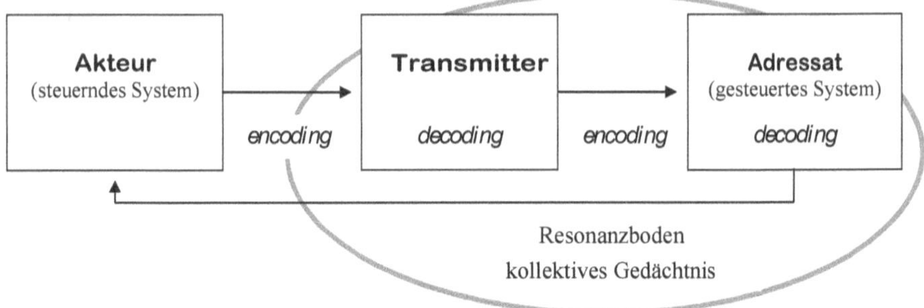

Abb. 12: Steuerung durch Symbole

Akteur (das steuernde System)

Grundsätzlich kann es die unterschiedlichsten Steuerungsakteure geben. Erforderlich sind aber in jedem Fall bestimmte Funktionsträger, die „Wissensbevollmächtigten" (Assmann 2013: 54) eines Gemeinwesens, um einzuschätzen, welche Symbole eine Steuerungsleistung angesichts der historisch und soziokulturell bedingten Rezeptionsfähigkeit der Adressaten erbringen. Dabei wird die Rolle des steuernden Systems nicht notwendigerweise auch selbst von einer solchen „wissenssoziologischen Elite" (63) übernommen: Herrschafts- und Deutungseliten können, müssen aber nicht zusammenfallen (Münkler 1997: 124). In der institutionellen Konfiguration sind Steuerungsakteur die politischen Institutionen mit ihren Akteuren, die in ihrem Namen handeln. Wenn sie erfolgreich mit Symbolen steuern wollen, müssen sie, auf welcher Grundlage und in welcher Konnotation auch immer, über hinreichende *Deutungsmacht* verfügen.[188]

In der Steuerung durch Symbole ist Deutungsmacht die erforderliche Ressource, um vermittels einer bestimmten Interpretation eines Symbols eine Handlungsmotivation zu erzeugen. Deutungsmacht ist in kleinerem Format das, was Bourdieu als „symbolische Macht" (pouvoir symbolique) bezeichnet (Kap. 4.2.2). Bourdieu geht davon aus, dass die Wahrnehmung von politischen Prozessen symbolisch determiniert wird. Symbolische Macht der Akteure ist „Macht, sichtbar zu machen (*theorein*) und glauben zu machen, darüber hinaus aber auch die Macht, das legitime oder legale Ordnungssystem zu schaffen und durchzusetzen" (Bourdieu

188 Prominentes Beispiel ist die Deutungsmacht der Bundesverfassungsgerichtsbarkeit (Vorländer 2006a, Brodocz 2009): Sie besteht in der Interpretation der Verfassung, womit die ursprünglich vom souveränen Verfassungsgesetzgeber ausgeübte Normsetzungsbefugnis in eine Interpretationsbefugnis zur Auslegung der Verfassung übergeht (Vorländer 2006a: 14). Deutungsmacht kann dann „als eine spezifische Form von Macht verstanden werden, die sich auf symbolische und kommunikative Geltungsressourcen stützt und die sich in der Durchsetzung von Leitideen und Geltungsansprüchen manifestiert" (17). Als solche ist sie zunächst intransitive Macht (vgl. Brodocz 2009: 121). In konkreten Entscheidungen, insbesondere wenn das Bundesverfassungsgericht dem Gesetzgeber zu erfüllende Vorgaben auferlegt, wird sie in transitive Macht umgesetzt. Zur Deutungsmacht vgl. auch Schulz 2006, Stoellger 2014, Folkerts 2019, Rudolf 2019 und 2020.

1985: 29f). Die Macht über die Deutung eines Symbols bestimmt die Wahrnehmung der Welt und ist dadurch konstitutiv für die Legitimität und den Bestand eines Gemeinwesens (18f). Symbolische Macht ist „power to construct reality" (1979: 79). Dies gilt grundsätzlich auch für die Deutungsmacht (Kap. 3.3), steht hier aber nicht im Vordergrund. Steuerung durch Symbole als Ausübung transitiver Macht verlangt Deutungsmacht als Ressource je nach Maßgabe der Steuerungsintention, entsprechend gilt es, sich der Deutungshoheit eines Symbols zu bemächtigen oder zu vergewissern. Ist dies der Fall, so kann eine bestimmte Symbolinterpretation intentional zu Steuerungszwecken eingesetzt werden.

Dazu bedarf es der Fähigkeit des steuernden Systems, symbolisch zu handeln, also Symbole wirksam einzusetzen. Geeignete Strategien sind beispielsweise das Agenda-Setting und das Framing, um auf die Verwendung und Deutung von Symbolen Einfluss zu nehmen und die eigene Symbolinterpretation durchzusetzen. Bei dem Einsatz von Symbolen ist der Steuerungsakteur darauf angewiesen, sie im richtigen Kontext zu platzieren und im Sinne seiner Intention an die aktuellen Wissens- und Wertebestände anzuknüpfen, um möglichst viel affektive Zustimmung – und damit Orientierung in seinem Sinne – zu stimulieren. Dieser Kontext kann bis zu einem gewissen Grad auch erzeugt werden. So ist es besonders hilfreich, ein Symbol in eine bestimmte Narration,[189] etwa einen Ursprungsmythos, einzubetten, damit es in seiner vollen Bedeutung vermittelt und rezipiert werden kann. Die Wirkung lässt sich noch verstärken, indem ein Ereigniskontext erzeugt wird. So wird die Bedeutung eines Mahnmals durch eine offizielle Kranzniederlegung erinnert und damit aktiviert. Innerhalb eines geeigneten Ereigniskontextes kann ein Symbol in besonderer Weise Faszinationspotential entfalten, wenn dieser Kontext immer wieder und regelmäßig durch Rituale hergestellt wird – wenn also beispielsweise ein Mahnmal regelmäßig von offiziellen Funktionsträgern besucht und damit stets öffentlich sichtbar gehalten wird.

Transmitter

Im Prozess der Steuerung durch Symbole umfasst der Transmitter die an der Übermittlung von Symbolen beteiligten Instanzen. Transmitter sind in erster Linie die Medien, doch auch andere Sozialisationsinstanzen wie z.B. Schulen, Universitäten, Künstler etc. erbringen innerhalb gesellschaftlicher Kommunikationsprozesse wichtige Vermittlungsleistungen. Die Medien dienen in der Rolle von Multiplikatoren der Information und Meinungsbildung der Bevölkerung, und so sind sie auch Übermittler und Interpreten der symbolischen Steuerung durch das steuernde System. Sie bedienen sich ihrerseits des Agenda-Settings und Framings und nehmen Einfluss durch Thematisierung und Themenstrukturierung. Wenn sie dabei die vom steuernden System encodierten Symbole decodieren und erneut

189 Narrationen sind eine Basisfunktion des mythischen Denkens, auf der rituelle Handlungen oder ikonografische Verdichtungen aufbauen (Münkler 1997: 127, Münkler 1998: 21, Münkler 2000: 47, Speth 2000: 112-146, Dormal 2017: 55-58, 99-102). Da Symbole elementare Bestandteile mythischen Denkens sind, können auch sie durch eine Narration aktiviert werden. Zu Symbolen, Mythen und Ritualen in der Politik vgl. auch Voigt 1989. Für die Demokratie sind Mythen, entgegen mancher Vorurteile, nicht nur zulässig, sondern auch hilfreich und überhaupt unvermeidbar; entscheidend ist die Art des Umgangs mit ihnen (Heidenreich 2023).

codieren, können sie sie auch umdeuten und eine andere Symbolinterpretation als die ursprüngliche anbieten und vermitteln. So sind sie nicht nur Übermittler und Multiplikatoren, sie haben selbst auch eine steuernde Funktion, und diese kann durchaus der ursprünglichen Intention des steuernden Systems zuwiderlaufen. Eine entscheidende Rolle spielen in diesem Zusammenhang die Verfasstheit der Medien und ihr Grad an Autonomie gegenüber der Herrschaftselite. So folgen Mediensysteme, die selbst eine eigene Pluralität ausbilden, mit dem Newsmanagement und der Orientierung an Nachrichtenwerten ganz anderen Gesetzmäßigkeiten als Mediensysteme, die homogen strukturiert sind und externem Einfluss unterliegen.

Adressat (das gesteuerte System)

In der institutionellen Konfiguration gibt es vielerlei Adressaten der Steuerung durch Symbole, das gesteuerte System kann aus Angehörigen sozialer Schichten oder Milieus, aus Gruppen von Interessierten oder Betroffenen oder auch einfach aus der Masse der Bevölkerung bestehen. Voraussetzung für den Erfolg einer Steuerung durch Symbole ist *Resonanz* (Kap. 6.1.3), nämlich dass es innerhalb des gesteuerten Systems einen Resonanzboden gibt, der zum Schwingen gebracht werden kann. Der Wirkungszusammenhang besteht dann darin, dass sich die Adressaten, indem sie sich mit einer Gemeinschaft bis zu einem gewissen Grad über ein Symbolsystem identifizieren, auf diese Weise durch die Präsentation entsprechender Symbole, die sie möglichst im Sinne der Steuerungsintention deuten, in ihrer Handlungsorientierung beeinflussen lassen.

(2) Um *erfolgreich* zu sein, erfordert Steuerung durch Symbole sowohl die Erzeugung überhaupt einer Resonanz als auch die Erzeugung einer Resonanz in die gewünschte Richtung.[190] Somit ist zunächst die Aktivierbarkeit des Resonanzbodens entscheidend. Hier gelten zwei Bedingungen: Der Resonanzboden muss für die erwünschte Schwingung geeignet sein, und das setzt voraus, dass das gesteuerte System vom steuernden System erreichbar ist.[191]

Wie sind nun Kalkulationen für die erforderliche kognitive und affektive Erreichbarkeit der gesteuerten Systeme möglich, damit die Wirkung von Steuerung durch Symbole berechenbarer gemacht werden kann? Welche Faktoren spielen für die Entstehung und Funktionsfähigkeit des Resonanzbodens eine Rolle? Um hierüber mehr Klarheit zu gewinnen, lässt sich auf das von Aleida und Jan Assmann in Anlehnung an Maurice Halbwachs entwickelte Konzept des *kollektiven Ge-*

190 Der Versuch einer Steuerung durch Symbole kann auch eine Resonanz erzeugen, die nicht der gewünschten Richtung entspricht: Widerstand wird hervorgerufen. In diesem Fall misslingt die Steuerung.

191 Marhild Hoffmann weist darauf hin, dass steuerndes und gesteuertes System „die ‚gleiche Sprache' sprechen [müssen], informationstheoretisch ausgedrückt, müssen sie über einen gemeinsamen Zeichenvorrat, ein wenigstens teilweise gleiches Repertoire an Zeichen verfügen ... Solche Gemeinsamkeiten des Repertoires ergeben sich unter anderem aus dem historisch-gesellschaftlichen Kontext, in dem die Kommunikation abläuft, also auch aus den kulturellen, politischen, ökonomischen und sozialen Bedingungen" (Hoffmann 1995: 261).

dächtnisses zurückgreifen.[192] Zwar bleibt der Steuerungsprozess aufgrund der Autonomie des Rezipienten von prinzipiell schwer kalkulierbaren, weil kontextabhängigen Faktoren wie der Befindlichkeit der Adressaten abhängig. Dennoch lässt sich davon ausgehen, dass die Berücksichtigung sozialer Konstruktionen wie die des kollektiven Gedächtnisses ein heuristisches Potential zur Aktivierung des Resonanzbodens erbringt.

In Anlehnung an Maurice Halbwachs stellt sich das kollektive Gedächtnis als

> „ein Agglomerat dar, das sich aus seiner Teilhabe an einer Mannigfaltigkeit von Gruppengedächtnissen ergibt; von der Gruppe aus gesehen stellt es sich als eine Frage der Distribution dar, als ein Wissen, das sie in ihrem Innern, d.h. unter ihren Mitgliedern verteilt" (Assmann 2013: 37).

Das kollektive Gedächtnis verfügt insgesamt über eine konnektive Struktur, die

> „verknüpfend und verbindend [wirkt], und zwar in zwei Dimensionen: der Sozialdimension und der Zeitdimension. Sie bindet den Menschen an den Mitmenschen dadurch, dass sie als ‚symbolische Sinnwelt' (Berger/Luckmann) einen gemeinsamen Erfahrungs-, Erwartungs- und Handlungsraum bildet, der durch seine bindende und verbindliche Kraft Vertrauen und Orientierung stiftet" (Assmann 2013: 16).

Die konnektive Struktur, die sich auf das gemeinsame Wissen und Selbstbild einer Gruppe bezieht, besteht also in der Bindung an gemeinsame Regeln und Werte, sowie durch die Erinnerung an eine gemeinsame Vergangenheit.[193]

Entscheidend für die Aktivierung des Resonanzbodens ist deshalb der Teil des kollektiven Gedächtnisses, der die erforderliche konnektive Struktur enthält. Damit ein Signal eine hinreichende Resonanz erzeugt, bedarf es innerhalb der einzelne Elemente des Resonanzbodens mindestens eines kleinsten gemeinsamen Nenners. Dafür ist jene konnektive Struktur erforderlich, die ein Mindestmaß an kollektiver Homogenität und Identität herstellt, um die Schwingungen zu reproduzieren. Wurde auf diese Weise eine Resonanz erzeugt, so sollte sie so eindeutig wie möglich in die intendierte Richtung zielen.[194]

Der Adressatenkreis als Resonanzboden ist innerhalb des Steuerungsprozesses entweder differenziert oder diffus. Differenziert ist er, wenn das steuernde System

192 Maurice Halbwachs (1966, 1967) hat auf die soziale Bedingtheit des Gedächtnisses hingewiesen und in diesem Zusammenhang den Begriff des kollektiven Gedächtnisses geprägt. Aleida und Jan Assmann haben in den 1990erJahren die Thesen von Halbwachs weiterentwickelt, um die kommunikativen und kulturellen Elemente des kollektiven Gedächtnisses auszudifferenzieren (Harth/Assmann 1992, Assmann 2011, Assmann 2013).

193 Die Ausdifferenzierung in kommunikatives und kulturelles Gedächtnis bei Assmann lasse ich hier unberücksichtigt, weil es bei dem Resonanzboden für Steuerung durch Symbole auf die konnektive Struktur ankommt, die das kollektive Gedächtnis insgesamt betrifft.

194 Eng in Verbindung mit dem Erklärungswert der Theorie des kollektiven Gedächtnisses steht die These von der historischen Konditionierung des Empfängers, wie sie in der literaturwissenschaftlichen Rezeptionsforschung (Link 1976) anzutreffen ist. Der konditionierte Empfänger handelt so, wie es von ihm erwartet wird, und der Steuerungsversuch ist gelungen. Zentral dabei ist, und das macht auch die Medienwirkungsforschung (Bonfadelli/Friemel 2014) deutlich, die affektive Dimension des Symbols, die es auch vermag, den Empfänger für andere oder dem Symbol übergeordnete Themen zu mobilisieren.

sich auf bestimmte Steuerungsobjekte richtet, diffus dagegen bei einer unbestimmten Vielzahl von Steuerungsobjekten. Ein differenzierter Adressatenkreis ist als Resonanzboden über Kampfsymbole erreichbar, ein diffuser in seiner Gesamtheit dagegen nur über konsensuale Symbole, über Integrationssymbole. Bei einem differenzierten Adressatenkreis handelt es sich um einen flächenmäßig kleineren sowie von der strukturellen Zusammensetzung her homogeneren Resonanzboden. Im Fall eines diffusen Adressatenkreises verfügt der Resonanzboden dagegen über eine größere Fläche und ist in seiner Struktur heterogener. Das ergibt sich aus der konnektiven Struktur: Im Falle von Symbolkämpfen spaltet das Symbol den Adressatenkreis in Anhänger und Gegner, so dass hier nur ein spezifischer Abschnitt der konnektiven Struktur zum Tragen kommt. So weisen die jeweiligen Resonanzböden der Anhänger und Gegner eines Symbols eine relativ homogene Struktur auf, und dadurch ist der Einsatz von Kampfsymbolen, um die Steuerungsintention zu erreichen, durchaus vielversprechend. Dies gilt dagegen nicht bei einem diffusen Adressatenkreis, wie man ihn häufig im Falle von jenen konsensualen Symbolen antrifft, die für die grundlegenden, gemeinsamen Werte eines politischen Gemeinwesens stehen (Kap. 6.1.3). Hier bezieht sich die dem Resonanzboden zugrunde liegende konnektive Struktur auf die potentielle Gesamtheit der Normen und Werte, welche innerhalb des kollektiven Gedächtnisses für die Sozialisation entscheidend sind. Der Resonanzboden ist weitaus heterogener; er kann deshalb wohl für die normative Integration vermittels von Integrationssymbolen zum Schwingen gebracht werden, aber eine Steuerung durch Symbole ist hier erheblich schwieriger und wird normativ gesehen schnell problematisch.

Im differenzierten Resonanzboden erfolgt Steuerung durch Symbole dadurch, dass politische Institutionen – genauer: ihre Akteure – als steuerndes System bestimmte Symbole entsprechend ihrer Steuerungsintention so verwenden, dass sie auf der Empfängerseite, bei den Adressaten der Institutionen, auf Resonanz treffen. Geeignet sind Symbole, die in der konnektiven Struktur für die Adressaten besonders relevant sind. Besteht auf diese Weise grundsätzlich Resonanz, so gilt es nun, diese vornehmlich vermittels der Medien so weit zu verdichten, dass gewissermaßen ein "Sog" in Richtung auf Eindeutigkeit hin erzielt, das Symbol mithin als Kampfsymbol wirksam wird. Dadurch wird die Resonanz verstärkt, das Erreichen der Steuerungsintention wahrscheinlicher. Urabstimmungen über Tarifabschluss oder Streik ebenso wie Mitgliederentscheidungen über einen ausgehandelten Koalitionsvertrag sind Beispiele für symbolische Steuerung, die sich auf einen differenzierten Resonanzboden richtet, nämlich auf die Mitglieder einer Gewerkschaft oder einer Partei. Hier geht es weniger um eine Entscheidung über Annahme oder Ablehnung des vorgelegten Ergebnisses (obwohl Ablehnung natürlich theoretisch möglich ist), sondern vielmehr um Mobilisierung entsprechend der inhaltlichen Ausfüllung des Symbols „Lohnerhöhung“ oder „(Mit-)Regieren“ durch eben dieses Ergebnis und damit zugleich um die Legitimation des Führungspersonals. Ablehnung würde all dies in Frage stellen, das Kampfsymbol zunichte machen, und dies kann nicht im Sinn der Gewerkschafts- oder Parteimitglieder sein.

Im diffusen Resonanzboden ist diese Form der Steuerung erheblich schwieriger. Grundsätzlich muss der gleiche Weg gegangen werden, aber ein diffuser Resonanzboden, etwa die Bevölkerung, verfügt im Gegensatz zum differenzierten Resonanzboden nicht über ein Symbolreservoir, welches einheitliche Kampfsymbole generieren lässt. Es kann also höchstens darum gehen, vermittels geeigneter Symbole Mehrheiten zu erzeugen, um für die eigenen Projekte Unterstützung zu gewinnen. Das wird gern als Informationsauftrag der Regierung gesehen („Die Bundesregierung informiert ...“). Sachinformation wird symbolisch aufgeladen. Es ist offensichtlich, dass auf diese Weise die Grenze zur leeren Symbolik, zu Propaganda und Manipulation sehr schnell überschritten werden kann.

Hier zeigt sich der Unterschied von totalitären und demokratischen Regimen. Totalitäre Diktaturen sind stets darum bemüht, durch die Symbolik der Architektur oder der Masseninszenierung eine Folgebereitschaft zu erzeugen, die über Befehl und Gehorsam allein nicht herzustellen ist.[195] Das ist weiche Steuerung. Wenn allerdings totalitäre Diktaturen mit Symbolen steuern, können sie durch die Symbolik allein kein Verhalten erzwingen, dazu bedarf es eines hierarchischen Sanktionspotentials, um Zwang auszuüben, der deshalb in der Regel auch hinzukommt. Zudem interessiert sich die Steuerung durch Symbole hier nicht für Differenzierungen des Resonanzbodens, vielmehr soll gerade ein gesellschaftlich einheitlicher, nivellierter Resonanzboden hergestellt werden, und darum werden auch nicht Integrationssymbole verwendet, sondern vielmehr Kampfsymbole, die in der weichen Steuerung zu Integrationssymbolen umfunktioniert werden. Steuerung durch Symbole dient hier also letztlich der normativen Integration, alle funktionalen Grenzen sind verwischt. Für Demokratien gilt dies so nicht.[196] Es ist geradezu ein Wesensmerkmal von Demokratien, dass Steuerung und normative Integration nicht vermischt werden, weil hier unterschiedlich geartete Verantwortlichkeiten bestehen.

Insgesamt können auch Demokratien auf Symbole nicht verzichten, um ihre Wertvorstellungen präsent zu halten (normative Integration) und Ziele des Regierens zu erreichen (Steuerung durch Symbole). In Deutschland neigt man aufgrund der negativen historischen Erfahrungen zu Skepsis und Zurückhaltung im Umgang mit Symbolen, macht sich da aber leicht etwas vor, selbst wenn es nicht um normative Integration, sondern schlichter nur um Steuerung durch Symbole geht. Wahlkämpfe seitens der Parteien oder die Öffentlichkeitsarbeit der Regierung sind in Demokratien auch auf die Gefahr des Missbrauchs hin erforderlich, und hier kann auf die verstärkende und zuspitzende Wirkung von Symbolen zur Durchsetzung eigener Intentionen, also auf Steuerung durch Symbole, nicht verzichtet werden.

195 Welche Instrumente und Mechanismen in totalitären und autoritären Systemen zur Kontrolle von Symbolen zur Verfügung stehen, haben Cohen/Langenhan in einem systematischen Vergleich mit pluralistischen und hybriden Formen des Regierens detailliert aufgezeigt (Cohen/Langenhan 2009: 155-181, für monistische Formen des Regierens 158-165).

196 Dagegen Gramsci: Der moderne kapitalistische Staat ist grundsätzlich „Hegemonie gepanzert mit Zwang“ (Gramsci 1992 ff: Heft 6, § 88, S. 783).

6.2.6 Das Zusammenwirken der Mechanismen und die Grenzen weicher Steuerung

Die drei Mechanismen weicher Steuerung wurden hier getrennt betrachtet. Auf diese Weise lassen sie sich genauer beschreiben – tatsächlich treten sie aber in einer Steuerungssituation zumeist gemeinsam auf und wirken zusammen. Grundvoraussetzung, um wirksam zu sein, ist für weiche Steuerung eine bestehende oder herzustellende Resonanz. Nicht nur Symbole, auch Argumente und selbst diskursive Praktiken können ohne Resonanz nichts bewirken, und sie müssen diese oft erst selbst erzeugen. Während Fragen und Argumente eher einen äußerlichen Anlass erfordern, um auf Resonanz zu stoßen – eine Konferenz, die von der Öffentlichkeit wahrgenommen wird, oder institutionelle Vorkehrungen wie eben die Fragestunde im Parlament – stellen diskursive Praktiken den Resonanzboden für Steuerungswirkungen zumeist erst her. Ist der Resonanzboden einmal vorhanden, lassen sich entsprechend der Steuerungsintention die verschiedenen Steuerungsmodi und -instrumente in der geeigneten Kombination einsetzen.

Ein einfaches Beispiel mag das verdeutlichen. Umwelt- oder Klimakampagnen müssen zunächst immer erst einen Resonanzboden schaffen, d.h. die Öffentlichkeit muss mobilisiert werden, um der Umwelt oder dem Klima die nötige Aufmerksamkeit zu widmen. Der geeignete Resonanzboden lässt sich durch diskursive Praktiken herstellen. Hier ist es in der medialen Öffentlichkeit weitgehend gelungen, vermittels Diskursstrukturierung die Themen Umwelt und Klimawandel als so dringende Probleme für die Zukunft unserer Welt im Sagbaren zu verankern, dass Zweifel oder andere Prioritätensetzungen öffentlich als irrational gebrandmarkt werden können. Die einzelnen Instrumente der Diskursstrukturierung (Kap. 6.2.4) können hierfür geradezu durchdekliniert werden. Daraus ergeben sich unmittelbar Fragen und Argumente, um politische Adressaten mit der Rationalität von Umwelt- und Klimazielen zu konfrontieren und sie in mögliche Handlungsoptionen einzubinden. Verstärkt und zugespitzt wird die Kampagne durch die eingesetzte Symbolik. Sich anzuketten oder stauwirksam festzukleben, was von der Polizei nur mühsam und stets beobachtet durch öffentliche Bilder bereinigt werden kann, macht die Intention in einer Weise präsent, dass sie sichtbar in ihrer emotionalen Zuspitzung auf die – als Resonanzboden aufnahmebereite – Öffentlichkeit einwirken und damit Druck auf die Entscheidungsinstanzen ausüben kann. So wirken in einer Kampagne die Modi weicher Steuerung konkret zusammen, und dieses Zusammenwirken bedient sich je nach der gegebenen Situation der verschiedenen Modi weicher Steuerung mit jeweils angemessenen Instrumenten.[197]

197 Das Zusammenwirken der drei Modi weicher Steuerung wurde als Ergebnis meines gleichnamigen Projekts im Sonderforschungsbereich 700 systematisch erfasst (Göhler/Höppner/De La Rosa/Skupien 2010: 701-711) und konkret am Kampf gegen Genitalverstümmelung untersucht (711-717). Die traditionelle Praxis der weiblichen Beschneidung ist in vielen Ländern Afrikas sowie in einigen Ländern in Asien und im Nahen Osten verbreitet. Obwohl in den meisten Ländern diese Praxis inzwischen verboten ist, wird sie weithin ausgeübt, denn es fehlt am Willen und den Möglichkeiten zu einer hierarchischen Durchsetzung des Verbotes. Insofern handelt es sich um einen Bereich, in dem klassische Steuerungsmechanismen – in diesem Fall durch gesetzliche Regelung – versagen. Hierarchische Steuerungsmechanismen wären darauf angewiesen, dass sie im Zweifelsfalle auf ein formalisiertes Sanktionspotenzial auch effektiv zurückgreifen könnten. Verschiedene NGOs haben daher in Gesellschaften, in denen die Praxis Teil eines

Allerdings bleibt generell zu beachten, dass bei weicher Steuerung noch eher als bei anderen Steuerungsformen der erwünschte Effekt durchaus ausbleiben kann, insbesondere bei dem Einsatz von Symbolen. Wenn hier überzogen wird, kann sich die eingesetzte Symbolik schnell kontraproduktiv auswirken und nur mehr Unmut und Widerstand bei den Betroffenen erzeugen.

Überdies zeigt das Beispiel dieser Kampagnen die Grenzen weicher Steuerung auch speziell für die institutionelle Konfiguration. Was Greenpeace, Fridays for Future oder Letzte Generation hier bis zu einer gewissen Perfektion betreiben, könnte für die politischen Institutionen Vorbild sein, ist für sie aber nicht unbedingt attraktiv. Vielmehr werden sie, im Gegensatz zur zivilgesellschaftlichen NGO mit ihren anders gearteten Funktionsbedingungen, im Zweifelsfall zunächst auf hierarchische Steuerung oder, wenn auf nicht-hierarchische, so doch zunächst auf Formen indirekter Steuerung setzen. Abgesehen von klassischer Öffentlichkeitsarbeit der politischen Institutionen – die „Informationspolitik" der Regierung, die mit den Mechanismen weicher Steuerung stets schon arbeitet, um Informationsstand und Meinungsbildung der Bürger zu beeinflussen – ist weiche Steuerung kein Ansatz, der sich etwa für Behörden unmittelbar anbietet. Wenn nicht, wie in der EU, ohnehin institutionelles Neuland betreten wird, bedarf es vermutlich erst der Erfahrung, dass andere Steuerungsformen nicht zum gewünschten Ziel führen. Dann wird auch in der institutionellen Konfiguration interessant, was mit den weichen Steuerungsformen, die aus der Zivilgesellschaft bekannt sind, erreicht werden könnte – vorausgesetzt überdies, das Steuerungsziel ist hierfür überhaupt geeignet. Ist dies der Fall, so kommt es auch zunehmend zu mehr oder weniger formellen Verzahnungen, um sich die Erfahrungen zivilgesellschaftlicher Organisationen zunutze zu machen.[198]

Initiationsrituals ist, mit dem Versuch begonnen, alternative Initiationsrituale zu etablieren, um die traditionelle Praxis langfristig abzulösen. Hier kommen nicht nur vielfältige Mechanismen weicher Steuerung zum Einsatz, sondern auch ihr Zusammenspiel wird hier besonders deutlich.

198 So hat 2022 Außenministerin Annalena Baerbock (Grüne) die Vorsitzende der Umweltorganisation Greenpeace, Jennifer Morgan, als neue Beauftragte für Internationalen Klimaschutz in das Auswärtige Amt geholt.

7 Die institutionelle Konfiguration in der Demokratie

Zusammenfassung

Das Modell der institutionellen Konfiguration wird nun systematisch ausformuliert. Es wird in seiner Grundstruktur präsentiert und in Macht und Repräsentation als Willens- und als Symbolbeziehung ausdifferenziert. Schließlich wird gezeigt, dass es sich hierbei um ein Rückkopplungsmodell handelt.

Bisher wurde das Modell der institutionellen Konfiguration nur in den Grundzügen dargestellt und in seinen Komponenten noch nicht ausformuliert. Nachdem nun diese näher bestimmt sind, wird eine Zusammensicht möglich.

Macht und Repräsentation, so wurde am Abschluss des Institutionenkapitels erstmals festgestellt (2.2.4), sind für den Handlungsraum Politik grundlegend, sie bestimmen das Verhältnis von Bürgern und politischen Institutionen. Macht und Repräsentation sind die maßgeblichen sozialen Beziehungen in der institutionellen Konfiguration – sie fungieren als die Medien, die das wechselseitige Verhältnis zwischen den Bürgern und den politischen Institutionen bestimmen und somit die politische Ordnung konstituieren. Macht und Repräsentation sind sowohl Willens- als auch Symbolbeziehung und verbinden auf diese Weise die Bürger und die politischen Institutionen. Das ist die institutionelle Konfiguration, die nun insgesamt betrachtet werden soll.

7.1 Das Modell

Eine institutionelle Konfiguration gibt es stets, wenn Herrschaft vermittels von Institutionen ausgeübt wird. In diesem Buch geht es allein um die Form, welche die institutionelle Konfiguration in der modernen Demokratie erhält. Willensbeziehung und Symbolbeziehung gehen hier sowohl von den politischen Institutionen als auch von den Bürgern aus. Macht und politische Repräsentation sind als Willensbeziehung ebenso wie als Symbolbeziehung wirksam und gehen damit ihrerseits sowohl von den politischen Institutionen als auch von den Bürgern aus.

Daraus ergibt sich ein Schema, wie in Abb. 13 dargestellt. Macht und Repräsentation sind hier als Willens- und Symbolbeziehung wechselseitig zwischen den Bürgern und den politischen Institutionen aufgelistet. Inhaltlich ausgefüllt, wird das Schema, dargestellt in Abb. 14, zum Modell der institutionellen Konfiguration in der Demokratie.

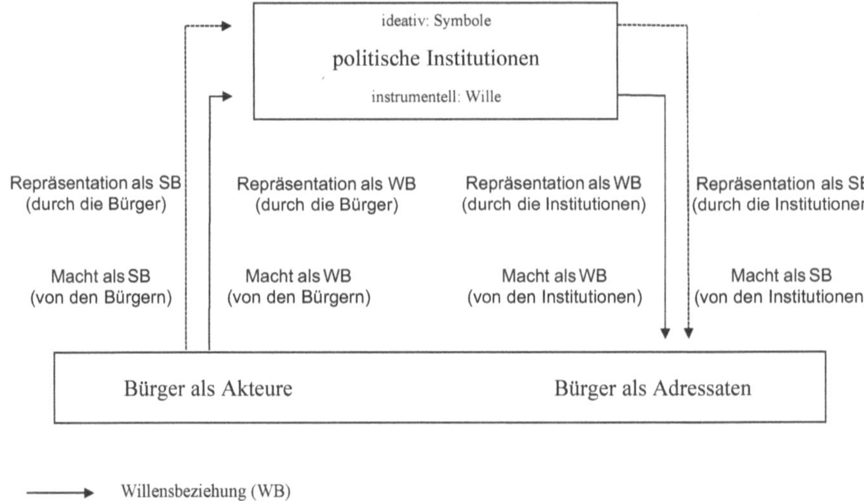

Abb. 13: Die institutionelle Konfiguration in der Demokratie – Schema

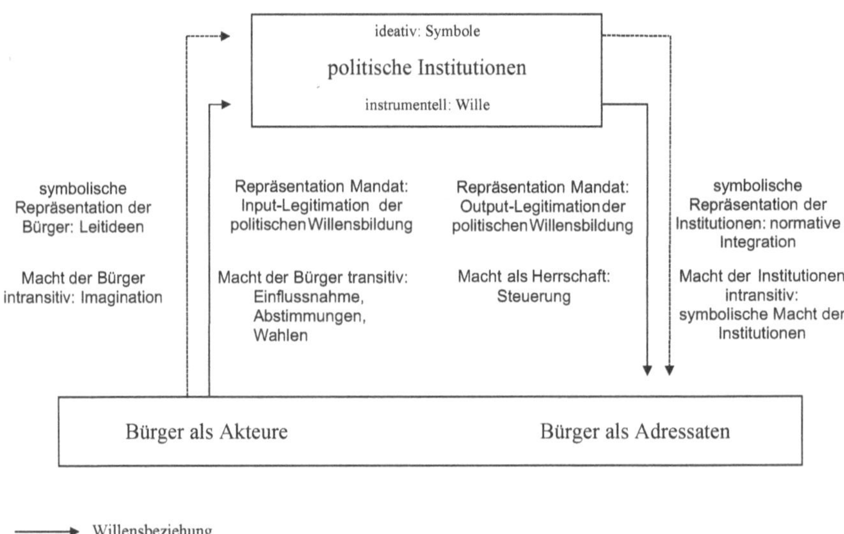

Abb. 14: Die institutionelle Konfiguration in der Demokratie – Modell

Das ist die systematische Ausformulierung des Modells der institutionellen Konfiguration in der Demokratie. Ich verfolge nun zunächst die Willensbeziehung (innen, 7.2), sodann die Symbolbeziehung (außen, 7.3) in ihren beiden Richtungen und beschreibe abschließend die institutionelle Konfiguration als Rückkopplungsmodell (7.4).[199]

7.2 Macht und Repräsentation als Willensbeziehung

Macht wird als Willensbeziehung von den politischen Institutionen ausgeübt, indem sie vermittels verbindlicher Entscheidungen auf das Verhalten der Bürger einwirken und ihren Handlungsraum strukturieren; dies ist politische Steuerung (Kap. 6.2) Hierfür beansprucht der Staat für sich seit der Neuzeit in der bekannten Formulierung Max Webers das Monopol des legitimen physischen Zwangs (Weber 1922: 29). Wenn Macht im institutionellen Rahmen eines Gemeinwesens ausgeübt wird und Legitimität beanspruchen kann (wofür in den modernen Demokratien die Verfassung steht), handelt es sich um Herrschaft. Nun sind die Bürger in der Demokratie nicht nur Herrschaftsunterworfene, vielmehr wird die Herrschaft von ihnen unmittelbar oder in ihrem Namen ausgeübt, deshalb geht die Macht grundsätzlich und ursprünglich von den Bürgern aus. Im normativen Verständnis der Demokratie wird die Machtausübung durch die Bürger vermittels der politischen Institutionen in Entscheidungen umgesetzt, die wiederum Steuerung seitens der politischen Institutionen bewirken. Aber tatsächlich ist es komplizierter.

Wenn die Bürger transitive Macht ausüben, als *Input* für die politischen Institutionen (Abb. 14, linke Seite), so teils direkt, teils indirekt. Direkt üben sie transitive Macht aus, indem sie ihre Interessen bei ihren Institutionen durchsetzen: durch persönliche Einflussnahme, durch den Druck der öffentlichen Meinung, durch Interessengruppen und Einflussnahmen unterschiedlichster Akteure und schließlich – als verbleibendes Element der direkten Demokratie in modernen Repräsentativdemokratien – durch formelle Abstimmungen in Form von Volksentscheiden oder Bürgerentscheiden.[200] Im Vordergrund steht allerdings in der modernen Demokratie zur Vorbereitung politischer Entscheidungen die indirekte Ausübung transitiver

199 Viele dieser Elemente sind auch im Konzept der politischen Integration von Markus Linden enthalten (Kap. 2, Fn. 22), der politische Integration sehr abgewogen auf der Grundlage unterschiedlicher theoretischer Konzepte herleitet. Er verbindet politische Integration ausdrücklich mit politischer Repräsentation und gelangt zu dem Ergebnis: „Politische Integration bezeichnet die zentralen Prozesse zur dauerhaften Herstellung und Aufrechterhaltung politischer Einheit. Insofern bezieht sich dieser Begriff auf die subjektiv-perzeptionelle Einbindung der aktiv oder passiv teilnehmenden Bürger ins politische Gemeinwesen“ (Linden 2006: 274). Dazu verbindet er eher unspezifisch politische Repräsentation und Partizipation: „Politische Integration beinhaltet zwei Mechanismen: Zum einen die politische Repräsentation im Sinne einer gemäßigten und durch zurechenbare Handlungen gekennzeichneten symbolischen wie inhaltlichen Repräsentation der relevanten gesellschaftlichen Konfliktlinien. Zum anderen die demokratische und am Minimalkonsens der politischen Einheit ausgerichtete Partizipation im Sinne einer bürgerschaftlichen politischen Teilnahme, welche die stetige öffentliche Manifestation aller relevanten gesellschaftlichen Konflikte und Problemlagen sowie die stetige Rückkopplung zwischen repräsentativer und bürgerschaftlichen Sphäre gewährleistet“ (ebd.). Das Modell der institutionellen Konfiguration führt hier zu einer systematischen Ausdifferenzierung.

200 Volksentscheide als Abstimmungen gem. Art. 20 Abs. 2 GG sind auf Bundesebene nur bei der Neugliederung von Ländern (Art. 29 GG) zulässig, auf Landesebene allerdings vielfältig entsprechend den jeweiligen Landesverfassungen. Hinzu kommen Bürgerentscheide in den Kommunen und Landkreisen.

Macht durch die Bürger. In der repräsentativen Demokratie beruht die politische Willensbildung vorrangig auf der Wahl der Repräsentanten, welche den Willen der Bürger repräsentieren (sei es als freies oder als imperatives Mandat). Wahlen setzen eine Kandidatenaufstellung voraus, die hauptsächlich seitens der Parteien erfolgt, die an der politischen Willensbildung mitwirken (Art. 21 Abs. 1 GG), und sie haben eine repräsentative, demokratisch legitimierte Volksvertretung zum Ergebnis. Maßgebend dafür ist das Prinzip der Repräsentation. Transitive Macht allein genügt nicht, sie ist untrennbar mit Repräsentation verbunden. Erst durch das Prinzip der Repräsentation erhält die Macht ihre spezifische Ausgestaltung in modernen Demokratien, um den Willen der Bürger zu realisieren. Auf diese Weise leistet Repräsentation in der Ausformung der Machtausübung durch die Bürger die *input-orientierte Legitimation* der politischen Institutionen in der Demokratie.[201] Politische Repräsentation, so wurde bereits festgestellt (Kap.2.4), ist Formgebung und Legitimation von Macht.

Wenn der Wille der Bürger in der politischen Repräsentation zur Geltung kommen soll, so haben wir es mit Repräsentation durch Mandat oder mit „askriptiver Repräsentation" zu tun, nämlich mit einer Zurechnung des Willens der Bürger auf die Repräsentanten; das ist die Grundbestimmung der Repräsentation als Willensbeziehung (Kap. 5.1 Einl.). Da eine unmittelbare Willensübertragung, wie schon von Rousseau bemerkt, nicht stattfinden kann, enthält die Zurechnung immer ein Element von Fiktion. Indem der Wille von den Repräsentierten auf die Repräsentanten nicht übertragen, sondern die Handlungen der Repräsentanten den Repräsentierten zugerechnet werden, handeln die Repräsentanten *für* die Repräsentierten, und zwar so, *als ob* diese es wären, welche handeln. Die Fiktion ist notwendig, um die Zuschreibung zu legitimieren; sie ist in jedem Repräsentationsverhältnis gewollt (Kap. 5.1.3). Aber sie kann doch nicht rein kontrafaktisch sein – sonst bestünde hier keine Willensbeziehung mehr, und die Legitimation wäre rein ideologisch. Also bedarf die Fiktion stets institutionell gesicherter Elemente der Einflussnahme und Kontrolle seitens der Repräsentierten, ein *fundamentum in re*, welches den fiktiven Charakter der Zurechnung in die Form der Willensbeziehung einpasst und legitimiert.

Die Zurechnung ist auf der formellen Seite politischer Willensbildung bei allen Formen politischer Repräsentation – vom „imperativen" bis zum „freien" Mandat, von den geregelten Verfahren der Personenauswahl und Kompetenzzuweisung durch Wahlen bis hin zu korrigierenden Eingriffen durch Initiativen und Abstimmungen der Bürger – unmittelbar ersichtlich und nachprüfbar. Sollten die Repräsentanten allzu offensichtlich gegen allgemein Belange verstoßen, so riskieren sie ihre Abberufung, ihre Nicht-Wiederwahl oder den Stopp durch Rechtsaufsicht bzw. Gerichte. In jedem dieser Fälle sind ihre Handlungsoptionen durch Regulierung eingeschränkt. Erheblich schwieriger und normativ problema-

201 Zur input- und output-orientierten Legitimation vgl. Scharpf 1970/1975: 21-28 (hier noch „rationalisieren", nicht „Legitimation" genannt), 1999: 16-28, 2004: 2.2; dazu Kraus 2004. Zusammengefasst: „Aus der ersten Perspektive kommt es darauf an, herrschaftliche Anforderungen möglichst unverfälscht aus den Präferenzen der Mitglieder des Gemeinwesens herzuleiten; für die zweite geht es darum, dass die Ausübung der Herrschaft die Interessen der Mitglieder wirksam fördern soll" (Scharpf 2004: 2.2).

tisch wird es, wenn politische Repräsentation mit Legitimitätsanspruch auf die nicht-formelle Seite der Willensbildung ausgeweitet, wenn sie auch informell und ohne Autorisierung ausgeübt wird. Bürgerbewegungen, NGOs oder andere Einflussnahmen aus der Zivilgesellschaft können, wie neuere Repräsentationstheorien betonen,[202] durchaus politische Repräsentation ausüben; sie berufen sich dabei auf den Volkswillen, auf das Gemeinwohl oder generell auf politische Vernunft. Das mag plausibel sein, bleibt aber strenggenommen willkürlich, solange es keine institutionalisierten, überprüfbaren Verfahren der Autorisierung gibt (und der Sache nach auch schwerlich geben kann). Hier fehlt das Element der öffentlichen Verantwortlichkeit mit der Kontrolle durch Wahlen. Zwar können die vertretenen Anliegen auch Mehrheiten oder die politischen Entscheidungsträger überzeugen – der Legitimationsanspruch der informellen politischen Repräsentation bleibt prekär. Das Dilemma lässt sich allerdings auflösen, zumindest bis zu einem gewissen Grad.

Ernst Fraenkel hat immer wieder betont, dass die repräsentative Demokratie unserer Zeit eine pluralistische Demokratie sein muss. Für ihn ging es dabei vor allem darum, aus der „Verbändeprüderie“ herauszukommen, und so insistierte er darauf, dass nicht nur Parteien, sondern auch Interessenverbände legitim zur politischen Willensbildung beitragen (Fraenkel 1960b: 89f).[203] Dieses Argument lässt sich unschwer auf die gesamte nicht-formelle Willensbildung in der repräsentativen Demokratie ausweiten, also auf Bürgerbewegungen und NGOs, überhaupt auf alle Formen gewaltfreier Einflussnahmen aus der Zivilgesellschaft, sofern es

202 Vgl. Urbinati/Warren 2008, Jentges 2010 (siehe oben Kap. 5, Fn. 121), Saward 2006 und 2010, Linden/Thaa 2011, Michelsen/Walther 2013; kritisch Horneber 2019. Grundlage ist ein erweiterter Repräsentationsbegriff, der vor allem im konstruktivistischen Ansatz seit Saward zu einer eigenständigen, höchst komplexen Theorie ausgebaut wird. Indem in dieser Sicht die Repräsentierten mit dem Blick auf *representative claims* erst mit der Repräsentationsbeziehung als Gruppe (constituency) existent werden, ist das klassische Verhältnis zwischen Repräsentierten und ihren Repräsentanten aufgebrochen, denn durch diese werden sie als Gruppe der Repräsentierten erst erzeugt (vgl. auch Disch 2015, 2019 und 2021). Eine Abbildung bestehender Interessen ist damit ebenso ausgeschlossen wie eine unmittelbare Legitimation der Vertretung. Ich selbst verfolge, wie bei den Symbolen (Kap. 3.3) ausgeführt, durchaus einen konstruktivistischen Ansatz, allerdings insoweit gemäßigt, als dass Konstrukte nie unabhängig von ihrem materiellen Substrat, hier also den sozialen Bedingungen, Konfliktlinien und Kämpfen gesehen werden dürfen (vgl. ähnlich Mateo 2018: Repräsentation ist begründet in einer Dialektik zwischen Formierung und Abbildung, der zufolge das Volk sowohl formiert als auch als vorrangig vorausgesetzt und abgebildet werden muss). Ein radikaler Konstruktivismus hat hier keinen Platz. Anders sieht es aus, wenn – wie dies vor allem Disch betont –, die Erzeugung einer constituency nicht materiell verstanden ist, weil die Gruppe der Beteiligten nicht als solche, sondern nur in ihrer Qualität als *constituency* erzeugt wird: „The representative claim constructs neither individual people nor groups directly but 'ideas' of constituencies that position them in the ideological and institutional 'matrices' of party politics“ (Disch 2019: 7). In diesem Verständnis bleibt der konstruktivistische Ansatz, wenn man von seinen Legitimationsproblemen absieht (Urbinati 2019), mit dem Modell der institutionellen Konfiguration durchaus noch kompatibel, siehe unten Fn. 221.

203 Fraenkel macht dabei aber zwei Einschränkungen: Erstens muss sich die Vertretung von Kollektivinteressen durch Verbände/pressure groups, um als legitim anerkannt zu werden, an die Standards des Minimalkonsenses (fair play und Mindesterfordernisse an sozialer Gerechtigkeit) halten. Zweitens müssen die Interessengruppen durch einen institutionellen Mittler in den Prozess der politischen Willensbildung eingegliedert werden – das sind vornehmlich die Parteien. Der erste Grundsatz gilt heute noch ebenso uneingeschränkt (so schwer er auch zur Geltung kommen mag), der zweite Grundsatz überschätzt die Fähigkeiten moderner Parteien, eine zentrale Mittlerfunktion im Prozess der politischen Willensbildung auszuüben. Er ist auch vom Grundgesetz nicht gefordert, da die Parteien bei der politischen Willensbildung des Volks nur „mitwirken“ (Art. 21. Abs. 1 GG). Da ist eher an ein Nebeneinander zu denken, welches allerdings vom Parlament zu demokratisch legitimierten Entscheidungen gebündelt werden muss.

bei indirekter Machtausübung bleibt und das Prinzip der Repräsentation nicht angetastet wird. Es spricht nicht gegen das Repräsentationsprinzip, wenn Interessen aus der Zivilgesellschaft gegenüber der gewählten Volksvertretung gewaltfrei geltend gemacht und dadurch in die vom Gemeinwesen autorisierten Entscheidungsprozesse eingebracht werden. Solange die Entscheidungen für das Gemeinwesen in der gewählten Volksvertretung gebündelt bleiben, ist nicht-formelle Willensbildung in der repräsentativen Demokratie ebenso wie die formelle Willensbildung durch das Repräsentationsprinzip legitimiert, selbst wenn ihre Akteure im formalen Sinn keine Repräsentanten sind. Auf diese normative Festlegung kommt es hier allein an. Tatsächlich richten sich die Einflussnahmen zivilgesellschaftlicher Akteure ebenso wie die Lobby-Arbeit von Verbänden nicht nur auf das Parlament, sondern auf alle in Frage kommenden politischen Institutionen. Direkte und indirekte Ausübung transitiver Macht gehen in der Regel zusammen. Eine strikte Eingrenzung auf das Repräsentationsprinzip lässt sich in einer pluralistischen Demokratie nicht gewährleisten, die Vielfalt der Einflussnahmen höchstens gesetzgeberisch regulieren.

Insgesamt bleibt zu beachten, dass es sich hier um Willens- und nicht um Symbolbeziehungen handelt. Repräsentation durch Mandat kann nie zu einer bloß symbolischen Beziehung ausgedünnt werden, ohne den Charakter der Zurechnung aufzugeben, der für Repräsentation in der Willensbeziehung entscheidend ist. Symbole können nämlich nicht im strikten Sinne zugerechnet werden; sie mögen zwar von den Bürgern generiert sein, sind aber die "ihren" nur in einem Rahmen, der nicht im Einzelnen fixiert ist, vielmehr stets der Interpretation offensteht. Würde die Fiktion, die in der Repräsentation als Willensbeziehung notwendig, zugleich aber strukturbedingt mit realer Kontrolle der Zurechnung verbunden ist, lediglich als symbolischer Ausdruck des Willens der Bürger gehandelt, so wäre ihr die reale Grundlage entzogen. Sie wäre dann in der Tat nur mehr "symbolische" Politik im schlechten Sinn, weil die Zurechnung im Spannungsfeld von Fiktion und realer Willensbekundung durch eine nicht mehr zurechenbare Symbolizität ersetzt wäre.

Der *Output* der politischen Institutionen (Abb. 14, rechte Seite) setzt in der Demokratie den Input durch Macht und Repräsentation der Bürger fort. Politische Institutionen üben Macht in Form von Steuerung aus, und indem sie diese in der Demokratie als Herrschaft ausüben, implementieren sie grundsätzlich den Willen der Bürger. Das ist nicht nur ein normatives, sondern auch ein funktionales Erfordernis der politischen Repräsentation in der Willensbeziehung. Ansonsten würden sich die politischen Institutionen verselbständigen. Die output-orientierte Legitimation der politischen Institutionen wird gewöhnlich daran bemessen, dass ihre Machtausübung effektiv ist. Dieses Kriterium ist notwendig, in der Demokratie aber noch nicht hinreichend. Hier besteht die output-orientierte Legitimation ebenso darin, dass die von den politischen Institutionen in Form der Herrschaft ausgeübte Macht dem Willen der Bürger entspricht. Herrschaft ist demokratisch, wenn sie auch legitim ist, und die Legitimitätsgeltung (Weber 1922: 124) beruht in der Demokratie auf gelingender Repräsentation. Deshalb wirkt in der institutionellen Konfiguration die Repräsentation nicht nur als Beziehung von den Bürgern zu den politischen Institutionen, sondern auch gegenläufig von den politischen Institutionen zu den Bürgern.

Die output-orientierte Legitimation ist in der repräsentativen Demokratie freilich nicht unproblematisch. Nur bei der Umsetzung von Abstimmungsergebnissen, sofern sie korrekt zustande gekommen und rechtskonform durchgeführt sind, oder anderen direktdemokratischen Elementen, welche die Verfassung zulässt, ist diese Legitimation offensichtlich und entscheidbar. Bei der Wahl von Repräsentanten im „freien Mandat" fehlt systembedingt diese Klarheit, wenn konkrete Entscheidungen und ihre Implementation zu rechtfertigen sind, denn die Abgeordneten sind gem. Art. 38 Abs. 1 GG an Aufträge und Weisungen nicht gebunden. Hier kann lediglich gem. Art. 21 GG das Programm der Partei geltend gemacht werden, für welche die Abgeordneten gewählt wurden (ihre „Wahlversprechen"), oder sogleich das Gemeinwohl – ob dies als Legitimation für die Umsetzung des Willens der Bürger allerdings zureicht oder nicht, entscheidet erst die nächste Wahl, wenn Parteien und Abgeordnete für ihre Politik verantwortlich gemacht werden können. Eine Kompensation für diese offensichtliche Schwierigkeit der output-orientierten Legitimation in der repräsentativen Demokratie bietet allenfalls die symbolische Repräsentation, weil mit wichtigen politischen Entscheidungen und ihrer Implementation stets ein Symbolwert verbunden ist. Dieser muss wiederum mit den grundlegenden Wertvorstellungen der Bürger übereinstimmen, sofern symbolische Repräsentation und damit normative Integration gelingen soll.

Politische Repräsentation wirkt so in der Willensbeziehung als Strukturierung und Formgebung von Macht ebenso auf Seiten der Bürger wie auch auf Seiten der politischen Institutionen, und dafür benötigt sie als Korrelat die Symbolbeziehung in der institutionellen Konfiguration. Grundsätzlich ist die Repräsentationsbeziehung eine *dreistellige Relation*. Klassisch wird zwischen den Repräsentanten, den Repräsentierten und den Adressaten der Repräsentation unterschieden. Adressaten sind derjenige oder diejenigen, *vor* denen repräsentiert wird. So wurde im Mittelalter und in der frühen Neuzeit das Volk durch den König vor Gott oder im beginnenden Konstitutionalismus des 19. Jahrhunderts das Volk durch das Parlament vor dem König repräsentiert. Die Dreistelligkeit der Repräsentationsbeziehung ist allerdings für die Moderne fraglich geworden, zwischen Repräsentierten und Adressaten der Repräsentation kann nicht mehr unterschieden werden. Das beruht auf der historischen Durchsetzung der Demokratie. Ihr Grundprinzip ist die Volkssouveränität (Kap. 2.4), und deshalb kann in der Demokratie das souveräne Volk nicht mehr gegenüber einer anderen Instanz, sondern immer nur gegenüber sich selbst repräsentiert werden. Wir haben es also mit einem Reflexivwerden,[204] einem Sich-auf-sich-selbst-Beziehen der Repräsentation zu tun. Jede Form der demokratischen Repräsentation ist dadurch ausgezeichnet, dass die Bürger nicht nur gleich, sondern als Repräsentierte auch die Adressaten der Repräsentation sind; die Akteure als Repräsentierte und die Adressaten der Repräsentation sind

204 So spricht Rainer Schmalz-Bruns von „reflexiver Demokratie", einem noch längst nicht abgeschlossenen Projekt demokratischer Selbstbestimmung (Schmalz-Bruns 1995).

jetzt identisch[205]. Diese Identität kann aber wiederum durch Repräsentation selbst nicht begründet werden, denn Repräsentation gibt Zurechnungen, generiert aber keine gemeinsame Basis – das ist eine Frage von intransitiver Macht. Die Identität der Bürger als Akteure und als Adressaten wird vielmehr durch intransitive Macht realisiert, sie erbringt die gemeinsamen Wertvorstellungen und Ordnungsprinzipien. Intransitive Macht ist in der institutionellen Konfiguration eine Symbolbeziehung, und in der Demokratie stehen auch hier Macht und Repräsentation in Korrespondenz.

7.3 Macht und Repräsentation als Symbolbeziehung

Ich befasse mich zunächst mit der Symbolbeziehung insgesamt (1) und sodann des Näheren mit der Ausübung von intransitiver Macht in der Symbolbeziehung (2).

(1) Macht und Repräsentation gehen als Symbolbeziehung ebenso wie als Willensbeziehung sowohl von den Bürgern als auch von den politischen Institutionen aus. Symbolische Repräsentation und normative Integration, wie sie von den *politischen Institutionen* ausgehen (Abb. 14, Symbolbeziehung rechte Seite), wurden bereits ausführlich behandelt (Kap. 5.2-3, 6.1). Die politischen Institutionen üben nicht nur Macht in Form von Herrschaft aus, sie präsentieren auch symbolisch die grundlegenden Werte eines Gemeinwesens. In der Demokratie sind dies dem Anspruch nach die gemeinsamen Werte der Bürger. Sind sie es tatsächlich, so bewirken sie normative Integration, nämlich die Zuwendung der Bürger zu dem Gemeinwesen, das sie auf diese Weise als das ihre ansehen können (unter der Voraussetzung, dass auch in der Willensbeziehung eine hinreichend reale Partizipation stattfindet). Diese von den politischen Institutionen ausgehende Symbolbeziehung ist zugleich die intransitive Macht, die von den politischen Institutionen ausgeht. Die Macht ist symbolisch, weil sie auf symbolischer Repräsentation, also nur auf der Präsentation der Symbole und nicht auf einer realen Einwirkung beruht.[206] Sie ist intransitiv, weil sie lediglich das Gemeinwesen, also die Bürgergemeinschaft repräsentiert, ohne sich an bestimmte Adressaten zu wenden, also sich auf sich selbst bezieht. Ohne die intransitive Macht der Institutionen, die sich in ihrer symbolischen Repräsentation äußert, gibt es auch keine normative Integration.

Analog verhält es sich auch bei der Symbolbeziehung, die von den *Bürgern* ausgeht (Abb. 14, Symbolbeziehung linke Seite). Eine Bürgergemeinschaft übt im Miteinander-Reden-und-Handeln intransitive Macht aus (Kap. 4.2.3). Diese ist ebenso wie die intransitive Macht, die von den politischen Institutionen ausgeht, ganz auf sich selbst bezogen, nämlich auf das Gemeinwesen, von welchem die

205 Anders ist es, wenn Institutionen die politische Einheit nach außen, gegenüber anderen politischen Einheiten repräsentieren: Hier sind Akteure und Adressaten nicht deckungsgleich. Das ist ein anderer Bezugsrahmen, in dem höchstens partiell – etwa wenn internationale Organisationen als Repräsentanten auftreten – eine solche Identität in Anspruch genommen werden kann. Alles weitere verbleibt dem Gedankengebäude einer demokratischen Weltgesellschaft überlassen.

206 Hier unterscheide ich mich grundsätzlich von Bourdieu. Bei ihm bedeutet symbolische Macht, wie in Kap. 4.2.2 ausgeführt, die Vorgabe einer herrschenden Weltsicht, die für alle Klassen gilt und zugleich gesellschaftliche Ungleichheit begründet und selbstverständlich macht. Er verortet sie allerdings nicht spezifisch in den politischen Institutionen und bringt sie auch nicht, obwohl dies nahe liegen würde, explizit mit seinem Konzept der Repräsentation zusammen (vgl. Kap. 5.2.3).

Bürger ebenso wie die politischen Institutionen jeweils ein Teil sind. Ebenso wie diese gehört sie zur *Symboldimension.* Es mag mit Blick auf die Begründung des Konzepts intransitiver Macht durch Hannah Arendt etwas verwunderlich klingen, dass intransitive Macht in der institutionellen Konfiguration allein als symbolisch bestimmt wird, dass sie hier nicht als Willensbeziehung auftritt. Schließlich ist für Hannah Arendt Macht im Gegensatz zur Gewalt das Miteinander-Reden-und-Handeln der Bürger. Bleibt also nur das Reden übrig? Keineswegs, wenn man intransitive Macht konkret auf die institutionelle Konfiguration moderner Demokratien bezieht. Handeln kann stets auch symbolisch sein, nämlich symbolisches Handeln (Kap. 3.1), so gehört es genuin auch zur Symbolbeziehung. Hier wirkt nun derselbe Mechanismus, der auch die historische Entwicklung der Demokratie zur repräsentativen Demokratie zur Folge hatte: dass in größeren politischen Einheiten wie dem Flächenstaat eine unmittelbare Herrschaftsausübung durch gemeinsames Beraten und Entscheiden und somit gemeinsames Handeln nicht mehr möglich ist und deshalb in eine institutionalisierte Repräsentation überführt werden muss (Kap. 5.1.2). Dieser Ausdifferenzierungsprozess betrifft auch die Willens- und Symbolbeziehung. In der antiken demokratisch verfassten Polis – als Muster etwa die athenische Volksversammlung – waren transitive Macht und intransitive Macht im *demos* noch ungetrennt. Das entspricht dem Verständnis von Macht bei Hannah Arendt. Die Herausbildung der neuzeitlichen repräsentativen Demokratie erbrachte eine Ausdifferenzierung der Macht der Bürger,[207] nämlich einerseits in ihre nun vor allem indirekt ausgeübte transitive Macht durch politische Repräsentation, andererseits in ihre nun symbolisch ausgeübte intransitive Macht in Form eines gemeinsamen Wertefundus, der symbolisch durch seine Präsentation vermittels der politischen Institutionen präsent gehalten und durch normative Integration stets aktualisiert wird. Wenn in der repräsentativen Demokratie die Macht der Bürger nicht mehr unmittelbar wirkt, sondern in der Willensdimension ihre Form und Legitimation erst durch politische Repräsentation erhält, so bedarf es einer Grundlage, die an die Stelle des gemeinsamen, unmittelbar ausgeübten Willens tritt, und das sind die gemeinsamen Wertvorstellungen der Bürger, die nur symbolisch präsent gehalten werden können. Das ist die intransitive Macht, die von ihnen ausgeht, auf ihr beruht die normative Integration durch symbolische Repräsentation. Gemeinsame Wertvorstellungen benötigt auch jede direkte Demokratie, aber in der repräsentativen Demokratie, in der es angesichts der Mittelbarkeit der Einflussnahme entscheidend der normativen Integration be-

207 So bereits sehr klar der junge Hegel: „Dies ist die schöne glückliche Freiheit der Griechen, die so sehr beneidet worden [ist] und wird. Das Volk ist zugleich aufgelöst in Bürger, und es ist zugleich das Eine Individuum, die Regierung. Es steht nur in Wechselwirkung mit sich. Derselbe Wille ist der Einzelne und derselbe das Allgemeine ... Aber es ist eine höhere Abstraktion notwendig, ein größerer Gegensatz und Bildung, ein tieferer Geist ... Die höhere Entzweiung ist ... dass jeder vollkommen in sich zurückgeht ... Er lässt als Einzelner das Allgemeine frei; er hat vollkommene Selbständigkeit in sich, er gibt seine Wirklichkeit auf, gilt sich nur in seinem Wissen" (Hegel J 239f|267f). Hegel vermeidet den naheliegenden Schluss vom griechischen demos auf die moderne Volkssouveränität und lässt nur die konstitutionelle Monarchie gelten. Er geht nur den ersten Schritt der Ablösung vom Identitätsprinzip, und weil er dabei stehen bleibt, ist für ihn nur die Monarchie vernunftgemäß. So verfolgt er auch gar nicht den Weg, wie in der Neuzeit Volkssouveränität auch in der Entzweiung, nämlich durch das Repräsentativprinzip, begründet worden ist (wie bei Sieyes und im Federalist). Echte Volkssouveränität kann er sich, wie viele Konservative und auch Liberale seiner Zeit, nur negativ in der identitären Konzeption von Rousseau vorstellen.

darf, sind sie von der transitiven Macht entkoppelt und symbolisch als intransitive Macht ausgebildet.

Aufgrund dieser Entkopplung tritt in der institutionellen Konfiguration auch die intransitive Macht des Gemeinwesens gewissermaßen verdoppelt auf, nämlich auf Seiten der Bürger und auf Seiten der politischen Institutionen: intransitive Macht, die von den Bürgern, und intransitive Macht, die von den politischen Institutionen ausgeht. Das klingt zunächst paradox, denn intransitive Macht wurde im Gegensatz zur transitiven Macht dadurch bestimmt, dass sie sich nicht auf andere, sondern auf sich selbst bezieht. Wie sind also intransitive Machtbeziehungen zwischen den Bürgern und den politischen Institutionen möglich, wenn in der Demokratie die intransitive Macht der politischen Institutionen auf derjenigen der Bürger beruht? Eben nicht als Willensbeziehungen im Sinne von Hannah Arendt, sondern (bloß) als Symbolbeziehungen, weil es in der modernen Demokratie keine unmittelbare Einheit von Bürgern und ihren politischen Institutionen geben kann. Um die politische Einheit dennoch zu erhalten, welche nun eine politische Einheit aus den Bürgern und ihren politischen Institutionen sein muss, ist der Selbstbezug der intransitiven Macht gewissermaßen auseinandergezogen. Wenn es im Gemeinwesen eine Trennung von Bürgern und politischen Institutionen gibt, aber so, dass sie miteinander in Wechselwirkung stehen, so muss auch die Macht des Gemeinwesens sowohl von den Bürgern als auch von den politischen Institutionen ausgehen. Dabei haben die Bürger das Primat, so geht die intransitive Macht von den Bürgern aus und wird von den politischen Institutionen reflektiert. Diese Wechselwirkung kann aber nur eine symbolische sein.

Intransitive Macht konstituiert die gesellschaftliche Wirkungseinheit als gemeinsamen, symbolisch präsenten Handlungsraum (Kap. 4.2.3) und ist so die Grundlage des Gemeinwesens und seiner transitiven Macht. Ihren Ausdruck findet sie in der Generierung einer symbolischen Ordnung (Rehberg 1994, 1997), in der sich bestimmte Symbole in mehr oder weniger heftigen sozialen Auseinandersetzungen als Orientierungsrahmen durchsetzen. Hierauf ist jede auf Dauer angelegte Geltung von Regelsystemen in der Willensbeziehung begründet. Persistenz in der Abfolge der Situationen mit ihren sich verändernden Machtverhältnissen und Interessenlagen erhält sie nur, indem sie sichtbar auf Dauer gestellt, also institutionalisiert wird, nämlich in der symbolischen Repräsentation durch die politischen Institutionen. Aber diese muss in der Demokratie tatsächlich von den Bürgern ausgehen, nur so ist symbolische Repräsentation seitens der politischen Institutionen der Demokratie angemessen.

Welche Form sie dabei erhält und wie sie legitimiert ist, wird in der Symbolbeziehung durch die von den Bürgern ausgehende Repräsentation ausgemacht. Wie in der Willensbeziehung, so korrespondieren auch in der Symbolbeziehung Macht und Repräsentation, und in der Demokratie gehen sie sowohl von den politischen Institutionen wie von den Bürgern aus. Dabei zeigt die Ausübung von Macht und Repräsentation eine Asymmetrie in der Willens- und der Symbolbeziehung, allerdings komplementär. In der *Willensbeziehung* erfolgt die Ausübung von Macht seitens der politischen Institutionen durch politische Steuerung, seitens der Bürger vor allem durch Wahlen. Hier ist Macht als transitive Macht die Bedingung der politischen Repräsentation, denn in der institutionellen Konfiguration ist politische Repräsentation die Formgebung und Legitimation von Macht (Kap. 2.2.4). Sie kann für sich allein gar nicht ausgeübt werden, ohne Macht ist sie in der institutionellen Konfiguration nicht relevant. Für die Ausübung von Macht als Steuerung hat politische Repräsentation vornehmlich die Funktion der Kontrolle seitens die Bürger – formalisiert insbesondere durch periodisch abgehaltene Wahlen – spielt also vor allem eine indirekte, limitierende Rolle. Anders in der *Symbolbeziehung*: Hier ist politische Repräsentation konstitutiv, als symbolische Repräsentation dient sie der normativen Integration der Bürger durch die politischen Institutionen. Sie ist die allein mögliche Form, in der die Bürger in der Symbolbeziehung intransitive Macht ausüben, und somit kommt in der Symbolbeziehung der institutionellen Konfiguration die (intransitive) Macht nur vermittels der (symbolischen) Repräsentation zur Geltung.

(2) Wie wird die intransitive Macht nun *ausgeübt*? Wie bereits erörtert, erfolgt ihre Ausübung seitens der politischen Institutionen durch normative Integration und symbolische Repräsentation (Kap. 7.1). Die Ausübung der intransitiven Macht seitens der Bürger – das soll im Folgenden ausgeführt werden – erfolgt durch *Imagination* als Komponente der Macht und durch ihre Transformation in *Leitideen* als Komponente der Repräsentation (Abb. 14, Symbolbeziehung linke Seite).

Dazu stütze ich mich auf die Arbeiten von Thomas Kestler und Paula Diehl. Beide müssen allerdings in gewissem Maße eingepasst werden, denn Kestler gibt für das Verhältnis von Bürgern und politischen Institutionen keine nähere Ausdifferenzierung, wie ich sie mit Macht und Repräsentation unternehme; sein Ansatz ist aber hilfreich zum Verständnis der Wirkungsweise symbolischer Macht. Diehl wiederum fokussiert allein die politische Repräsentation, auf die sie das Konzept der Imagination von Cornelius Castoriadis anwendet, der wiederum bei Kestler keine besondere Rolle spielt.[208] Beide zusammengenommen erbringen den fehlenden Baustein zum Verständnis der von den Bürgern ausgehenden symbolischen Repräsentation.

> *Kestler* geht es darum, den drei geläufigen Varianten des Neo-Institutionalismus – ökonomischer oder Rational-Choice-Institutionalismus, soziologischer und historischer Institutionalismus – eine vierte Variante hinzuzufügen, den „ideenbasierten Neo-Institutionalismus". Er beruht darauf, dass Ideen genuine Antriebskräfte kollektiven Handelns sind, weil sie unmittelbar emotionale Wirkung entfalten. So geht es ihm darum, „die motivationale Wirkung von Ideen und deren essentielle Bedeutung für die Entstehung und Funktionsweise von Institutionen theoretisch zu fundieren" (Kestler 2022: 102), um auf dieser Grundlage den Einfluss von Ideen anhand von empirischen Fällen komparativ nachzuweisen. Dies sind, ausgewählt nach dem Prinzip des „Most-Different-Systems-Designs", also möglichst weit voneinander abweichender Fälle, die Partei DIE GRÜNEN

208 Kestler bezieht sich vor allem auf Searle (2023: 68).

in Deutschland, die brasilianische Arbeiterpartei (*Partido dos Trabalhadores*) sowie die US-amerikanische *Tea Party*-Bewegung.

In seiner theoretischen Grundlegung (15-149) holt Kestler weit aus. Ein ideenbasierter Neo-Institutionalismus lässt sich (nur) dadurch begründen, wenn gezeigt wird, wie aus individuellen Handlungsmotivationen Anreize in Bereichen entstehen, die nicht mehr der individuellen Erfahrung offen stehen, also Makrostrukturen wie Nationalstaaten oder Parteien. Das sind, so wird man hinzufügen, auch die politischen Institutionen in der institutionellen Konfiguration. Diese Handlungsanreize entstehen über kollektive Intentionalität und Imagination. Kollektive Intentionalität bedeutet, dass sich alle Gruppenmitglieder in einer „Gleichgerichtetheit von Handlungsorientierungen" so verhalten, „als ob sie in einer kleinen Gruppe handeln würden" (71).[209] Aber sie wirkt erst, wenn ein Kollektiv besteht, sie erschafft es nicht. Dieses entsteht vielmehr durch geteilte Imaginationen, durch kollektive Vorstellungen. So ist, wie Benedict Anderson (1983) gezeigt hat, die Nation nichts anderes als eine imaginierte nationale Gemeinschaft; ihre Mitglieder kennen nur wenige der anderen, aber sie alle eint die geteilte Imagination dieser Gemeinschaft. Durch den Faktor Imagination erhalten Ideen motivationale Bedeutung, vermittels der Imagination werden sie in einem Wir-Bewusstsein emotional wirksam (79).[210] Das „vorreflexive, unthematische Wir-Gefühl ... wird zu einem virtuellen Kollektivsubjekt in einem kollektiven Vorstellungsraum ausgeformt", und kollektive Intentionalität ergibt sich dann dadurch, dass sich das Wir-Gefühl in einem „gemeinsamen Focus" auf ein „intentionales Objekt" ausrichtet, wodurch ein „synchronisierender äußerer Anreiz" entsteht (86f). Diese Überlegungen münden in ein Phasenmodell für die Entstehung von Institutionen (93), wie es dann für die empirischen Fälle Anwendung findet: 1. vorreflexive Form von Gemeinschaftlichkeit (Kommunikation), 2. kognitive Strukturierung (Imagination), 3. Herstellung kollektiver Intentionalität durch synchronisierende Stimuli (Synchronisation).

Mit Kestler lässt sich plausibilisieren, wie die intransitive Macht der Bürger gemeinsame Werte als Grundlage politischer Institutionen generiert. Durch geteilte Imaginationen der Bürger entstehen im institutionellen Fernbereich, also in den

209 Zu den Formen kollektiver Intentionalität: Schroth 2022.

210 Ideen werden von Kestler in einem ganz weiten Sinn als Vorstellungen verstanden, das macht die motivationsbildende Kraft, die er bei ihnen hervorhebt, nicht so recht deutlich. Er schreibt mir dazu: „Der Begriff ‚Ideen' bleibt in der Tat ein Stück weit unbestimmt, da es sich eigentlich um einen Platzhalter handelt, der ein breites Spektrum an kognitiven Inhalten umfasst, von einfachen Schemata bis hin zu umfassenden Deutungssystemen, die auch in ihrer Verbreitung variieren können ... Entscheidend sind jedoch in der Tat die ausgebauten Vorstellungswelten, um die es auch in den drei Fallbetrachtungen geht, da nur diese auf der kollektiven Ebene motivational wirksam werden und handlungsorientierende Qualität besitzen" (Mail v. 8.8.2022, zit. mit Einverständnis Th.K.). Hilfreich ist eine Präzisierung, die er später vornimmt (Kestler 2023: 67-71). Er unterscheidet zwischen „ideas-as-representations" und „ideas-as-imaginations", nämlich Vorstellungen, die sich auf reale Objekte beziehen, und Vorstellungen, die keine solche Referenz haben: Gott, Heilige und Paradies, aber auch Demos und Nation (68, ähnlich wie unten bei Castoriadis/Diehl). Nur auf letztere kommt es hier an. Als geteilte Vorstellungen sind sie „a mental mechanism changing the intentional structure of beliefs and, thereby, giving a way to a collective subject on the individual level" (ebd.).

politischen Institutionen, gleichgerichtete Handlungsorientierungen, eine kollektive Intentionalität oder ein virtuelles Kollektivsubjekt. Auf diese Weise werden hier Ideen motivational wirksam, weil sich das Handeln der Bürger von ihren unmittelbaren Wahrnehmungen löst und in einen virtuellen gemeinsamen Raum verlagert. In der Demokratie sind die motivbildenden Ideen die gemeinsamen Wertvorstellungen der Bürger, und so werden sie in der institutionellen Konfiguration zur bestimmenden Grundlage der politischen Institutionen, genauer – wie noch mit Hauriou zu sehen – zu ihren *Leitideen*. Welche Ideen allerdings zu Leitideen avancieren und wie sie als solche legitimiert sind, wird nicht in der symbolischen Macht der Bürger, sondern in der von den Bürgern ausgehenden symbolischen Repräsentation entschieden.

Hierfür ist das Konzept des Imaginären von Castoriadis, wie es Paula Diehl für die Theorie politischer Repräsentation zugänglich macht und weiterentwickelt, besonders hilfreich.

> *Castoriadis* hat mit seinem Werk „Gesellschaft als imaginäre Institution“ (1975, deutsch 1990) die Gesellschaftstheorie erheblich beeinflusst, aber es theoretisch oder empirisch anzuwenden, ist schwierig (Diehl 2015: 81). Das Imaginäre ist für die Gesellschaft schlechthin grundlegend. Es ist die „unaufhörliche und (gesellschaftlich-geschichtlich und physisch) wesentlich indeterminierte Schöpfung von Gestalten/Formen/Bildern, die jeder Rede von ‚etwas‘ zugrunde liegen“ (Castoriadis 1990: 12). Das Imaginäre ist somit auch grundlegend zum Verständnis von politischer Repräsentation, aber so konkret wird Castoriadis nicht. Hier setzt *Paula Diehl* an und entwirft eine Theorie politischer Repräsentation, die systematisch das Symbolische und ausgehend von Castoriadis auch das Imaginäre mit einbezieht (Diehl 2015, zusammengefasst 2019a).[211]
>
> Sie argumentiert dazu in zwei Schritten:
> 1. Mit Castoriadis kann man „das Imaginäre als eine Ebene des Gesellschaftslebens und -tuns definieren, die die Entstehung von Wirklichkeitskonstruktionen ermöglicht. Es liefert sowohl die mentale Organisationsstruktur als auch das kollektive Repertoire von Bildern, Symbolen, Vorstellungen und sogar von Emotionen“ (2015: 81). Politik ist daher nicht nur auf ein symbolisches, sondern auch ein imaginäres Fundament angewiesen, welches ihrerseits dem Symbolischen zugrunde liegt. Das Imaginäre „garantiert den Zugang der Bürger zu den politischen Symbolen und die Bindung an die politischen Institutionen, ermöglicht die Anerkennung politischer Repräsentanten und strukturiert die symbolische Repräsentation ... Politische Repräsentation als symbolische Repräsentation kann deshalb nur wirken, wenn sie im Imaginären verankert ist und dieses auch zum Ausdruck bringt“ (87f).

211 Ich gehe deshalb hier auf Castoriadis nicht näher ein und folge Paula Diehl. Zum Imaginären in der Politik siehe auch Frank et al. 2002, Koschorke/Lüdemann 2007, Doll/Kohns 2014. In ihrer lesenswerten, leider sehr knappen Einleitung verweisen Doll/Kohns auf den Ursprung in der Theorie der Imagination bei Rousseau, an die auch die These der imagined communities von Benedict Anderson „verblüffend traditionell“ anschließt (Doll/Kohn 2014: 7-18, hier: 13).

2. Aber Castoriadis selbst bezieht sich nicht auf politische Repräsentation, diese lässt sich bei ihm bestenfalls unter das Imaginäre subsumieren. Um diesen Zusammenhang herzustellen, entwickelt Diehl das Theorem der „primären Referenz der symbolischen Repräsentation" (2015: 91-132). Dabei knüpft sie an die „imaginären Bedeutungen" bei Castoriadis an, die das Imaginäre jeweils historisch konkretisieren. „Imaginäre Bedeutungen sind Organisationsschemata von Wirklichkeitswahrnehmung und Sinnkonstruktion, sie strukturieren das Symbolische und somit auch die symbolische Repräsentation der Politik" (98). Sie haben im Gegensatz zu den Symbolen kein Signifikat, kein Referenzobjekt, auf das sie verweisen, vielmehr schafft das Imaginäre in Form der imaginären Bedeutung das Signifikat selbst. Beispiele sind „Gott" oder „Volkssouveränität". Diese imaginären Bedeutungen „konstruieren, organisieren, artikulieren die soziale Welt und geben ihr Sinn" (99). Sie konstituieren das Symbolische, sind aber auch stets auf den symbolischen Ausdruck angewiesen (2019a: 47). Um sie selbst zweifelsfrei als historisch entstanden und veränderbar auszuweisen und auf das politische Imaginäre und somit auf politische Repräsentation auszurichten, fasst Diehl sie nun als „primäre Referenz der symbolischen Repräsentation" (2015: 100). Sie kann damit die „imaginären Bedeutungen" von Castoriadis in die politische Theorie einbringen: „In der politischen Theorie geht man davon aus, dass es ein normatives Moment der Repräsentation gibt, das den politischen Werten, Prinzipien und Selbstverständnissen Gültigkeit verleiht" (91). Das ist die primäre Referenz, die der symbolischen Repräsentation erst normative Gültigkeit verleiht. Sie ist historisch bedingt, nicht durch eine religiöse Transzendenz vorgegeben. Wie Diehl mit Ernst Kantorowicz und Claude Lefort festhält, hat sich so die primäre Referenz der politischen Repräsentation in einem radikalen Bruch vom transzendenten Gott in der vordemokratischen Repräsentation zum autonomen Volk, zum Prinzip der Volkssouveränität gewandelt (92f).

Mit Diehl lässt sich begreifen, wie in der Symbolbeziehung die von den Bürgern ausgehende Repräsentation die Leitideen für die politischen Institutionen generiert. In der Gesellschaft bezeichnet „Imagination" die Vorstellungen der Bürger, die der Instituierung von Institutionen zugrunde liegen. Politisch, im Gemeinwesen, in der institutionellen Konfiguration, bezeichnet „Imagination" die Vorstellungen der Bürger über ihr Gemeinwesen, und zwar in der Weise, dass sie es als das ihre ansehen können, oder – klassisch-normativ gefasst – die Vorstellungen der Bürger über ein gutes Gemeinwesen. Imagination ist hier das Ensemble von Wertvorstellungen, die als gemeinsame Werte dem Gemeinwesen zugrunde liegen können. Durch die primäre Referenz, nämlich die historisch bedingte Ausformung der Imagination der Bürger zu normativ geltenden Wertvorstellungen, werden die Vorstellungen der Bürger über ihr Gemeinwesen als gemeinsame grundlegende Werte zu den *Leitideen* der politischen Institutionen.

Der Begriff der Leitidee wurde für die Institutionentheorie von Maurice Hauriou eingeführt: Die *idée directrice* ist generell die „Idee des in einer sozialen Gruppe zu schaffenden Werks" (Hauriou 1965: 35), sie bestimmt den Zweck und die Funktion einer verbandsmäßigen Institution. Sie hat objektiven Charakter und bedarf einer organisierten Führungsmacht, der sie sich „zu ihrer Verwirklichung bedient" (40f). Weniger ontologisch, aber ebenso grundlegend ist die Leitidee auch in der Institutionentheorie von Rainer Maria Lepsius. Institutionen beruhen auf Leitideen, die in der Institutionalisierung konkretisiert werden. Durch die „Ausbildung von Rationalitätskriterien" (Lepsius 1995: 395, Lepsius 1997)[212] wird in einem Handlungskontext festgelegt, welche Verhaltensnormen jenseits von subjektiven Motivationen und Interessenlagen im Sinne der Leitidee als Orientierungsmodell gelten. Für Bourdieu sind die durch politische Urteile erzeugten Leitideen die wirksamsten Instrumente symbolischer Macht, weil sie die Erkenntnis und die Konstruktion der Vorstellung von sozialer Welt strukturieren (Bourdieu 2013: 203, siehe dazu oben Kap. 5.2.3). Das Modell der institutionellen Konfiguration erlaubt es nun, diese Vorstellungen der Leitidee institutionentheoretisch näher zu verorten. Die Leitidee erhält ihre konstitutive Bedeutung für politischen Institutionen in der Symbolbeziehung der von den Bürgern ausgehenden Repräsentation, denn hier wird die intransitive Macht, die von den Bürgern ausgeht – nun genauer: die Imagination als Ensemble gemeinsamer Wertvorstellungen der Bürger – in Leitideen für die politischen Institutionen transformiert. Es sind die Leitideen, welche für die politischen Institutionen die Imagination der Bürger zu geltenden gemeinsamen Werten ausformen und legitimieren.

Die Leitideen sind nicht vom Himmel gefallen. Es wäre eine naive Vorstellung, dass es gewissermaßen naturgegeben einen unumstrittenen Fundus gemeinsamer Werte geben könnte, der durch die intransitive Macht der Bürger einfach institutionell in Kraft gesetzt wird. Sicher mag vieles im Gemeinwesen konsensual erfolgen. Die Regel ist jedoch, wie es Bourdieu herausgestellt hat, dass es stets herrschende und somit auch nicht herrschende Wertvorstellungen gibt; die jeweils herrschenden Wertvorstellungen im Gemeinwesen haben sich als Ergebnis symbolischer Kämpfe durchgesetzt. Die intransitive Macht, die von den Bürgern ausgeht, ist somit, für sich gesehen, nur das Reservoir der grundlegenden gemeinsamen Werte – welche von ihnen jeweils für das Gemeinwesen Geltung erlangen und somit als Leitideen für die politischen Institutionen fungieren, ist Ergebnis der Kämpfe um die rechte Repräsentation. So wird etwa bei der Ausarbeitung einer Verfassung darum gekämpft, welche Werte die Macht der Bürger symbolisch repräsentieren sollen. Es versteht sich, dass die Generierung symbolischer Macht der Bürger und ihre Ausformung zu Leitideen in der von den Bürgern ausgehenden symbolische Repräsentation nur analytisch, zum Zwecke des Verständnisses der institutionellen Konfiguration, voneinander trennbar sind. In der Realität gehen sie, wie auch immer verschränkt, zusammen.

Sie sind damit grundsätzlich temporär und veränderbar. Allerdings sind sie auch nicht einfach kurzfristig austauschbar. Die gemeinsamen Werte sind in modernen Demokratien in der Verfassung niedergelegt und weitgehend fixiert. Eine Verfassung ist in der Regel nur mit besonders qualifizierten Mehrheiten veränderbar. Im Grundgesetz dürfen wichtige Grundsätze, insbesondere die in Art. 1 und 20

212 In diesem Sinn sind auch im „evolutorischen Institutionalismus" Leitideen grundlegend für die Institution (Lempp 2009: 71-81, siehe dazu auch unten Kap. 8.3, Fn. 232).

niedergelegten, überhaupt nicht verändert werden (Art. 79 Abs. 3 GG). Die geltenden gemeinsamen Werte sind überdies nicht das bloße Resultat der jeweiligen Kräfteverhältnisse in den symbolischen Kämpfen. Sie sind, wie schon mehrfach dargelegt, in ihrem Kern das Ergebnis historischer Erfahrungen, also der Erfahrungen aus mehr oder weniger lange zurückliegenden symbolischen Kämpfen. Das gilt im Westen etwa für Menschenrechte, religiöse Toleranz, das Rechtsstaatsprinzip oder die Gleichberechtigung der Geschlechter und grundlegend für das Prinzip der Volkssouveränität.[213] In einer funktionierenden Demokratie sind symbolische Kämpfe deshalb stark eingehegt, sie spielen sich vor allem im kontroversen Sektor (Fraenkel) ab (siehe oben Kap. 6.1.3).[214] Der Kampf um herrschende Symbole ist in der Regel daher der Kampf um die herrschende Ausfüllung dieser Symbole (und allenfalls noch um ihre Ergänzung, wenn derzeit etwa die Verantwortung für künftige Generationen in der Klimafrage neu betont wird),[215] und auch diese ist nicht eindeutig fixiert; sie bleibt, weil es sich um Symbole handelt, stets interpretationsbedürftig.[216] Würden dagegen die herrschenden Symbole in Gänze und grundsätzlich in Frage gestellt, so wäre dies eine revolutionäre Situation, deren Kämpfe die institutionelle Konfiguration außer Kraft setzen (unten Kap. 8).

---

213 Wertvorstellungen, die die Ordnung eines Gemeinwesens bestimmen, müssen sich faktisch durchsetzen, aber darum sind sie nicht beliebig, sondern begründungsbedürftig und auch begründungsfähig. Symbolisch vermittelte Ordnungen sind zwar das Ergebnis von Auseinandersetzungen, ihre Leitideen sind die „siegreichen" Wertvorstellungen, aber sie können auch argumentativ gestützt, ihnen kann argumentativ entgegengetreten werden. Wertvorstellungen sind strategisch gesehen Instrumente und Trophäen, argumentativ sind sie das Ergebnis der Verarbeitung von Erfahrungen (auch solchen transzendenten Ursprungs) durch Rückbesinnung auf die Bedingungen des Menschseins und des menschlichen Zusammenlebens. Es gibt unterschiedliche Antworten, die durch unterschiedliche oder unterschiedlich gewichtete und bewertete historische Erfahrungen bestimmt sind – mit ihnen lässt sich argumentieren, um zu gemeinsam übernommenen Interpretationen und damit zu einem gewissen Konsens zu gelangen. So ist etwa die politische Kultur des Westens geprägt durch die Erfahrung der verheerenden Konfessionskriege in der frühen Neuzeit, die zum Prinzip der Toleranz und der Trennung von Kirche und Staat geführt haben. Die Menschenrechte, die aus einer Vielzahl von Erfahrungen der Ungleichheit durch die Aufklärung propagiert wurden, haben aus guten Gründen inzwischen Universalitätsanspruch erhalten. Trotzdem können sie nur immer wieder geltend gemacht, aber nicht einfach durchgesetzt werden, schon gar nicht mit Gewalt. Vgl. dazu näher Göhler 2007e.

214 In diesem Zusammenhang lässt sich auch gut dem möglichen Missverständnis begegnen, im Modell der institutionellen Konfiguration bestehe zwischen Willensbeziehung und Symbolbeziehung eine strikte Trennung. Dass das Modell analytisch zwischen Willensbeziehung und Symbolbeziehung unterscheidet, besagt nicht, dass es zwischen beiden Beziehungen keine Wechselwirkungen gebe. Tatsächlich ist die Willensbeziehung stets von der Symbolbeziehung beeinflusst, denn herrschende Symbole sind ein Parameter auch für Auseinandersetzungen in der Willensbeziehung. Umgekehrt beeinflusst auch die Willensbeziehung die Symbolbeziehung, denn herrschende Symbole sind stets das Ergebnis von symbolischen Kämpfen, in denen sie sich temporär durchgesetzt haben. Solche Auseinandersetzungen beruhen auf der Intention, die eigenen Vorstellungen durchzusetzen, es sind also Auseinandersetzungen in der Willensbeziehung, um Hegemonie in der Symbolbeziehung zu erreichen. Ganz deutlich wird das im Konzept des Minimalkonsenses bei Ernst Fraenkel in symboltheoretischer Interpretation, auf das ich hier zurückgreife. Der Minimalkonsens ist der nicht-kontroverse Sektor. Aber es ist der kontroverse Sektor, der darüber entscheidet, welche Interpretationen der gemeinsamen Werte akzeptiert werden und welche nicht. Also ist auch der nicht-kontroverse Sektor Ergebnis ganz realer sozialer Auseinandersetzungen, in diesem Fall um die herrschende Interpretation der herrschenden Symbole, und das ist eine Willensbeziehung.

215 Vgl. Beschluss des Bundesverfassungsgerichts zum Klimaschutzgesetz v. 24.3.2021 (Bundesverfassungsgericht 1921), siehe dazu oben Kap. 3 Fn. 45.

216 Rehberg weist darauf hin, dass die Leitidee als Kampfprodukt durchaus auch eine „Synthese von Widersprüchlichem" sein kann (1994: 102). Gerade deshalb ist ihre Geltung nie unbestritten, sondern von unterschiedlichen Situationen, Interessen und Trägerschichten abhängig (ebd.).

Es bleibt festzuhalten: Ohne die Imagination der Bürger gäbe es keine gemeinsamen Werte, die demokratisch repräsentiert werden könnten, und somit auch keine normativ verbindlichen Leitideen der politischen Institutionen. Diese werden durch Institutionalisierung vermittels der Leitideen zu jenen gemeinsamen Werten, die wiederum von den politischen Institutionen den Bürgern gegenüber symbolisch repräsentiert werden. Und erst dadurch, dass es eine Imagination der Bürger gibt, die den repräsentierten gemeinsamen Werten zugrunde liegt, ist wiederum Resonanz bei den Bürgern möglich, wenn ihre Präsentation symbolisch seitens der politischen Institutionen erfolgt.

7.4 Die institutionelle Konfiguration als Rückkopplungsmodell

Insgesamt besteht in der institutionellen Konfiguration der Demokratie ein unmittelbarer Zusammenhang von Macht und Repräsentation, und zwar in der Willensbeziehung ebenso wie in der Symbolbeziehung. Als Funktionsbedingung politischer Institutionen ergibt sich daraus in der Demokratie ein Rückkopplungsmodell.

Dazu ist es zunächst wichtig zu sehen, dass Macht und Repräsentation unmittelbar zusammenhängen, denn grundsätzlich ist Repräsentation die Formgebung für politisch ausgeübte Macht. In der Demokratie erhält politische Macht durch Repräsentation eine Form, die durch den Willen der Bürger konstituiert und legitimiert ist. In der Willensbeziehung bedeutet dieser Zusammenhang von Macht und Repräsentation, dass die transitive Macht der Bürger institutionalisiert in Form von geregelten Einflussnahmen und Abstimmungen sowie vor allem durch Wahlen ausgeübt wird. Das ist Repräsentation durch Mandat oder „askriptive Repräsentation". Andere Formen der Machtausübung durch die Bürger, auch wenn sie mit guten Gründen Berechtigung beanspruchen wie etwa ziviler Ungehorsam, sind durch diese nicht legitimiert. In der Symbolbeziehung ist symbolische Repräsentation, wie zuvor ausgeführt (7.3), die einzig mögliche Form, in der die intransitive Macht der Bürger als Imagination ausgeübt werden kann.

Allein schon aus funktionalen, erst recht aus normativen Gründen müssen Macht und Repräsentation als Komponenten in einem Gleichgewicht stehen. Wenn in der Willensbeziehung die Komponente Macht das Übergewicht über die Komponente Repräsentation erhält, besteht die Gefahr, dass die Macht, sei es ausgehend von den Bürgern oder ausgehend von den politischen Institutionen, sich der Formgebung durch das Prinzip der Repräsentation entzieht, unkontrollierbar wird und damit ihre demokratische Legitimation verliert. Wenn sie dagegen verkümmert, hilft auch Repräsentation nicht weiter. Auch in der Symbolbeziehung kann ein gefährliches Ungleichgewicht entstehen, wenn die symbolische Repräsentation das Übergewicht gegenüber intransitiver Macht erhält. Auf der Input-Seite kann die Imagination der Bürger über gemeinsame Werte zur Schein-Imagination mutieren, indem nur noch die Werte einer Minderheit oder Elite und nicht mehr die gemeinsame intransitive Macht der Bürger zum Ausdruck gebracht wird. Auf der Output-Seite kann sich die symbolische Repräsentation der politischen Institutionen verselbständigen, indem sie nicht mehr die gemeinsamen Werte der Bürger zum Ausdruck bringt. Tatsächlich verliert sie dadurch ihre symbolische Macht, die in der Demokratie ausschließlich auf der symbolischen Macht der Bürger, also ebenfalls wieder ihrer intransitiven Macht beruht. Umgekehrt kann die Imagination der Bürger ebenso wie die symbolische Repräsentation der politischen Institutionen an Ausdruckskraft verlieren, wodurch die Wirkung der Symbole vermindert wird, weil sie weniger Resonanz erzeugen oder keinen Resonanzboden mehr finden – in diesem Fall ist die erforderliche normative Integration des Gemeinwesens in Frage gestellt.

Das Gleichgewicht ist auch generell für Willens- und Symbolbeziehung erforderlich (worauf schon mehrfach hingewiesen wurde). Eine funktionierende Demokratie benötigt sowohl eine gelingende Willensbeziehung als auch eine gelingende Symbolbeziehung. Fehlt oder misslingt die Willensbeziehung, so mangelt es an Partizipation, fehlt oder misslingt die Symbolbeziehung, so mangelt es an politischer Integration. Beide Komponenten müssen gleichgewichtig zur Wirkung kommen, und dies kann auch nicht unabhängig voneinander geschehen.[217]

Wenn es um einen Gleichgewichtszustand sich gegenseitig beeinflussender Komponenten in einem dynamischen System geht, so handelt es sich um eine kybernetische Sichtweise. So gesehen ist das Modell der institutionellen Konfiguration im Zusammenhang von Willens- und Symbolbeziehung ein *Rückkopplungsmodell.*

Wenn politische Institutionen den Bürgern in der Demokratie nicht einfach übergeordnet, vielmehr stets an die Bürger rückgebunden sind, so entsteht ein wechselseitiges Unter- und Überordnungsverhältnis, das nicht durchbrochen werden darf, wenn die Demokratie funktionsfähig und legitimiert bleiben soll. Das eben ist kybernetisch gesehen Rückkopplung. Karl W. Deutsch, der die Kybernetik in bahnbrechender und höchst anregender Weise auf politische Systeme angewendet hat, bestimmt Rückkopplung (Feedback) als ein „Kommunikationsnetzwerk, das auf eine Informationseingabe mit einer Tätigkeit reagiert, deren Ergebnis als Teil einer neuen Information auf das weitere Verhalten des Systems selbst zurückwirkt“.[218] Die institutionelle Konfiguration als ein Rückkopplungssystem aufzufassen bedeutet somit, dass die politischen Institutionen per Informationseingabe auf die Bürger einwirken und damit eine Reaktion der Bürger auslösen, welche per Informationseingabe auf die politischen Institutionen zurückwirkt – oder dass die Bürger per Informationseingabe auf die politischen Institutionen einwirken und damit eine Reaktion der politischen Institutionen auslösen, welche auf die Bürger zurückwirkt. Das mag in jedem politischen System zwischen Institutionen und ihren Adressaten geschehen. Eine institutionalisierte Rückkoppelung leistet aber nur die Demokratie, denn es ist erklärtermaßen ihr Grundprinzip, dass die Bürger ebenso Adressaten wie Akteure sind. So ist der Rückkopplungsprozess

217 Rike Trimçev hat mich zu Recht darauf hingewiesen, dass eine dynamische Symbolbeziehung auf die institutionalisierte Repräsentationsordnung zurückwirken und diese auch verändern kann. Produktive und normativ integrierende symbolische Elemente entstehen oft gerade nicht innerhalb geteilter Spielregeln, sondern im Kampf um die Spielregeln selbst (Rosanvallon 1998).

218 Deutsch 1969: 142. In der Kybernetik ist Rückkopplung ein „für die Funktion eines dynamischen selbstregulierenden Systems geltendes Prinzip, demzufolge die Wirkung einer auf das System einwirkenden Ursache in bestimmter Weise auf diese Ursache zurückwirkt“ (Art. „Rückkopplung“, Digitales Wörterbuch der deutschen Sprache, https://www.dwds.de/wb/R%C3%BCckkopplung, abgerufen am 27.10.2021).

zwischen den Bürgern und ihren politischen Institutionen institutionalisiert, also als Formprinzip verstetigt.

In der Willensbeziehung ist der Input der Bürger in Form von Macht und Repräsentation politische Willensbildung, die zu Entscheidungen in den politischen Institutionen – in der Demokratie letztlich dem Parlament – führt oder führen soll. Sie wird durch die Machtausübung der Institutionen in Form von Steuerung implementiert und ist durch den Rückbezug auf die politische Willensbildung legitimiert. Ihre Ergebnisse, wie sie von den Bürgern wahrgenommen werden, beeinflussen die weitere politische Willensbildung. Probleme, die den Bürgern wichtig sind, wurden gelöst oder auch nicht oder nur teilweise, und auch im besten Fall entstehen durch die erfolgte Problemlösung wieder neue Probleme.[219]

In der Symbolbeziehung besteht der Input darin, dass die intransitive Macht die von den Bürgern ausgeht, symbolisch dargestellt wird. Mithin gibt es, wie zu sehen war (7.2), analog zur politischen Repräsentation als Repräsentation durch Mandat oder askriptive Repräsentation in der Willensbeziehung, die Imagination der Bürger, welche gemeinsame Werte ausbilden, in der Symbolbeziehung. Sie bilden das Reservoir, aus dem sich vermittels der politischen Institutionen aus symbolischen Kämpfen jene maßgebenden Werte herauskristallisieren, die wiederum durch symbolische Repräsentation den Bürgern präsentiert werden. Auf diese Weise kommt die symbolische Macht der Institutionen gegenüber den Bürgern zum Ausdruck, und sie bewirkt normative Integration, wenn sie Resonanz bei den Bürgern erzeugt. Voraussetzung ist, dass es den entsprechenden Resonanzboden gibt und dass er zur Schwingung gebracht werden kann, und dafür ist Voraussetzung, dass es tatsächlich gemeinsame Werte der Bürger sind, welche die politischen Institutionen präsentieren. Nun genauer: dass die symbolisch präsentierten Werte, wie sie sich aus den symbolischen Kämpfen herauskristallisiert haben, im Reservoir gemeinsamer Werte verbleiben, welches die Imagination der Bürger umfasst.[220] Gelingende normative Integration verhilft auf diese Weise dazu, die intransitive Macht des Gemeinwesens zu stabilisieren und wenn erforderlich zu verstärken; weist die normative Integration dagegen aufgrund von Verselbstständigungstendenzen der politischen Institutionen Defizite auf, so wird sie mit der Imagination gemeinsamer Werte durch die Bürger kollidieren. Auf jeden Fall

219 Vgl. DVPW-Kongress 1982: „Gesellschaftliche Probleme als Anstoß und Folge von Politik" (Hartwich 1983).

220 Hier ist der Ort, um anhand der ausgeführten Systematik auf die Kritik von Frank Nullmeier an dem Konzept der Integration durch Verfassung von Hans Vorländer einzugehen (Nullmeier 2006 zu Vorländer 2002, siehe bereits oben Kap. 3 Fn. 44). Im hier interessierenden Kontext stellt Nullmeier die Frage, ob Vorländers Konzept, die normative Integration in der modernen Demokratie auf die symbolische Funktion der Verfassung zu konzentrieren, empirisch hinreicht oder nicht vielmehr zu eng gefasst ist (Nullmeier 2006: 264f, 272ff). Mit dem Hinweis auf Leerstellen, die bei einer Trennung von instrumenteller und symbolischer Funktion für die Analyse entstehen, stellt er diese Trennung schließlich grundsätzlich in Frage (265). Damit ist auch mein institutionentheoretischer Ansatz tangiert. Mein Konzept der institutionellen Konfiguration sollte jedoch Schwierigkeiten, wie sie bei Vorländer eventuell auftreten, vorab vermeiden. Erstens beschränke ich normative Integration nicht auf die Verfassung, sehe in ihr einen wichtigen, aber nicht alleinigen Bezugspunkt der symbolischen Repräsentation in der modernen Demokratie (Kap. 6.1.4 u. passim). Zweitens ist normative Integration im Modell der institutionellen Konfiguration grundsätzlich in einen Rückkopplungsprozess eingebettet, insofern es ebenso auf die Imagination der Bürger und ihren Resonanzboden ankommt (Kap. 6.1.3 und 7.3). So entstehen keine analytischen Leerstellen wie etwas das Misslingen normativer Integration trotz vorhandener oder ihr Gelingen trotz unzureichender Symbolik (Nullmeier 2006: 272f), siehe dazu auch unten Kap. 8.3 (a2) und (b2).

wirkt normative Integration, weil sie vermittels der symbolischen Macht der Institutionen zum Ausdruck gebracht wird, zugleich strukturierend: Sie bietet den Bürgern im Reservoir gemeinsamer Werte eine Ausrichtung und eine primäre Interpretation an, die wiederum ihre Imagination und damit das Reservoir selbst beeinflusst.[221]

Das Rückkopplungsmodell macht augenfällig, dass die institutionelle Konfiguration nicht nur in der Willensbeziehung, sondern auch in der Symbolbeziehung einer permanenten Dynamik unterliegt. In der Willensbeziehung erfordern die jeweils anstehenden und von den Bürgern wahrgenommenen und gewichteten Probleme eine verbindliche Regelung, die in der politischen Willensbildung in Gang gesetzt und vermittels der Herrschaft der politischen Institutionen implementiert wird. Verändern sich die Probleme, so verändern sich nicht nur politische Entscheidungen und ihre Implementation, sondern möglicherweise auch die Form der politischen Willensbildung und der politischen Herrschaft – ersichtlich an neuen Formen der politischen Steuerung – sowie die Struktur der politischen Institutionen selbst. In der Symbolbeziehung ist stets Wandel durch symbolische Kämpfe möglich. Allerdings ist hier zwischen grundlegenden Symbolen bzw. der primären Referenz (Diehl) einerseits und Symbolen, die für sekundären Werte stehen, andererseits zu unterscheiden. Volkssouveränität als der grundlegende Wert der Demokratie hat sich zwar selbst historisch herausgebildet; diese historische Erfahrung aber hat sich soweit verfestigt, dass mit ihrer Aufgabe auch der Wesenskern der Demokratie verloren ginge. Also hängt der Fortbestand der Demokratie davon ab, dass nur sekundäre Werte und ihre Symbolik oder allenfalls auch herrschende Interpretationen der Volkssouveränität sich ändern; Volkssouveränität selbst kann und darf nicht mehr in Frage gestellt werden.

Wie die Veränderungen zu Institutionenwandel führen können, wird im anschließenden Kapitel erörtert. Aber auch wenn es nicht zu einem Institutionenwandel kommt, macht das Rückkopplungsmodell der institutionellen Konfiguration eine grundsätzliche Funktionsbedingung der Demokratie deutlich: Rückkopplung darf nicht gestört oder gar unterbrochen sein, wenn Demokratie ihrer normativen Vorgabe entsprechend funktionieren soll. Ist sie gestört oder zeitweilig unterbrochen,[222] so hat die Demokratie Probleme.

---

221 Ich beziehe mich hier auf das konstruktivistische Repräsentationsverständnis im Anschluss an Saward (siehe oben Fn. 202). Die These, dass constituencies vermittels der representative claims durch die Repräsentanten selbst erst erzeugt werden, ist zunächst provozierend. In der Lesart, dass diese die Ideen bereitstellen, in denen die Repräsentierten sich selbst erst erkennen und somit als Gruppe Existenz gewinnen (was empirisch einiges für sich hat), lässt sich diese These auch im Modell der institutionellen Konfiguration verorten, nämlich im Output der Symbolbeziehung. Sie ist eine Form der Ausübung symbolischer Macht durch die Institutionen, zu denen ja auch die Repräsentanten gehören. Man muss dazu nur den – auch vom konstruktivistischen Repräsentationsverständnis hervorgehobenen – Zusammenhang von Macht und Repräsentation systematisch durchdeklinieren.

222 Ist die Rückkopplung auf Dauer unterbrochen, so hört die Demokratie auf zu bestehen. Siehe dazu unten Kap. 8.3.3.

In der Willensbeziehung entstehen Pathologien, auch wenn die Rückkopplung grundsätzlich noch funktioniert,

- wenn die Bürger ihren Willen nicht hinreichend äußern (z.B. durch geringe Wahlbeteiligung, die auf ein überhandnehmendes Desinteresse hindeuten kann),[223]
- wenn sie ihren Willen nicht hinreichend geltend machen können (z.B. durch Wahlfälschungen),
- wenn politische Institutionen den geäußerten Willen der Bürger nicht adäquat in Entscheidungen umsetzen (z.B. durch inadäquate Gesetze oder Verordnungen, etwa das Klimaschutzgesetz von 2019, dessen Problematik sich an Erfolgen der dagegen eingelegten Verfassungsbeschwerden zeigte),[224]
- wenn politische Entscheidungen nicht oder fehlerhaft implementiert werden (z.B. bei mangelhafter Umsetzung der von Bundeskanzler Olaf Scholz am 27. Februar 2022 verkündeten „Zeitenwende" für die Bundeswehr).

In einem funktionierenden Rechtsstaat können solche Pathologien, soweit sie justiziabel sind, durch Gerichtsentscheidungen kompensiert und behoben werden, letztlich durch das Bundesverfassungsgericht. Politisch sind die Pathologien durch neue Mehrheiten bei der nächsten Wahl oder, soweit formal zulässig, durch Volksabstimmungen bzw. Abwahl der Verantwortlichen lösbar. Die Wahlbeteiligung kann durch Polarisierung in den politischen Auseinandersetzungen, also durch starke Profilierung der Parteien steigen. Bleiben Pathologie längerfristig ungelöst, so mindern sie in der Willensbeziehung die Legitimation und schlagen auch negativ auf die normative Integration in der Symbolbeziehung durch.

Analog zu Pathologien in der Willensbeziehung, zumeist auch in Wechselwirkung mit ihnen, entstehen Pathologien in der Symbolbeziehung,

- wenn die Bürger ihre intransitive Macht nicht demokratiekonform ausbilden und ausdrücken, so dass die Imagination der gemeinsamen Werte keine tragfähige Grundlage für die symbolische Repräsentation durch die politischen Institutionen erbringt (z.B. durch ein Erstarken populistischer oder verfassungsfeindlicher Strömungen in der Gesellschaft),
- wenn die politischen Institutionen die intransitive Macht, die von den Bürger ausgeht, ersichtlich missachten, indem sie ihre Imagination gemeinsamer Werte nicht oder nicht angemessen aufnehmen und sie somit in der symbolischen Repräsentation unzureichend präsentieren, so dass normative Integration nicht gelingen kann. (So hatte 2008 die schwarz-gelbe Koalition unter Angela Merkel den von der rot-grünen Vorgängerregierung beschlossenen Atomausstieg rückgängig gemacht und im Herbst 2010 die Laufzeitverlängerung für die bestehenden Atomkraftwerke beschlossen. Doch drei Tage nach dem Reaktor-

223 Angesichts der Schwierigkeiten, eine geringe Wahlbeteiligung angemessen zu bewerten, wurde hier sehr vorsichtig formuliert. Dass die Demokratie ein angemessene Beteiligung ihrer Bürger benötigt, ist im Grundsatz allerdings unumstritten.

224 Die Verfassungsbeschwerden gegen das Klimagesetz waren gem. Beschluss des Bundesverfassungsgerichts v. 24.3.2021 teilweise erfolgreich, weil auch die ökologischen Belange künftiger Generationen berücksichtigt werden müssen (siehe oben Kap. 3 Fn. 45).

unglück von Tschernobyl machte Kanzlerin Merkel mit ihrer Koalition eine Kehrtwende und verkündete den endgültigen Atomausstieg. Maßgebend war nicht nur der unmittelbare Eindruck der Katastrophe, sondern vor allem die Erkenntnis, dass ein Festhalten an der Atomkraft in Deutschland sich gegen eine überwältigende gesellschaftliche Mehrheit richtete und letztlich unhaltbar wurde – Kanzlerin Merkel reagierte also auf eine unübersehbare Wertverschiebung in der Imagination der Bürger, welche die Gefahren der Atomkraft gegenüber der Energieversorgung vornan stellte, so dass Atomkraft in der symbolischen Repräsentation damals unmöglich wurde. Ganz analog könnte in den 2020er Jahren angesichts der Energie- und Klimakrise wieder ein entgegengesetzten Trend stark werden, der neue Akzeptanzprobleme schafft.)

Konkrete Dissonanzen lassen sich möglicherweise beheben, entweder durch Aufklärung der Bürger oder durch die Einsicht der politischen Institutionen. Je grundsätzlicher aber gemeinsame Werte tangiert sind, umso stärker ist die Demokratie gefährdet, wenn Rückkopplung zwischen Bürgern und politischen Institutionen in der Symbolbeziehung nicht gelingt, und desto wahrscheinlicher wird Institutionenwandel (Kap. 8).

Insgesamt ist Rückkopplung eine notwendige Funktionsbedingung für die Demokratie, ganz gleich, wie sie konkret und historisch ausgestaltet ist. Funktionsstörungen im Rückkopplungsprozess der institutionellen Konfiguration bedeuten *per se* keinen Institutionenwandel, auch wenn sie ihn zur Folge haben können. Bei Institutionenwandel geht es vielmehr, wie im nächsten Kapitel zu sehen sein wird, um solche Veränderungen von Macht und Repräsentation, die eine Veränderung dieser Rückkopplungsprozesse selbst bewirken.

8 Institutionenwandel

Zusammenfassung

Politische Institutionen entwickeln und verändern sich. Dieser Wandel lässt sich vermittels der institutionellen Konfiguration besonders gut beschreiben und bis zu einem gewissen Grad auch systematisieren. In diesem Kapitel wird gezeigt, wie sich anhand der Veränderung von Macht und Repräsentation in der Willens- und Symbolbeziehung verschiedene Formen des Institutionenwandels erfassen lassen.

Jede institutionelle Konfiguration ist historisch entstanden. Sie ist dadurch bestimmt, welche Ideen sich jeweils durchgesetzt haben. Die Demokratie, wie wir sie in der Neuzeit kennen, hat sich durchgesetzt, weil die Bürger das Grundprinzip der Volkssouveränität und daraus folgend die Gleichheit ihrer Beteiligungsmöglichkeit institutionalisieren konnten. Das Modell der institutionellen Konfiguration hält also stets historisch konkrete Erfahrungen fest und lässt zugleich, angesichts der historischen Kontingenz, die weitere Entwicklung offen. Was uns in institutionellen Gebilden sichtbar oder als institutionelle Mechanismen erfahrbar gegenübertritt und bei weiterer Analyse eine institutionelle Konfiguration umfasst, ist stets nur eine temporäre, fragile Ausformung. Institutionen sind demzufolge, kybernetisch gesehen, nur prekäre Gleichgewichtszustände in wechselnden Konstellationen – politische Institutionen sind in der Demokratie prekäre Gleichgewichtszustände von Macht und Repräsentation in der Willens- und Symbolbeziehung. Weil prekär, verändern sich die Gleichgewichtszustände stetig, sie werden stabiler oder instabiler und gehen, sofern die institutionelle Konfiguration erhalten bleibt, in neue Gleichgewichtszustände über. Das ist die *dynamische* Perspektive[225] der institutionellen Konfiguration; daraus lässt sich für die Demokratie eine Theorie des Institutionenwandels entwickeln.

Das kann im Folgenden nur skizziert werden. Es geht mir hier nicht um eine systematische Auseinandersetzung mit unterschiedlichen Ansätzen zur Analyse des Institutionenwandels,[226] sondern um etwas viel Bescheideneres: Ich möchte demonstrieren, gewissermaßen als Abschluss meiner Explikation der institutionellen Konfiguration, welche Möglichkeiten dieses Modell bietet, um auch institutionellen Wandel zu begreifen. Zu diesem Zweck betrachte ich erkennbare Veränderungen der institutionellen Konfiguration und versuche sie, anhand ihrer Grundstruktur systematisch zu erfassen. Daraus ergeben sich Fallunterscheidungen, die beschrieben und exemplifiziert werden (8.3). Erforderlich erscheinen mir zunächst zwei Vorüberlegungen (8.1 und 8.2).

8.1 Institutionen und institutioneller Wandel – ein Widerspruch?

Institutioneller Wandel und in seinem Gefolge die Entstehung neuer Institutionen sind seit 1989 auch in Europa wieder zu einer wichtigen Erfahrung geworden.

225 Analog zur Theoriendynamik in der Wissenschaftstheorie, vgl. Stegmüller 1985.

226 So z.B. Lempp 2009: Kap. 2.4, bes. 123-128, auf der Grundlage des „evolutorischen Institutionalismus" (Patzelt 2007). Näher siehe unten Fn. 232.

Der aus dem Niedergang des Realsozialismus in Mittel-, Ost- und Südost-Europa resultierende Institutionenwandel, spektakulär angezeigt durch den Fall der Berliner Mauer, war nicht der erste in den Demokratisierungswellen der zweiten Hälfte des 20. Jahrhunderts. Anders als frühere Veränderungen erwies er sich allerdings als so radikal und umfassend, dass seitdem nach wie vor schlicht von "der Wende" gesprochen wird. Aber diese Erfahrung ist ebenso richtig wie verdeckend. Die Veränderungen, welche die Wende im Institutionengefüge Mittel-, Ost- und Südost-Europas erbracht hat, sind sicherlich fundamental. Allerdings variiert der Institutionenwandel zwischen dem abrupten Ende bestehender Institutionen in der DDR über die höchst unterschiedliche Neugestaltung demokratischer Institutionen in den europäischen Staaten des ehemaligen Ostblocks bis hin zur zögerlichen, keineswegs aber substantiell demokratischen Umgestaltung der politischen Institutionen in den Nachfolgestaaten der Sowjetunion und den sich später daraus ergebenden Auseinandersetzungen – gipfelnd in einer inzwischen geradezu dramatischen Regression demokratischer Prinzipien in Putins Russland. Von einem "revolutionären" Institutionenwandel kann also nicht einfach und durchgängig gesprochen werden. Überdeckt wird des Weiteren, dass dieser Institutionenwandel nicht plötzlich auftrat, vielmehr sich schon seit längerem eher "schleichend" vollzog und nur noch nicht entsprechend wahrgenommen wurde. Dass es so unterschiedliche Befunde gibt, braucht nicht zu verwundern. Institutionenwandel ist deshalb so vielfältig und auch so schwer zu begreifen, weil er eine Seite der Institutionen anspricht, die diese originär gar nicht auszeichnet. Denn Institutionen stehen gerade *nicht* für Veränderung, sondern für Stabilität – also sollte es doch eigentlich keinen Wandel geben, solange die Institution besteht?

Institutionen suggerieren Dauerhaftigkeit, sie sind auf Dauerhaftigkeit hin angelegt, und trotzdem sind sie nicht dauerhaft, sie unterliegen dem Wandel. Sie entstehen, verändern sich, vergehen. Ohne diese dynamische Komponente sind sie nicht angemessen beschreibbar, vielleicht ist ihre Dynamik sogar das Interessanteste, um sich mit ihnen zu beschäftigen.[227] Ist das ein Widerspruch? Zunächst natürlich nicht, denn in historischer Perspektive ist Gesellschaft mit ihren Institutionen stets in Entwicklung, und sie alle haben eine begrenzte Laufzeit. Aber eine solch einfache Feststellung geht am Problem vorbei. Dauer und Wandel von Institutionen sind nicht nur unterschiedliche Seiten einer und derselben Sache, sondern Institutionen sind – eben weil sie Dauerhaftigkeit im Wandel suggerieren und häufig auch erfolgreich durchhalten – grundsätzlich durch ein prekäres Spannungsverhältnis bestimmt: Ihre Dauerhaftigkeit können sie nur durchhalten, indem sie sich erfolgreich wandeln.

Weil Institutionen auf Dauer hin angelegt sind und vornehmlich diese suggerieren, verändern sie sich zwar, wie sich alle gesellschaftlichen Gebilde historisch verändern. Aber ihr Wandel verläuft häufig unbemerkt, und es kann dazu kommen, dass dieselbe Institution, obwohl nominell unverändert, erst durch ihren Wandel die von ihr prätendierte Funktion erfüllt und sich dadurch selbst konsolidiert.

227 Deshalb tut sich möglicherweise die „radikale Demokratietheorie" mit politischen Institutionen so schwer, weil sie ihnen nur den Anspruch auf Dauerhaftigkeit unterstellt (Herrmann/Flatscher 2020, Flügel-Martinsen 2020).

Oder umgekehrt: Sie besteht formell und dem äußeren Anschein nach unverändert weiter, erfüllt aber ihre Funktionen nicht mehr und verliert ihre Legitimation. Zudem müssen Institutionen mit der Suggestivkraft von Dauerhaftigkeit ihrerseits auf gesellschaftlichen Wandel reagieren, sei es, dass sie sich an gesellschaftliche Prozesse anpassen oder aber diese selbst in Gang setzen. Dazu sind sie nur in der Lage, wenn sie sich selbst entsprechend weiterentwickeln und verändern. Suggerieren sie dabei aber allzu erfolgreich Dauerhaftigkeit, so schlägt dies auf sie selbst zurück. Sie stehen in Gefahr, sich nicht hinreichend dem sozialen Wandel anzupassen und sich selbst nicht mehr, wie erforderlich, zu verändern. So geraten sie in einen Erosionsprozess, indem sie sich verselbständigen und den Bürgern entfremden. Im schlimmsten Fall werden sie abgeschafft.

Wie lassen sich solche komplexen Zusammenhänge erfassen? Der Wandel politischer Institutionen,[228] wenn er denn nicht einfach nur beschrieben werden soll, lässt sich nicht einfach aus ihrer eigenen Rationalität oder ihrer Einbettung in ihre Umgebung begreifen. Statt dessen versuche ich, Institutionenwandel für politische Institutionen anhand der sozialen Beziehungen in der institutionellen Konfiguration zu modellieren. Dazu bedarf es noch einer weiteren Vorüberlegung.

8.2 Die Entstehung politischer Institutionen

Spricht man über Institutionenwandel, so liegt es nahe, zunächst nach der Entstehung von Institutionen zu fragen. Allerdings müsste darüber – selbst eingeengt auf die Entstehung von politischen Institutionen – eine historische Enzyklopädie geschrieben werden. Alle politischen Institutionen sind einmal entstanden, und dies unter den vielfältigsten Bedingungen und Beweggründen. Deshalb ist es ein schwieriges Unterfangen, eine Systematik der unterschiedlichen Entstehungsmuster zu entwickeln.[229] Zudem gibt es generelle Probleme, die es geraten erscheinen lassen, die Analyse des Wandels politischer Institutionen von derjenigen ihrer Entstehung stärker abzusetzen und sich auf den Wandel zu konzentrieren. Sie führen auf eine Analyse des Institutionenwandels, die vom Modell der institutionellen Konfiguration ausgeht, wie sie nachfolgend unternommen wird.

Grundsätzlich ist bei der Entstehung von Institutionen danach zu unterscheiden, ob sie naturwüchsig oder künstlich, in ungesteuerter Entwicklung oder durch ein "institutional design" (Goodin 1996, Offe 2003) entstanden sind. Ersteres gilt vornehmlich für gesellschaftliche Institutionen, denn diese entwickeln sich immer sehr langfristig (z.B. die Familie) und beruhen nicht auf einem Gründungsakt.

228 Ich beschränke mich hier auf politische Institutionen, weil Erkenntnisse über politische Institutionen nicht unbedingt auf andere soziale Institutionen übertragbar sind (Göhler 1994a: 28-32).

229 Das braucht nicht aussichtslos zu sein, wie neuerdings Thomas Kestler (2022) gezeigt hat. Um eine neue Spielart des Neo-Institutionalismus zu etablieren, den „ideenbasierten Neo-Institutionalismus", entwirft er ein Muster für die Entstehung politischer Institutionen durch die motivationsbildenden Kraft von Ideen (91-102) und überprüft dies auch empirisch. Ich habe von seinem Ansatz bereits für die institutionelle Konfiguration (Kap. 7.3) Gebrauch gemacht, und es mag durchaus sinnvoll sein, auf diese Weise auch der Entstehung politischer Institutionen nachzuspüren. Allerdings ist es wohl nicht ganz zufällig, dass die gewählten Beispiele – DIE GRÜNEN in Deutschland, die brasilianische Arbeiterpartei und die US-amerikanische *Tea Party*-Bewegung – nicht im Kernbereich staatlicher Institutionen liegen; die Entstehung einer Verfassung wäre wohl auf diese Weise schwerlich rekonstruierbar.

Letzteres gilt dagegen vornehmlich für politische Institutionen, vor allem in der Neuzeit. Ihre Entstehung lässt sich, insbesondere im staatlichen Kernbereich, zumeist genauer fixieren. So gibt es markante Punkte, an denen bereits bestehende Institutionen auf der Grundlage von Konflikten schließlich eine neue Qualität erhalten (z.B. die Vereinbarung über die Rechte des Parlaments in der Glorreichen Revolution in England 1689/90). Oder politische Institutionen werden neu gegründet wie etwa die Verfassung der USA und das deutsche Grundgesetz. Allerdings besagt der Anfang selbst nicht allzu viel über die tatsächliche Ausprägung dieser Institutionen. Gründungen politischer Institutionen sind zumeist mit Gründungsmythen verbunden, die nachträglich ausgebildet werden und ihre eigene Wirksamkeit entfalten. Selbst wenn der Akt der "Gründung" historisch erfolgt und nachvollziehbar ist, wird zunehmend nicht dieser Akt selbst, sondern sein Mythos maßgebend. Die Rolle der US-amerikanischen Verfassung ist hierfür ein gutes Beispiel. Sie ist das, was nachträglich aus ihr geworden ist.

Die Frage nach der Entstehung politischer Institutionen gibt also wenig her, wenn nicht auch ihre weitere Entwicklung einbezogen wird.[230] Die Verfassung der USA hat ihre Gestalt durch eine Anpassung des geschriebenen Textes an die Veränderung der Verfassungswirklichkeit in Form von Amendments und die politisch gestaltenden Urteile des Supreme Court erhalten. Vor allem aber hat sie eine außerordentliche symbolische Wirkung entfaltet, so dass weniger die Einzelbestimmungen als vielmehr der Gesamtcharakter einer freiheitlichen Ordnung des Gemeinwesens für die Bürger der Vereinigten Staaten verbindend wurde. In Deutschland wurde die Verfassung in Form des Grundgesetzes für die Bürger vom Parlamentarischen Rat beschlossen, der sich aus den Länderparlamenten rekrutierte, eine Volksabstimmung über die Verfassung fand nicht statt. Trotzdem gewann das Grundgesetz im Maße, wie die Bundesrepublik sich politisch stabilisierte und wirtschaftliche Prosperität entfaltete, zunehmend das Vertrauen der Bürger und wurde zum Symbol eines festen demokratischen Gemeinwesens. Maßgebend für die Ausgestaltung und Fortentwicklung der Verfassung sind dabei stets sehr unterschiedliche Akteure. Einerseits sind es die institutionellen Akteure selbst, von den Politikern bis hin zu den Verfassungsrichtern, die durch ihr politisches Handeln innerhalb der Institution Verfassung diese zum Leben bringen. Sie setzen durch ihre politische und rechtliche Ausgestaltung Akzente, die auf das Verfassungsverständnis zurückwirken, ganz abgesehen davon, dass sie durch verbindliche Interpretationen (Verfassungsgericht) und formelle Änderungen (Parlament) die Verfassung selbst weiterentwickeln. Ebenso maßgebend sind andererseits ihre Adressaten, die Bürger. Ihre Akzeptanz ist für die reale Geltung der Verfassung unabdingbar. Mit dieser Akzeptanz tragen sie ganz wesentlich zum Symbolwert der Verfassung bei, und dieser wird vor allem dadurch bestimmt, welch leitende Wertvorstellungen sich als maßgebend für die Akzeptanz herausbilden. In der

230 Dazu näher in der Symbolbeziehung: 8.3.2 (b2). Hans Vorländer nennt dies die Emergenz der Institutionen und bezieht sie explizit auf die Verfassung: „Das Problem der Verfassungsgeltung ist zureichend nur als ein komplexer Prozess der Emergenz zu verstehen. Die Verfassung gewinnt ihre spezifische Institutionalität damit erst in einem offenen und öffentlichen Prozess. Die stabilisierende, orientierende und regulative Funktion ist mehr ein Produkt erfolgreicher Praxis über Zeit denn Faktum historischer Setzung" (Vorländer 2006b, hier: 249).

Bundesrepublik Deutschland war das Grundrecht der Freiheit nie ohne das Sozialstaatsprinzip denkbar, dieses erhielt mit wirtschaftlicher Prosperität zunehmendes Gewicht. Auch wenn das Sozialstaatsprinzip inzwischen unter den Bedingungen der Globalisierung möglicherweise an seine Grenzen stößt, so dass es, wie etwa mit Harz IV, zu Korrekturen des anscheinend überforderten Wohlfahrtstaats kam, bleibt es im Grundsatz trotz heftiger politischer Auseinandersetzungen unangetastet. Inzwischen hat es mit dem „Bürgergeld" auch wieder eine Korrektur der Korrektur gegeben.

Politische Institutionen werden also nicht nur gegründet, sie bilden sich erst aus. Die Entstehung von Institutionen ist vor allem die Ausbildung einer institutionellen Konfiguration. Dieser Prozess ist erst dann abgeschlossen, wenn erstens die politische Institution selbst eingerichtet ist, und wenn zweitens die institutionelle Konfiguration, die zunächst immer nur prätendiert ist, auch tatsächlich besteht. Das gilt vor allem für die Institutionen des staatlichen Kernbereichs, mit Abstrichen und Variationen auch für Parteien als formelle politischen Institutionen. Jedenfalls hat sich in der Demokratie eine institutionelle Konfiguration erst ausgebildet, wenn Akteure und Adressaten einer politischen Institution in realen Beziehungen der Macht und der Repräsentation zueinander stehen, und somit ist eine politische Institution *entstanden*. So sind Verfassungen zwar ein Musterbeispiel der "Institution qua Einsetzung". Aber praktisch wirksam sind sie dadurch noch nicht. Was sie als Institution leisten und welche Richtung sie der Ordnung des Gemeinwesens geben, wird erst ersichtlich, wenn klar ist, wie sie von den Akteuren ausgestaltet und von den Adressaten angenommen werden – indem sie also ihre institutionelle Konfiguration ausbilden. Eine Verfassung, die niemand ernst nimmt, steht zwar auf dem Papier, ist aber noch keine Institution. Sie wird es erst, wenn sie konkret ausgestaltet und als solche von den Bürgern anerkannt wird.

Konsequenz dieser Sichtweise ist, dass Entstehung und Wandel politischer Institutionen ineinander übergehen und nicht einfach als Phasen voneinander zu trennen sind – und dass es vor allem der Wandel ist, der eine Analyse ausgehend vom Modell der institutionellen Konfiguration ermöglicht. So soll im Folgenden anstelle der Entstehung politischer Institutionen sogleich der Institutionenwandel betrachtet werden.

8.3 Institutionenwandel in der institutionellen Konfiguration

Entwicklung und Veränderung, Aufstieg und Niedergang politischer Institutionen lassen sich als Veränderungen der jeweiligen institutionellen Konfiguration erfassen. In diesem Sinn wird Institutionenwandel hier nicht einfach als Veränderung von Institutionen, sondern als Veränderung der grundlegenden sozialen Beziehungen in der institutionellen Konfiguration untersucht. Dieser Zugang hat einige Vorteile. Sichtbar wird der Institutionenwandel vor allem dann, wenn bestimmte Institutionen (als Entitäten oder Gebilde) aufhören zu existieren und durch neue ersetzt werden, oder wenn überhaupt neue Institutionen gegründet werden. Aber das ist nur eine besonders spektakuläre Form des Institutionenwandels. Prozesse eines eher schleichenden Institutionenwandels werden auf diese Weise nicht sichtbar; hier erfolgt die Veränderung in anderer Form. Und auch in den spektakulären Fällen, die den Eindruck eines geradezu revolutionären Institutionenwandels vermitteln, bleibt immer die Frage, ob neue Institutionen gegenüber ihren Vorgängern – und jene gibt es fast immer – nicht auch Elemente der Kontinuität enthalten. Es kommt im Institutionenwandel also darauf an, Veränderungen zu erfassen, ohne verbleibende Kontinuitäten aus dem Blick zu verlieren. Bleiben sie außer Acht, lassen sich Phänomene der Pfadabhängigkeit (North 1992), die bis in Revolutionen hinreichen mögen, nicht angemessen thematisieren. Das ist die dynamische Perspektive der Theorie politischer Institutionen.

Institutionenwandel liegt vor, wenn sich die institutionelle Konfiguration und somit das Verhältnis zwischen Bürgern und ihren Institutionen in der Willensbeziehung oder der Symbolbeziehung signifikant verändert. Eine solche Veränderung lässt sich daran feststellen, dass sich die Determinanten des Verhältnisses von Bürgern und Institutionen verändern. Diese Determinanten sind Macht und Repräsentation, denn sie sind die grundlegenden Beziehungen zwischen den Bürgern und ihren politischen Institutionen. Sie sind somit auch die Bestimmungsfaktoren des Institutionenwandels. Macht und Repräsentation, so wurde festgehalten, sind die Medien der institutionellen Konfiguration, sie bestimmen das Verhältnis von Bürgern und politischen Institutionen. Macht ist die Determinante, die in der Willens- und Symbolbeziehung wechselseitig die Handlungsräume der Adressaten strukturiert. Repräsentation ist Formgebung und Legitimation von Macht. Gibt es bei einer der beiden Determinanten oder bei beiden signifikante Veränderungen, so verändert sich das Verhältnis zwischen Bürgern und ihren Institutionen und somit auch die institutionelle Konfiguration. Oder in der kybernetischen Fassung des Modells der institutionellen Konfiguration als Rückkopplungsmodell (Kap. 7.4): Das bestehende Gleichgewicht geht verloren und wird möglicherweise in ein neues Gleichgewicht transformiert.

In der Willensbeziehung geht es um die Gewichtung von Macht und Repräsentation, und zwar um die Machtausübung der politischen Institutionen im Verhältnis zur Repräsentation, wie sie von den Bürgern ausgeht. Verändert sich diese Gewichtung, so wird das strukturierende Potential der Macht gegenüber der formgebenden Kraft und legitimierenden Leistung der Repräsentation stärker oder schwächer – oder Macht und Repräsentation werden gleichermaßen verstärkt und erhalten beide höheres Gewicht. In der Symbolbeziehung verändert sich der Grad der Übereinstimmung zwischen intransitiver Macht, wie sie von den Bürgern ausgeht, und der symbolischen Repräsentation, wie sie durch die politischen Institutionen ausgeübt wird. Die Übereinstimmung kann – im negativen Fall – deutlich abnehmen oder aber – im positiven Fall – deutlich zunehmen.[231] In allen diesen Fällen ist auch das Verhältnis zwischen den Bürgern und ihren Institutionen

231 Rein kombinatorisch gibt es in der institutionellen Konfiguration eine Vielzahl von Möglichkeiten. Ich befasse mich mit den Fällen, die mir für die Bestimmung von Institutionenwandel besonders relevant erscheinen. So geht es hier in der Willensbeziehung um die Macht der politischen Institutionen im Verhältnis zur Repräsentation ausgehend von den Bürgern, in der Symbolbeziehung um die Macht der Bürger im Verhältnis zur Repräsentation durch die politischen Institutionen. Siehe dazu auch unten Fn. 234.

verändert. So lassen sich wichtige Phänomene des Institutionenwandels erfassen, einordnen und erklärten.[232]

Wandel vollzieht sich in der Zeit, er wird innerhalb eines bestimmten Zeitraums untersucht. Da sind nun Anfang und Ende, Gründung und Untergang politischer Institutionen zwar markante Punkte, für die Bestimmung von Institutionenwandel aber eher ein Sonderfall, anregend vor allem für die Erzählung von Institutionengeschichten. Der zeitliche Rahmen für eine systematische Analyse muss genauer gefasst werden; es ist festzustellen, wie sich die institutionelle Konfiguration zwischen zwei Zeitpunkten t_1 und t_2 verändert. Sind die Veränderungen signifikant, so hat sich die Institution nicht nur so verändert, wie sich mit der Zeit alles verändert, sondern es liegt Institutionenwandel vor. Der Untersuchungszeitraum t_1–t_2 lässt sich prinzipiell beliebig festlegen, je nachdem, wie es realhistorisch und von der Fragestellung her zweckmäßig ist. Allerdings muss über größere Zeiträume die Institution in ihrer Veränderung oder die Abfolge von Institutionen in ihrem Zusammenhang noch identifizierbar sein, um etwas über ihren Wandel aussagen zu können. (Ein Vergleich historisch disparater Institutionen, etwa des deutschen Bundestags und des Rates der 500 im alten Griechenland, kann Unterschiede und Gemeinsamkeiten verdeutlichen, besagt aber nichts über Institutionenwandel; dessen Bestimmung ist erst im genetischen Zusammenhang möglich.)[233]

232 Institutionenwandel wird hier nicht normativ, sondern (nur) funktional bestimmt. Es wird gefragt, was sich verändert und mit welchen Konsequenzen, aber nicht, ob daraus eine bessere oder schlechtere Demokratie resultiert. Implizit erbringt allerdings die funktionale Betrachtungsweise durchaus auch normative Bewertungen (vgl. bereits oben Kap. 7.4).
Mein Ansatz hat eine gewisse Ähnlichkeit mit dem „evolutorischen Institutionalismus" (Patzelt 2007), der Institutionenwandel als Institutionenevolution in einem nicht normativen und auch nicht teleologischen Sinn begreift. Systematisch ausformuliert und empirisch angewendet wurde dieser Ansatz von Lempp 2009 in einer bei Patzelt verfassten Dissertation über die Evolution des Rats der Europäischen Union. Generell sind Institutionen, verstanden entsprechend der allgemeinen Evolutionstheorie, Produkte evolutionärer Anpassung in der Konkurrenz der Leistungserfüllung gemäß einer Leitidee (Lempp 2009: 60). Fundamentaler Institutionenwandel entsteht, wenn die grundlegenden Leitideen einer Institution in Frage gestellt werden; er bemisst sich an „Passungslücken" zwischen der institutionellen Performanz und den Nischenanforderungen (Lempp 2009: 199ff). „Nischen" sind jene Bereiche der Umwelt von Institutionen, die für deren stabile Reproduktion und effektive Funktionserfüllung eine Rolle spielen: Ressourcen, welche die Institution benötigt, Entscheider sowie die Adressaten der Institution und ihre Konkurrenten um Ressourcen (61f). Im Institutionenwandel können sich die Passungslücken vergrößern oder verkleinern, daraus ergibt sich ein „komplexes Modell der Ursachen evolutorischen Wandels" mit vielfältigen Variationsmöglichkeiten (136, Übersicht 135, siehe auch 163ff und 198ff). Mit diesem Ansatz wird dann die Evolution des Rats nachverfolgt.
Es fällt auf, wie übrigens auch schon bei Kessler, dass die Theorie auf hoher Abstraktionsebene und sehr allgemein formuliert wird, um sodann unmittelbar auf einen Fall (Lempp) oder vier Fälle (Kessler) Anwendung zu finden. Demgegenüber versuche ich einen mittleren Weg. Anstelle des Verhältnisses von Institutionen und „Nischen" in ihrer Umwelt gehe ich mit der institutionellen Konfiguration sogleich von der Beziehung zwischen Bürgern und ihren politischen Institutionen aus, und hier wiederum konkreter von Macht und Repräsentation. „Passungslücken" versuche ich dann anhand der Veränderung dieser beiden Determinanten ebenfalls konkreter und auch systematisch eingegrenzt zu erfassen – also gerade nicht zu differenziert für die empirische Forschung, wie es Lempp mir vorhält (125f). Siehe dazu auch unten die Einpassung in die Transformationsforschung (8.4).

233 Das ist aus zwei Gründen nicht ganz unproblematisch:
(1) Eine Institution muss nicht *in corpore* weiterbestehen, um Wandel festzustellen. Der Wandel des deutschen Parlaments von der Paulskirche bis zum Bundestag ist trotz aller Diskontinuitäten auch als Institutionenwandel zu begreifen, weil Grundstrukturen des modernen Parlamentarismus, Traditions- und Generationszusammenhänge in der Veränderung des sozialen und politischen Kontextes weiterbestehen. Indem nicht die Institution als Entität, sondern die institutionelle Konfiguration zugrunde gelegt wird, lassen sich Kontinuitäten und Veränderungen jeweils differenzierter bestimmen. Institutionenwandel

Um Institutionenwandel zu bestimmen, ist also das Verhältnis der beiden Determinanten Macht und Repräsentation zum Zeitpunkt t_1 und zu einem späteren Zeitpunkt t_2 zu betrachten. Hat sich ihr Verhältnis verändert, weil sich mindestens eine der beiden Determinanten signifikant verändert hat, so handelt es sich nicht nur um äußerliche Veränderungen der Institution, sondern um Institutionenwandel. Je nach Art und Weise der Veränderung ergeben sich daraus in der Willens- und der Symbolbeziehung unterschiedliche Fälle, die nachfolgend näher betrachtet werden.

8.3.1 Institutionenwandel in der Willensbeziehung

Bestimmungsfaktoren des Institutionenwandels in der Willensbeziehung sind transitive Macht und Repräsentation durch Mandat. Transitive Macht wird von politischen Institutionen auf ihre Adressaten, die Bürger, in Form von Herrschaft durch Steuerung ausgeübt, in der Repräsentation durch Mandat wird der Wille der Repräsentierten (also der Adressaten der Machtausübung von Institutionen) dem Willen der Repräsentanten als Resultat der politischen Willensbildung zugerechnet. Institutionenwandel tritt ein, wenn das Machtpotential der Institutionen gegenüber ihren Adressaten, den Bürgern, im Verhältnis zur Repräsentation, nämlich den Möglichkeiten der Einflussnahme und Kontrolle durch die Bürger, entweder stärker oder schwächer wird, so dass entsprechend umgekehrt die Repräsentation im Verhältnis zur Macht entweder schwächer oder stärker wird. Die Veränderungen sind hier *quantitativ*, nämlich Stärkung oder Schwächung von Macht oder Repräsentation.[234]

Die Vermehrung der *Macht* politischer Institutionen – ihre Fähigkeit, effektiv Herrschaft auszuüben – bewirkt eine Verstärkung ihrer Steuerungsfähigkeit. Das kann auch ihre Output-Legitimation erhöhen.[235] Das Gegenteil gilt entsprechend umgekehrt für eine Verminderung, also den Verlust von politischer Macht. Die Verstärkung der politischen *Repräsentation* bewirkt eine Erweiterung und Intensivierung realer Möglichkeiten der Einflussnahme und Kontrolle seitens der Adressaten, damit ist eine Erhöhung der Input-Legitimation der politischen Institutionen verbunden. Je stärker der Einfluss der Adressaten (sei es durch direkte Einflussmöglichkeiten, sei es durch periodische Kontrolle in Wahlen, sei es

kann ebenso durch die Veränderung einer als Entität weiterbestehenden Institution wie durch die Abfolge von mehreren Institutionen mit vergleichbarer Funktion gekennzeichnet sein.

(2) Institutionenwandel betrifft nicht nur einzelne Institutionen (die vermittels der institutionellen Konfiguration erfasst werden), sondern zumeist eine Mehrzahl von Institutionen, wenn nicht ein Institutionensystem insgesamt – also ganze institutionelle Arrangements. Veränderungen einzelner Institutionen wirken auf Veränderungen des institutionellen Arrangements und umgekehrt. Allerdings ist es bei institutionellen Arrangements noch komplizierter, den Wandel in seinen einzelnen Bestimmungsfaktoren näher festzumachen. Ich gehe hier deshalb über eine bestimmte institutionelle Konfiguration nicht hinaus und nehme auch das Problem in Kauf, dass eine Abgrenzung der verschiedenen institutionellen Konfigurationen in einem institutionellen Arrangement oft weder möglich noch sinnvoll ist.

234 In 8.3.1 verwende ich im Folgenden abkürzend „Macht" für transitive Macht und „Repräsentation" für Repräsentation durch Mandat oder askriptive Repräsentation. Ebenso werden, mit Blick auf das im vorigen Kapitel ausdifferenzierte Modell der institutionellen Konfiguration (Kap. 7 Abb. 14), explizit nur Repräsentation der Bürger und Macht der politischen Institutionen einander gegenübergestellt, denn hier sind jeweils die Veränderungen ablesbar.

235 Zur input/output-orientierten Legitimation siehe oben Kap. 7 Fn. 201.

durch eine erfolgreich anrufbare Gerichtsbarkeit oder Mobilisierung der öffentlichen Meinung), desto höher die Legitimation. Eine Schwächung der politischen Repräsentation wirkt entsprechend umgekehrt. Werden schließlich Macht und Repräsentation gleichermaßen gestärkt, so kumulieren sich die positiven Effekte. Das sind die drei Varianten, in denen in der Willensbeziehung vornehmlich Institutionenwandel erfolgt und die nachfolgend erörtert werden. Eine Übersicht gibt Abb. 15.

	Veränderung der Determinanten	*institutioneller Effekt*
(A)	Stärkung der Macht – Schwächung der Repräsentation	Verselbständigung
(B1) (B2)	Schwächung der Macht – Stärkung der Repräsentation	Demokratisierung Erosion durch Machtverlust
(C)	Stärkung der Macht und der Repräsentation	Konsolidierung

Abb. 15: Institutionenwandel in der Willensbeziehung – Übersicht

(A) Stärkung der Macht – Schwächung der Repräsentation

Wenn Macht gegenüber Repräsentation stärker wird, ist der mögliche oder sogar wahrscheinliche Effekt eine *Verselbständigung* von Institutionen. Auslösender Faktor ist ihre wachsende Macht. Wie Karl Deutsch in seiner *Politischen Kybernetik* treffend festgestellt hat, ist Macht die Fähigkeit, in gewissem Sinne „nichts lernen zu müssen“ (Deutsch 1969: 171). Dadurch wird die Außenabhängigkeit der Institutionen entscheidend verringert, zugleich besteht immer die Gefahr, dass die Abkopplung zu weit geht. Nichts lernen zu müssen braucht nicht zu bedeuten, die Lernfähigkeit aufzugeben. Eine solche Entwicklung tritt aber ein, wenn Institutionen sich übermäßig gegen Außeneinflüsse abschotten: ihre Machtausübung wird „pathologisch“ (300). In Prozessen der Verselbständigung verschaffen sich Institutionen immer mehr Kompetenzen, ohne ihre Adressaten durch Repräsentation entsprechend einzubeziehen. Vergleichsweise weniger Repräsentation bedeutet also weniger Kontrolle, und somit sind solche Institutionen, bemessen an der Konstellation zum Zeitpunkt t_1, selbst wenn ihre Output-Legitimation durch gesteigerte Wirksamkeit steigen kann, zum Zeitpunkt t_2 in der Input-Legitimation geschwächt.

Verselbständigungstendenzen politischer Institutionen sind so häufig und so offensichtlich in der transitiven Machtstruktur angelegt, dass es illustrierender Beispiele kaum bedarf. Bürokratien sind für pathologische Entwicklungen dieser Art besonders anfällig. Im Prozess der europäischen Integration sind Phänomene der Abschottung bei den Brüsseler Behörden, verbunden mit der relativen Ohnmacht des Europäischen Parlaments, ein vielbeklagtes Folgeproblem der Abgabe nationaler Souveränitätsrechte, welches sich längst zum Integrationshemmnis entwickelt hat. Die Verselbständigung von transitiver Macht geht nicht nur auf Kosten der Repräsentation in der Willensbeziehung, sondern sie bedeutet auch in der Symbolbeziehung den Verlust von intransitiver Macht in Form von Akzeptanz, auf die sich Institutionen normativ stützen müssen. Sie sind, so paradox es zunächst klingen mag, im Maße wie sie ihre transitive Macht einseitig steigern, zunehmend in ihrem Bestand gefährdet. Wenn nämlich die Repräsentation als tatsächliche Einflussmöglichkeit durch die Erweiterung der transitiven Macht ausgebootet wird, und wenn zudem die Grundlage der intransitiven Macht der Bürger für die Institution verloren geht, droht ein Verfall der transitiven Macht, weil die Kosten für ihre Aufrechterhaltung zu hoch werden.

(B) Schwächung der Macht – Stärkung der Repräsentation

Der umgekehrte Fall liegt vor, wenn Repräsentation gegenüber Macht gestärkt wird – entweder weil bei unveränderter Macht der politischen Institutionen die Repräsentation der Bürger gestärkt wird oder weil bei unveränderter Repräsentation der Bürger die Macht der politischen Institutionen abnimmt. Die Resultate sind geradezu entgegengesetzt. Wird die Repräsentation der Bürger bei unveränderter Macht der politischen Institutionen gestärkt, so handelt es sich Demokratisierung (B1) – verlieren die Institutionen dagegen an Macht und Steuerungsfähigkeit, ohne dass sich an der Repräsentation der Bürger grundsätzlich etwas ändert, so handelt es sich um Erosion durch Machtverlust (B2).

(B1) Institutionenwandel in der Form der *Demokratisierung* – mehr Repräsentation (mit Macht der Bürger) bei unveränderten Kompetenzen der Institutionen – meint mehr Einfluss- und Kontrollmöglichkeiten der Adressaten, und jedes Demokratisierungspostulat geht in diese Richtung. Unumstritten ist das Ergebnis positiv zu bewerten, wenn demokratische Strukturen bisher nicht oder *de facto* kaum vorhanden waren. Plakativ steht dafür der Institutionenwandel in den Transformationsprozessen Mittel-, Ost- und Südost-Europas nach dem Niedergang des Sozialismus, auch wenn inzwischen manche Hoffnung enttäuscht wurde. Institutionenwandel in Form vollzogener Demokratisierung liegt ebenso vor, wenn ein Sockel der Repräsentation bereits vorhanden ist, über den lediglich gestritten wird, ob er nun hinreicht oder nicht. In solchen Fällen des Institutionenwandels – siehe die Demokratisierungsdiskussionen und -versuche in den westlichen Industriegesellschaften der 1960er und 1970er Jahre – bleibt das Ergebnis kontrovers, weil die Bewertung von der Erwartung abhängt, ob eine Steigerung der realen Einflussmöglichkeiten der Bürger mit der Effizienz der Institutionen vereinbar ist („Mitwirkung steigert Effizienz“) oder eben nicht („Mitwirkung beeinträchtigt Effizienz“). Dass es sich dabei aber immer um Institutionenwandel handelt, bleibt angesichts der Veränderung der Determinanten und den erheblichen Folgewirkungen unbestreitbar.

(B2) Unterliegen politische Institutionen der *Erosion* durch Machtverlust, so liegt ebenfalls ein mehr oder minder offensichtlicher Institutionenwandel vor. Ganz offensichtlich in den Transfomationsprozessen Mittel-, Ost- und Südost-Europas ab den 1980er Jahren: Die realsozialistischen Systeme waren ersichtlich nicht mehr in der Lage, ihre Steuerungsfähigkeit in der Konkurrenz mit dem Westen bei friedlicher Koexistenz aufrechtzuerhalten und der ökonomischen und technischen, aber auch der gesellschaftlichen und politischen Entwicklung anzupassen. Der Verlust an Steuerungsfähigkeit, also transitiver Macht, ließ sich auch nicht mehr durch eine Verstärkung von Repräsentation durch reale Beteiligung der Bürger kompensieren, weil der Verfall auch der intransitiven Macht – so sie denn überhaupt auf Dauer bestand – bereits zu weit fortgeschritten war. Institutionenwandel in der Form von Machtverlust ist, unter anderen Vorzeichen, aber auch ein Phänomen der westlichen Industriegesellschaften. Hier ist der Wandel allerdings weniger offensichtlich und das Ergebnis ambivalent, denn Machtverlust kann auch kompensiert werden. Machtverlust bedeutet deshalb nicht unbedingt auch eine Verminderung der Steuerungsfähigkeit und der output-orientierten Legitimation. Moderne Gesellschaften stehen vor dem inzwischen wohlvertrauten Problem, dass ihre zunehmende Komplexität und Ausdifferenzierung in mehr oder weniger autonome Teilsysteme die Steuerungsfähigkeit zentraler politischer Institutionen in Frage stellt und ihnen einen realen Verlust an transitiver Macht einbringt. Die Folge sind mehr oder weniger informelle Prozesse der faktischen Machtverlagerung in der politischen Entscheidung durch Auslagerung und Dezentralisierung der Fachkompetenzen aus dem Staatsapparat oder die Einrichtung von Verhandlungssystemen unter Einbezug der Betroffenen und ihrer Organisationen. Daraus ergeben sich, wie erörtert, neue Formen der Steuerung bis hin zu weicher Steuerung, die den Verlust an hierarchischer Steuerung – klassisches Signum politischer Herrschaft – durch funktionale Äquivalente kompensieren und möglicherweise sogar überkompensieren, also zu erhöhter Effizienz führen. Aber der Einsatz und auch die Institutionalisierung funktionaler Äquivalente bewirkt auf jeden Fall Institutionenwandel, der in Europa durch Souveränitätsverluste des Nationalstaats in der europäischen Integration einerseits und durch die für lange Zeit zunehmende Globalisierung andererseits noch verstärkt wurde.

(C) Stärkung der Macht und der Repräsentation

Auch eine gleichläufige Veränderung der Determinanten in Richtung auf Stärkung bedeutet Institutionenwandel, wenn sie bei beiden Determinanten signifikant ist. Die Zunahme von Macht und Steuerungsfähigkeit *und* von Repräsentation ergibt *institutionelle Konsolidierung*. In der Transformationsforschung ist das Phänomen wohlbekannt. Die (abschließende) Phase der Konsolidierung lässt sich für die Transformation der Länder Mittelosteuropas in den 1990er Jahren gut belegen.

Die Stärkung von Macht und Steuerungsfähigkeit, die durch eine Stärkung der Repräsentation kompensiert wird und somit die entsprechende Legitimation erhält, macht die Institution stabiler. Ersichtlich ist: Mit mehr Macht kann eine Institution mehr leisten, durch mehr Repräsentation wird sie entsprechend kontrolliert und dadurch legitimiert. In diesem Sinne handelt es sich um eine Stärkung der Institution. Aber die Institution ist danach nicht mehr die gleiche. Der Institutionenwandel braucht dabei auch nicht, wie in den Transformationsprozessen Mittel-, Ost- und Südost-Europas, unmittelbar ins Auge zu springen. Die Veränderungen können durchaus unspektakulär verlaufen. Sie ergeben sich in diesem Fall aus neuen Aufgaben der Politik, insbesondere aus neuen Problemlagen oder auch aus Krisensituationen; sie erfordern neue Kompetenzen und ein neues Problemlösungsverhalten der politischen Institutionen und entsprechend angepasste Einflussmöglichkeiten der Bürger. Sofern eine solche Anpassung gelingt, hat sich die

Beziehung zwischen Bürgern und politischen Institutionen verändert (es entsteht sozusagen ein Gleichgewicht auf höherem Niveau), und auch das ist Institutionenwandel. Wir finden ihn z.B. in der alten Bundesrepublik im Konzept der "Globalsteuerung" als Antwort auf die wirtschaftlichen Rezessionstendenzen in den späten 1960er Jahren, wobei zugleich die Einflussmöglichkeiten der Adressaten entsprechend verstärkt wurden, in diesem Fall durch die "Konzertierte Aktion". Die Strategie war erfolgreich, und zugleich wurde ein Institutionenwandel in Gang gesetzt, der später unter dem Stichwort "Neo-Korporatismus" diskutiert wurde (v. Alemann 1981).[236]

8.3.2 Institutionenwandel in der Symbolbeziehung

Gravierende Veränderungen in der Symbolbeziehung sind stets Ausdruck von Institutionenwandel: Sie sind Indikator und Verstärker zugleich. Bestimmungsfaktoren des Institutionenwandels in der Symbolbeziehung sind die intransitive Macht, die von den Bürgern ausgeht, und symbolische Repräsentation, die durch die politischen Institutionen erfolgt.[237]

Intransitive Macht beruht auf den gemeinsamen Wertvorstellungen der Bürger über das Zusammenleben in einem Gemeinwesen und die Ordnung dieses Gemeinwesens. Politische Institutionen haben diese zur Voraussetzung, sie gewinnen daraus normativ ihre moralische und politische Legitimation. Wenn wir es mit "guten" Institutionen zu tun haben, sind sie der Ausdruck der intransitiven Macht der Bürger, ihrer Adressaten. Die Veränderung intransitiver Macht beruht auf einem Wandel der grundlegenden politischen Wertvorstellungen – sei es dass, aus welchen Gründen auch immer, die Wertvorstellungen sich inhaltlich verändern, die Präferenzen gegenüber grundlegenden Werten sich verschieben oder bisher maßgebende Wertvorstellungen in Form einer Rekombination der Identifikationsmuster verblassen und abgebrochene Traditionen aktiviert werden. Diese Veränderungen sind gegenüber den bestehenden Institutionen ein Abkopplungsprozess, der sie als Entitäten zunächst nicht betrifft (sie bleiben äußerlich unverändert), wohl aber ihre Legitimation in Frage stellt. Diese bleibt erhalten oder wird wiederhergestellt, wenn sich die politischen Institutionen an die intransitive Macht der Bürger anpassen, oder es verbleibt bei einer nur mehr künstlichen, auf eigener Macht basierenden Aufrechterhaltung der Institutionen mit der Gefahr ihres Zusammenbrechens.

236 Eher problematisch wird es, wenn in Krisensituationen den Institutionen von den Repräsentanten der Bürger besondere Vollmachten erteilt werden, so dass sie formell durch den Willen ihrer Adressaten mehr Macht erhalten. Ein positives Bespiel ist der *dictator* im alten Rom, negative Beispiele sind die Notverordnungen des Reichspräsidenten in der späten Weimarer Republik. Nur wenn die Machterweiterung einvernehmlich und vorübergehend erfolgt, wird hier kein Legitimationsdefizit entstehen, weil die Repräsentation freiwillig und nicht auf Dauer eingeschränkt ist. Dies droht allerdings, wenn sich die Macht der Institution im Ausnahmezustand nicht wieder, wie vorgesehen, zurückbildet – was angesichts ihrer Eigenlogik, siehe Verselbständigungstendenzen, stets zu befürchten ist. Man denke an die Diskussion in den 1960er Jahren über die Notstandsgesetze (die bisher nicht angewendet werden mussten) oder über die sehr weitreichenden Vollmachten der Bundesregierung in der Corona-Pandemie Anfang der 2020er.

237 Gegenüber dem ausdifferenzierten Modell der institutionellen Konfiguration wiederum vereinfachend, vgl. oben Fn. 232.

Symbolische Repräsentation ist die Antwort der politischen Institutionen auf die intransitive Macht der Bürger, ihrer Adressaten. Sie stellt die intransitive Macht in ihren grundlegenden politischen Wertvorstellungen und Ordnungsprinzipien symbolisch dar und bringt damit zum Ausdruck, dass diese und nur diese für die Institutionen maßgebend sind (oder sein sollen). Ist symbolische Repräsentation erfolgreich, so bewirkt sie die normative Integration, welche ein Gemeinwesen in den mindesterforderlichen gemeinsamen Beziehungen und Wertvorstellungen stets neu konstituiert. Die Integrationsleistung politischer Institutionen ergibt sich unmittelbar aus ihrer symbolischen Repräsentation: außerhalb der Willensbeziehung "sind" Institutionen nur, als was und wie sie sich darstellen.

Institutionenwandel in der Symbolbeziehung lässt sich daraus bestimmen, welche Veränderungen im Verhältnis der intransitiven Macht der Bürger und der symbolischen Repräsentation der politischen Institutionen in einem bestimmten Zeitraum feststellbar sind. Entweder kann sich intransitive Macht in den grundlegenden Wertvorstellungen der Bürger verändern, und dann ist zu fragen, wie die politischen Institutionen darauf reagieren. Oder die symbolische Repräsentation der politischen Institutionen verändert sich, und dann ist zu fragen, was das angesichts unveränderter intransitiver Macht der Bürger für das Gemeinwesen bedeutet. Es geht also um die Konstellation von intransitiver Macht und symbolischer Repräsentation zu den Zeitpunkten t_1 und t_2 und ihre Veränderung in diesem Intervall.

Beides lässt nicht quantitativ durch ein Mehr oder Minder wie in der Willensbeziehung, sondern allein qualitativ erfassen. In der Symbolbeziehung geht es darum, ob in der institutionellen Konfiguration im erforderlichen Mindestmaß Korrespondenz oder in einem gefährlichem Ausmaß Diskrepanz zwischen intransitiver Macht und symbolischer Repräsentation besteht und ob es in dieser Hinsicht eine Veränderung in der Konstellation zum Zeitpunkt t_2 gegenüber t_1 gibt oder nicht. Dabei wäre es nicht hinreichend, einfach Korrespondenz zum Zeitpunkt t_1 vorauszusetzen, denn der Institutionenwandel kann ebenso gut mit einer Diskrepanz von intransitiver Macht und symbolischer Repräsentation einsetzen. Institutionenwandel liegt also vor, wenn eine einmal gegebene Übereinstimmung verloren geht, entweder durch eine Veränderung der Wertbasis der Bürger (intransitive Macht) oder durch eine Veränderung ihres symbolischen Ausdrucks bei den politischen Institutionen, oder wenn entsprechend umgekehrt eine Übereinstimmung hergestellt wird, was das Gemeinwesen ungemein stabilisiert und legitimiert. Im ersten Fall handelt es sich, so könnte man sagen, um einen negativen, im zweiten Fall um einen positiven Institutionenwandel. Eine Übersicht über die einzelnen Varianten[238] gibt Abb. 16.

238 Einen gesondert zu erörternden Fall von Institutionenwandel analog zu (C) in der Willensbeziehung sehe ich in der Symbolbeziehung nicht. Wenn sich die Diskrepanz auf beiden Seiten in Richtung Korrespondenz verringert, so handelt es sich analytisch gesehen um zwei Vorgänge, die im zweiten Fall jeweils erfasst sind. Dies wird auch unten in (b2) erörtert.

	Veränderung im Verhältnis der Determinanten	*veränderte Determinante*	*institutioneller Effekt*
	Korrespondenz → Diskrepanz		Pathologie, Krise der Institutionen
(a1)		symbolische Repräsentation	• Verselbständigung
(a2)		intransitive Macht	• Unangemessenheit
	Diskrepanz → Korrespondenz		Konsolidierung
(b1)		symbolische Repräsentation	• Anpassung der Institutionen
(b2)		symbolische Repräsentation	• Ausbildung der Symbolik • Akzeptanz der Institutionen
(b3)		intransitive Macht	

Abb. 16: Institutionenwandel in der Symbolbeziehung – Übersicht

(a) Pathologie, Krise der Institutionen

Intransitive Macht und symbolische Repräsentation korrespondieren miteinander zum Zeitpunkt t_1, aufgrund einer Auseinanderentwicklung von intransitiver Macht und symbolischer Repräsentation jedoch nicht mehr zum Zeitpunkt t_2. Der Institutionenwandel, mit dem wir es hier zu tun haben, erbringt normativ und funktional gesehen eine Pathologie der Institution, empirisch gesehen eine Krise, welche die Stabilität der Institution in Frage stellt. Der Wandel hat zwei unterschiedliche Formen: Entweder ergibt sich die Diskrepanz aus einer Veränderung der symbolischen Repräsentation seitens der Institution (a1) oder aus einer Veränderung der intransitiven Macht seitens ihrer Adressaten (a2).

(a1) Verselbständigung

Dem äußeren Anschein nach oder auch formal ändert sich zunächst wenig, wenn sich politische Institutionen verselbständigen. Das ist nicht anders als bei dem entsprechenden Vorgang in der Willensbeziehung. Institutionenwandel liegt aber auch in der Symbolbeziehung vor, wenn die Beziehung zu den Bürgern durch Abkopplung eine ganz andere geworden ist. Vermutlich werden sich solche Institutionen im weiteren Verlauf auch äußerlich verändern: ihre Symbole umformen, eindeutiger ausrichten und gezielter einsetzen. Was sich im Bezug zu den Bürgern vor allem ändert, ist – bedingt durch die Veränderung des Verhältnisses von intransitiver Macht und symbolischer Repräsentation – die Art und Weise der normativen Integration. Sie besteht nun nicht mehr darin, die grundlegenden Wertvorstellungen der Bürger zum Ausdruck zu bringen, um sie zu integrieren, sondern vielmehr in dem Versuch, deren Wertvorstellungen so auszurichten und umzugewichten, dass sie sich den Institutionen – und das heißt in diesem Zusammenhang: den Interessen ihrer handelnden Akteure – anpassen.

Diese Vorgänge und Praktiken sind von autoritären und totalitären Regimen her wohlbekannt. Auch Plebiszite in Demokratien können Ausdruck eines solchen Institutionenwandels sein: wenn sie, wie etwa in der Endphase der Ära de Gaulle, vor allem dazu verwendet werden, um durch scheinbar plausible Antworten auf vereinfachte Fragestellungen eine Korrespondenz von intransitiver Macht und symbolischer Repräsentation zu suggerieren und damit Integration zu bewirken. Weniger dramatisch, aber von der Struktur her gleichgeartet, sind Vorgänge des Institutionenwandels, in denen ein neues institutionelles Arrangement durch Verlagerung von Kompetenzen auf übergeordnete Instanzen entsteht, wie es in der europäischen Integration der Fall ist. Hier besteht das Problem darin, dass mit der Ausbildung supranationaler Regierungsformen nicht auch schon eine entsprechende Umorientierung der kollektiven Identität der Bürger einhergeht; diese bleiben in der Symbolbeziehung noch auf den Nationalstaat fixiert, selbst in Deutschland. Wir haben es hier mit einem "Nachhinken" der Wir-Identität und des sozialen Habitus der Bürger gegenüber den organisatorischen Integrationsprozessen zu tun (Elias 1991: 281); so korrespondiert die symbolische Repräsentation der europäischen Institutionen nicht der intransitiven Macht der (nationalstaatlich orientierten) Bürger, sie bleibt ihr gegenüber zumindest defizitär.

Die Entfremdung politischer Institutionen von den Wertvorstellungen der Bürger durch Abschottung hat sich besonders drastisch im Niedergang der DDR am Ende der 1980er Jahre gezeigt. Die SED und ihre Funktionäre waren nicht mehr in der Lage, die rapide sich verschlechternde ökonomische Situation realistisch einzuschätzen und auf elementare Bedürfnisse der Bevölkerung einzugehen. Sie waren überfordert durch die eingeklagte Freizügigkeit im Zuge der Helsinki-Vereinbarungen, und sie konnten die Liberalisierung der Sowjetunion, die den Bürgern der DDR wohlbekannt war, nicht nachvollziehen. Schließlich überschätzten sie völlig ihre Chancen, die nationale Frage durch Ausrichtung auf den Sozialismus, eine "sozialistische deutsche Nation", still zu stellen. Der Gegenzug der Bürger war die Parole "Wir sind das Volk", schließlich „Wir sind ein Volk". Ausgelöst wurde der Sturz des Regimes, zu dem die Erosion der Institutionen schließlich führte, durch aufgedeckte Wahlfälschungen. Diese hatten eine eminent symbolische Bedeutung. Da Wahlen immer Unterstützung des Systems suggerieren, zeigen Wahlfälschungen, wenn sie einmal aufgedeckt werden, dass die symbolische Repräsentation seitens der politischen Institutionen nicht mehr funktioniert.

(a2) Unangemessenheit

Die symbolische Repräsentation der Institutionen kann auch umgekehrt infolge einer Veränderung der Wertvorstellungen der Bürger unangemessen werden. Im Maße, wie die Veränderung grundlegende politische Wertvorstellungen und Ordnungsprinzipien betrifft, entfernen sich die politischen Institutionen in der Symbolbeziehung von den Adressaten, sie werden nicht mehr verstanden oder abgelehnt.

Die Veränderung grundlegender politischer Wertvorstellungen und Ordnungsprinzipien wird sichtbar, wenn überkommene Identifikationsmuster nicht mehr ausreichen und öffentlich umgedeutet werden. So hat in den westlichen Industriegesellschaften ein postmaterialistischer Wertewandel die Orientierungslinien auf Seiten der intransitiven Macht der Bürger verändert. Politische Institutionen sehen sich Bürgerbewegungen und den Subkulturen neuer sozialer Bewegungen oder auch einer allgemein propagierten "Politikverdrossenheit" gegenüber, auf die ihre

Steuerungsfähigkeit, vor allem aber ihre symbolische Repräsentation und damit ihre Integrationsleistung ursprünglich nicht zugeschnitten war. Das ist, wenn auch zunächst in bescheidenem Maße, durchaus ein pathologischer Institutionenwandel. Er lässt sich aber beheben, wenn die politischen Institutionen sich auch in ihrer symbolischen Repräsentation entsprechend anzupassen vermögen (siehe b1). Denn es nicht Aufgabe der politischen Institutionen, gegen Veränderungen der Wertvorstellungen der Bürger anzugehen, da die Bürger das Gemeinwesen ausmachen, welches die politischen Institutionen symbolisch repräsentieren – immer vorausgesetzt, die Grundwerte der Verfassung bleiben erhalten. Anders verhält es sich, wenn die Veränderung der intransitiven Macht zu Wertvorstellungen und Identifikationsmustern der Bürger wie etwa Populismus oder neuem Nationalismus in Verbindung mit dem Rechtsextremismus führt – eine besonders in Deutschland angesichts der historischen Erfahrungen höchst fragwürdige und gefährliche Entwicklung. Hier kann es nicht um symbolische Anpassung der politischen Institutionen gehen, sondern hier gilt allein ihr Erziehungs- und Abwehrauftrag in der Willensbeziehung. Würde diese Entwicklung aber die intransitive Macht selbst und nicht nur ihre Randbereiche verändern, so hätten wir es mit einer gravierenden Diskrepanz von intransitiver Macht und symbolischer Repräsentation, mit einer manifesten Pathologie der politischen Institutionen zu tun. Die Weimarer Republik in ihrem Niedergang und ihrer Übermächtigung durch den Nationalsozialismus ist ein warnendes Beispiel.

Es ist durchaus nicht selbstverständlich, hier schon von Institutionenwandel zu sprechen, denn an den Institutionen selbst wird er nicht unbedingt sichtbar. Vor allem ist die Erosion politischer Institutionen in einem Prozess des schleichenden Institutionenwandels diffus, aber darum nicht weniger gravierend, wenn sich Veränderungen der Wertvorstellungen der Bürger und Entfremdungsprozesse der politischen Institutionen in ihrer symbolischen Repräsentation gegenseitig überlappen. Wie es scheint, war dies bei der Weimarer Republik der Fall. Immer weniger repräsentierten die politischen Institutionen die Wertvorstellungen der Mehrheit der Bürger, die sich ihrerseits in ihrer Abneigung gegenüber dem Weimarer "System" der NSDAP oder der KPD zuwandten. Die Weimarer Koalition reagierte zunehmend hilflos. Formal bestanden die politischen Institutionen fort, aber sie verloren zunehmend die Deutungshoheit in der symbolischen Repräsentation.

Zumindest vorübergehend braucht sich also an der Institution, wie wir sie als Gebilde wahrnehmen, nichts zu ändern. Aber wenn sich die ursprüngliche Korrespondenz von intransitiver Macht und symbolischer Repräsentation zur Diskrepanz entwickelt, liegt Institutionenwandel in der Symbolbeziehung vor. Die institutionelle Konfiguration ist im Verhältnis ihrer grundlegenden sozialen Beziehungen verändert, und dieser tiefgreifende Wandel wird früher oder später in der symbolischen Repräsentation auch äußerlich dadurch sichtbar, dass die Institution jetzt leitende politische Wertvorstellungen zum Ausdruck bringt, die nicht mehr diejenigen ihrer Adressaten sind.

(b) Konsolidierung

Zum Zeitpunkt t_1 besteht eine Diskrepanz von intransitiver Macht und symbolischer Repräsentation; diese wird mehr oder minder abgebaut, so dass zum Zeitpunkt t_2 Korrespondenz entstanden ist. Die Konsolidierung kann in doppelter Richtung verlaufen. Entweder passen sich die Institution an veränderte politische Wertvorstellungen ihrer Adressaten an, so dass die Institution nun diese in der Symbolbeziehung durch symbolische Repräsentation angemessen zum Ausdruck bringt – *Anpassung der Institutionen* (b1). Ein engeres, emotionales Verhältnis entsteht auch auf Seiten der politischen Institutionen dadurch, dass die symbolische Repräsentation überhaupt erst Gestalt gewinnt – *Ausbildung der Symbolik* (b2). Oder die Adressaten gewinnen ihrerseits ein engeres, auch emotionales Verhältnis zu ihren politischen Institutionen, indem ihre intransitive Macht sich so entwickelt, dass die grundlegenden Wertvorstellungen mit der symbolischen Repräsentation in Einklang gelangen – *Akzeptanz der Institutionen* (b3).

(b1) Anpassung der Institutionen

Politische Institutionen können auf neue oder veränderte Wertvorstellungen der Bürger so reagieren, dass eine anfangs bestehende Diskrepanz abgemildert oder aufgehoben wird. Institutionenwandel erfolgt hier durch Anpassung der symbolischen Repräsentation, also der Präsentation der für das Gemeinwesen institutionalisierten und als solche geltend gemachten Werte und Ordnungsprinzipien, an die grundlegenden politischen Wertvorstellungen der Adressaten. Wenn die symbolische Repräsentation auf diese Weise mit der intransitiven Macht zum Einklang gebracht wird, erhalten die politischen Institutionen durch die veränderte institutionelle Konfiguration ein vorher nicht einsetzbares Integrationspotential.

Das ist oft wenig spektakulär und braucht auch nicht unbedingt als Institutionenwandel wahrgenommen zu werden, da er in Demokratien vor allem durch Wahlergebnisse bewirkt wird und deshalb als eigenständiger Vorgang kaum in Erscheinung tritt. Entweder greift eine Partei die gewissermaßen schlummernden Wertvorstellungen der Bürger auf und bringt sie damit sichtbar zum Ausdruck und sich zum Erfolg. Oder neue Kräfte treten in dieser Situation in die politische Arena ein und setzen sich mehr oder weniger durch. Das Aufkommen der Neuen sozialen Bewegungen und der Bürgerinitiativen in der Bundesrepublik der 1970er Jahre führte zur Verwandlung der Grünen in eine politische Partei, zunehmende Regierungsbeteiligung der Grünen in den Ländern und seit 1998 auch im Bund. Das Parteiensystem der Bundesrepublik war damit verändert, aber zugleich stabilisiert.

Dieser Form des Institutionenwandels geht grundsätzlich ein Institutionenwandel der Unangemessenheit von intransitiver Macht der Bürger und symbolischer Repräsentation der politischen Institutionen voraus (a2), denn wenn sich grundlegende Wertvorstellungen der Bürger signifikant verändern, so geschieht dies nicht von heute auf morgen, sondern ist in der Regel ein langwieriger, schleichender Prozess. Verstärkt wird er durch weiche Steuerung aus der Zivilgesellschaft in Form von spektakulären symbolischen Aktionen, wie sie etwa Greenpeace erfolgreich durchgeführt hat, oder aber durch bestürzende elementare Ereignisse. So hat die Reaktor-Katastrophe von Fukushima in Deutschland den plötzlichen Ausstieg aus der Atomenergie ausgelöst – dieser wurde aber wiederum nur möglich, weil die gesellschaftliche Akzeptanz von Atomkraftwerken in Deutschland immer mehr verloren gegangen war (also die intransitive Macht sich in diesem wichtigen Punkt verändert hat). Institutionenwandel durch Anpassung (b1) setzt auf jeden Fall Unangemessenheit (a2) voraus, und häufig folgen beide unmittelbar aufeinander oder überlagern sich sogar, wie in den genannten Beispielen. Aber ihre analytische Trennung ist sinnvoll, denn es ist keineswegs immer so, dass Unangemessenheit durch Anpassung behoben wird, womit sich die institutionelle Konfiguration wieder stabilisiert. Anpassung kann misslingen, wenn sie von den herrschenden Kräften verschleppt oder verhindert wird, was zur Instabilität des politischen Systems oder gar zur Revolution führen kann.[239]

(b2) Ausbildung der Symbolik

Der zweite hier zu betrachtende Fall ist mit dem vorigen eng verwandt, aber die Ausgangssituation ist eine andere. Es besteht keine explizite Diskrepanz von intransitiver Macht und symbolischer Repräsentation, aber auch noch keine Korrespondenz. Die symbolische Repräsentation ist gewissermaßen noch eine Leerstelle, wenn nämlich die symbolische Präsentation der grundlegenden Wertvorstellungen und Ordnungsprinzipien noch unausgebildet ist. Ich habe bereits darauf hingewiesen (8.2), dass die politischen Institutionen ihre Gestalt nicht nur in der Gründung, sondern auch in ihrer weiteren Ausbildung erhalten. Sie wird in der historischen Entwicklung durch mehr oder weniger gezielte symbolische Interpretationen gefüllt, was durchaus auch zu Uminterpretationen der Institution führen kann. Jedenfalls erbringt die Ausbildung der Symbolik eine Konsolidierung des politischen Systems in der Symbolbeziehung der institutionellen Konfiguration.

In der Moderne gibt es kaum politische Institutionen, die naturwüchsig entstanden sind. Vor allem sind sie das Ergebnis von intellektuellen, politischen und sozialen Auseinandersetzungen, und den Anschein der Naturwüchsigkeit erhalten sie erst dann, wenn sie lange Zeit bestehen und sich somit historisch auch verändern. Was ihre "Naturwüchsigkeit" also ausmacht, ist die Tatsache, dass sie sich, wie willentlich auch immer sie begründet wurden, zunehmend dieser realen Zusammenhänge entheben. Dies gilt insbesondere für die Ausbildung der Symbolik, die mit der Einrichtung von Institutionen nicht bereits fertig vorliegt, sondern sich erst allmählich entwickelt. Institutionen generieren ihre Symbole in einem Wechselprozess mit den Adressaten als Resonanzboden. Sie bieten Symbole an; wenn diese von den Adressaten akzeptiert und verinnerlicht werden, bildet sich

239 Anpassung der Institutionen in der Symbolbeziehung entspricht den Constitutional Moments in der Rechtswissenschaft, wobei dort allerdings der Ereignischarakter betont wird: „Konstitutionelle Momente sind seltene Augenblicke, in denen es politischen Bewegungen gelingt, neue identitätsstiftende Prinzipien der Verfassung hervorzubringen, die von einer Mehrheit der amerikanischen Bürger nach längerer Erprobung, Debatte und Entscheidung getragen werden." (Grothe/Schlegelmilch 2019: 7 mit Bezug auf Ackerman 1989: 546).

die Symbolik in stetem Wechselbezug weiter aus.[240] Gründungsmythen, die dem realen Gründungsakt einen überschießenden Interpretationsrahmen der Symbolik geben, bringen die Institution in eine überhöhende Darstellung und verstärken ihre Identifikationsmuster.

Diese Ausbildung der Symbolik als eine Form des Institutionenwandels aufzufassen, erscheint zunächst weit hergeholt, denn grundsätzlich ändert sich die Korrespondenz der Determinanten in der Entwicklung nicht. Sie beginnt mit einer Korrespondenz der intransitiven Macht und der symbolischen Repräsentation – eine demokratische Verfassung muss, wie auch immer, vom Souverän beschlossen werden – und wird durch die Ausbildung der symbolischen Repräsentation lediglich verstärkt. Aber damit verbunden sind zwei Effekte, welche die institutionelle Konfiguration essentiell verändern können. Zum einen ist mit jeder Ausbildung der symbolischen Repräsentation in längeren Zeitläuften eine Uminterpretation verbunden, die Verfassung ist nicht mehr die gleiche wie zum Zeitpunkt ihrer Inkraftsetzung. Zum anderen wird durch die Ausbildung der Symbolik die normative Integration erheblich verstärkt; reale Spannungen und strukturelle Probleme lassen sich symbolisch kompensieren. Die Entwicklung der amerikanischen Verfassung nach ihrer Inkraftsetzung 1788 kann dies gut illustrieren. Mit der *Bill of Rights* (Zusatzartikel 1-10) wurde 1791 ein Grundrechte-Katalog hinzugefügt, um die Bürger vor den Gefahren einer Tyrannei abzusichern, mit dem 13. Zusatzartikel nach dem Sezessionskrieg 1865 die Sklaverei: So wurde neues Integrationspotential geschaffen, welches gesellschaftliche Konflikte überwölben und bis zu einem gewissen Grad auch ruhig stellen konnte. Mit der Ausbildung ihrer Symbolik wurde die amerikanische Verfassung durchaus auch uminterpretiert, und insgesamt entstand so ein eindrucksvoller Gründungsmythos, der sich zu einem erheblichen Integrationsfaktor entwickelt hat. Die Faszination geht soweit, dass in Deutschland im Anschluss an Hannah Arendt sogar vorgeschlagen wurde, den Gründungsakt für das Grundgesetz der Bundesrepublik Deutschland nachzuholen (Rödel et al. 1989: 74-82). Auch die Umstrukturierung der postsozialistischen Gesellschaften in Mittel-, Ost- und Südosteuropa sollte durch den Rückgriff auf mehr oder weniger fiktive Traditionen integrativ abgesichert werden (Männicke-Gyöngyösi 1995, 1996; Stölting 1997).

(b3) Akzeptanz der Institutionen

Institutionenwandel in Form der Konsolidierung kann umgekehrt auch von der intransitiven Macht ausgehen. Politische Institutionen gewinnen zunehmend an

240 Dieser Wechselprozess braucht, worauf ich schon mehrmals hingewiesen habe, durchaus nicht konfliktfrei zu verlaufen, vielmehr erfolgt er in der Regel in mehr oder minder heftigen intellektuellen, politischen und sozialen Auseinandersetzungen, also in einer Verschränkung von Willens- und Symbolbeziehungen. André Brodocz schreibt mir dazu: „Diesen Gedanken würde ich über die Genese hinaus verlängern und diese Auseinandersetzungen als performative Praktiken verstehen, mit denen sich der Institutionenwandel vollzieht, die aber grundsätzlich auch die Willens- wie Symbolbeziehungen reproduzieren. Konsolidierte Institutionen wären dann nach meiner Einschätzung Konfigurationen, in denen ein Symbol und/oder seine verbindliche Interpretation als hegemonial durch einen deutungsmächtigen Akteur stabilisiert wird" (Mail vom 25.8.2023, zit. mit Einverständnis A.B.).

integrativer Kraft, wenn sie Orientierungsleistungen für die Bürger erbringen, die von diesen auch zunehmend angenommen werden.

Wie bereits gesehen, kann bei politischen Institutionen wie insbesondere bei Verfassungen zwischen ihrer Entstehung und ihrer Konsolidierung nicht trennscharf unterschieden werden. Der Vorgang ist der gleiche. Sind sie einmal beschlossen, so erhalten sie ihre Kraft als Institutionen nur, wenn erstens ihre Akteure (Politiker, Verfassungsgericht etc.) ihre Werte wahrnehmbar zum Ausdruck bringen (siehe b2) und wenn zweitens auch ihre Adressaten, die Bürger, diese innerlich akzeptieren. Für das letztere steht exemplarisch das Grundgesetz der Bundesrepublik Deutschland seit 1949. Ohne großes Interesse des Volkes wurde es formuliert, die Bürger wurden an der Diskussion weder formell noch informell beteiligt, der Entwurf wurde dem Volk nicht zur Abstimmung vorgelegt. Nach seiner Verabschiedung durch den Parlamentarischen Rat wurde das Grundgesetz nur sukzessive durch die Landtage der Länder ratifiziert. In der Entwicklung der Bundesrepublik hat es allerdings eine geradezu überraschende integrative Kraft gewonnen. Sicherlich ist seine wachsende Akzeptanz durch die Bevölkerung vornehmlich dem "Wirtschaftswunder" zu verdanken, für welches das Grundgesetz im Bewusstsein der Bürger symbolisch steht. Zugleich wurden seine entscheidenden Werte – Menschenwürde, individuelle Freiheit, Rechtsstaat und Demokratie – verinnerlicht und als tragende Grundwerte des Gemeinwesens weitgehend von ökonomischer Prosperität entkoppelt. So erlangte es schließlich die Rolle eines dominierenden Verstärkers der normativen Integration in die deutsche Nachkriegsdemokratie. Es erfuhr einen dramatischen Zuwachs an Akzeptanz, das Bundesverfassungsgericht entwickelte sich zum vertrauenswürdigsten Verfassungsorgan. Hier handelt es sich um institutionelle Konsolidierung, indem sich die Wertvorstellungen der Bürger an die symbolische Repräsentation der grundlegenden Werte des Gemeinwesens seitens der politischen Institutionen angleichen. Die institutionelle Konfiguration hat sich damit maßgeblich verändert.

8.3.3 Revolutionärer Institutionenwandel

In der gravierendsten und sichtbarsten Form des Institutionenwandels, dem revolutionären Institutionenwandel, sind Willens- und Symbolbeziehung nicht mehr analytisch voneinander zu trennen. Vielmehr tritt revolutionärer Institutionenwandel – betrachtet man ihn in der institutionellen Konfiguration – erst und gerade dann ein, wenn die Rückkopplung in beiden Beziehungen unterbrochen wird. Die Erosion politischer Institutionen in der Willensbeziehung bewirkt noch keine Revolution, denn ein nicht allzu gravierender Verlust an Steuerungsfähigkeit der politischen Institutionen wird in Demokratien in der Regel ebenso hingenommen wie eine zumindest temporäre Einschränkung von Partizipationsmöglichkeiten in Militär- oder Entwicklungsdiktaturen. Auch die Entfremdung von gemeinsamen Werten in der Symbolbeziehung bewirkt von sich aus noch keine Revolution. Das Regime mag brüchig werden und an symbolischer Legitimation verlieren. Aber es bricht noch nicht zusammen, solange es über hinreichende Gewaltmittel verfügt. Erst der Verlust der Input- und der Output-Legitimation in der Willensbeziehung zusammen mit einer offensichtlich nicht mehr gegebenen Kohärenz der Wertvorstellungen der Bürger und ihrer symbolischen Repräsentation durch die politischen Institutionen kann das Regime zum Kollaps bringen und somit revolutionären Institutionenwandel bewirken.

So in der Französischen Revolution. Bis 1789 hatte das Ancien Régime nicht nur ideologisch abgewirtschaftet, weil es den Wertvorstellungen des aufstrebenden Bürgertums in keiner Weise mehr entsprach – es erwies sich zudem mehr und mehr als ökonomisch ineffizient, degenerierte also in der Output-Legitimation, und eine Input-Legitimation in Form einer angemessenen Beteiligung des aufstrebenden Dritten Standes hatte es ohnehin nicht zugelassen. Das Ergebnis war revolutionärer Institutionenwandel. – In der DDR führte die Erosion der politischen Institutionen in einem zunächst schleichenden Institutionenwandel schließlich 1989 zu einer Unvereinbarkeit von Wert- und Ordnungsvorstellungen der Bürger und der (herrschenden) Institutionen. Verbunden mit dramatisch sinkender Output-Legitimation und nicht hinreichend mobilisierbarer Input-Legitimation kam es zum friedlichen, aber durchaus revolutionären Institutionenwandel.

Lässt sich also analytisch keine Fallunterscheidung mehr nach Willens- und Symbolbeziehung vornehmen, so zeigt die Folie der institutionellen Konfiguration doch auch hier sehr deutlich, dass selbst ein so abrupter Wandel wie der revolutionäre Institutionenwandel Elemente der Kontinuität behält. Das Ende der DDR hat dies in einem Maße klar gemacht, wie es so manchem vorher wohl nicht bewusst war. Jede Revolution, ob friedlich oder gewaltsam, hat es mit verbleibenden Kontinuitäten der Sozialisation, der Mentalität, der Gewohnheiten zu tun, mit denen es zur Stabilisierung der neuen Ordnung umzugehen gilt. In den neuen Bundesländern hat der übermächtige Westen dem viel zu wenig Rechnung getragen; aus der bewusst oder auch nur unwissentlich verweigerten Anerkennung der individuellen Lebensleistungen in der DDR ist ein neuer Ost-West-Gegensatz, die „Mauer in den Köpfen" entstanden, die sich nur schwer und langsam abbauen lässt. Im Gegensatz dazu stehen gewaltsame Revolutionen immer in der Versuchung, vielleicht sogar der gefühlten Notwendigkeit, solche verbleibenden Kontinuitäten radikal abzubauen, was zur Umerziehungslagern bis zur physischen Vernichtung der echten oder eingebildeten Gegner führt. Unrühmliche Höhepunkte sind in der Französischen Revolution die Dezimierung des Adels und der darüber hinaus Verdächtigten durch die Guillotine, in der Sowjetunion die Vernichtung der Kulaken 1937/38 und in China die „Kulturrevolution" von 19666-1976. Statt dessen versprechen die Revolutionäre gern eine neue Rückkopplung in der Willens- und Symbolbeziehung, was sie aber in der Regel nicht einhalten.

8.4 Zusammenfassung mit Blick auf die Transformationsforschung: Drei Formen des Institutionenwandels

Ausgangspunkt war die Überlegung, dass der Prozess von Entstehung und Wandel politischer Institutionen nicht beschränkt auf Institutionen als für sich selbst existierende Gebilde beschrieben werden kann. Maßgebend ist stets die institutionelle Konfiguration. In der Willens- und Symbolbeziehung lassen sich vermittels der Veränderungen der Determinanten Macht und Repräsentation verschiedene Formen des Institutionenwandels identifizieren, die stets auf eine Veränderung des

Verhältnisses von Bürgern und politischen Institutionen zurückgehen. Macht und Repräsentation sind somit die Bestimmungsfaktoren für Institutionenwandel. Die Fallunterscheidungen, welche auf dieser Grundlage vorgenommen wurden, lassen sich insgesamt zu drei Formen des Institutionenwandels zusammenfügen, wie sie aus der Transformationsforschung geläufig sind und hier nun auch institutionentheoretisch erfasst und begründet werden können[241]: *Erosion* und *Konsolidierung* politischer Institutionen sowie *revolutionärer Institutionenwandel*. Damit wird die analytische Trennung von Willens- und Symbolbeziehungen zu einer Synopse zusammengeführt, zugleich lässt sich so die Anschlussfähigkeit des vorgelegten Konzepts an die empirische Forschung demonstrieren. Wie sich diese drei Formen des Institutionenwandels aus den Fallunterscheidungen in der institutionellen Konfiguration ergeben, sei abschließend gezeigt (Abb. 17).

	Willensbeziehung	*Symbolbeziehung*
Erosion von Institutionen („schleichender Institutionenwandel")	Verselbständigung (A) Erosion durch Machtverlust (B2)	Verselbständigung (a1) Unangemessenheit (a2)
Konsolidierung von Institutionen	Konsolidierung (C) Demokratisierung (B1)	Anpassung der Institutionen (b1) Ausbildung der Symbolik (b2) Akzeptanz der Institutionen (b3)
revolutionärer Institutionenwandel		

Abb. 17: Formen des Institutionenwandels in der institutionellen Konfiguration

(1) Erosion von Institutionen

Institutionenwandel im negativen Sinn bedeutet Erosion der politischen Institutionen, und diese erfolgt meist ziemlich unbemerkt, in einer Art von schleichendem Institutionenwandel. Entweder verändert sich die politische Institution mit ihren Akteuren selbst oder aber die Einstellung ihrer Adressaten, was Veränderungen im Verhältnis von Macht und Repräsentation zur Folge hat. Die Rückkopplung von Akteuren und Adressaten in der institutionellen Konfiguration wird gestört, sie entfremden sich gegenseitig. Macht oder Repräsentation verlieren im Verhältnis von Bürgern und politischen Institutionen an Wirkung, das Standing der politischen Institutionen gegenüber den Bürgern oder die Erwartungshaltung der Bürger gegenüber den politischen Institutionen nimmt immer mehr ab. Im Ergebnis sind auch die politischen Institutionen selbst erodiert.

241 Die drei Formen des Institutionenwandels werden in der Transformationsforschung als drei Phasen betrachtet. So unterscheidet Merkel für den Systemwandel zwischen (1) Ende/Auflösung des autokratischen Regimes, (2) Demokratisierung, (3) Konsolidierung (Merkel 1999: 199 ff, 125 ff). Die Bestimmung des Institutionenwandels, wie ich sie hier vornehme, kommt aus der Perspektive der institutionellen Konfiguration zu ähnlichen Unterscheidungen, was sich aus dem Phänomenbefund ergibt. Allerdings vermeide ich dabei eine Abfolge in der Form von aufeinanderfolgenden Phasen.

In der *Willensbeziehung* kann ebenso eine Stärkung (A) wie eine Schwächung (B2) der Macht der politischen Institutionen zur Erosion führen. Die Stärkung der Macht, wird sie nicht durch verstärkte Repräsentation der Bürger konterkariert, führt zu einer Verselbständigung der Institutionen. Diese lässt sich auch nicht in der Symbolbeziehung ausgleichen, vielmehr droht auch dort Verselbständigung (siehe unten). Auch die entgegengesetzte Richtung ist für die Stabilität politischer Institutionen gefährlich. Vermindert sich die Macht der politischen Institutionen, ohne dass sich an der Repräsentation seitens der Bürger irgendetwas ändert, so verliert die Institution an Steuerungsfähigkeit und somit an Problemlösungskompetenz, sie erodiert durch Machtverlust. Häufig versuchen politische Institutionen in diesem Fall ihren Verfall symbolisch zu kaschieren, der Bürger wird „besser informiert“ – aber diese Propaganda hilft zumeist nicht weiter. Vielmehr ist zu erwarten, dass die Erosion durch Machtverlust auch die Integrationsfähigkeit beeinträchtigt und somit, wenn nicht durchgreifende Reformen folgen, einen Niedergang der Institution zum Ergebnis hat.

In der *Symbolbeziehung* kommt es zur Erosion von Institutionen, wenn die Diskrepanz zwischen intransitiver Macht und symbolischer Repräsentation zunimmt. Entweder entkoppelt sich die symbolische Repräsentation von den Bürgern, was auch hier zur Verselbständigung der Institution führt (a1), oder die Veränderung von grundlegenden Wertvorstellungen der Bürger führt dazu, dass diese sich von den durch politische Institutionen präsentierten Werten entfernen, wodurch eine gefährliche Unangemessenheit entsteht (a2). Die Verselbständigung der Institutionen in der Symbolbeziehung tritt in autoritären ebenso wie in demokratischen Systemen auf, wobei erstere dafür offensichtlich besonders anfällig sind (8.3.2). Wenn sie die leitenden Werte des Gemeinwesens gezielt in eine von den Vorstellungen der Bürger abweichende Richtung drängen, benötigen sie Zensur, Kontrolle der Medien, Regulierung des Internets usw., um sich durchzusetzen. Aber auch demokratische Systeme sind gegen Erosion durch Verselbständigung der Institutionen nicht gefeit. In der Symbolbeziehung tritt sie auf, wenn Verselbständigungen in der Willensbeziehung symbolisch kompensiert werden sollen. Die Veränderung von grundlegenden Wertvorstellungen der Bürger ist weniger sichtbar, hier lässt sich ganz besonders von „schleichendem Institutionenwandel“ sprechen. Wertewandel bei den Bürgern vollzieht sich langsamer und ist vor allem weniger manifest, als wenn politische Institutionen ihre Symbolik ändern. So kommt die Unangemessenheit veränderter Wertvorstellungen gegenüber dieser Symbolik nur sukzessive und zunächst eher sporadisch zum Ausdruck, etwa als sich in den 1970er Jahren in der Bundesrepublik zunehmend Bürgerinitiativen bildeten. (Auch im Niedergang der des autoritären Systems der DDR gab es eine lange latente Unzufriedenheit der Bevölkerung, erstmals sichtbar in der öffentlichen Berufung auf die Helsinki-Vereinbarungen seit Mitte der 1970er Jahre, bevor sie nach den Wahlfälschungen 1989 in offenen Protest umschlug.) Ist der Wandel erst einmal sichtbar geworden, scheint es für politische Institutionen in demokratischen Systemen leichter, darauf mit Reformen zu reagieren, denn es gilt ja auch künftig in Wahlen zu bestehen. In autokratischen Systemen, für die eine Opposition funktional und normativ systemgefährdend ist, wird der beharrende Teil des Establishments versuchen, sich so lange wie möglich mit allen verfügbaren Mitteln zur Wehr zu setzen. Eine Reform oder auch nur eine Anpassung der Symbolik wird dadurch unwahrscheinlicher, die Perspektive liegt vielmehr in der Alternative: erfolgreiche Unterdrückung oder Revolution – mit offenem Ausgang.

(2) Konsolidierung von Institutionen

Hier geht es um Institutionenwandel im positiven Sinn. Die Beziehungen zwischen politischen Institutionen und ihren Adressaten werden enger; was ihr Auseinanderdriften in der institutionellen Konfiguration bewirkt, wird einander angenähert. So bleibt die Institution selbst unangefochten und erhöht ihre Wirksamkeit. Innerhalb der Beziehungen zwischen politischen Institutionen und ihren Adressaten erfolgt eine Anpassung seitens der Institution oder zunehmende Akzeptanz seitens der Bürger.

Diese Form des Institutionenwandels ergibt sich in der *Willensbeziehung* durch Stärkung von Macht und Repräsentation (C). Stärkung von Macht bedeutet hier Erhöhung der Steuerungsfähigkeit; damit die Institution sich aber nicht abkoppelt, bedarf es einer entsprechenden Stärkung der Einflussmöglichkeiten der Bürger. In den Transformationsprozessen Mittel-, Ost- und Südosteuropas war diese Kovarianz teilweise zu konstatieren, häufig wurden aber auch Erwartungen enttäuscht. Es hat sich wieder einmal gezeigt, dass dieses Kriterium eher selten erfüllt wird, und auf jeden Fall ist eine mindestens ebenso wirksame Absicherung in der Symbolbeziehung erforderlich, um erfolgreich zu institutioneller Stabilisierung zu gelangen. Auch die Erwartung auf Konsolidierung durch Demokratisierung (B1), ohnehin heftig umstritten, ist im Modell der institutionellen Konfiguration eher skeptisch zu bewerten, da die Stärkung von Repräsentation nicht automatisch auch die Aufrechterhaltung oder gar Verstärkung von Macht und Steuerungsfähigkeit bewirkt. Anders sieht es aus, wenn mit der Demokratisierung in der Willensbeziehung zugleich eine Anpassung der Institutionen in der Symbolbeziehung (b1) verbunden ist, was eine Demokratie durchaus leisten kann. Die Symbolik wird demokratischer. Lässt sich auch das Machtpotential der politischen Institutionen in der Willensbeziehung einigermaßen aufrecht erhalten, so gibt es auch bei Demokratisierung die Chance auf eine damit verbundene Konsolidierung politischer Institutionen.

In der *Symbolbeziehung* kann diese Form des Institutionenwandels dreierlei bedeuten: Anpassung der Institutionen, Ausbildung ihrer Symbolik oder zunehmende Akzeptanz. Es wurde bereits darauf hingewiesen, wie wichtig die Anpassung der Institutionen (b1) ist, denn Demokratisierung erhält ihre Chance weniger dadurch, dass Institutionen effizienter werden (was problematisch ist), sondern vor allem dadurch, dass dadurch auch die symbolische Repräsentation, also ihre veränderte Präsenz, und somit auch das Integrationspotential der politischen Institutionen erhöht wird. Gelingt die normative Integration auf Grundlage der Demokratisierung nicht, sind also – was paradox erscheint, tatsächlich aber häufig zu beobachten ist – die Bürger letztendlich nicht von der Demokratisierung überzeugt, so entsprechen nun die politischen Institutionen nicht mehr ihren Wertvorstellungen, sie fühlen sich von ihnen symbolisch nicht mehr repräsentiert. Die

Demokratisierung wird schließlich auch in der Willensbeziehung scheitern, oder es bedarf der Gewalt, um sie aufrecht zu erhalten – wahrlich ein Paradoxon.

Dass und unter welchen Bedingungen die Ausbildung der Symbolik (b2), welche das Integrationspotential in der Regel verstärkt, und eine zunehmende Akzeptanz der politischen Institutionen durch die Bürger (b3) konsolidierend wirkt, wurde bereits erörtert und ist im Übrigen offensichtlich. Nicht so offensichtlich ist dabei allerdings, dass solche Prozesse in der Symbolbeziehung für eine nachhaltige Konsolidierung tatsächlich auch stets erforderlich sind. Angesichts der sich immer wieder verändernden Problemlagen in der Politik hält ihre Wirkung vermutlich nicht allzu lange an, jedenfalls sollten sich die politischen Institutionen nicht allzu sehr darauf verlassen. So müssen sie mit Blick auf veränderte Rahmenbedingungen der Politik auch immer wieder erneuert werden.[242]

(3) Revolutionärer Institutionenwandel

Im Modell der institutionellen Konfiguration lässt sich der revolutionäre Institutionenwandel am wenigsten ausdifferenzieren. Hier endet die bisherige institutionelle Konfiguration *in toto*, bisherige Macht- und Repräsentationsbeziehungen sind gekappt. Bestehende Institutionen werden abgeschafft und durch neue ersetzt, es entsteht zunächst eine völlig neue institutionelle Konfiguration. Dass es trotzdem weiter wirkende Kontinuitäten gibt, in den äußeren Bedingungen ebenso wie in Mentalitäten und Traditionen, selbst in der Rekrutierung der Akteure, wird letztlich erst für die Forschung sichtbar. Im Verlauf und in der Folge der Revolution unterliegen verbleibende Kontinuitäten mehr oder weniger gewaltsamen und mehr oder weniger erfolgreichen Anpassungsprozessen. Sie werden schon deshalb, sofern sie bestehen bleiben, erst im Nachhinein sichtbar, weil sie einer neuen, überhöhenden Leitidee unterstehen. Die neuen Institutionen erfüllen teilweise durchaus ähnliche Aufgaben wie die abgeschafften Institutionen – z.B. die Herstellung und Sicherung von Ordnung und die Absicherung materieller Bedürfnisse – und die Verhaltensmuster der Akteure und/oder der Adressaten verändern sich durchaus nicht so wie geplant, aber sie unterliegen einer neuen symbolische Repräsentation, die auf der revolutionären Gewalt beruht.

So lässt sich aus der Sicht der institutionellen Konfiguration zum Institutionenwandel durch Erosion und Konsolidierung von Institutionen sehr vieles, zum revolutionären Institutionenwandel sachbedingt eher wenig beitragen. Mit der Systematik der Fallunterscheidungen (8.3) und ihrem Bezug auf die empirische Transformationsforschung (8.4.) sollte jedenfalls eine neuartige Perspektive zum Verständnis des Institutionenwandels eröffnet sein.

242 So Smend: „(Der Staat) lebt und ist nur da in diesem Prozess beständiger Erneuerung, dauernden Neuerlebtwerdens; er lebt, um Renans berühmte Charakterisierung der Nation auch hier anzuwenden, von einem Plebiszit, das sich jeden Tag wiederholt" (1928: 36).

Literaturverzeichnis

Ackerman, Bruce, 1989: Constitutional Politics / Constitutional Law. In: Yale Law Journal 99. 453–547.

AfD-Grundsatz-Programm 2016. https://www.afd.de/wp-content/uploads/sites/111/2017/01/2016-06-27_afd-grundsatzprogramm_web-version.pdf, abgerufen 14.2.2022.

Agard, Olivier, 2021: Gehlens Rezeption von Maurice Hauriou. In: Magerski, Christine (Hrsg.): Die Macht der Institution. Zum Staatsverständnis Arnold Gehlens. Baden-Baden: Nomos. 125-136.

Alemann, Ulrich von (Hrsg.), 1981: Neokorporatismus. Frankfurt/Main, New York: Campus.

Alemann, Ulrich von, 1995: Grundlagen der Politikwissenschaft. Opladen: Leske&Budrich.

Allen, Amy, 1998: Rethinking Power. In: Hypathia 13. 21-40.

Allen, Amy, 1999: The Power of Feminist Theory. Domination, Resistance, Solidarity. Boulder: Westview Press.

Anderson, Benedict, 1983: Die Erfindung der Nation (engl. 1983). Frankfurt/Main, New York: Campus.

Anter, Andreas, 2012: Theorien der Macht zur Einführung. Hamburg: Junius.

Ankersmit, Frank, 2012: Meaning, Truth, and Reference in Historical Representation. Ithaca, London: Cornell UP.

Arendt, Hannah, 1965: Über die Revolution (am. 1963). München: Piper. Neuausgabe 1974.

Arendt, Hannah, 1967: Vita activa oder Vom tätigen Leben (am. 1958). München: Piper. Neuausgabe 1981.

Arendt, Hannah, 1970: Macht und Gewalt (am. 1970). München: Piper.

Arendt, Hannah, 1993: Was ist Politik? Aus dem Nachlass hrsg. von Ursula Lutz. München: Piper.

Arndt, Friedrich/Richter, Anna, 2009: Steuerung durch diskursive Praktiken. In Göhler/Höppner/De La Rosa 2009, 27-73.

Assmann, Aleida, 2011: Erinnerungsräume. Formen und Wandlungen des kulturellen Gedächtnisses (1999). 5. Aufl. München: Beck.

Assmann, Jan, 2013: Das kulturelle Gedächtnis. Schrift, Erinnerung und politische Identität in frühen Hochkulturen (1992). 7. Aufl. München: Beck.

Bachrach, Peter/Baratz, Morton S., 1977: Macht und Armut (am. 1970). Frankfurt/Main: Suhrkamp.

Baldwin, David A., 2002: Power and International Relations. In: Carlsnaes, Walter/Risse, Thomas/Simmons, Beth A. (eds.): Handbook of International Relations. London: Sage. 177-191.

Ball, Terence, 1988: The Changing Face of Power. In ders.: Transforming Political Discourse. Oxford, New York: Blackwell. 80-105.

Barlösius, Eva, 2011: Pierre Bourdieu, 2. Aufl. Frankfurt/Main: Campus.

Barnett, Michael/Duvall, Raymond, 2005: Power in International Politics. In: International Organization 59. 39-75.

Beck, Ulrich, 1993: Die Erfindung des Politischen. Zu einer Theorie reflexiver Modernisierung. Frankfurt/Main: Suhrkamp.

Beichelt, Timm, 2021: Homo Emotionalis. Zur Systematisierung von Gefühlen in der Politik. Wiesbaden: Springer VS.

Bein, Simon, 2022: How is Collective Identity Possible in Democracies? Political Integration and the Leitkultur Debate in Germany. In: Politische Vierteljahresschrift 63. 1-23.

Benz, Arthur, 2004: Governance – Regieren in komplexen Regelsystemen. VS-Verlag: Wiesbaden.

Benz, Arthur, 2007: Verhandlungen. In: Benz et al. 2007, 107-118.

Benz, Arthur, 2009: Politik in Mehrebenensystemen. Wiesbaden: VS-Verlag.

Benz, Arthur, 2010: Multilevel Governance – Governance in Mehrebenensystemen. In: Benz /Dose 2010, 111-135.

Benz, Arthur/Lütz, Susanne/Schimank, Uwe/Simonis, Georg (Hrsg.), 2007: Handbuch Governance. Theoretische Grundlagen und empirische Anwendungsfelder. Wiesbaden: VS-Verlag.

Benz, Arthur/Dose, Nicolai (Hrsg.), 2010: Governance – Regieren in komplexen Regelsystemen. 2. Aufl. Wiesbaden: VS-Verlag.

Berger, Peter L./Luckmann, Thomas, 1980: Die gesellschaftliche Konstruktion der Wirklichkeit. Eine Theorie der Wissenssoziologie (am. 1966). Frankfurt/Main: Fischer.

Berthold, Lutz, 1997a: Die beiden Grundbedeutungen des Repräsentationsbegriffs, dargestellt an Autoren aus dem Umfeld der Weimarer Staatslehre. In: Göhler et al. 1997, 363-375.

Berthold, Lutz, 1997b: Der Beitrag der Integrationslehre Rudolf Smends zur Theorie politischer Institutionen. In: Göhler et al. 1997, 563-576.

Binder, Sarah A./Rhodes, R.A.W./Rockman, Bert. A. (eds.), 2008: The Oxford Handbook of Political Institutions. Oxford: UP.

Bizeul, Yves, 2009: Die politischen Symbole. In ders.: Glaube und Politik. Wiesbaden: VS-Verlag. 209-250.

Blänkner, Reinhard, 2006: Tugend, Verfassung, Zivilreligion. Normative Integration im aufgeklärten Liberalismus. In: Buchstein/Schmalz-Bruns 2006, 339-367.

Bleek, Wilhelm, 2001: Geschichte der Politikwissenschaft in Deutschland. München: Beck.

Böckenförde, Ernst-Wolfgang, 1983: Demokratie und Repräsentation. In ders.: Staat, Verfassung, Demokratie. Frankfurt/Main: Suhrkamp 1991. 379-405.

Bonfadelli, Heinz/Friemel, Thomas N., 2014: Medienwirkungsforschung. 5. Aufl. Konstanz: UVK.

Bourdieu, Pierre, 1977: Sur le pouvoir symbolique. In: Annales 32. 405-411.

Bourdieu, Pierre, 1985: Sozialer Raum und „Klassen". In ders.: Sozialer Raum und „Klassen". Leçon sur la leçon. Frankfurt/Main: Suhrkamp. 7-46.

Bourdieu, Pierre, 1989: Satz und Gegensatz: Über die Verantwortung des Intellektuellen. Berlin: Wagenbach.

Bourdieu, Pierre, 1991: Die Intellektuellen und die Macht (frz. 1989). Hamburg: VSA.

Bourdieu, Pierre, 1992: Sozialer Raum und symbolische Macht (frz. 1987). In ders.: Rede und Antwort. Frankfurt/Main: Suhrkamp. 135-154.

Bourdieu, Pierre, 2013: Politik. Schriften zur Politischen Ökonomie 2. Schriften, hrsg. von Franz Schultheis und Stephan Egger, Bd. 7. Frankfurt/Main: Suhrkamp.

Bourgeois, Bernard, 1997: Der Begriff des Staates (§§ 257-251). In: Siep, Ludwig (Hrsg.): G.W.F. Hegel, Grundlinien der Philosophie des Rechts (Klassiker Auslegen, Bd. 9). Berlin: Akademie-Verlag. 217-242.

Braun, Dietmar/Giraud, Olivier, 2009: Politikinstrumente im Kontext von Staat, Markt und Governance. In: Schubert Klaus/Bandelow, Nils C. (Hrsg.): Lehrbuch der Politikfeldanalyse 2.0. München: Oldenbourg. 159-186.

Brecht, Bertolt, 1953: Die Lösung. In: Buckower Elegien. Ausgewählte Werke in sechs Bänden. Dritter Band: Gedichte 1. Frankfurt/Main: Suhrkamp, 1997. S. 404.

Breckman, Warren, 2013a: Adventures of the Symbolic. Post-Marxism and Radical Democracy. New York: Columbia UP.

Breckman, Warren, 2013b: Lefort and the Symbolic Dimension. In: Plot, Martín (Hrsg.): Claude Lefort. Thinker of the Political. London: Springer Palgrave Macmillan. 176-185.

Brodocz, André, 2002: Institution als symbolische Form. In: Berliner Journal für Soziologie 12. 211-226.

Brodocz, André, 2003: Die symbolische Dimension der Verfassung. Wiesbaden: Westdeutscher Verlag.

Brodocz, André, 2009: Die Macht der Judikative. Wiesbaden: VS-Verlag.

Brunkhorst, Hauke, 1994: Demokratie und Differenz. Vom klassischen zum modernen Begriff des Politischen. Frankfurt/Main: Fischer.

Brunkhorst, Hauke, 2011: Macht/Gewalt/Herrschaft. In: Heuer, Wolfgang/Heiter, Bernd/ Rosenmüller, Stefanie (Hrsg.): Arendt-Handbuch. Stuttgart, Weimar: Metzler. 294-298.

Bubner, Rüdiger/Cramer, Wolfgang/Wiehl, Reiner (Hrsg.), 1982: Politikbegriffe. Neue Hefte für Philosophie 21. Göttingen: Vandenhoek&Ruprecht.

Buchstein, Hubertus, 1997: Repräsentation ohne Symbole – Die Repräsentationstheorie des *Federalist* und von Hanna F. Pitkin. In: Göhler et al. 1997, 376-432.

Buchstein, Hubertus/Schmalz-Bruns, Rainer (Hrsg.), 2006: Politik der Integration. Symbole, Repräsentation, Institution. Festschrift für Gerhard Göhler zum 65. Geburtstag. Baden-Baden: Nomos.

Buchstein, Hubertus/Schmalz-Bruns, Rainer: Einleitung. In: Buchstein/Schmalz-Bruns 2006, 13-51.

Budde, David, 2013: Formen der Repräsentation und ihre Legitimation. Die voraussetzungsvolle Anerkennung von Repräsentanten in der Politik. Arbeitsbereich Politische Theorie und Ideengeschichte am Otto-Suhr-Institut der Freien Universität Berlin, Working Paper Nr. 3.

Bühler, Joachim, 2011: Das Integrative der Verfassung. Eine politiktheoretische Untersuchung des Grundgesetzes. Baden-Baden: Nomos.

Bundesverfassungsgericht, 2021: Beschluss des Bundesverfassungsgerichts zum Klimaschutzgesetz v. 24.3.2021 – 1 BvR 2656/18 u.a., veröffentlicht in der Pressemitteilung Nr. 31/2021 v. 29.4.2021.

Burke, Edmund, Reflections: Betrachtungen über die französische Revolution. Frankfurt/Main: Suhrkamp, 1967.

Burke, Edmund, Works: The Works of the Right Honorable Edmund Burke. 12 Bde. London: Nimmo, 1887.

Butler, Judith, 1991: Das Unbehagen der Geschlechter (am. 1990). Frankfurt/Main: Suhrkamp.

Butler, Judith, 2001: Psyche der Macht. Das Subjekt der Unterwerfung (am. 1997). Frankfurt/Main: Suhrkamp.

Butler, Judith, 2003: Noch einmal: Körper und Macht. In: Honneth, Axel/Saar, Martin (Hrsg.): Michel Foucault. Zwischenbilanz einer Rezeption. Frankfurt/Main: Suhrkamp. 52-67.

Cassirer, Ernst, 1923-1929: Philosophie der symbolischen Formen. 3 Bde. 2. Aufl. Darmstadt: Wissenschaftliche Buchgesellschaft, 1953-1954.

Cassirer, Ernst, 1985: Der Mythus des Staates (am. 1945). Frankfurt/Main: Fischer TB.

Cassirer, Ernst, 1990: Versuch über den Menschen. Eine Einführung in die Philosophie der Kultur (am. 1944). Frankfurt/Main: Fischer.

Castoriadis, Cornelius, 1990: Gesellschaft als imaginäre Institution (frz. 1975). Frankfurt/Main: Suhrkamp.

CDU-Grundsatzprogramm 2007. https://archiv.cdu.de/system/tdf/media/dokumente/071203-beschluss-grundsatzprogramm-6-navigierbar_1.pdf?file=1, abgerufen 14.2.2022.

Clegg, Stewart R., 1989: Frameworks of Power. London: Sage.

Clegg, Stewart R./Courpasson, David/Phillips, Nelson, 2006: Power and Organizations. London: Sage.

Clegg, Stewart R./Haugaard, Mark (eds.), 2009: The Sage Handbook of Power. London: Sage.

Coase, Ronald H., 1937: The Nature of the Firm. In: Economica 4. 386-405.

Cohen, Jessica, 2012: Die wiedererlangte Autonomie. Subjekt und Politik in der französischen Kritik an Foucault. Baden-Baden: Nomos.

Cohen, Jessica/Langenhan, Denise, 2009: Steuerung durch Symbole. In: Göhler/Höppner/De La Rosa 2009, 138-188.

Cohen, Michael D./March, James G./Olsen, Johan P., 1972: A Garbage Can Model of Organizational Choice. In: Administrative Science Quarterly 17. 1-15.

CSU-Grundsatzprogramm 2016. https://www.csu.de/common/download/Grundsatzprogramm-Beschluss-Parteitag.pdf, abgerufen 14.2.2022.

Czada, Roland, 1995: Art. "Institutionelle Theorien der Politik". In: Lexikon der Politik, Bd. 1: Politische Theorien. Hrsg. Nohlen, Dieter/Schultze, Rainer-Olaf. München: Beck. 205-213.

Dahl, Robert A., 1961: Who Governs? Democracy and Power in an American City. New Haven: Yale UP.

Dahl, Robert A., 1968: Power. In: Shills, David L. (ed.): International Encyclopedia of the Social Sciences. New York: Macmillan. Vol. 12. 405-415.

De La Rosa, Sybille/Gädeke, Dorothea, 2009. Steuerung durch Argumente. In Göhler/Höppner/De La Rosa 2009, 74-137.

Deutsch, Karl W., 1969: Politische Kybernetik (am. 1963). Freiburg/Breisgau: Rombach.

Diehl, Paula, 2015: Das Symbolische, das Imaginäre und die Demokratie. Eine Theorie politischer Repräsentation. Baden-Baden: Nomos.

Diehl, Paula, 2018: Die Symbolisierung des Volkes in der Demokratie. Eine ikonografische Spurensuche. In Huhnholz, Sebastian/Hausteiner, Eva Marlene (Hrsg.): Politische Ikonographie und Differenzrepräsentation. Baden-Baden: Nomos. 23-47.

Diehl, Paula, 2019a: Das politische Imaginäre und die politische Repräsentation. In: Österreichische Zeitschrift für Soziologie 44, Suppl. 2. 37-55.

Diehl, Paula, 2019b: Political Theory through History. Pierre Rosanvallon's Concepts of Representation and the People and their Importance. In: Flügel-Martinsen et al. 2019, 39-60.

Diehl, Paula/Steilen, Felix (Hrsg.), 2016: Politische Repräsentation und das Symbolische. Wiesbaden: Springer VS.

DiMaggio, Paul J./Powell, Walter W., 1991: Introduction. In: Powell, Walter W./DiMaggio, Paul J. (eds.): The New Institutionalism in Organizational Analysis. Chicago: UP.

Dingeldey, Philip, 2022: Von unmittelbarer Demokratie zur Repräsentation. Eine Ideengeschichte der großen bürgerlichen Revolutionen. Bielefeld: transcript.

Dingler, Johannes et al., 2000: Dimensionen postmoderner Feminismen. In: Feministische Studien 18. 129-144.

Disch, Lisa, 2015: The "Constructivist Turn" in Democratic Representation: A Normative Dead-End? In: Constellations 22. 487-499.

Disch, Lisa, 2019: Introduction: The End of Representative Politics? In: Disch/van de Sande/Urbinati 2019, 1-18.

Disch, Lisa, 2021: Making Constituencies. Representation as Mobilization in Mass Democracy. Chicago: UP.

Disch, Lisa/van de Sande, Mathijs/Urbinati, Nadia (eds.), 2019: The Constructivist Turn in Political Representation. Edinburgh: UP.

Doll, Martin/Kohns, Oliver (Hrsg.), 2014: Die imaginäre Dimension der Politik. München: Fink.

Dormal, Michel, 2017: Nation und Repräsentation. Theorie, Geschichte und Gegenwart eines umstrittenen Verhältnisses. Baden-Baden: Nomos.

Dose, Nicolai, 2003: Trends und Herausforderungen der politischen Steuerungstheorie. In: Grande, Edgar/Prätorius, Rainer (Hrsg.): Politische Steuerung und neue Staatlichkeit. Baden-Baden: Nomos. 19-55.

Dowding, Keith, 1996: Power. Buckingham: Open University Press.

Draude, Anke/Schmelzle, Cord/Risse, Thomas, 2012: Grundbegriffe der Governanceforschung. 2. überarbeitete Aufl. Berlin: SFB-Governance Working Paper Series Nr. 36.

Durkheim, Émile, 1912: Les formes élémentaires de la vie religieuse. Le système totémique en Australie. Paris: Presses universitaires de France.

Eco, Umberto, 1977: Zeichen (it. 1973). Frankfurt/Main: Suhrkamp.

Eco, Umberto, 1985: Semiotik und Philosophie der Sprache (it. 1984). München: Fink.
Edelman, Murray, 1990: Politik als Ritual. Die symbolische Funktion staatlicher Institutionen und politischen Handelns (am. 1964/1971). Frankfurt/Main, New York: Campus.
Elias, Norbert, 1991: Wandlungen der Wir-Ich-Balance (1987). In ders.: Die Gesellschaft der Individuen. Frankfurt/Main: Suhrkamp. 207-315.
Elster, Jon, 1987: Subversion der Rationalität (am. 1979, 1983). Frankfurt/Main, New York: Campus.
Entman, Robert M., 1993: Framing: Toward Clarification of a Fractured Paradigm. In: Journal of Communication 43. 51–58.
Esser, Hartmut, 1995: Erklärende Soziologie. In: Schäfer, Bernhard (Hrsg.): Soziologie in Deutschland. Opladen: Leske+Budrich. 171-183.
Falletti, Tulia G./Lynch, Julia F., 2009: Context and Causal Mechanisms in Political Analysis. In: Comparative Political Studies 42. 1143-1166.
Fed.: The Federalist. Ed. by Jacob E. Cooke. Middletown, Conn.: Wesleyan UP, 1961.
Die Federalist Papers (Fed-Z). Übersetzung Barbara Zehnpfennig. Darmstadt: Wissenschaftliche Buchgesellschaft, 1993.
Die Federalist-Artikel (Fed-A). Übersetzung Angela und Willi Paul Adams. Paderborn: Schöningh, 1994.
Felgenhauer, Katrin/Bornmüller, Falk (Hrsg.), 2018: Macht:Denken. Substantialistische und relationalistische Theorien – eine Kontroverse. Bielefeld: transcript.
Finke, Jan, 2016: Steuerungsforschung. Mechanismen, Objekte und Performanz sozialer und politischer Steuerung. Phil. Diss. PH Freiburg/Br. (frei zugänglich).
Flügel-Martinsen, Oliver, 2020: Radikale Demokratietheorien zur Einführung. Hamburg: Junius.
Flügel-Martinsen, Oliver, 2022: Radikale Demokratie unter Normalisierungsdruck. In: Leviathan 50. 557-576.
Flügel-Martinsen et al. (eds.), 2019: Pierre Rosanvallon's Political Thought. Bielefeld: UP.
Folkerts, Joshua, 2019: Zur Theorie der Deutungsmacht. Eine ideengeschichtliche Erkundung in klassischen und modernen Machttheorien. In: Zeitschrift für Politische Theorie 10. 211-232.
Forst, Rainer, 2015: Normativität und Macht. Zur Analyse sozialer Rechtfertigungsordnungen. Berlin: Suhrkamp.
Forst, Rainer, 2018: Noumenal Power Revisited: Reply to Critics. In: Journal of Political Power 11. 294-321.
Forst, Rainer, 2021: Normativität und Wirklichkeit. Zu einer kritisch-realistischen Theorie der Politik. In: Forst, Rainer/Günther, Klaus (Hrsg.): Normative Ordnungen. Berlin: Suhrkamp. 74-93.
Foucault, Michel, 1977: Überwachen und Strafen. Die Geburt des Gefängnisses (frz. 1975). Frankfurt/Main: Suhrkamp.
Foucault, Michel, 1980: Power/Knowledge. Selected Interviews and Other Writings 1972-1977. Ed. Colin Gordon. Brighton: Harvester Press.
Foucault, Michel, 1981: Archäologie des Wissens (frz. 1969). Frankfurt/Main: Suhrkamp.
Foucault, Michel, 1983: Der Wille zum Wissen. Sexualität und Wahrheit, Bd. 1 (frz. 1976). Frankfurt/Main: Suhrkamp.
Foucault, Michel, 1986a: Der Gebrauch der Lüste (frz. 1984). Sexualität und Wahrheit, Bd. 2. Frankfurt/Main: Suhrkamp.
Foucault, Michel, 1986b: Die Sorge um sich (frz. 1984). Sexualität und Wahrheit, Bd. 3. Frankfurt/Main: Suhrkamp.
Foucault, Michel, 1987: Das Subjekt und die Macht. In: Dreyfus, Hubert L./Rabinow, Paul: Michel Foucault. Jenseits von Strukturalismus und Hermeneutik (engl. 1982, frz. 1984). Frankfurt/Main: Athenäum. 241-261.
Foucault, Michel, 1991: Die Ordnung des Diskurses (frz. 1970). Frankfurt/Main: Fischer.

Foucault, Michel, 2003: Die Gouvernementalität (frz. 1978). In ders.: Schriften in vier Bänden. Dits et Ecrits, Band 3. Frankfurt/Main: Suhrkamp. 796-823.
Fraenkel, Ernst, 1932: Um die Verfassung. In: Ernst Fraenkel, Gesammelte Schriften. Bd. 1. Hrsg. von Hubertus Buchstein. Baden-Baden: Nomos, 1999. 496-509.
Fraenkel, Ernst, 1958: Die repräsentative und die plebiszitäre Komponente im demokratischen Verfassungsstaat. In: Fraenkel 2007 und 2011, 165-207.
Fraenkel, Ernst, 1960a: Historische Vorbelastungen des deutschen Parlamentarismus. In: Fraenkel 2007 und 2011, 53-73.
Fraenkel, Ernst, 1960b: Deutschland und die westlichen Demokratien. In: Fraenkel 2007 und 2011, 74-90.
Fraenkel, Ernst, 1964: Der Pluralismus als Strukturelement der freiheitlich-rechtsstaatlichen Demokratie. In: Fraenkel 2007 und 2011, 256-280.
Fraenkel, Ernst, 1969: Strukturanalyse der modernen Demokratie. In: Fraenkel 2007 und 2011, 314-343.
Fraenkel, Ernst, 2007: Gesammelte Schriften, Bd. 5. Hrsg. von Alexander v. Brünneck. Baden-Baden: Nomos.
Fraenkel, Ernst, 2011: Deutschland und die westlichen Demokratien. 9. Aufl. hrsg. von Alexander v. Brünneck. Baden-Baden: Nomos.
Frank, Thomas et al., 2002: Des Kaisers neue Kleider. Über das Imaginäre politischer Herrschaft. Frankfurt/Main: Fischer 2002.
Galtung, Johan, 1971: A Structural Theory of Imperialism. In: Journal of Peace Research 8. 81-117.
Gauchet, Marcel, 1990: Die totalitäre Erfahrung und das Denken des Politischen (frz. 1971). In: Rödel, Ulrich (Hrsg.): Autonome Gesellschaft und libertäre Demokratie. Frankfurt/Main: Suhrkamp. 207-238.
Gebh, Sara, 2022: Denken in Alternativen: Für eine offensive Verteidigung der Radikaldemokratie. In: Leviathan 50. 577-594.
Gebhardt, Jürgen, 2010: Symbole und politische Ordnung. In: Annali di sociologia/Soziologisches Jahrbuch 17 (2004-09). Trento: Università degli Studi di Trento. 39-46.
Gebhardt, Jürgen, 2020: Das Sokratische Projekt Eric Voegelins. Geistige Ursprünge und intellektuelle Intentionen der *New Science of Politics* – Eine denkgeschichtliche Betrachtung. Voegeliniana, Occasional Papers 107. München.
Gehlen, Arnold, 2016a: Der Mensch. Seine Natur und seine Stellung in der Welt (1. Aufl. 1940, 4. Aufl. 1950, 7. Aufl. 1962). Frankfurt/Main: Klostermann, 2016.
Gehlen, Arnold, 2016b: Urmensch und Spätkultur (1956). 7. Aufl. Frankfurt/Main: Klostermann.
Geiger, Theodor, 1932: Die soziale Schichtung des deutschen Volkes. Reprint Darmstadt: Wissenschaftliche Buchgesellschaft, 1972.
Gerhardt, Volker (Hrsg.), 1990: Der Begriff der Politik. Bedingungen und Gründe politischen Handelns. Stuttgart: Metzler.
Giddens, Anthony, 1984: The Constitution of Society. Cambridge: Polity Press.
Göhler, Gerhard, 1987: Institutionenlehre und Institutionentheorie in der deutschen Politikwissenschaft. In ders. (Hrsg.): Grundfragen der Theorie politischer Institutionen. Opladen: Westdeutscher Verlag. 15-47.
Göhler, Gerhard, 1991: Grundelemente des liberalen Denkens und ihr Verhältnis zur Demokratie: Emmanuel Joseph Sieyes. In: Lieber, Hans J. (Hrsg.): Politische Theorien von der Antike bis zur Gegenwart. München: Olzog. 370-386.
Göhler, Gerhard, 1994a: Politische Institutionen und ihr Kontext. Begriffliche und konzeptionelle Überlegungen zur Theorie politischer Institutionen. In ders. (Hrsg.): Die Eigenart der Institutionen. Baden-Baden: Nomos. 19-46.
Göhler, Gerhard, 1994b: Hegel und das Problem der gesellschaftlichen Einheit - die Staatslehre neu gelesen. In: Greven, Michael Th./Kühler, Peter/Schmitz, Manfred (Hrsg.): Po-

litikwissenschaft als Kritische Theorie. Festschrift für Kurt Lenk. Baden-Baden 1994. 109-132.
Göhler, Gerhard, 1995: Einleitung. In ders. (Hrsg.): Macht der Öffentlichkeit – Öffentlichkeit der Macht, Baden-Baden, 7-21.
Göhler, Gerhard, 1997a: Der Zusammenhang von Institution, Macht und Repräsentation. In: Göhler et al. 1997, 11–62.
Göhler, Gerhard, 1997b: Zusammenfassung und Folgerungen: die institutionelle Konfiguration. In: Göhler et al. 1997, 579-599.
Göhler, Gerhard (Hrsg.), 1997c: Institutionenwandel. Leviathan-Sonderheft 16/1996. Opladen: Westdeutscher Verlag.
Göhler, Gerhard, 1997d: Wie verändern sich Institutionen? Revolutionärer und schleichender Institutionenwandel. In: Göhler 1997c, 21-56.
Göhler, Gerhard, 1997e: Institutionen und Institutionenwandel. In: Forum Politische Bildung (Hrsg.): Institutionen im Wandel. Informationen zur Politischen Bildung 13 (1997). 7-20.
Göhler, Gerhard, 2000: Constitution and Use of Power. In: Goverde, Henri et. al. (eds.): Power in Contemporary Politics. London: Sage. 41-58.
Göhler, Gerhard, 2002a: Politische Symbole – symbolische Politik. In: Rossade, W./Sauer, B./Schirmer, D. (Hrsg.): Politik und Bedeutung. Wiesbaden: Westdeutscher Verlag. 27-42
Göhler, Gerhard, 2002b: Stufen des politischen Vertrauens. In: Schmalz-Bruns, Rainer/Zintl, Reinhard (Hrsg.): Politisches Vertrauen. Soziale Grundlagen reflexiver Kooperation. Baden-Baden: Nomos. 221-238.
Göhler, Gerhard, 2003a: Zwischen Verfassungspatriotismus und nationaler Identität: Leitkultur als symbolische Integration. In: Göhler/Iser/Kerner 2003, 321-334.
Göhler, Gerhard, 2003b: Leitkultur als symbolische Integration. Überlegungen zum Gebrauch eines umstrittenen Konzepts. In: Fischer, Joachim/Joas, Hans (Hrsg.): Kunst, Macht und Institutionen. Frankfurt/Main, New York. 304-315.
Göhler, Gerhard, 2005: Symbolische Politik – symbolische Praxis. Zum Symbolverständnis in der deutschen Politikwissenschaft. In: Stollberg-Rillinger, Barbara (Hrsg.): Was heißt Kulturgeschichte des Politischen? Zeitschrift für historische Forschung, Beiheft 35. Berlin: Duncker & Humblot. 57-69.
Göhler, Gerhard, 2006a: Entstehung und Wandel politischer Institutionen. In: Schmidinger, Heinrich/Sedmak, Clemens (Hrsg.): Der Mensch – ein zôon politikón? Gemeinschaft – Öffentlichkeit – Macht. Darmstadt: Wissenschaftliche Buchgesellschaft. 155-174.
Göhler, Gerhard, 2006b: Über den Zusammenhang von Zivilreligion und normativer Integration. In: Rüdiger, Axel/Seng, Eva-Maria (Hrsg.): Dimensionen der Politik: Aufklärung – Utopie – Demokratie. Festschrift für Richard Sage zum 65. Geburtstag. Berlin: Duncker & Humblot. 371-383.
Göhler, Gerhard, 2007a: Politische Institutionen als Symbolsysteme. In: Schmidinger, Heinrich/Sedmak, Clemens (Hrsg.): Der Mensch – ein "animal symbolicum"? Sprache – Dialog – Ritual. Darmstadt: Wissenschaftliche Buchgesellschaft. 301-321.
Göhler, Gerhard, 2007b: Art. "Repräsentation" und "Repräsentative Demokratie". In: Fuchs, Dieter/Roller, Edeltraud (Hrsg.): Lexikon Politik. Hundert Grundbegriffe. Stuttgart: Reclam. 253-256 und 256-260.
Göhler, Gerhard, 2007c: Deliberative Demokratie und symbolische Repräsentation. In: Thaa, Winfried (Hrsg.): Inklusion durch Repräsentation. Baden-Baden: Nomos. 109-125.
Göhler, Gerhard, 2007d: „Weiche Steuerung". Regieren ohne Staat aus machttheoretischer Perspektive. In: Risse, Thomas/Lehmkuhl, Ursula (Hrsg.): Regieren ohne Staat? Governance in Räumen begrenzter Staatlichkeit. Baden-Baden: Nomos. 87-108.
Göhler, Gerhard, 2007e: Theorie als Erfahrung. Über den Stellenwert von politischer Philosophie und Ideengeschichte für die Politikwissenschaft. In: Buchstein, Hubertus/Göhler,

Gerhard (Hrsg.): Politische Theorie und Politikwissenschaft. Wiesbaden: VS-Verlag für Sozialwissenschaften. 80-104.

Göhler, Gerhard, 2009: „Power to“ and „Power over“. In: Clegg/Haugaard 2009, 27-39.

Göhler, Gerhard, 2010: Neue Perspektiven politischer Steuerung. In: Aus Politik und Zeitgeschichte, B 2-3/2010. 34-40.

Göhler, Gerhard, 2011a: Art. "Institution". In: Göhler/Iser/Kerner 2011, 191-207.

Göhler, Gerhard, 2011b: Art. „Macht“, in: Göhler/Iser/Kerner 2011, 224-240.

Göhler, Gerhard, 2012a: Zum Verhältnis von bürgerlicher Gesellschaft und Staat bei Hegel. Unveröff. Manuskript.

Göhler, Gerhard, 2012b: Weiche Governanceformen und Macht. Unveröff. Manuskript.

Göhler, Gerhard, 2012c: Wiedergelesen: Ernst Fraenkel, Deutschland und die westlichen Demokratien. In: Politische Vierteljahresschrift 53. 515-518.

Göhler, Gerhard, 2012d: Die affektive Dimension der Demokratie. Überlegungen zum Verhältnis von Deliberation und Symbolizität. In: Heidenreich, Felix/Schaal, Gary S. (Hrsg.): Politische Theorie und Emotionen. Baden-Baden: Nomos. 235-253.

Göhler, Gerhard, 2013: Transitive und intransitive Macht. In: Brodocz, André/Hammer, Stefanie (Hrsg.): Variationen der Macht. Baden-Baden: Nomos. 225-242.

Göhler, Gerhard, 2014a: Hegels Begriff der Macht. In: Brodocz, André et al. (Hrsg.): Die Verfassung des Politischen. Festschrift für Hans Vorländer. Wiesbaden: Springer VS. 303-317.

Göhler, Gerhard, 2014b: Machtbeziehungen in Governance-Arrangements. Unveröff. Manuskript.

Göhler, Gerhard, 2014c: Ernst Fraenkel (1898-1975). In: Jesse, Eckhard/Liebold, Sebastian (Hrsg.): Deutsche Politikwissenschaftler – Werk und Wirkung. Von Abendroth bis Zellentin. Baden-Baden: Nomos. 261-274.

Göhler, Gerhard, 2016a: Symbolische Repräsentation aus deutscher und französischer Sicht. In: Diehl/Steilen 2016, 23-49.

Göhler, Gerhard, 2016b: Politische Institutionen und die symbolische Repräsentation des Gemeinwesens. In: Doll, Martin/Kohns, Oliver (Hrsg.): Figurationen des Politischen. Bd. 1: Zur Phänomenalität der Politik in der Gegenwart. Paderborn: Wilhelm Fink. 471-491.

Göhler, Gerhard, 2017: Dimensionen der politischen Repräsentation. In: Gräfe, Anne/Menzel, Johannes (Hrsg.): Un/Ordnungen denken. Festschrift für Reinhard Blänkner. Berlin: Quintus, Verlag für Berlin-Brandenburg. 348-384.

Göhler, Gerhard, 2019b: Nationalismus – Leitkultur – Verfassungspatriotismus. Konzepte normativer Integration. Unveröff. Manuskript.

Göhler, Gerhard, 2021: Politische Repräsentation in systematischer Perspektive. In: Neubauer et al. 2021, 55-81 (aktualisierte, um längere Anmerkungen gekürzte und überarbeitete Fassung von Göhler 2017).

Göhler, Gerhard/Schmalz-Bruns, Rainer, 1988: Perspektiven der Theorie politischer Institutionen (Literaturbericht). In: Politische Vierteljahresschrift 29. 309-349.

Göhler Gerhard/Zeuner, Bodo (Hrsg.), 1991: Kontinuitäten und Brüche in der Politikwissenschaft. Baden-Baden: Nomos.

Göhler, Gerhard et al., 1997: Institution – Macht – Repräsentation. Wofür politische Institutionen stehen und wie sie wirken. Baden-Baden: Nomos.

Göhler, Gerhard/Speth, Rudolf, 1998: Symbolische Macht. Zur institutionentheoretischen Bedeutung von Pierre Bourdieu. In: Blänkner, Reinhard/Jüssen, Bernhard (Hrsg.): Institutionen und Ereignis. Göttingen: Vandenhoeck&Ruprecht, 17-48.

Göhler, Gerhard/Kühn, Rainer, 1999: Institutionenökonomie, Neo-Institutionalismus und die Theorie politischer Institutionen. In: Edeling, Thomas/Jann, Werner/Wagner, Dieter (Hrsg.): Institutionenökonomie und neuer Institutionalismus. Opladen: Leske+Budrich. 17-42.

Göhler, Gerhard/Iser, Mattias/Kerner, Ina (Hrsg.), 2003: Verfassungspatriotismus und nationale Identität. Ein deutsch-ungarisch- tschechisch-polnischer Dialog. Publicationes Universitatis Miskolciensis. Miskolc: Universitätsverlag.

Göhler, Gerhard/Höppner, Ulrike/De La Rosa, Sybille (Hrsg.), 2009: Weiche Steuerung. Studien zur Steuerung durch diskursive Praktiken, Argumente und Symbole. Baden-Baden: Nomos.

Göhler, Gerhard/Höppner, Ulrike/De La Rosa, Sybille/Skupien, Stefan, 2010: Steuerung jenseits von Hierarchie. Wie diskursive Praktiken, Argumente und Symbole steuern können. In: Politische Vierteljahresschrift 51. 691-720.

Göhler, Gerhard/Iser, Mattias/Kerner, Ina (Hrsg.), 2011: Politische Theorie. 25 umkämpfte Begriffe zur Einführung, 2. Aufl. Wiesbaden: VS Verlag.

Goodin, Robert E. (ed.), 1996: The Theory of Institutional Design. Cambridge: UP.

Görlitz, Axel/Burth, Hans-Peter, 1998: Politische Steuerung. 2. Aufl. Opladen: Leske&Budrich.

Gostmann, Peter/Merz-Benz, Ulrich (Hrsg.), 2021: Macht und Herrschaft. Zur Revision zweier soziologischer Grundbegriffe. 2. Aufl. Wiesbaden: Springer VS.

Goverde, Henri et al. (eds.), 2000: Power in Contemporary Politics, London: Sage.

Gramsci, Antonio, 1992: Gefängnishefte. Kritische Gesamtausgabe, Bd. 4. Hrsg. von Klaus Bochmann/Wolfgang Fritz Haug. Hamburg: Argument-Verlag.

Grothe, Ewald/Schlegelmilch, Arthur (Hrsg.), 2019: Constitutional Moments. Berlin: Berliner Wissenschaftsverlag.

Guzzini, 1993: Structural Power. The Limits of Neorealist Power Analysis. In: International Organization 47. 443-478.

Guzzini, Stefano, 2022: Power in World Politics. In: Oxford Research Encyclopedia of Politics. Oxford: UP. https://doi.org/10.1093/acrefore/9780190228637.013.118, abgerufen 9.12.2022.

Habermas, Jürgen, 1973: Legitimationsprobleme im Spätkapitalismus. Frankfurt/Main: Suhrkamp.

Habermas, Jürgen, 1981: Theorie des kommunikativen Handelns. 2 Bde. Frankfurt/Main: Suhrkamp.

Habermas, Jürgen, 1987: Geschichtsbewusstsein und postnationale Identität. Die Westorientierung der Bundesrepublik. In ders.: Eine Art Schadensabwicklung. Frankfurt/Main: Suhrkamp. 159-179.

Habermas, Jürgen, 1989: Grenzen des Neohistorismus. In ders.: Die nachholende Revolution. Frankfurt/Main: Suhrkamp, 1990. 159-179.

Habermas, Jürgen, 1990: Nochmals: Zur Identität der Deutschen. Ein einig Volk von aufgebrachten Wirtschaftsbürgern? In ders.: Die nachholende Revolution. Frankfurt/Main: Suhrkamp. 205-224.

Habermas, Jürgen, 1992. Faktizität und Geltung. Beiträge zur Diskurstheorie des Rechts und des demokratischen Rechtsstaats. Frankfurt/Main: Suhrkamp.

Halbwachs, Maurice, 1966: Das Gedächtnis und seine sozialen Bedingungen (frz. 1925). Berlin: Luchterhand.

Halbwachs, Maurice, 1967: Das kollektive Gedächtnis (frz. 1939). Stuttgart: Enke.

Hall, Peter A./Taylor, Rosemary C.R., 1996: Political Science and the Three New Institutionalisms. In: Political Studies 44. 936-957.

Han, Byung-Chul, 2005: Was ist Macht? Stuttgart: Reclam.

Harth, Dietrich/Assmann, Jan, 1992: Revolution und Mythos, Frankfurt/Main: Fischer.

Hartwich, Hans-Hermann (Hrsg.), 1983: Gesellschaftliche Probleme als Anstoß und Folge von Politik. Wissenschaftlicher Kongress der DVPW 4.-7. Oktober 1982. Opladen: Westdeutscher Verlag.

Hasse, Raimund/Krücken, Georg, 2005: Neo-Institutionalismus. 2. Aufl. Bielefeld: transcript.

Hasse, Raimund/Krücken, Georg, 2008: Institution. In: Baur, Nina et al. (Hrsg.), 2008: Handbuch Soziologie. Wiesbaden: VS-Verlag. 163-182.

Hasse, Raimund/Krücken, Georg, 2009: Neo-institutionalistische Theorie. In: Kneer, Georg/Schroer, Markus (Hrsg.): Handbuch Soziologische Theorien. Wiesbaden: VS-Verlag.

Haugaard, Mark, 1997: The Constitution of Power. A Theoretical Analysis of Power, Knowledge and Structure. Manchester: UP.

Haugaard, Mark, 2002: Power. A Reader. Manchester: UP.

Haugaard, Marc, 2010: Power: A 'Family Resemblance' Concept. In: European Journal of Cultural Studies 13. 419-438.

Haugaard, Mark, 2020: The Four Dimensions of Power. Understanding, Domination, Empowerment and Democracy. Manchester: UP.

Haugaard, Mark/Clegg, Stewart (eds.), 2012: Power and Politics. 4 vol. London: Sage.

Haugaard, Marc/Ryan, Kevin (eds.), 2012: Political Power. The Development of the Field. Opladen: Barbara Budrich.

Hauriou, Maurice, 1964: Die Theorie der Institution und zwei andere Aufsätze (frz. 1925). Berlin: Duncker & Humblot.

Hegel, Georg Wilhelm Friedrich, J: Jenaer Systementwürfe III. Naturphilosophie und Philosophie des Geistes. Neu hrsg. von Rolf-Peter Horstmann. Hamburg: Meiner, 1987 (Philosophische Bibliothek Bd. 333). 171-262. | Jenaer Realphilosophie. Die Vorlesungen von 1805/06. Philosophie des Geistes. In: Georg Wilhelm Friedrich Hegel: Frühe politische Systeme. Hrsg. und kommentiert von Gerhard Göhler. Frankfurt/Main, Berlin, Wien: Ullstein, 1974. 201-289.

Hegel, Georg Wilhelm Friedrich, GW: Gesammelte Werke. In Verbindung mit der Deutschen Forschungsgemeinschaft hrsg. von der Nordrhein-Westfälischen Akademie der Wissenschaften. Hamburg: Meiner, 1968 ff.

Hegel, Georg Wilhelm Friedrich, L: Wissenschaft der Logik (1812/13). Erster Band. Gesammelte Werke, Bd. 11. Hamburg: Meiner, 1978.

Hegel, Georg Wilhelm Friedrich, R: Grundlinien der Philosophie des Rechts (1821). In: Werke Bd. 7. Frankfurt/Main: Suhrkamp, 1986.

Heidenreich, Felix, 2023: Können politische Mythen demokratisch sein? In: Leviathan 51. 186-205.

Heller, Hermann, 1928: Politische Demokratie und soziale Homogenität. In ders.: Gesammelte Schriften, Bd. 2. Leiden: Sijthoff, 1971. 421-433.

Heller, Hermann, 1934: Staatslehre. Leiden: Sijthoff.

Hermann, Steffen/Flatscher, Matthias (Hrsg.), 2020: Institutionen des Politischen. Perspektiven der radikalen Demokratietheorie. Baden-Baden: Nomos.

Hildebrandt, Mathias, 2001: Politik aus Erfahrung des Totalitarismus: Cornélius Castoriadis, Claude Lefort, Marcel Gauchet. In: Lietzmann, Hans J. (Hrsg.): Moderne Politik. Opladen: Leske+Budrich. 311-329.

Hobbes, Thomas: Leviathan (1651). Ed. Richard Tuck, Cambridge: UP, 1991.

Hoffmann, Marhild, 1995: Der Reichstag: Ein Zeichen – wofür? in: Klein, Ansgar et al. (Hrsg.): Kunst, Symbolik und Politik. Opladen: Leske&Budrich. 259-270.

Hoffmann, Michael, 2001: Was sind "Symbole" und wie lässt sich ihre Bedeutung erfassen? In: Melville 2001, 95-117.

Hofmann, Hasso, 1974: Repräsentation. Studien zur Wort- und Begriffsgeschichte von der Antike bis ins 19. Jahrhundert. 4. Aufl. Berlin: Duncker&Humblot, 2003.

Höppner, Ulrike, 2011: Power and Globalization. Patterns of Order in a Globalized World. Phil. Diss. FU Berlin.

Horneber, Jakob, 2019: Gesellschaftlicher Konflikt und Krise demokratischer Repräsentation. In: Kronenberger, Volker/Horneber, Jakob: Die repräsentative Demokratie in Anfechtung und Bewährung. Das "Wir" organisieren. Wiesbaden: Springer VS. 67-78.

Huhnholz, Sebastian/Hausteiner, Eva Marlene (Hrsg.), 2018: Politische Ikonographie und Differenzrepräsentation. Baden-Baden.

Hülst, Dirk, 1999: Symbol und soziologische Symboltheorie. Opladen: Leske+Budrich.

Ilting, Karl-Heinz, 1982: Art. „Macht, Gewalt IV.2“. In: Geschichtliche Grundbegriffe, Bd. 3. Hrsg. von Otto Brunner, Werner Conze und Reinhart Koselleck. Stuttgart: Klett-Cotta. 854-865.

Imbusch, Peter (Hrsg.), 1998: Macht und Herrschaft. Opladen: Leske+Budrich.

Immergut, Ellen M., 1997: The Normative Roots of the New Institutionalism: Historical Institutionalism and Comparative Policy Studies. In: Benz, Arthur/Seibel, Wolfgang (Hrsg.): Theorieentwicklung in der Politikwissenschaft – eine Zwischenbilanz. Baden-Baden: Nomos. 325-355.

Jachtenfuchs, Markus/Kohler-Koch, Beate, 2010: Governance in der Europäischen Union. In: Benz/Dose 2010, 69-91.

Jaeggi, Rahel, 2005: Entfremdung. Zur Aktualität eines sozialphilosophischen Problems. Frankfurt/Main, New York: Campus. Mit einem neuen Nachwort Berlin: Suhrkamp: 2016.

Jaeggi, Rahel, 2009: Was ist eine (gute) Institution? In: Forst, Rainer et al. (Hrsg.): Sozialphilosophie und Kritik. Frankfurt/Main: Suhrkamp. 528-544.

Jensen, Stefan, 1980: Einleitung. In: Parsons 1980, 7-55.

Jentges, Erik, 2010: Die soziale Magie politischer Repräsentation. Charisma und Anerkennung in der Zivilgesellschaft. Bielefeld: transcript.

JPP, Special Issue 2018: Noumenal Power. Journal of Political Power 11, Issue 1.

JPP, Special Issue 2021: The Changing Faces of Power, 1979-2019. Journal of Political Power 14, Issue 1.

Kant, Immanuel, KrV: Kritik der reinen Vernunft (1781/1787). In: Werke in sechs Bänden, Bd. 2. Hrsg. von Wilhelm Weischedel. Darmstadt: Wissenschaftliche Buchgesellschaft, 1983.

Kant, Immanuel, Gemeinspruch: Über den Gemeinspruch: Das mag in der Theorie richtig sein, taugt aber nicht für die Praxis (1793). In: Werke in sechs Bänden, Bd. 6. Hrsg. von Wilhelm Weischedel. Darmstadt: Wissenschaftliche Buchgesellschaft, 1983. 125-172.

Kantorowicz, Ernst H., 1992: Die zwei Körper des Königs. Eine Studie zur politischen Theologie des Mittelalters (am. 1957). Stuttgart: Klett-Cotta.

Kastendiek, Hans, 1977: Die Entwicklung der westdeutschen Politikwissenschaft. Frankfurt/Main, New York: Campus.

Kerner, Ina, 2006: Kollektive Identität. Überlegungen zum Gebrauch eines umstrittenen Konzepts. In: Buchstein/Schmalz-Bruns 2006, 157-173.

Kerner, Ina, 2009: Differenzen und Macht. Zur Anatomie von Rassismus und Sexismus. Frankfurt/Main, New York: Campus.

Kervégan, Jean-François/Schmidt, Christian/Zabel, Benno (Hrsg.), 2021: Institutions/Institutionen. Trivium 32. https://doi.org/10.0/trivium.7257.

Kestler, Thomas, 2022: Die motivationale Macht von Ideen. Theoretische und empirische Grundlegungen eines ideenbasierten Neoinstitutionalismus. Wiesbaden: Springer VS.

Kestler, Thomas, 2023: The Motivational Power of Ideas in Institutions and Collective Action. Collectivizing Intentional States and Bodily Awareness. In: Human Studies 46: 59-78.

Klages, Johanna, 2006: Kampffeld Repräsentation. http://www.grundrisse.net/grundrisse18/johanna_klages.htm, abgerufen 24.1.2022.

Klein, Josef, 2018: Frame und Framing: Frametheoretische Konsequenzen aus der Praxis und Analyse strategischen politischen Framings. In: Ziem, Alexander/Inderelst , Lars/Wulf, Detmer (Hrsg.): Frames interdisziplinär. Düsseldorf: dup.

Klein, Josef, 2019: Politik und Rhetorik. Eine Einführung. Wiesbaden: Springer VS.

König, Helmut, 2015: Kontinuitäten und Diskontinuitäten des Denkens: Politikbegriffe in der deutschen Politikwissenschaft nach 1945. In: Ehrlich, Susanne et al. (Hrsg.): Schwierige Erinnerung: Politikwissenschaft und Nationalsozialismus. Baden-Baden: Nomos. 37-58.

Kohn, Hans, 1944: The Idea of Nationalism. A Study in its Origins and Background. New York: Macmillan (deutsche Ausgaben 1950 und 1962).

Koschorke, Albrecht/Lüdemann, Susanne, 2007: Der fiktive Staat. Konstruktionen des politischen Körpers in der Geschichte Europas. Frankfurt/Main: Fischer.

Kraus, Peter A., 2004: Die Begründung demokratischer Politik in Europa. Zur Unterscheidung von Input-und Output-Legitimation bei Fritz W. Scharpf. In: Leviathan 32. 558-567.

Krause, Ralf/Rölli, Marc (Hrsg.), 2008: Macht. Begriff und Wirkung in der politischen Philosophie der Gegenwart. Bielefeld: transcript.

Kreide, Regina/Niederberger, Andreas, 2011: Art. „Politik". In: Göhler/Iser/Kerner 2011, 290-306.

Kühn, Rainer, 1997: „Steuerung" als Ordnungsleistung? In: Göhler et al. 1997, 515-562.

Kurz, Gerhard, 1988: Metapher, Allegorie, Symbol. 2. Aufl. Göttingen: Vandenhoek&Ruprecht.

Laclau, Ernesto/Mouffe, Chantal, 1991: Hegemonie und radikale Demokratie. Zur Dekonstruktion des Marxismus (engl. 1985). Wien: Passagen.

Laclau, Ernesto, 2002: Emanzipation und Differenz (engl. 1996). Wien: Turia&Kant.

Ladwig, Bernd, 2006: Moderne Sittlichkeit. Grundzüge einer „hegelianischen" Gesellschaftstheorie des Politischen. In: Buchstein/Schmalz-Bruns 2006, 11-135.

Lammert, Norbert, 2019: Demokratie braucht Demokraten. Leipzig: St. Benno.

Landshut, Siegfried, 1925: Über einige Grundbegriffe der Politik. In: Landshut 2004, 327-386.

Landshut, Siegfried, 1958: Empirische Forschung und Grundlagenforschung in der Politischen Wissenschaft. In: Landshut 2004, 297-319.

Landshut, Siegfried, 1959: Politik. In: Landshut 2004, 293-296.

Landshut, Siegfried, 1964: Der politische Begriff der Repräsentation. In: Rausch, Heinz (Hrsg.): Zur Theorie und Geschichte der Repräsentation und der Repräsentativverfassung. Darmstadt: Wissenschaftliche Buchgesellschaft, 1968. 482-497. – Auch in: Landshut 2004, 421-437.

Landshut, Siegfried, 2004: Politik. Grundbegriffe und Analysen: Eine Auswahl aus dem Gesamtwerk in zwei Bänden, hrsg. von Rainer Nicolaysen. Berlin: Verlag für Berlin-Brandenburg.

Langbein, Birte, 1997: Die instrumentelle und die symbolische Dimension der Institutionen bei Arnold Gehlen. In: Göhler et al. 1997, 143-178.

Langenhan, Denise/Skupien, Stefan, 2008: Steuerung durch Symbole – eine annotierte Bibliographie. Unveröff. Arbeitspapier im TP „Weiche Steuerung", DFG-Sonderforschungsbereich 700, Berlin.

Langer, Susanne K., 1965: Philosophie auf neuen Wegen. Das Symbol im Denken, im Ritus und in der Kunst (am. 1942). Fischer: Frankfurt/Main

Ledyaev, Valeri, 1998. Power: A Conceptual Analysis. New York: Nova Science Publishers.

Ledyaev, Valeri, 2021: Conceptual Analysis of Power: Basic Trends. In: Journal of Political Power 14. 72-84.

Lefort, Claude/Gauchet, Marcel, 1990: Über die Demokratie: Das Politische und die Instituierung des Gesellschaftlichen (frz. 1976). In: Rödel, Ulrich (Hrsg.): Autonome Gesellschaft und libertäre Demokratie. Frankfurt/Main: Suhrkamp. 89-122.

Lefort, Claude, 1986: Politics and Human Rights. In ders. (ed.): The Political Form of Modern Society. Cambridge, MA: MIT Press. 239-272.

Lefort, Claude, 1999: Die Fortdauer des Theologisch-Politischen? (frz. 1981). Wien: Passagen.

Leibholz, Gerhard, 1929: Das Wesen der Repräsentation unter besonderer Berücksichtigung des Repräsentativsystems. Ein Beitrag zur allgemeinen Staats- und Verfassungslehre. Berlin: de Gruyter.

Lembcke, Oliver W., 2019: Das Schauspiel der Einheit. Über Hobbes' Theorie politischer Re-Präsentation. In: Voigt 2019, 197-218.

Lembcke, Oliver W., 2021:Repräsentation und Demokratie. Zur Kartographie der theoriegeschichtlichen Entwicklung und der politikwissenschaftlichen Forschung. In: Neubauer et al. 2021, 9-54.

Lempp, Jakob, 2009: Die Evolution des Rats der Europäischen Union. Institutionenevolution zwischen Intergouvernementalismus und Supranationalismus. Baden-Baden: Nomos.

Lendvai, Ferenc L., 2006: Politische und kulturelle Faktoren der europäischen Identität. In: Buchstein/Schmalz-Bruns 2006, 399-412.

Lepsius, M. Rainer, 1990: Ideen, Interessen, Institutionen. Opladen: Westdeutscher Verlag.

Lepsius, M. Rainer, 1995: Institutionenanalyse und Institutionenpolitik. In: Nedelmann, Brigitta (Hrsg.): Politische Institutionen im Wandel. Kölner Zeitschrift für Soziologie und Sozialpsychologie, Sonderheft 35. Opladen: Westdeutscher Verlag. 302-403.

Lepsius, M. Rainer, 1997: Institutionenwandel: Institutionalisierung und Deinstitutionalisierung von Rationalitätskriterien. In: Göhler 1997c, 57-69.

Lietzmann, Hans J. (Hrsg.), 2001: Moderne Politik. Politikverständnisse im 20. Jahrhundert. Opladen: Leske&Budrich.

Limbach, Jutta, 2006: Leitkultur oder interkultureller Dialog. In: Lammert, Norbert (Hrsg.): Verfassung, Patriotismus, Leitkultur. Hamburg: Hoffmann&Campe. 166-169.

Linden, Markus, 2006: Politische Integration im vereinten Deutschland. Baden-Baden: Nomos.

Linden, Markus, 2014: Einschluss und Ausschluss durch Repräsentation. Baden-Baden: Nomos.

Linden, Markus/Thaa, Winfried (Hrsg.), 2011: Krise und Reform politischer Repräsentation. Baden-Baden: Nomos.

Linden, Markus/Thaa, Winfried (Hrsg.), 2014: Ungleichheit und politische Repräsentation. Baden-Baden: Nomos.

Link, Hannelore, 1976: Rezeptionsforschung. Eine Einführung in Methoden und Probleme. Stuttgart: Kohlhammer.

Litt, Theodor, 1926: Individuum und Gemeinschaft. 1. Aufl. 1919, 3. Aufl. 1926. Berlin, Leipzig: Teubner.

Locke, John, TG: Two Treatises of Government (1690). Ed. Peter Laslett. Cambridge: UP, 1964.

Lohmann, Georg, 2018: Versuch über Versionen der Macht: Herrschaft, Gewalt, Zwang und Einfluss. In: Felgenhauer/Bornmüller 2018, 31-48.

Luhmann, Niklas, 1975: Macht. 2. Aufl. Stuttgart: Enke, 1988.

Luhmann, Niklas, 1986: Ökologische Kommunikation. Opladen: Westdeutscher Verlag.

Luhmann, Niklas, 1989: Politische Steuerung: ein Diskussionsbeitrag. In: Politische Vierteljahresschrift 30. 4-9.

Luhmann, Niklas, 2000: Die Politik der Gesellschaft. Frankfurt/Main: Suhrkamp.

Lukes, Steven, 1974/2005: Power: A Radical View, 1974. 2. erweiterte Aufl. Houndmills/New York: Palgrave Macmillan, 2005.

Lukes, Steven (ed.), 1986: Power. New York: UP.

Mänicke-Gyöngyösi, Krisztina, 1995: Konstituierung des Politischen als Einlösung der "Zivilgesellschaft" in Osteuropa? In: Heuer, Brigitte/Prucha, Milan (Hrsg.): Der Umbruch in Osteuropa als Herausforderung für die Philosophie. Frankfurt/Main: Lang. 223-244.

Mänicke-Gyöngyösi, Krisztina, 1996: Zum Stellenwert symbolischer Politik in den Institutionalisierungsprozessen postsozialistischer Gesellschaften. In dies. (Hrsg.): Öffentliche Konfliktdiskurse um Restitution von Gerechtigkeit, politische Verantwortung und nationale Identität. Institutionenbildung und symbolische Politik in Ostmitteleuropa. Frankfurt/Main: Lang. 13-38.

Manin, Bernard, 1997: The Principles of Representative Government. Cambridge: UP.

Manow, Philipp, 2008: Im Schatten des Königs. Die politische Anatomie demokratischer Repräsentation. Frankfurt/Main: Suhrkamp.

Mansbridge, Jane, 2003: Rethinking Representation. In: American Political Science Review 97. 515-528.

Mansbridge, Jane, 2009: A „Selection Model" of Political Representation. In: Journal of Political Philosophy 17. 369-398.

Mansbridge, Jane, 2020: The Evolution of Political Representation in Liberal Democracies: Concepts and Practices. In: Rohrschneider, Robert/Thomassen, Jacques (eds.): The Oxford Handbook of Political Representation in Liberal Democracies. Online Edn. https://doi.org/10.1093/oxfordhb/9780198825081.013.1.

March, James G./Olson, Johan P., 1984: The New Institutionalism: Organizational Factors in Political Life. In: American Political Science Review 78. 734-749.

March, James G./Olson, Johan P., 1989: Rediscovering Institutions. The Organizational Basis of Politics. New York: Free Press.

Marchart, Oliver, 2010: Die politische Differenz. Zum Denken des Politischen bei Nancy, Lefort, Badiou, Laclau und Agamben. Berlin: Suhrkamp.

Marx, Karl, Kapital: Das Kapital, Bd. 1 (1890). MEW 23, Berlin (Ost) 1972.

Mateo, Marina Martinez, 2018: Politik der Repräsentation. Zwischen Formierung und Abbildung. Wiesbaden: Springer VS.

Mateo, Martina Martinez, 2019: Füreinander Sprechen. Zu einer feministischen Theorie der Repräsentation. In: Leviathan 47. 331-353.

Matthes, Jörg, 2014: Framing. Baden-Baden: Nomos.

Mayer, Sebastian, 2008: Prävention und Intervention. Security-Governance im Mehrebenensystem der Europäischen Union. In: Zeitschrift für Politikwissenschaft 18. 79-103.

Mayntz, Renate/Scharpf, Fritz. W., 1995: Der Ansatz des akteurzentrierten Institutionalismus. In: dies. (Hrsg.): Gesellschaftliche Selbstregelung und politische Steuerung. Frankfurt/Main, New York: Campus. 39-72.

Mayntz, Renate, 2004: Governance im modernen Staat. In: Benz, Arthur (Hrsg.): Governance – Regieren in komplexen Regelsystemen. Wiesbaden: VS Verlag für Sozialwissenschaften. 65-76.

Mayntz, Renate, 2005. Governance Theory als fortentwickelte Steuerungstheorie? In Schuppert, Gunnar Folke (Hrsg.): Governance-Forschung. Vergewisserung über Stand und Entwicklungslinien. Baden-Baden: Nomos. 11-20.

Mayntz, Renate, 2008: Von der Steuerungstheorie zu Global Governance. In: Schuppert, Gunnar Folke/Zürn, Michael (Hrsg.): Governance in einer sich wandelnden Welt. Politische Vierteljahresschrift, Sonderheft 41. 43-60.

Merkel, Wolfgang, 1999: Systemtransformation. Opladen: Leske+Budrich.

Meyer, Katrin, 2016: Macht und Gewalt im Widerstreit. Politisches Denken nach Hannah Arendt. Basel: Schwabe.

Meyer, John W./ Rowan, Brian, 1977: Institutionalized Organizations: Formal Structure as Myth and Ceremony. In: American Journal of Sociology 83. 340-363.

Meyer, Thomas, 1994: Die Transformation des Politischen. Frankfurt/Main: Suhrkamp.

Meyer, Thomas, 2000: Was ist Politik? Opladen: Leske&Budrich.

Michels, Robert, 1911: Zur Soziologie des Parteiwesens in der modernen Demokratie. Untersuchungen über die oligarchischen Tendenzen des Gruppenlebens. Leipzig: Klinkhardt.

Michelsen, Danny/Walther, Franz, 2013: Unpolitische Demokratie. Zur Krise der Repräsentation. Berlin: Suhrkamp.

Mill, John Stuart/Mill, Harriet Taylor, Subjection: Die Unterwerfung der Frauen (engl. 1859). Hrsg. und übersetzt von Dieter Bimbacher. Stuttgart: Reclam, 2020.

Mohr, Arno, 1988: Politikwissenschaft als Alternative. Stationen einer Disziplin auf dem Wege zu ihrer Selbständigkeit in der Bundesrepublik Deutschland 1945-65. Bochum: Brockmeyer.

Mohr, Arno, 1995: Grundzüge der Politikwissenschaft. München: Oldenbourg.
Morgenthau, Hans J., 1963: Macht und Frieden (am. 1948). Gütersloh: Bertelsmann.
Morris, Peter, 1987: Power: A Philosophical Analysis. 2. Aufl. Manchester: UP, 2002.
Mouffe, Chantal, 1998: Für eine anti-essentialistische Konzeption feministischer Politik. In: Deutsche Zeitschrift für Philosophie 46. 841-848.
Mouffe, Chantal, 2007: Über das Politische. Wider die kosmopolitische Illusion (engl. 2005). Frankfurt/Main: Suhrkamp.
Müller, Christian, 1966: Das imperative und das freie Mandat. Leiden: Sijthoff.
Mühlhoff, Rainer, 2018: Immersive Macht. Affekttheorie nach Spinoza und Foucault. Frankfurt/Main, New York: Campus.
Münkler, Herfried, 1997: Politische Mythen und Institutionenwandel. Die Anstrengungen der DDR, sich ein eigenes kollektives Gedächtnis zu verschaffen. In: Göhler 1997c, 121-142.
Münkler, Herfried, 1998: Antifaschismus und antifaschistischer Widerstand als politischer Gründungsmythos der DDR. In: Aus Politik und Zeitgeschichte, B 45/1998. 16-29.
Münkler, Herfried, 2000: Wirtschaftswunder oder antifaschistischer Widerstand – politische Gründungsmythen der Bundesrepublik Deutschland und der DDR. In: Esser, Hartmut (Hrsg.): Der Wandel nach der Wende. Wiesbaden: Westdeutscher Verlag. 41-65.
Neubauer, Marvin et al. (Hrsg.), 2021: Im Namen des Volkes. Zur Kritik politischer Repräsentation. Tübingen: Mohr Siebeck.
Nida-Rümelin, Julian, 2006: Humanismus als Leitkultur: ein Perspektivenwechsel. Hrsg. von Elif Özmen. München: Beck.
Nöth, Winfried, 2000: Handbuch der Semiotik. 2. Aufl. Stuttgart, Weimar: Metzler.
North, Douglass C., 1992: Institutionen, institutioneller Wandel und Wirtschaftsleistung (am. 1990). Tübingen: Mohr.
Nullmeier, Frank, 2006: Symbol und Demokratie, Souveränität und Verfassung. In: In: Buchstein/Schmalz-Bruns 2006, 261-279.
Nussbaum, Martha C., 2014: Politische Emotionen. Warum Liebe für Gerechtigkeit wichtig ist (am. 2013). Berlin: Suhrkamp.
Nye, Joseph S., 1990: Soft Power. In: Foreign Policy 80. 153–171.
Nye, Joseph S., 2004: Soft Power. The Means to Success in World Politics. New York: Public Affairs.
Oberndörfer, Dieter, 2001: Leitkultur und Berliner Republik. In: Aus Politik und Zeitgeschichte, B 1-2/2001. 27-30.
Offe, Claus, 2003: Kann man Institutionen konstruieren? Überlegungen zum Institutionenwandel und zum Institutional Design. In: Fischer, Joachim/Joas, Hans: Kunst, Macht und Institutionen. Festschrift für Karl-Siegbert Rehberg. Frankfurt/Main, New York: Campus. 173-184.
Offe, Claus, 2006: Political Institutions and Social Power. Conceptual Explorations. In ders.: Institutionen, Normen, Bürgertugenden. Ausgewählte Schriften Bd. 3. Wiesbaden: Springer VS, 2019. 3-22.
Oh, Hyang Mi, 1999: Ernst Cassirers Philosophie der philosophischen Formen. Eine kulturphilosophische Totalitarismuskritik. Phil. Diss. FU Berlin.
Palonen, Kari, 1985: Politik als Handlungsbegriff. Horizontwandel des Politikbegriffs in Deutschland 1890-1933. Helsinki: Societas Scientiarum Fennica.
Parsons, Talcott, 1951: The Social System. Glencoe: Free Press.
Parsons, Talcott, 1963: On the Concept of Political Power. In: Lukes, Steven (ed.): Power. New York: UP, 1986. 94-143. Deutsch in: Parsons 1980, 57-137.
Parsons, Talcott, 1980: Zur Theorie der sozialen Interaktionsmedien. Hrsg. von Stefan Jensen. Opladen: Westdeutscher Verlag.
Patzelt, Werner J., 2007: Kulturwissenschaftliche Evolutionstheorie und Evolutorischer Institutionalismus. In ders. (Hrsg.): Evolutorischer Institutionalismus. Theorie und ex-

emplarische Studien zu Evolution, Institutionalität und Geschichtlichkeit. Würzburg: Ergon. 121-181.

Peirce, Charles S., NE: Neue Elemente. In: Mersch, Dieter (Hrsg.): Zeichen über Zeichen. Texte zur Semiotik von Peirce bis Eco und Derrida. München: Deutscher Taschenbuch Verlag, 1998. 37-56.

Peirce, Charles S., PAP: Prolegomena zu einer Apologie des Pragmatizismus (am. 1906). In: Semiotische Schriften, Bd. 3. Hrsg. von Christian Kloesel und Helmut Pape. Frankfurt/Main: Suhrkamp, 2000. 132-192.

Peters, B. Guy, 1996: Political Institutions, Old and New. In: Goodin, Robert E./Klingemann, Hans-Dieter (eds.): A New Handbook of Political Science. Oxford: UP. 205-220.

Peters, B. Guy, 2000: Institutional Theory in Political Science: The "New Institutionalism". London: Pinter.

Peters, Bernhard, 1993: Die Integration moderner Gesellschaften. Frankfurt/Main: Suhrkamp.

Pfetsch, Frank R., 1995: Dimensionen des Politischen. 3 Bde. Darmstadt: Wissenschaftliche Buchgesellschaft.

Phillips, Ann, 1995: Geschlecht und Demokratie (engl. 1991). Hamburg: Rotbuch.

Pitkin, Hanna F., 1967: The Concept of Representation. Berkeley, Los Angeles: University of California Press.

Pitkin, Hanna F., 1972: Wittgenstein and Justice. Berkeley: University of California Press.

Platon, Pol.: Politeia/Der Staat. Werke in 8 Bänden, Bd. 4. Hrsg. von Günther Eigler. Darmstadt: Wissenschaftliche Buchgesellschaft, 1971.

Podlech, Adalbert, 1984: Art. „Repräsentation“. In: Geschichtliche Grundbegriffe, Bd. 5. Hrsg. von Otto Brunner, Werner Conze und Reinhart Koselleck. Stuttgart: Klett-Cotta.

Rau, Johannes, 1999: Rede nach der Wahl zum Bundespräsidenten am 23.05.1999. https://www.bundespraesident.de/DE/Die-Bundespraesidenten/Johannes-Rau/Reden/reden-node.html?gtp=1892758_Dokumente%253D29, abgerufen 14.2.2022.

Rehberg, Karl-Siegbert, 1990: Eine Grundlagentheorie der Institutionen: Arnold Gehlen. Mit systematischen Schlussfolgerungen für eine kritische Institutionentheorie. In: Göhler, Gerhard/Lenk Kurt/Schmalz-Bruns Rainer (Hrsg.): Die Rationalität politischer Institutionen. Baden-Baden: Nomos. 115-144. Auch in ders. 2014, 13-42.

Rehberg, Karl-Siegbert, 1994: Institutionen als symbolische Ordnungen. Leitfragen und Grundkategorien zur Theorie und Analyse institutioneller Mechanismen. In: Göhler, Gerhard (Hrsg.): Die Eigenart der Institutionen. Baden-Baden: Nomos. 47-84. Auch in ders. 2014, 43-83.

Rehberg, Karl-Siegbert, 1997: Institutionenwandel und die Funktionsveränderung des Symbolischen. In: Göhler 1997c, 94-118.

Rehberg, Karl-Siegbert, 2001: Weltrepräsentanz und Verkörperung. Institutionelle Analyse und Symboltheorien – eine Einführung in systematischer Absicht. In: Melville, Gert (Hrsg.): Institutionalität und Symbolisierung. Verfestigungen kultureller Ordnungsmuster in Vergangenheit und Gegenwart. Köln: Böhlau. 3-49. Auch in ders. 2014, 175-229.

Rehberg, Karl-Siegbert, 2014: Symbolische Ordnungen. Beiträge zu einer soziologischen Theorie der Institutionen. Hrsg. von Hans Vorländer. Baden-Baden: Nomos.

Rehberg, Karl-Siegbert, 2016: Nachwort. In: Gehlen 2016a, 481-503.

Rehfeld, Andrew, 2005: The Concept of Constituency. Political Representation, Democratic Legitimacy, and Institutional Design. Cambridge: UP.

Rehfeld, Andrew, 2006: Towards a General Theory of Political Representation. In: Journal of Politics 68. 1-21.

Reuter, Norbert, 1994: Institutionalismus, Neo-Institutionalismus, Neue Institutionelle Ökonomie und andere "Institutionalismen". Eine Differenzierung konträrer Konzepte. In: Zeitschrift für Wirtschafts- und Sozialwissenschaften 114. 5-23.

Risse, Thomas, 2008: Regieren in Räumen begrenzter Staatlichkeit: Zur "Reisefähigkeit" des Governance-Konzepts. In: Schuppert, Gunnar Folke/Zürn, Michael (Hrsg.):

Governance in einer sich wandelnden Welt. Politische Vierteljahresschrift, Sonderheft 41. 149-170.
Rödel, Ulrich (Hrsg.), 1990: Autonome Gesellschaft und libertäre Demokratie. Frankfurt/Main.
Rödel, Ulrich/Frankenberg, Günter/Dubiel, Helmut, 1989: Die demokratische Frage. Frankfurt/Main: Suhrkamp.
Rohe, Karl, 1994: Politik. Begriffe und Wirklichkeiten (1978). 2. Aufl. Stuttgart: Kohlhammer.
Rohgalf, Jan, 2015: Pathologische oder ambivalente Moderne? Eric Voegelin wieder gelesen mit Claude Lefort. In: Leviathan 43. 567-592.
Rosa, Hartmut, 2016: Resonanz. Eine Soziologie der Weltbeziehung. Berlin: Suhrkamp.
Rosa, Hartmut, 2019a: Resonanz als Schlüsselbegriff der Sozialtheorie. In: Wils, Jean-Pierre (Hrsg.): Resonanz. Im interdisziplinären Gespräch mit Hartmut Rosa. Baden-Baden: Nomos. 11-30.
Rosa, Hartmut, 2019b: Demokratie und Gemeinwohl. Versuch einer resonanztheoretischen Neubestimmung. In: Ketterer, Hanna/Becker, Karina (Hrsg.): Was stimmt nicht mit der Demokratie? Berlin: Suhrkamp. 160-188.
Rosanvallon, Pierre, 1998: Le peuple introuvable. Histoire de la représentation démocratique en France. Paris: Gallimard.
Rousseau, Jean-Jacques, CS: Du Contrat social (1762). In: Œuvres complètes, Bd. 3. Paris: Gallimard, 1964. 347-470.
Rousseau, Jean-Jacques, Considérations: Considérations sur le gouvernement de Pologne et sa réformation projettée (ca. 1772). In: Œuvres complètes, Bd. 3. Paris: Gallimard, 1964. 911-1041.
Rüb, Friedbert W., 2020: Das Jahrhundert der Politik. Eine Geschichte des 20. Jahrhunderts im Lichte ihrer Politikbegriffe. Baden-Baden: Nomos.
Rudolf, Dennis Bastian, 2019: Deutungsmacht als machtsensible Perspektive politischer Kulturforschung. In: Bergem, Wolfgang/Diehl, Paula/ Lietzmann Hans-Joachim (Hrsg.): Politische Kulturforschung reloaded. Neue Theorien, Methoden und Ergebnisse. Bielefeld: transcript. 61-88.
Rudolf, Dennis Bastian, 2020: Deutungsmacht – eine machtsensible Perspektive politischer Kulturforschung. In ders.: Analyse und Vergleich politischer Mythen. Ein systematischer Theorierahmen für Demokratien und Autokratien. Wiesbaden: Springer VS. 239-263.
Rudolph, Enno, 2017: Wege der Macht. Philosophische Machttheorien von den Griechen bis heute. Weilerswist: Velbrück.
Saage, Richard, 2006: Hegel und die Demokratie. In: Buchstein/Schmalz-Bruns 2006, 97-110.
Sarcinelli, Ulrich, 1987: Symbolische Politik. Opladen: Westdeutscher Verlag.
Sarcinelli, Ulrich,1989: Symbolische Politik und politische Kultur. Politische Vierteljahresschrift 30. 292-309.
Sarcinelli, Ulrich, 2011: Politische Kommunikation in Deutschland. Medien und Politikvermittlung im demokratischen System. 3. Aufl. Wiesbaden: VS-Verlag.
Saward, Michael, 2010: The Representative Claim. Oxford: UP.
Scharpf, Fritz, 1970|1975: Demokratietheorien zwischen Utopie und Anpassung. Konstanz: Universitätsverlag | Kronberg: Scriptor.
Scharpf, Fritz, 1999: Regieren in Europa. Effektiv und demokratisch? Frankfurt/Main, New York: Campus (MPIfG Buch, online).
Scharpf, Fritz, 2000: Interaktionsformen. Akteurzentrierter Institutionalismus in der Politikforschung. Wiesbaden: VS Verlag.
Scharpf, Fritz, 2004: Legitimationskonzepte jenseits des Nationalstaats. MPIfG Working Paper 04/6 (online).
Schieder, Siegfried/Spindler, Manuela (Hrsg.), 2006: Theorien der Internationalen Beziehungen. 2. Aufl. Opladen: Leske+Budrich.

Schimank, Uwe, 2007: Elementare Mechanismen. In: Benz et al. 2007, 29-45.
Schimmelfennig, Frank, 1998: Macht und Herrschaft in Theorien der Internationalen Beziehungen. In: Imbusch, Peter (Hrsg.): Macht und Herrschaft. Opladen: Leske+Budrich. 317-331.
Schmalz-Bruns, Rainer, 1989: Ansätze und Perspektiven der Institutionentheorie. Eine bibliographische und konzeptionelle Einführung. Wiesbaden: Deutscher Universitätsverlag.
Schmalz-Bruns, Rainer, 1990: Neo-Institutionalismus. In: Jahrbuch für Staats- und Verwaltungswissenschaft, Hrsg. Ellwein/Hesse/Mayntz/Scharpf. Bd. 4. Baden-Baden: Nomos. 315-337.
Schmalz-Bruns, Rainer, 1995: Reflexive Demokratie. Die demokratische Transformation moderner Politik. Baden-Baden: Nomos.
Schmidt, Michael (Hrsg.), 2003: Ökonomischer und soziologischer Institutionalismus. Marburg: Metropolis.
Schmidt, Robert/Woltersdorff, Volker (Hrsg.), 2008: Symbolische Gewalt. Herrschaftsanalyse nach Pierre Bourdieu. Konstanz: UVK.
Schmitt, Carl, 1925: Römischer Katholizismus und politische Form (1923, 2. Aufl. 1925). Stuttgart: Klett-Cotta, 1984.
Schmitt, Carl, 1926: Die geistesgeschichtliche Lage des heutigen Parlamentarismus. 2. Aufl. München, Leipzig: Duncker & Humblot.
Schmitt, Carl, 1928: Verfassungslehre. München, Leipzig: Duncker & Humblot.
Schmitt, Carl, 1932: Der Begriff des Politischen. 2. Aufl. München, Leipzig: Duncker & Humblot. Neudruck Berlin: Duncker&Humblot, 1963. Synoptische Darstellung der Texte Berlin: Duncker&Humblot, 2018.
Schmitt, Carl, 1933: Der Begriff des Politischen. 3. Aufl. Hamburg: Hanseatische Verlagsanstalt.
Schnädelbach, Herbert, 2000: Hegels praktische Philosophie. Ein Kommentar der Texte in der Reihenfolge ihrer Entstehung. Frankfurt/Main: Suhrkamp.
Schönrich, Gerhard, 1999: Semiotik zur Einführung. Hamburg: Junius.
Schönrich, Gerhard (Hrsg.), 2005: Institutionen und ihre Ontologie. Frankfurt/Main: Ontos.
Schroth, Claudia, 2022: Formen der Intentionalität. Eine interdisziplinäre Typologie. Bielefeld: transcript.
Schülein, Johann August, 1987: Theorie der Institution. Eine dogmengeschichtliche und konzeptionelle Analyse. Opladen: Westdeutscher Verlag.
Schulz, Daniel, 2006: Theorien der Deutungsmacht. Ein Konzeptualisierungsversuch im Kontext des Rechts. In: Vorländer 2006, 67-94.
Schuppert, Gunnar Folke, 2006: Verwaltungsorganisation und Verwaltungsrecht als Steuerungsfaktoren. In: Hoffmann-Riem, Wolfgang/Schmidt-Aßmann, Eberhard/Voßkuhle, Andreas (Hrsg.): Grundlagen des Verwaltungsrechts, Bd. 1. München: Beck. 995-1081.
Schwan, Gesine, 2006: Eine gemeinsame politische Kultur in Europa – Herausforderungen und Chancen. In: Buchstein/Schmalz-Bruns 2006, 413-422.
Scott, John, 2001: Power. Cambridge: Polity Press.
Seitz, Sergej, 2020: Institutionen des Politischen. Lesenotiz zur Gretchenfrage radikaler Demokratietheorie. Theorieblog.de v. 7.12.2020. https://www.theorieblog.de/index.php/2020/12/institutionen-des-politischen-lesenotiz-zur-gretchenfrage-radikaler-demokratietheorie/, abgerufen am 22.1.2021.
Sellin, Volker, 1978: Art. "Politik". In: Geschichtliche Grundbegriffe, Bd. 4. Hrsg. von Otto Brunner, Werner Conze und Reinhart Koselleck. Stuttgart: Klett-Cotta. 789-874.
Senge, Konstanze/Hellmann, Kai Uwe (Hrsg.), 2006: Einführung in den Neo-Institutionalismus. Wiesbaden: VS-Verlag.
Shapiro, Ian et al. (eds.), 2009: Political Representation. Cambridge: UP.

Sieyes, Emmanuel Joseph, DS: Was ist der Dritte Stand? Hrsg. von Oliver W. Lembcke und Florian Weber. Berlin: Akademie-Verlag, 2010.

Sieyes, Emmanuel Joseph, PS: Politische Schriften 1788-1790. Übersetzt und herausgegeben von Eberhard Schmidt und Rolf Reichardt. 2. Aufl. München, Wien: Oldenbourg, 1981. Darin:
Überblick über die Ausführungsmittel, die den Repräsentanten Frankreichs 1789 zur Verfügung stehen, 17-90; Was ist der Dritte Stand? 117-195; Einleitung zur Verfassung, 239-257; Rede des Abbé Sieyes über die Frage des königlichen Vetos, 259-276 (alle 1789).

Sintomer, Yves, 2013: Le sens de la représentation politique: usages et mésusages d'une notion. In: Raisons politiques 50. 13-34.

Skocpol, Theda, 1985: Bringing the State Back In. Strategies of Analysis in Current Research. In: Evans, Peter B./Rueschemeyer, Dietrich/Skocpol, Theda (eds.): Bringing the State Back In. Cambridge: UP. 3-38.

Slaby, Jan, 2017: Affekt und Politik. Neue Dringlichkeit in einem alten Problemfeld. In: Philosophische Rundschau 64. 134-162.

Smend, Rudolf, 1928: Verfassung und Verfassungsrecht. In ders.: Staatsrechtliche Abhandlungen. 2. Aufl. Berlin (West): Duncker&Humblot, 1968. 119-276.

Smend, Rudolf, 1956: Art. "Integrationslehre". In ders.: Staatsrechtliche Abhandlungen. 2. Aufl. Berlin (West): Duncker&Humblot, 1968. 475-481.

Speth, Rudolf, 1997a: Symbol und Fiktion. In: Göhler et al. 1997, 65-142.

Speth, Rudolf, 1997b: Die symbolische Repräsentation. In: Göhler et al. 1997, 433-475.

Speth, Rudolf, 2000: Nation und Revolution. Politische Mythen im 19. Jahrhundert. Opladen: Leske+Budrich | Wiesbaden: Springer Fachmedien.

Stachura, Mateusz et al. (Hrsg.), 2009: Der Sinn der Institutionen. Wiesbaden: VS-Verlag.

Stegmüller, Wolfgang, 1985: Probleme und Resultate der Wissenschaftstheorie und Analytischen Philosophie. Band II: Theorie und Erfahrung, 2. Teilband: Theorienstrukturen und Theoriendynamik. 2. Aufl. Berlin, Heidelberg: Springer.

Stein, Tine, 2008: Gibt es eine multikulturelle Leitkultur als Verfassungspatriotismus? In: Leviathan 36. 33-53.

Steinmeier, Frank-Walter, 2018: Rede des Bundespräsidenten zum 9. November 2018. https://www.bundespraesident.de/SharedDocs/Reden/DE/Frank-Walter-Steinmeier/Reden/2018/11/181109-Gedenkstunde-Bundestag.html?nn=9042544, abgerufen 14.2.2022.

Sternberger, Dolf, 1978: Drei Wurzeln der Politik. Frankfurt/Main: Insel.

Sternberger, Dolf, 1982: Verfassungspatriotismus. In: Schriften Bd. X: Verfassungspatriotismus. Frankfurt/Main: Insel, 1990. 17-31.

Stoellger, Philipp, 2014: Deutungsmachtanalyse. Zur Einleitung in ein Konzept zwischen Hermeneutik und Diskursanalyse. In: Stoellger, Philipp (Hrsg.): Deutungsmacht. Religion und belief systems in Deutungsmachtkonflikten. Tübingen: Mohr Siebeck. 1-85.

Stölting, Erhard, 1997: Wandel und Kontinuitäten der Institutionen: Russland – Sowjetunion – Russland. In: Göhler 1997c, 181-203.

Strecker, David, 2012. Logik der Macht. Zum Ort der Kritik zwischen Theorie und Praxis. Göttingen: Velbrück.

Swartz, David L., 2012: Grundzüge einer Feldanalyse der Politik nach Bourdieu. In: Bernhard, Stefan/Schmidt-Wellenburg, Christian (Hrsg.): Feldanalyse als Forschungsprogramm 2. Wiesbaden: Springer VS. 163-194.

Taylor, Charles, 1994: Quellen des Selbst. Die Entstehung der neuzeitlichen Identität (am. 1989). Frankfurt/Main: Suhrkamp.

Thaa, Winfried, 2013: Weder Ethnos noch Betroffenheit: Repräsentationsbeziehungen konstituieren einen handlungsfähigen Demos. In: Buchstein, Hubertus (Hrsg.): Die Versprechen der Demokratie. 25. Wissenschaftlicher Kongress der DVPW. Baden-Baden: Nomos: 105-124.

Thaa, Winfried, 2022: Pluralismustheorien vor dem Hintergrund von Identitäts- und Anerkennungskonflikten, oder: Kein Pluralismus ohne politische Gleichheit. In: Zeitschrift für Politik 69. 139-154.

Thaler, Richard H./Sunstein, Cass R., 2008: Nudge. Improving Decisions about Health, Wealth, and Happiness. New Haven: Yale UP. Final Edition 2021. Dt.: Nudge. Wie man kluge Entscheidungen anstößt. 2. Aufl. Berlin: Econ, 2022.

Tibi, Bassam, 1998: Europa ohne Identität? Die Krise der multikulturellen Gesellschaft. München: Bertelsmann (Neuausgaben 2000/2002 mit dem Untertitel: Leitkultur oder Wertebeliebigkeit).

Tibi, Bassam, 2001: Leitkultur als Wertekonsens. Bilanz einer missglückten deutschen Debatte. In: Aus Politik und Zeitgeschichte, B 1-2/2001. 23-26.

Tibi, Bassam, 2016: Europa ohne Identität? Europäisierung oder Islamisierung. Stuttgart: ibidem-Verlag.

Trute, Hans-Heinrich/Denkhaus, Wolfgang/Kühlers, Doris, 2004: Governance in der Verwaltungswissenschaft. In: Die Verwaltung 37. 451-475.

Tsebelis, George, 2002: Veto Players. How Political Institutions Work. New York/Princeton: Russel Sage Foundation/Princeton UP.

Urbinati, Nadia, 2006: Representative Democracy: Principles and Genealogy. Chicago: UP.

Urbinati, Nadia, 2019: Representative Constructivism's Conundrum. In: Disch/van de Sande/Urbinati 2019, 182-202.

Urbinati, Nadia/Warren, Mark E., 2008: The Concept of Representation in Contemporary Democratic Theory. In: The Annual Review of Political Science 11. 387-412.

Vaihinger, Hans, 1922: Die Philosophie des Als Ob (1. Aufl. 1911). 7./8. Aufl. Leipzig: Meiner (digitalisiert).

Vaihinger, Hans, 1923: Wie die Philosophie des Als Ob entstand. In: Schmidt, Raymund: Die Philosophie der Gegenwart in Selbstdarstellungen. 2. Aufl. Leipzig: Meiner. 182-212.

Voegelin, Eric, 1959a: Die neue Wissenschaft der Politik (am. 1952), München: Pustet.

Voegelin, Eric, 1959b: Wissenschaft, Politik und Gnosis. München: Kösel.

Voigt, Rüdiger (Hrsg.), 1989: Symbole der Politik – Politik der Symbole. Wiesbaden: VS-Verlag.

Voigt, Rüdiger (Hrsg.), 2019: Repräsentation. Eine Schlüsselkategorie der Demokratie. Baden-Baden: Nomos.

Vollrath, Ernst, 1987: Grundlegung einer philosophischen Theorie des Politischen. Würzburg: Königshausen&Neumann.

Vollrath, Ernst, 1992: Identitätsrepräsentation und Differenzrepräsentation. In: Orsi, Giuseppe/Seelmann, Klaus/Steinvorth, Ulrich (Hrsg.): Recht und Moral. Rechtsphilosophische Hefte, Bd. 1. Frankfurt/Main: Lang. 65-78.

Vorländer, Hans, 2002: Integration durch Verfassung? Die symbolische Bedeutung der Verfassung im Integrationsprozess. In ders. (Hrsg.): Integration durch Verfassung. Wiesbaden: Westdeutscher Verlag. 9-40.

Vorländer, Hans (Hrsg.), 2006a: Die Deutungsmacht der Verfassungsgerichtsbarkeit. Wiesbaden: VS-Verlag.

Vorländer, Hans, 2006b: Emergente Institution. Warum die Verfassung ein Prozess ist. In: Buchstein/Schmalz-Bruns 2006, 247-259.

Wacquant, Loïc, 2013: Symbolische Macht und Gruppenbildung. Zu Pierre Bourdieus Neuformulierung der Klassenfrage. In: Berliner Debatte Initial 24. 14-31.

Wartenberg, Thomas E., 1990: The Forms of Power. From Domination to Transformation. Philadelphia: Temple UP.

Waschkuhn, Arno, 1987: Allgemeine Institutionentheorie als Rahmen für die Theorie politischer Institutionen. In: Göhler, Gerhard (Hrsg.): Grundfragen der Theorie politischer Institutionen. Opladen: Westdeutscher Verlag. 71-97.

Weber, Max, 1919: Politik als Beruf. In: Gesammelte politische Schriften. 5. Aufl. hrsg. von Johannes Winckelmann. Tübingen: Mohr, 1988. 505-560.

Weber, Max, 1922: Wirtschaft und Gesellschaft. 5. Aufl. besorgt v. J. Winckelmann. Tübingen: Mohr, 1972.

Wendt, Alexander, 1999: Social Theory of International Politics. Cambridge: UP.

Westphal, Manon: Die Normativität agonaler Politik. Konfliktregulierung und Institutionengestaltung in der pluralistischen Demokratie. Baden-Baden: Nomos 2018.

Weymans, Wim, 2005: Freedom through Political Representation. Lefort, Gauchet and Rosanvallon on the Relationship between State and Society. In: European Journal of Political Theory 4. 263-282.

Won, Jun-Ho, 2002: Hegels Begriff der politischen Gesinnung. Zutrauen. Patriotismus und Vertrauen. Würzburg: Königshausen&Neumann.

Wrong, Dennis H., 1979: Power. Oxford: Blackwell.

Yildiz, Ersin, 2013: Lefort und Kantorowicz: Repräsentation und die politische Form der modernen Gesellschaft. In: Wagner, Andreas (Hrsg.): Am leeren Ort der Macht. Das Staats- und Politikverständnis Claude Leforts. Baden-Baden: Nomos. 69-90.

Zabel, Benno, 2021: Institution/Institutionentheorie des Rechts. In: Hilgendorf, Eric/ Joerden Jan C. (Hrsg.): Handbuch Rechtsphilosophie. 2. Aufl. Stuttgart: Metzler. 416-423.

Zenkert, Georg, 2004: Die Konstitution der Macht. Tübingen: Mohr Siebeck.

Zenkert, Georg, 2019: Das Ende der Gewalt? Fragen und Konjekturen zu Hannah Arendts Essay über Macht. In: Wischke, Mirko/Zenkert, Georg (Hrsg.), 2019: Macht und Gewalt in Hannah Arendts „On Violence“ neu gelesen. Wiesbaden: Springer VS. 7-34.

Zimmerling, Ruth, 2005: Influence and Power - Variations on a Messy Theme. Dordrecht: Springer 2005.

Zintl, Reinhard, 2006: Was ist utilitaristisch an einer rationalistischen Theorie politischer Institutionen? In: In: Buchstein/Schmalz-Bruns 2006, 215-228.

Textnachweise

Kap. 2	Göhler 1997a und 2011a (2.1); Göhler 2011a: 196-200, Kurzfassung von Göhler/Kühn 1999 (2.3). Kap. 2.2 ist weitgehend neu.
Kap. 3	Göhler 1999a, 2002a, 2005, 2007a, 2019c.
Kap. 4	Göhler 1997a, 2011b, 2013.
Kap. 5	Göhler 2021 sowie 2017 für die Fn. (5.1, 5.2.1), Göhler 2016a (5.2.2, 5.2.3). Kap. 5.2.4 ist auf der Grundlage früherer Arbeiten (Göhler 1997a: 50-52, 1999a: 269f, 2020: 73-76) neu formuliert.
Kap. 6.1	Göhler 2013 (Einleitung), 2012a und 1994b (6.1.2), 2003a,b und 2019b (6.1.4). Unter Verwendung früherer Arbeiten wurden Kap. 6.1.1 und 6.1.3 neu formuliert.
Kap. 6.2	Göhler 2010 (6.2.1, 6.2.2, 6.2.6), 2014b (6.2.3). Kap. 6.2.4 und 6.2.5 beruhen auf Arbeiten aus meinem Forschungsprojekt; ihre Verwendung ist jeweils nachgewiesen.
Kap. 7	Die institutionelle Konfiguration habe ich erstmals in Göhler 1997b zusammengefasst. Das vorliegende Kapitel ist neu formuliert.
Kap. 8	Vorarbeiten sind: Göhler 1997d, 1997e, 2006a. Die Systematik und ihre Ausformulierung sind neu.

Dank

Zuerst gilt mein Dank den Kollegen: André Brodocz danke ich für die wohlwollend-kritische Lektüre des Manuskripts. Hubertus Buchstein hat sich mit jedem Detail des Manuskripts befasst, ich danke ihm für vielfältige Korrekturen und Anregungen. Josef Klein danke ich für anregende Hinweise und Diskussionen aus der Sicht des politikwissenschaftlich orientierten Linguisten, die mir manch neue Perspektiven eröffnet haben.

Dem Nomos Verlag, insbesondere Frau Bernstein und Herrn Hutzel, danke ich für ihr Angebot, das Buch in die Reihe „Studienkurs Politikwissenschaft" aufzunehmen – darauf wäre ich von selbst gar nicht gekommen. Der umfangreiche wissenschaftliche Apparat mag für ein Lehrbuch unüblich sein, aber ohne ihn hätte ich die Arbeit nicht veröffentlichen können, und so danke ich dem Verlag für sein Verständnis. Frau Lang und Frau Valeri danke ich für die zügige Fertigstellung des Buchs und die Geduld bei den Korrekturen.

Da das Buch meine Forschungen zur Theorie politischer Institutionen zusammenfasst, ist hier auch der Ort, allen meinen Mitarbeiterinnen und Mitarbeitern zu danken, die an den langjährigen Forschungen beteiligt waren. Ohne ihr Engagement hätte sich das große institutionentheoretische Projekt nicht realisieren lassen. Auch wenn sie nun an diesem Buch nicht mehr selbst mitgewirkt haben, ist vieles von ihrem Beitrag hier eingeflossen – weit über das hinaus, was ich direkt kennzeichnen konnte. So danke ich für die Mitarbeit in den 1990er Jahren Lutz Berthold, Hubertus Buchstein, Hans-Martin Döhring, Rainer Kühn, Birte Langbein und Rudolf Speth; für die Mitarbeit in den 2000er Jahren Friedrich Arndt, Eva Bräth, David Budde, Jessica Cohen, Dorothea Gädecke, Ulrike Höppner, Denise Langenhan, Anna Richter, Sybille De La Rosa, Patricia Schulz und Stefan Skupien. Mein zu früh verstorbener Kollege Rainer Schmalz-Bruns hat als wissenschaftlicher Mitarbeiter 1986-87 die erste große Exploration durchgeführt, ich gedenke seiner in Dankbarkeit.

Last but not least gebührt der Dank meiner Frau: für ihre Unterstützung und ihr Verständnis, wenn ich einen großen Teil meines Ruhestands am Schreibtisch verbringe.

Personenregister

Sachregister

Bereits erschienen in der Reihe
STUDIENKURS POLITIKWISSENSCHAFT (ab 2017)

Das politische System Russlands
Von Prof. Dr. Petra Stykow und Julia Baumann
2023, 311 Seiten, broschiert
ISBN 978-3-8487-7971-0

Das politische System Ungarns
Von Dr. Melani Barlai, Dr. Florian Hartleb, Dr. Dániel Mikecz
2023, 240 Seiten, broschiert,
ISBN 978-3-8487-6747-2

Einführung in die Politikwissenschaft
Von Prof. Dr. Thomas Bernauer, Prof. Dr. Detlef Jahn, Prof. Dr. Sylvia Kritzinger, Assoc.-Prof. Dr. Patrick M. Kuhn, Prof. Dr. Stefanie Walter
5., umfassend überarbeitete Auflage,
2022, 598 Seiten, broschiert,
ISBN 978-3-8487-7938-3

Autokratien
Von Prof. Dr. Uwe Backes
2022, 205 Seiten, broschiert,
ISBN 978-3-8487-8003-7

Die Rechte indigener Völker im Menschenrechtssystem
Von Jessika Eichler, Ph.D.
2022, 266 Seiten, broschiert,
ISBN 978-3-8487-6483-9

Das Regierungssystem der USA
Von Dr. Michael T. Oswald
3., aktualisierte und erweiterte Auflage,
2021, 322 Seiten, broschiert,
ISBN 978-3-8487-6950-6

Demokratie
Von Prof. Dr. Samuel Salzborn
2., aktualisierte und erweiterte Auflage,
2021, 186 Seiten, broschiert,
ISBN 978-3-8487-8296-3

Migrationspolitik
Von Prof. Dr. Hannes Schammann und Dr. Danielle Gluns
2021, 274 Seiten, broschiert,
ISBN 978-3-8487-4054-3

Chinese Politics
Von Prof. Dr. Dr. Nele Noesselt
2021, ca. 270 Seiten, broschiert,
ISBN 978-3-8487-4673-6

Föderalismus
Von Prof. Dr. Roland Sturm
3., umfassend aktualisierte Auflage,
2020, 201 Seiten, broschiert,
ISBN 978-3-8487-7786-0

Das politische System der Schweiz
Von Prof. Dr. Adrian Vatter
4., vollständig aktualisierte Auflage,
2020, 592 Seiten, broschiert,
ISBN 978-3-8487-6564-5

Rechtsextremismus
Von Prof. Dr. Samuel Salzborn
4., überarbeitete und erweiterte Auflage,
2020, 186 Seiten, broschiert,
ISBN 978-3-8487-6759-5

Das erste Forschungsprojekt
Von Prof. Dr. Tom Mannewitz
2020, 344 Seiten, broschiert,
ISBN 978-3-8487-6760-1

Entscheidungs- und Spieltheorie
Von Prof. Dr. Joachim Behnke
2., durchgesehene und aktualisierte Auflage,
2020, 230 Seiten, broschiert,
ISBN 978-3-8487-6254-5

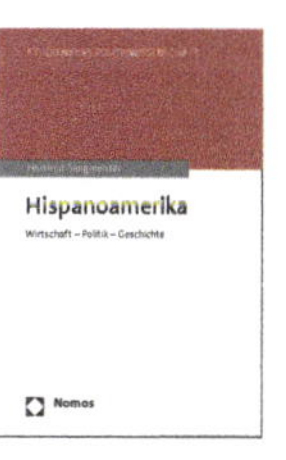

Hispanoamerika
Von Prof. Dr. rer. pol. Hartmut Sangmeister
2019, 249 Seiten, broschiert,
ISBN 978-3-8487-5102-0

Internationale Politische Ökonomie
Von Prof. Dr. Stefan A. Schirm
4., unveränderte Auflage,
2019, 290 Seiten, broschiert,
ISBN 978-3-8487-5984-2

Theoretiker der Politik
Von Prof. em. Dr. Frank R. Pfetsch
3. Auflage
2019, 614 Seiten, broschiert,
ISBN 978-3-8487-5015-3

Chinesische Politik
Von Prof. Dr. Dr. Nele Noesselt
2., aktualisierte und überarbeitete Auflage,
2018, 252 Seiten, broschiert,
ISBN 978-3-8487-4238-7

Internationale Sicherheit und Frieden
Von Prof. Dr. Heinz Gärtner
3., erweiterte und aktualisierte Auflage,
2018, 338 Seiten, broschiert,
ISBN 978-3-8487-4198-4

Methoden der Politikwissenschaft
Von Prof. Dr. Bettina Westle
2. Auflage,
2018, 436 Seiten. broschiert,
ISBN 978-3-8487-3946-2

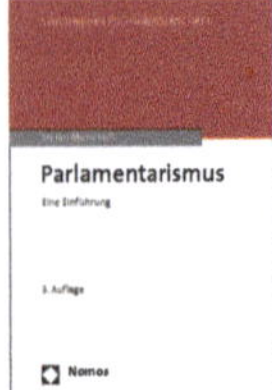

Parlamentarismus
Von Prof. Dr. Stefan Marschall
3., aktualisierte Auflage,
2018, 265 Seiten, broschiert,
ISBN 978-3-8487-5231-7

Weltbilder und Weltordnung
Von Prof. Dr. Gert Krell und Prof. Dr. Peter Schlotter
5., überarbeitete und aktualisierte Auflage,
2018, 462 Seiten, broschiert,
ISBN 978-3-8487-4183-0

Grundbegriffe der Politik
Von Dr. Martin Schwarz, Prof. Dr. Karl-Heinz Breier und Prof. Dr. Peter Nitschke
2., aktualisierte und erweiterte Auflage,
2017, 246 Seiten, broschiert,
ISBN 978-3-8487-4197-7

Zeitfracht Medien GmbH
Ferdinand-Jühlke-Straße 7
99095 Erfurt, Deutschland
produktsicherheit@kolibri360.de